Leyendas del ATLÉTICODEMADRID

110 jugadores que han escrito la historia del club rojiblanco

Nacho Montero y
Miguel Ángel Guijarro

Leyendas del
ATLÉTICODEMADRID

110 jugadores que han escrito la historia del club rojiblanco

MADRID | CIUDAD DE MÉXICO | BUENOS AIRES | BOGOTÁ
LONDRES | SHANGHÁI

Colección VIVA de LID Editorial
Editorial Almuzara S.L
Parque Logístico de Córdoba, Ctra. Palma del Río, Km 4, Oficina 3
14005 Córdoba.
www.LIDeditorial.com
www.almuzaralibros.com

EAN-ISBN13: 978-84-17880-55-2
Directora editorial: Laura Madrigal
Colaboradoras: Marina Zazo y Cristina Mosquera
Diseño de portada: Javier Perea Unceta, a partir de una foto de Adelardo ofreciendo la Copa intercontinental a la afición
Diseño y maquetación: ideas@fjpu.es
Infografías: Miguel Ángel Fernández
Fotos: archivo de ABC y cedidas por los propios jugadores y sus familiares
Impresión: Cofás, S.A.
Depósito legal: CO-901-2023

Impreso en España / *Printed in Spain*

Primera edición: junio de 2013
Quinta edición: mayo de 2023

Te escuchamos. Escríbenos con tus sugerencias, dudas, errores que veas o lo que tú quieras. Te contestaremos, seguro: info@lidbusinessmedia.com

Escritor y periodista especializado en divulgación científica. Estudió Ciencias Físicas en la Universidad Autónoma de Madrid, Ciencias Políticas en la Universidad Complutense de Madrid y cursó un máster en Radiodifusión en la Academia Española de la Radio. Como profesional de la radio ha trabajado en varios medios de comunicación y es socio fundador de la Asociación Española de Radio Online (AERO). También ha sido fundador y editor de revistas comerciales y corporativas en el sector TIC. En la actualidad es CEO y socio fundador de la plataforma de locuciones profesionales Allvoices. Es coautor de cuatro libros: *Los diez del Titanic, Leyendas del Atlético de Madrid, 50 años del Vicente Calderón* y *Viaje a la Luna,* de LID Editorial.

NACHO **MONTERO**

Cursó sus estudios en la Universidad Complutense de Madrid. Su vida profesional siempre ha estado ligada a la radio. Primero en la radio musical en *Top 40,* y luego en la deportiva. Desde 1988 ha narrado partidos de Mundiales, Eurocopa, Liga de Campeones, Europa League, Intercontinentales y los partidos más importantes del Campeonato Nacional de Liga para Radio España, COPE, Somos Radio, ABC Punto Radio y Onda Madrid. También ha pertenecido a las redacciones de *Mundo Deportivo* y el canal televisivo Euronews. Posee un máster en Dirección y Gestión de Pymes y es empresario en el sector del marketing digital. Es coautor del libro *50 años del Vicente Calderón* de LID Editorial.

MIGUEL ÁNGEL **GUIJARRO**

Foto/ El Rey Felipe VI, aún adolescente, saluda en el vestuario del Calderón a Luis Aragonés en presencia de Arteche y Pedraza, el Dr. Ibáñez hace las presentaciones.

ÍNDICE

Centrocampistas

Delanteros

Infografías

Equipos históricos

PRÓLOGO

Si me hubieran dicho cuando era un niño que llegaría a vestir la camiseta de un equipo tan grande como el Atlético de Madrid, no les hubiera creído, pero si además me hubieran contado que estaría toda mi vida ligado a los colores rojiblancos, les habría tomado por locos.

Cuando di mis primeras patadas a un balón, en mis mejores sueños me veía defendiendo la camiseta del equipo de mi ciudad, el Badajoz. Crecí apoyado por mi familia y con los buenos consejos de mi padre, que siempre creyó en mí y que me inculcó la idea de triunfar allá donde fuera; por eso, cuando como un chaval llegué al Atlético, siempre me dijo que plantara raíces y no fuera un transeúnte de equipo en equipo. Creo que lo cumplí con creces, pero desde luego no fue fácil. Tengo grandes recuerdos de todos mis compañeros y de todos los entrenadores que me han dirigido, de todos he aprendido algo y a todos les he respetado.

Nunca pensé que estaría tantos años en el Atlético y, según pasaban las temporadas, la responsabilidad era aún mayor, ya que tuve que sobreponerme a la enorme calidad que me rodeaba y a las críticas, que también las hubo y que me hicieron mejor futbolista. Incluso, a pesar de ser un fijo durante muchos años, se llegó a decir que seguía jugando porque mi suegro era don Vicente Calderón: eso me hizo más fuerte y mi manera de demostrarlo era dándolo todo en el campo. Ni siquiera los métodos de entrenamientos de *Míster Látigo*, Max Merkel, pudieron conmigo… ¡y eso que después del primer entrenamiento y con 32 años pensaba que no aguantaría! Pero sí pude: hice vida monacal, solo comía, entrenaba y dormía, por lo que jugué todos los partidos.

Recuerdo las Copas, las Ligas, la Intercontinental y el maldito último minuto de Bruselas, pero siempre guardo en mi memoria la ilusión de la afición y, sobre todo, la amistad de tantos y tantos compañeros y todos los empleados del club, que con su calidad, esfuerzo y profesionalidad ayudaron a hacer más grande la historia de esta casa. El Atlético tiene ya 110 años y en buena parte de ellos –más de 50– he estado vestido de rojiblanco, antes en el campo y ahora en los despachos de la Ciudad Deportiva: sirva este libro para refrescar la memoria de los viejos aficionados y para abrir a las nuevas generaciones a esos hombres humildes, buenos futbolistas, con mejor o peor suerte, que se dejaron la piel por el Atlético de Madrid.

ADELARDO

BENDICIÓN

Como buen seguidor del Atlético de Madrid (cuánto gozo con sus triunfos y sufro con sus derrotas), es mi deseo que este extenso recorrido por los personajes que han hecho historia tenga un gran éxito.

Que sean muchos los que disfruten en el recuerdo de lo que van a encontrar en este libro.

PADRE DANIEL
Capellán del Atlético de Madrid
(Burgos, 1940-2018)

UN AFICIONADO

Soy del Atleti desde niño, casi desde que comencé a tener uso de razón y me llevaba mi abuelo Celestino de la mano al Metropolitano. Llevo de socio 46 años y nunca he dejado de querer estos colores, de entender y hacer mía la filosofía de luchar hasta el final por los sueños. Hemos ganado mucho y también hemos perdido, hemos crecido con las derrotas y disfrutado como nunca con los triunfos, somos rebeldes y opositores ante el poderoso y nunca nos humillamos. He tenido la oportunidad de viajar por todo el mundo con el equipo siempre con la cabeza bien alta gritando en todos los idiomas que soy del Atleti. Puedo presumir de tener muchos amigos que han vestido esa camiseta, de todos he aprendido el respeto y el orgullo de pertenecer a esta familia que sigue creciendo. Siempre he tenido claro que el Atlético de Madrid es un valor seguro.

DANIEL SANTÍN
(Fallecido en marzo de 2016)

Foto/ *Ratón* Ayala, Daniel Santín,
Cacho Heredia, Pedro Dargel,
Panadero Díaz y Melo.

INTRODUCCIÓN

Hace unos años quedé con Adrián Escudero en el Vicente Calderón para hacerle una entrevista. Llegué antes y, cuando pregunté por él al personal de seguridad del estadio, me encontré con que no sabían quién era Escudero. Me sentó mal, pero entendí que ante mí no tenía a un empleado del Atlético, ni siquiera a un aficionado, simplemente era un trabajador de una empresa vigilando una entrada por lo que no tenía por qué saber quién era el máximo goleador del Atlético y ni siquiera tenía que ser aficionado rojiblanco. Aun así, aquello me hizo reflexionar y comenzó a forjarse la idea de que tanto para aquel miembro de seguridad como para cualquier aficionado al fútbol, sería bueno contar con un material al que poder acudir para conocer quiénes eran las grandes leyendas del Atlético de Madrid.

La idea siguió rondando mi cabeza durante años, mientras iba manteniendo un contacto cada vez más habitual con los veteranos del club, conociéndoles y descubriendo sus historias y empapándome de todo lo que significaba el Atlético de Madrid. Durante mucho tiempo Nacho Montero alentó la idea de plasmarlo en un libro y darle forma a todo aquello con el verdadero objetivo de reivindicar a esos futbolistas para descubrir su lado más humano. En septiembre de 2012, tras el entierro de nuestro buen amigo Mariano García (¡qué rockero y qué atlético!), surgió la idea de plasmarlo en un libro, de dar a conocer a los aficionados al fútbol en general y del Atlético en particular quiénes eran esos héroes. En apenas una semana LID Editorial estuvo conforme y comenzamos a dar forma a la idea que teníamos en la cabeza. Ahí es donde surgió el primer problema… ¿qué jugadores íbamos a incluir? Evidentemente no podían ser todos, aunque lo merecieran, pero no teníamos intención de acometer una obra enciclopédica (de momento) por lo que había que hacer una selección. Para ello usamos diversas varas de medir: por un lado, tendríamos en cuenta el número de partidos jugados y las temporadas de permanencia en la entidad. Además, aunque hubieran estado menos tiempos, valoramos la importancia que habían tenido a lo largo de la historia, usando ese refrán tan español de que el tiempo pone a cada uno en su sitio. Sabemos que el lector que tenga en sus manos este libro echará en falta a algún jugador y probablemente piense que algunos no han hecho méritos suficientes para salir en estas páginas, pero queremos que entienda la dificultad que entraña esta selección y los quebraderos de cabeza que nos ha dado elegir a los definitivos. Con buena voluntad, cualquier amigo o conocido opinaba sobre quién debía estar y quién no. Tampoco nos olvidamos de consultar a los propios veteranos en muchas ocasiones sobre algún jugador en particular. Por poner solo un ejemplo y entrando un poco en la intrahistoria del libro, la incursión o no de Hugo Sánchez ha sido motivo de debate en muchos foros de veteranos y aficionados: había quien entendía que debía estar por haber sido Pichichi y por la Copa de 1985, mientras que otros se rasgaban las vestiduras por incluir a un gran futbolista que había defendido los colores del club, pero que había manifestado su amor incondicional por el eterno rival. Finalmente, se descartó su capítulo. La idea siempre fue global, por eso, siempre entendimos que hacer una visión de más de cien años no debía ceñirse a la época relativamente más actual, sino abarcar desde principios del siglo XX, entre otras cosas para llevar al gran público hacia otros jugadores igual de importantes pero olvidados por el paso del tiempo.

El que hayamos seleccionado 110 jugadores (en verdad son algunos más ya que aparecen algunos jugadores que también fueron historia del club) es evidente. No tuvimos dudas. En 2013, cuando lanzamos la primera edición de este libro, se cumplieron los 110 años de la fundación del club y, ahora, en 2023, puestos a cerrar el grifo de capítulos en esta nueva edición actualizada, qué mejor que enlazarlo con un dato tan importante como son los 120 años de historia.

Ha sido un trabajo elaborado, difícil, constante y de mucho esfuerzo porque no queríamos dejar nada al azar. En unos tiempos en los que cualquier dato está en Internet, nosotros quisimos hacer la historia aún más verdadera y para ello contactamos con los propios jugadores. La gran mayoría de los capítulos de este libro están revisados y aceptados por los propios protagonistas o por sus familias, lo que supone una gran diferencia frente a lo que se había hecho hasta ahora. Ellos han corregido fechas, han facilitado datos y han validado todo lo que sale en el libro. No nos preocupa si en Internet aparecen otras fechas: las del libro son las que han dado los propios jugadores.

El otro aliciente de la obra que tiene en sus manos es el material fotográfico. No queríamos un libro ilustrado similar a todo lo que se conoce. El nuestro trata de la historia del Atlético pero, sobre todo, de la historia humana de sus protagonistas, de ahí que les pidiéramos que aportaran sus recuerdos y vivencias. De forma insistente repetimos el acto de dar las gracias, pero lo cierto es que este libro no tendría la fuerza que tiene si no fuera por la aportación desinteresada que han hecho todas esas personas. Muchas llamadas, muchas esperas, muchas horas de revisión de material, muchos recelos a la hora de ceder fotos e, incluso, miedo a perder sus recuerdos. Visitas a los propios domicilios, esperando ansiosos correos electrónicos con fotos y, también,

Evolución del balón

A comienzos del siglo XX, practicar fútbol con estos esféricos era tarea difícil. El tremendo peso de cada uno, añadido a que aún se jugaba en terrenos de tierra, obligaba a golpear más fuerte.

1903
Tipo de balón usado cuando el Atlético jugaba en Ronda de Vallecas. Piezas: 8 gajos de cuero y 2 octógonos.

1913
Balón típico usado en terrenos de tierra como el Campo de O'Donnell.

AÑOS 30
Pelota con cámara de caucho fabricada con piel de vacuno.

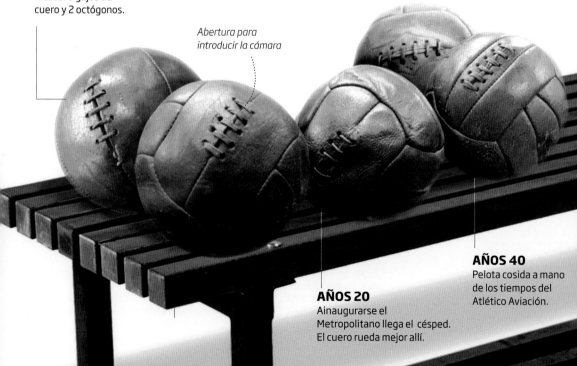

Abertura para introducir la cámara

AÑOS 40
Pelota cosida a mano de los tiempos del Atlético Aviación.

AÑOS 20
Ainaugurarse el Metropolitano llega el césped. El cuero rueda mejor allí.

muchos correos ordinarios con paquetes que había que devolver sin un rasguño. Documentos valiosos como el inmenso archivo de *ABC* y, por supuesto, la aportaciones de álbumes personales como los de Carlos Peña, Miguel Pérez o Daniel Santín, y todo aderezado con el talento de Javier Perea para hacerlo atractivo y no una simple sucesión de fotografías.

Sin duda el Atlético es sentimiento y llega a todos los estratos sociales, por eso quisimos dar una vuelta de tuerca más y descubrir qué era el Atlético para mucha gente que lo vive y lo siente. Gracias desde aquí a todos los amigos que han querido aportar su visión del Atlético para esta publicación.

110 años (ahora 120) y 110 vidas (ahora muchas más). En las siguientes páginas vamos a sumergirnos en la vida misma, en el esfuerzo, en el triunfo, el fracaso, la superación, la suerte, el olvido, la gloria y la calidad. En definitiva, en el Atlético de Madrid.

Que disfrutéis.

MIGUEL ÁNGEL **GUIJARRO**

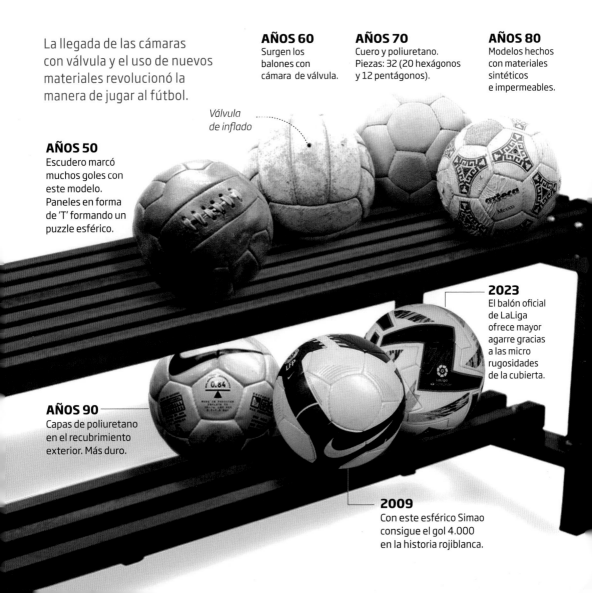

La llegada de las cámaras con válvula y el uso de nuevos materiales revolucionó la manera de jugar al fútbol.

AÑOS 60
Surgen los balones con cámara de válvula.

AÑOS 70
Cuero y poliuretano. Piezas: 32 (20 hexágonos y 12 pentágonos).

AÑOS 80
Modelos hechos con materiales sintéticos e impermeables.

Válvula de inflado

AÑOS 50
Escudero marcó muchos goles con este modelo. Paneles en forma de 'T' formando un puzzle esférico.

2023
El balón oficial de LaLiga ofrece mayor agarre gracias a las micro rugosidades de la cubierta.

AÑOS 90
Capas de poliuretano en el recubrimiento exterior. Más duro.

2009
Con este esférico Simao consigue el gol 4.000 en la historia rojiblanca.

Foto/ Paradón de Pazos.

porteros

Resumir en unas pocas líneas lo que significa haber defendido la portería del Atlético de Madrid sería imposible. A lo largo de estos 120 años, muchos hombres han aportado su calidad, su esfuerzo, su dedicación y su ilusión por unos colores en épocas muy dispares y con muchas dificultades, pero siempre con el común objetivo de ayudar a la evolución de un sentimiento. Nada tienen que ver aquellos adelantados a su tiempo con los que vinieron después. Aquellos estudiantes de Minas que se aventuraban a ponerse de corto ante la atónita mirada de la sociedad de principios de siglo rompieron moldes y, sin saberlo, iniciaron una lista interminable de nombres que con mayor o menor fortuna agrandaron la historia del Atleti.

Desde los primeros hombres que se situaron bajo palos como Prado, Ricardo de Gondra (que, al igual que Javier Barroso, llegó a ser presidente del club años más tarde), Fernando Asuero (conocido como el Pistón, que además de parar subía a rematar las jugadas de gol), Aldecoa, Perico Muguruza (que fue el portero del día en el que se estrenaron las camisetas rojiblancas) o Astorquía (el primer portero en un derbi), pasando por los Monche, José María Irazusta (que inauguró el campo de O'Donnell), Lasquíbar, Oliver, Arístegui, los despejes de puños del donostiarra Beguiristain o Juanito Cácer (el primero en usar las piernas para sacar el balón y que dejó el Madrid para jugar en el Atlético pero posteriormente fue el primer técnico de la historia madridista). Todos cumplieron con creces en aquellos campeonatos regionales en los campos de arena madrileños. Hasta 1920, el campo de las tapias del Retiro, el de Martínez Campos o el de O'Donnell eran los escenarios donde aquellos locos lucían sus extravagantes vestimentas bajo los tres palos.

Los años veinte dieron paso a una creciente afición para la que no valía cualquiera que ocupase la portería: los triunfos ya eran importantes y la rivalidad cada vez más creciente entre los diferentes equipos que iban surgiendo en la capital de España. Son los años del gran Durán, de Pardo, de Manolo Mata, Elósegui, José Antonio Ortueta, Eguía y Mengotti, los años del estreno del Metropolitano y de la figura de Javier Barroso. El Atlético crece en simpatizantes y socios y el viejo campo de Reina Victoria ve las evoluciones de Alcántara, Sancho, Zulueta, Agulló, Messeguer, Martínez, Hucha o Melero.

En los años treinta la rivalidad es ya nacional con el recién estrenado Campeonato Nacional de Liga y surgen porteros como el valenciano Cabo, Antonio, Gil Martínez, Bermúdez, Isidro, Amadé, Pacheco, Vidal o Guillermo, que sería tras Barroso uno de los grandes guardametas que han defendido la portería rojiblanca. Basaldúa, Benavent o Martín alternaron con el mítico Fernando Tabales y dieron pie a un Atlético campeón con otro gran portero en el banquillo: Ricardo Zamora. Luego llegaron Láreu o la proyección de Jesús Ederra, que vio frustrada su carrera por un problema de corazón. Saso, Pérez, Mariano o Pérez Zabala vieron cómo su trabajo se transformaba con las nuevas formas de Helenio Herrera. De él aprendieron Domingo, Ces, Paquillo o Dauder para dar paso en los cincuenta a porteros con nombre como Argila, Menéndez, Montes, Cayetano, Riquelme o incluso el hijo del Divino, Ricardito Zamora, que defendió algún tiempo la portería del club. Chércoles, Vera, Corral, Bilbao o Piñol hicieron la transición de finales de los cincuenta a los triunfales años sesenta con cancerberos como Pazos, San Román, Madinabeytia o Rodri.

Se estrena nueva casa a mediados de los sesenta para disfrutar del Manzanares. Los setenta también tiene sus nombres propios, unos con más minutos que otros pero siempre importantes como Miguel Reina, Pacheco, Zubiarrain, Tirapu, Aguinaga o Pepe Navarro. La economía ha marcado mucho la configuración de las plantillas, por eso siempre se supo apostar por porteros criados en la cantera (como Mejías y Abel) o complementos de calidad (como Pereira y Elduayen) o, incluso, un campeón del mundo como el Pato Fillol.

Los noventa tienen también sus nombres propios como Diego, Ricardo (que llegaría a defender la portería del Manchester United), Jaro, Toni Jiménez o el gran José Francisco Molina. Años de gloria e infierno con Sergio, el Mono Burgos, Esteban, Juanma, Sergio Aragoneses, Leo Franco, Iván Cuéllar o promesas como Falcón o Roberto. Veteranos como Abbiati o porteros que llegaron para triunfar y se marcharon sin hacerlo, como el francés Coupet. Canteranos con proyección como Bernabé o Joel y otros con galones como De Gea, Sergio Asenjo o Courtois, sin olvidarnos de Moyá, Axel Werner, Antonio Adán o Ivo Grbić. Unos tendrán su capítulo a continuación, otros no, pero valga su esfuerzo y su calidad para saber que entre todos hicieron un poco más grande al Atlético.

Foto/ Germán *Mono* Burgos.

//// **ABEL** RESINO GÓMEZ

El Gato de Velada

«¡Tranquilo, **Gato, que lo conseguimos!**». Abel no las tenía todas consigo a pesar de la confianza de sus compañeros porque visitaban un campo complicado como El Sadar. Parecía difícil mejorar el **récord** de Dino Zoff, imbatido en 1.142 minutos. El objetivo era superar el minuto 4 **sin encajar un gol** y se consiguió, ya que se mantuvo la portería a cero hasta el 1 de abril, momento en el que, en el Calderón, Luis Enrique, con la camiseta del Sporting, perforó su portería dejando el récord de imbatibilidad en **1.275 minutos, marca que se mantuvo inalterada** hasta que el **18 de febrero de 2009** el holandés Van der Saar, con la camiseta del Manchester United, estableció una nueva cifra: 1.302 minutos.

"Una manera de afrontar la vida en general y una manera de vivir la vida en particular".

Miguel Ángel Gil Marín
(Consejero delegado del Atlético de Madrid)

Abel Resino Gómez nació en Velada, localidad toledana de la comarca de Campana de Oropesa, el 2 de febrero de 1960. Como cualquier niño, sus comienzos se ciñen a las calles de su pueblo y a los patios del colegio, donde empieza a apuntar maneras como portero. Allí le ve jugar un directivo del Toledo, natural de Velada, y le consigue una prueba para el equipo de la capital. Ese examen cambiará el futuro de un niño alto, espigado, con mirada penetrante, que con apenas 16 años comienza a jugar partidos con el juvenil toledano, con una progresión que le hace inmediatamente acceder al primer equipo de la mano de Antonio Olmedo y del comandante Paulino. Abel debuta en El Salto del Caballo en la primera jornada de la Liga 1978-1979 en un partido ante el Talavera. Se afianza bajo los palos del Toledo tras la marcha de Mejías y sus grandes actuaciones le ponen en el punto de mira de diversos ojeadores, entre ellos los del Real Zaragoza, que le sigue los pasos. Emilio Cruz recomienda a Rodri, antiguo portero del Atlético y exsecretario técnico de los rojiblancos, que vaya a ver a Abel para que le fiche para el Ciempozuelos. Es así como el Volador de Velada, como le conocían en El Salto del Caballo, se marcha a jugar durante dos temporadas al conjunto madrileño hasta que en 1982 el Atlético de Madrid le ficha para el primer equipo. Tiene 22 años

y prácticamente no goza de ninguna oportunidad de jugar por lo que recala en el Atlético Madrileño a las órdenes de Joaquín Peiró. Ahí está dos temporadas perfeccionando su estilo, entrenando a diario con el primer equipo y jugando partidos con el filial. Siempre trabajando en silencio, siempre con paciencia, un rasgo fundamental en el carácter de Abel, la profesionalidad y la paciencia: nunca una palabra más alta que otra, nunca un mal gesto, siempre apoyando al compañero y consciente de que su calidad le dará algún día la oportunidad.

Luis le da la alternativa en La Condomina el 12 de abril de 1987 ante el Murcia (1-1) y jugando la final de Copa que el Atleti pierde ante la Real Sociedad. A pesar de los rumores de fichajes y de la llegada de jugadores y entrenadores en aquellos años en los que Jesús Gil estrena presidencia rojiblanca, Abel se mantiene en el arco colchonero cimentando una sólida trayectoria. En la campaña 1990-1991, con Tomislav Ivic en el banquillo, llegarían los récords: en total 14 jornadas sin encajar un gol, lo que le dio el Trofeo Zamora; solo 17 goles en 33 partidos y además ganó, aunque no jugó la final al estar lesionado, la Copa del Rey al derrotar al Mallorca.

Es su gran año y sus buenas actuaciones le abren las puertas de la selección española siendo, aunque en dos partidos, el primer

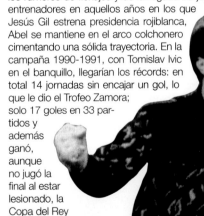

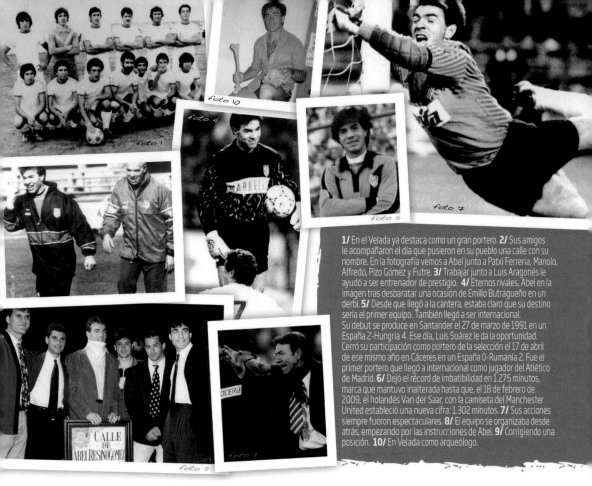

1/ En el Velada ya destaca como un gran portero. 2/ Sus amigos le acompañaron el día que pusieron en su pueblo una calle con su nombre. En la fotografía vemos a Abel junto a Patxi Ferrería, Manolo, Alfredo, Pizo Gómez y Futre. 3/ Trabajar junto a Luis Aragonés le ayudó a ser entrenador de prestigio. 4/ Eternos rivales, Abel en la imagen tras desbaratar una ocasión de Emilio Butragueño en un derbi. 5/ Desde que llegó a la cantera, estaba claro que su destino sería el primer equipo. También llegó a ser internacional. Su debut se produce en Santander el 27 de marzo de 1991 en un España 2-Hungría 4. Ese día, Luis Suárez le da la oportunidad. Cerró su participación como portero de la selección el 17 de abril de ese mismo año en Cáceres en un España 0-Rumanía 2. Fue el primer portero que llegó a internacional como jugador del Atlético de Madrid. 6/ Dejó el récord de imbatibilidad en 1.275 minutos, marca que mantuvo inalterada hasta que, el 18 de febrero de 2009, el holandés Van der Saar, con la camiseta del Manchester United estableció una nueva cifra: 1.302 minutos. 7/ Sus acciones siempre fueron espectaculares. 8/ El equipo se organizaba desde atrás, empezando por las instrucciones de Abel. 9/ Corrigiendo una posición. 10/ En Velada como arqueólogo.

portero que como jugador del Atlético de Madrid juega con la selección absoluta, abriendo un camino que siguieron más tarde Molina o Toni Jiménez. Siguió en esos años el baile de entrenadores hasta que al finalizar la campaña 1994-1995 el Atlético hace limpieza y da la baja a catorce jugadores, entre ellos a un Abel Resino que juega su último partido liguero con el Atlético en el Sánchez Pizjuán (2-2), lo que significa la salvación del equipo en la última jornada.

A sus 34 años Abel ficha por el Rayo Vallecano, entrenado por Marcos Alonso, donde mantiene la categoría. Se embarca después junto a Bernardo Schuster en una gira por China con el equipo americano del San José Class. Con el tiempo Abel se arrepiente de no haber iniciado la aventura americana pero prefiere quedarse en España y trabajar como asesor de una empresa japonesa como intermediario de jugadores llevando, por ejemplo, a Paulo Futre a jugar a Japón en el Yokohama, que por entonces entrenaba el exazulgrana Carlos Rexach. Sin alejarse de su pasión, Abel pasa a practicar el fútbol playa, donde llega a integrar la selección española con viejos compañeros como Julio Salinas, Michel, Quique Setién o Emilio Butragueño, con los que disputa mundiales y eurocopas de la categoría.

Su aventura lejos del Calderón no dura mucho y regresa al club de sus amores en 1988 de la mano de Arrigo Sacchi para trabajar con los porteros, pero la salida del técnico y la llegada de Ranieri ponen fin a una etapa en la que cambia el césped por los despachos. Así en el año 2000 vuelve como secretario técnico y pieza importante en el equipo de trabajo del nuevo director deportivo del club, su amigo Paulo Futre. Ahí se mantiene junto a otro compañero como Manolo Sánchez Delgado hasta 2003, cuando deja los despachos para meses después volver a los banquillos como segundo entrenador del cuerpo técnico dirigido por César Ferrando.

Abel tiene claro que su futuro está en los banquillos y empieza su andadura por equipos como el Ciudad de Murcia, el Levante o el Castellón hasta llegar al lugar donde siempre soñó entrenar, el Atlético de Madrid, para sustituir a Javier Aguirre al frente del banquillo y conseguir la clasificación del equipo para disputar la Liga de Campeones. Allí acaba la temporada e inicia la campaña 2009-2010 hasta que en la séptima jornada es destituido y pasa posteriormente por el banquillo del Real Valladolid en Segunda División. En el trascurso de la campaña 2011-2012 se hizo cargo del Granada en sustitución de Fabri, salvando al equipo al mantenerlo en Primera División y en febrero de 2013 tomó las riendas del Celta de Vigo en Primera y, después, nuevamente las del Granada hasta mayo de 2015. En la actualidad participa activamente con las leyendas del club y es asesor en materia de jugadores de varios equipos tanto españoles como extranjeros, además de colaborar en diversos programas de TV.

Polivalencia
rojiblanca

«¡Javier, **Javier, te necesito!**», la voz grave del presidente Julián Ruete retumbó en los oídos de un joven futbolista que no sabía que en ese instante **su vida estaba a punto de cambiar.** 15.000 hinchas están ansiosos de ver el partido que en el campo de Ciudad Lineal enfrenta a los dos equipos más populares de la capital. Ese **28 de octubre de 1923** el Madrid y el Athletic Club de Madrid están preparados para jugar, sin embargo, hay movimiento en la banda ya que Mr. Hayes camina arriba y abajo hablando con su presidente. Falta el portero Eguía. Tal vez al ser nuevo en la capital no ha sabido llegar al campo a las afueras de Madrid. El técnico pide a Ruete que busque a Manolo Mata o a José Antonio Ortuela para que se vistan y uno se ponga en la portería. Busca entre la abarrotada tribuna pero no atisba a ninguno de los guardametas. Está desesperado y no da crédito a lo que ocurre a pocos minutos del comienzo de un partido tan importante... pero **de pronto ve a Javier Barroso,** joven delantero que esporádicamente entrena como portero, y le grita el ya conocido **«¡Javier, Javier, te necesito!».** Aquel día cambió la historia de los dos personajes: uno, Ruete vivió su último partido como presidente del Athletic Club; el otro, **Barroso, se puso por primera vez bajo los palos y no los abandonó hasta su retirada.** Por cierto, ganó el Madrid 2-1, con goles de un buen amigo de Javier, Luis Monjardín.

"Ha sido mi segundo hogar".
Carlos Peña
(Delegado de campo del Atlético)

Javier Barroso Sánchez-Guerra nace en Madrid en diciembre de 1903. Junto a su amigo Juan Monjardín juega al fútbol y estudia en el colegio de El Pilar de Madrid, más pendiente de los estudios que del balompié en una época en la que ser futbolista solo era una diversión. Ambos continúan estudiando pero su afición les lleva a enrolarse en el Real Madrid en 1918 cuando apenas cuentan con 15 años. En las filas del equipo blanco juega como delantero conquistando los dos años el Campeonato Regional, pero pronto se cruza en su camino el Athletic Club de Madrid, al que llega como delantero en la temporada 1920-1921 y consigue para los rojiblancos el primer título de Campeón Regional de su historia.

Son años de cambio constante y Barroso cada vez se siente más identificado con sus nuevos colores. Alterna el fútbol con sus estudios de arquitectura, algo que le otorga una carrera que tras el fútbol le convertirá en uno de los arquitectos más reputados del país. Sigue jugando de delantero hasta aquel 28 de octubre de 1923 en el que se coloca en la portería. Barroso no solo no desentona sino que se convierte en un seguro bajo los palos: su porte señorial, su altura

y envergadura le afianzan en la posición de guardameta, que no abandonará ya hasta la campaña 1926-1927, cuando decide dejar definitivamente el fútbol.

En el año de su retirada, a las órdenes desde el banquillo del propio Julián Ruete, Barroso alcanza la final del Campeonato de España y la pierde contra el Barcelona.

Para entender que estamos hablando de una época muy diferente a la actual, Barroso deja el fútbol con apenas 23 años para centrarse en sus estudios de arquitectura. A pesar de ello, su pasión por el deporte y su devoción por el Athletic Club de Madrid no le mantiene alejado mucho tiempo, ya que vuelve en 1931 como vocal de la nueva junta directiva presidida por Rafael González Iglesias. Unos meses después se destituye al técnico húngaro Rudolf Jeny y ante la situación del club el propio Javier Barroso se hace cargo por voluntad propia del equipo hasta final de temporada.

En 1933 la asamblea de la Federación Castellana concede a Javier Barroso la Medalla del Mérito Deportivo. Continúa su labor como directivo del club al margen de su profesión de arquitecto y accede a la vicepresidencia el 7 de diciembre de 1934. Son años convulsos en España y durante la guerra forma parte como vocal de la Delegación Nacional de Deportes presidida por el General Moscardó. Tras la contienda apoyó activamente la fusión con el Aviación Nacional. El 1 de agosto de 1941 es elegido presidente de la Real Federación Española de Fútbol, cargo que ostentó hasta el 1 de abril de 1946.

Barroso dedica esos años a su actividad, la arquitectura, y a sus numerosos proyectos por todo el mundo, sin dejar de lado su amor por el fútbol. La desastrosa gestión del Marqués de la Florida al frente del Atlético obligó a la Delegación Nacional de Deportes a destituirle en mayo de 1955. Barroso gana las elecciones y se convierte en presidente del Atlético.

Delantero, portero, vocal de la junta, vicepresidente, entrenador y ahora presidente, Javier Barroso es una de las personas más importantes de la historia del Atlético de Madrid. Inicia así un mandato que dará un impulso nuevo a la historia de la entidad y que marca una de las épocas más gloriosas del club. Se conquistan las dos primeras Copas de la historia del club (1960 y 1961) o el primer título europeo (la Recopa de 1962). Pero, sin duda, Javier Barroso cambió la historia del Atlético al adquirir el 17 de marzo de 1961 unos terrenos junto al río Manzanares para la construcción de un nuevo estadio en cuyos planos él mismo participaría.

Barroso dimitió de su cargo en enero de 1963. Tras el fútbol siguió ejerciendo su profesión como arquitecto y realizó numerosos proyectos por todo el mundo.

Javier Barroso falleció en Madrid el 10 de septiembre de 1990 a la edad de 87 años.

foto 4

La araña gaucha

Siempre que miraba a sus hijos, María Liliana y Edgardo, se acordaba del Metropolitano, de los colores rojiblancos y de **una ciudad que se le clavó en el alma.** Las calles de Madrid, los cafés, la gente, el olor a libertad, a ganas de vivir, a fútbol, a optimismo, le contagiaron para siempre. Los dos nacieron en España y muchos años después, en Argentina, su padre seguía respirando aquel soplo de vida que nunca le abandonó. Por eso, cuando le preguntaban por su vida, siempre decía: **«la buena vida se me paró en Madrid».**

"Yo me hice atlético una tarde en la que jugaba un partido europeo. Mi compañero de cole lo tuvo claro, somos del Atleti".

David Trueba

(Director de cine)

Edgardo Mario Madinabeytia y Bassi nació el 28 de agosto de 1932 en la pequeña localidad de San Miguel, dentro de la provincia de Buenos Aires. Sus padres, emigrantes de origen vasco, emprendieron en el país sudamericano la aventura en busca de la prosperidad que no lograban en su tierra natal. Esa ascendencia le otorgó el calificativo de El Vasco, como siempre se le conoció en el vestuario, y ese afán de superación le hizo destacar desde pequeño con unas grandes condiciones físicas que fueron formando al que más tarde sería uno de los mejores porteros del mundo.

Ya con 15 años era una de las grandes promesas de las categorías inferiores de Huracán, y cuatro años después, con apenas 19, debutó en la Primera División argentina para deleite de los hinchas quemeros. Su estilo felino y su fuerte carácter no dejaron indiferentes a los numerosos ojeadores europeos que inundaban el fútbol argentino, por lo que, ya siendo un consolidado portero en Huracán, recibe la oferta que cualquier jugador en su situación no puede rechazar: viajar a Europa.

Es 1958 y Madinabeytia hace las maletas tras aceptar la oferta del Atlético de Madrid. Con ilusión viaja a España y llega a un Metropolitano plagado de grandes figuras. La competencia en la portería era tremenda, pues con Pazos de titular, Madinabeytia compite además con el Pechuga San Román. Su debut oficial en la Liga española tiene lugar de la mano de Fernando Daucik, en marzo del 59, en un Atlético 3-Celta 1.

Madinabeytia conquistó tres Copas del Generalísimo, una Liga y el primer título europeo que ocupó las vitrinas del club: la Recopa conquistada en 1962 a la Fiorentina. El Vasco, que siempre contó con el apoyo del vestuario por su personalidad y simpatía, tuvo entre la afición y la prensa seguidores y detractores: los que hablaban bien de él destacaban sus grandes reflejos, su seguridad bajo los palos y su agilidad felina; sin embargo, sus detractores le acusaban de ser un portero demasiado estático, siempre bajo palos y con muy pocas aventuras fuera de su propia área. Se decía de él que poseía una salud de hierro, ya que fueron muy pocas las ocasiones en las que tuvo que pasar por la enfermería.

Durante nueve temporadas, Edgardo Mario Madinabeytia y Bassi, al que también se conoció como Araña Gaucha, defendió la portería rojiblanca marcando una época. El buen ambiente de aquella plantilla quedaba reflejado en la inmensa amistad que mantenían los dos porteros que durante años competían por el puesto: Madinabeytia y San Román no solamente entrenaban juntos, sino que durante años llegaron a compartir edificio en el que vivían: en la calle García de Paredes vivió San Román, en otro piso Madinabeytia e incluso tuvieron también de vecino a Cardona, que en esos años formaba parte de la plantilla del Atlético de Madrid.

En la campaña 1967-1968 Madinabeytia deja el Atlético de Madrid para fichar por el Real Murcia, donde juega dos años en Segunda, hasta 1969.

Su vida tras el fútbol no fue fácil: los problemas económicos fueron una constante e, incluso, llegó a sufrir un robo que marcó su declive.

Cuando la Asociación de Veteranos preparaba su viaje para que estuviera presente en los actos del Centenario del club, el 31 de marzo de 2002, Edgardo Mario Madinabeytia y Bassi falleció en Buenos Aires.

foto 3

1/ Su seriedad en el campo contrastaba con su simpatía lejos de él.
2/ En la imagen con sus buenos amigos Enrique Collar, Miguel San Román y Adelardo, junto a ellos la mujer de San Román, María Antonia Bamala (de blanco) y Beba, la mujer del *Vasco*. **3/** En una comida en los años sesenta, en la imagen se ve al fondo a Rivilla, San Román y, en primer término, a Medinabeytia a la derecha de Jorge Mendonça, atendidos por un jovencísimo Esteban. **4/** Foto de familia, en la fila de arriba, de izquierda a derecha Callejo, Ramón María de Arroyo *Conde de Cheles*, Padre Serrano, Griffa, Vavá, sin identificar, Alvarito, Chuzo, Ramiro, sin identificar y Madinabeytia. Abajo, Calleja, Amador, Adelardo, Mendonça, Polo, Alejo (dueño del restaurante El Bosque), Ufarte y Miguel Jones. **5/** Simpática imagen de los jugadores durante una concentración en Alemania. El torero germano es sacado a hombros entre las risas de los futbolistas. De izquierda a derecha, Ufarte, Adelardo, Luis, Rivilla, Rodri, Glaría, Madinabeytia, Cardona y Martínez Jayo.

foto 2

Carácter
indomable

foto 2

El *Mago* Helenio Herrera se metió camuflado en un tren de prisioneros, escondido entre los enfermos, para llegar a Lyon. Allí, la plantilla del Niza dormía en un coche cama en la misma estación al no haber encontrado hotel. En ese coche cama, **Helenio Herrera ficha a Marcel** Domingo.

"Cuando Dios creó el mundo se olvidó del Atleti. El Atlético de Madrid tuvo que hacerse a sí mismo".

Alfredo Fernández-Cuesta Valcarce
(Físico teórico, profesor de la UNED, socio nº: 953)

Marcel Domingo Algara nació al sur de Francia, en la localidad de Salin-de-Giraud, Bocas del Ródano (Arlés), el 15 de enero de 1924, en el seno de una familia de ascendencia española tanto por parte de padre como por parte de madre (uno de sus abuelos era de Benifaió, Valencia). Desde niño Marcel fue portero. Era alto, fornido, con una envergadura imponente y con un carácter fuerte que, para lo bueno o lo malo, le hace popular entre sus compañeros.

Comenzó profesionalmente en las categorías inferiores del Arlés, para jugar en el Grenoble Dauphiné y recalar a los 21 años en el Niza. Poco duró en el equipo de la Costa Azul, ya que Helenio Herrera, entrenador del Stade Français, seguía las evoluciones de un atípico portero que no usaba guantes. Durante tres años Marcel Domingo juega en el Stade Français a las órdenes de H. H. hasta que en 1948 juegan un amistoso en el Metropolitano. El juego desplegado por el equipo francés maravilla a los dirigentes del Atlético de Madrid hasta el punto de iniciar conversaciones para contratar a sus dos estrellas, Marcel Domingo y un marroquí llamado Larbi Ben Barek. Las gestiones del directivo rojiblanco Luis Guijarro dan sus frutos y se hacen con los servicios de los dos jugadores.

Ese mes de agosto se organiza un partido amistoso ante el Sporting de Lisboa en el que Marcel se enfunda por primera vez la camiseta con el escudo rojiblanco. Su presentación no fue la deseada porque los portugueses, aprovechando un Atlético sin titulares y que tiene un portero que no habla una sola palabra de español, le endosan seis goles. Sin embargo, en esa primera temporada, ya con los titulares y con el propio Ben Barek en el equipo, el guardameta se convierte en el portero menos goleado de la Primera División con tan solo 28 tantos encajados en 24 partidos, lo que le lleva a conquistar su primer Trofeo Zamora (realmente hasta 1959 no se instaura este trofeo al portero menos goleado).

Marcel Domingo debuta en Liga con el Atlético de Madrid el 12 de septiembre de 1948 en un partido ante el Sevilla (1-1). El equipo gusta a los aficionados, que acuden cada semana al campo, y finaliza cuarto en la tabla. Aun así, la directiva da un giro fichando para el banquillo a un hombre al que Marcel conoce bien: Helenio Herrera.

Con H. H. en la dirección se ganan dos Ligas consecutivas. Son momentos felices para Marcel, que disfrutaba desde el campo de la Delantera de Cristal con Juncosa, Ben Barek, Pérez Payá, Carlsson y Escudero; sin embargo, en la campaña 1950-1951 diría adiós al equipo colchonero. Marcel defiende por última vez el escudo del Atlético el 20 de junio de 1951 ante el Milán en la Copa Latina.

En el Atlético dejó muestras de su carácter, personalidad y de unos atuendos llamativos que fueron la innovación al final de los años cuarenta y principios de los cincuenta. Marcel Domingo fue el primer cancerbero en utilizar camisetas de colores, su preferida la amarilla: con ella decía que despistaba a los delante-

ros, aunque su carácter le hizo ponerse otros tonos, como cuando un periodista le criticó por los colores alegando que solo faltaba que fuera de rojo, de modo que en el siguiente partido Marcel vistió de rojo.

La limitación de extranjeros fuerza su salida al O. G. C. Nice. Según relató él mismo, su salida del Atlético «fue el día más triste de mi carrera deportiva». Con el Niza gana la Liga francesa y la Copa en 1952, pero decide regresar a España a defender, con 28 años, la portería del Español de Barcelona durante cuatro temporadas y conquistar en 1953 su segundo Trofeo Zamora.

Es el momento de decir adiós a España como portero y volver a Francia. Allí juega en el Olympique de Marsella hasta 1958, momento en el que, tras una lesión ante el Nîmes y debido a los problemas en el hombro, que no quiere tratar pasando por el quirófano (lo hizo muchos años después), decide colgar los guantes definitivamente.

Amante de los toros, su pasión por España es inmensa, por lo que al dejar el fútbol activo inicia una prolífica carrera como entrenador que comienza en el Español; luego vendrían Las Palmas, Lleida, Pontevedra, Córdoba o Granada antes de que Vicente Calderón decidiera ficharle el 17 de junio de 1969 para hacerse cargo del banquillo. Si ya tocó la gloria como jugador, ahora lo haría como técnico, ya que esa temporada, a pesar de no ser favoritos, el Atlético de Madrid gana en Sabadell el título liguero en un partido en el que la afición rojiblanca inundó el feudo catalán.

Su última campaña como técnico fue la de 1971-1972, aunque solamente dirigió ocho jornadas y fue sustituido por Max Merkel, que llegó para ganar la Copa y la Liga al año siguiente. Después pasó por los banquillos del Málaga, Elche, Burgos o Valencia para volver a recalar en la campaña 1979-1980 nuevamente en el del Manzanares, firmando un contrato en marzo por el que sustituía a Martínez Jayo, que había dirigido un solo partido tras haber sido destituido Luis Aragonés. Fue un mal año y el equipo acabó 13º, alcanzó las semifinales de Copa y dirigió ocho partidos de Liga, para cesar el 30 de junio de 1980. Tras el Atlético entrenó al Recreativo de Huelva, al Niza, Betis, Mallorca, Hércules, Nîmes y al fin se retiró en 1986 en su Arlés natal, donde todo empezó en 1944. En 1989, tres años después de retirarse, fichó por el Hércules pero apenas estuvo varios partidos y dejó los banquillos al final de temporada, definitivamente, a la edad de 66 años.

Desde ese momento alternó su país natal, Francia, con su país de adopción, España, hasta que falleció el 10 de diciembre de 2010 en Arlés, si bien sus restos reposan en Madrid.

1/ Amante de los toros y los caballos, siempre que podía disfrutaba de una de sus grandes pasiones. Cuando fichó por el Atlético viajó en un Citroën dos caballos desde París a Madrid y a punto estuvo de no pasar la frontera al denegarle la policía el paso. Gestiones de los dirigentes atléticos, entre los que se encontraban altos cargos del gobierno, facilitan su llegada a la capital. 2/ En sus tiempos de entrenador con Carlos Peña (sin bigote) recibiendo un premio. 3/ Tres jovencísimos futbolistas: Adrián Escudero, Marcel Domingo y Diego Lozano. 4/ Portero espectacular y ágil bajo palos. 5/ Sin miramientos a la hora de echarse a los pies de los contrarios. 6/ Postal histórica del Strade Français 1945-1946 en la que se puede ver a Helenio Herrera como entrenador, a Marcel Domingo y a Ben Barek. 7/ Especialista en el despeje de puños, Marcel Domingo tenía un estilo insuperable. 8/ Un elegante Marcel Domingo en sus tiempos del Español. 9/ Portero del Atlético de Madrid. 10/ Durante muchos años fue un clásico de los banquillos españoles. 11/ En un descanso, los aficionados rodean a un jovencísimo Marcel Domingo. 12/ En la imagen vemos a Marcel como técnico del Valencia dando instrucciones a Mario Alberto Kempes.

//// ÁNGEL JESÚS **MEJÍAS**

foto 4

El hombre
paciente

Ángel Jesús Mejías Rodríguez nació en la localidad toledana de Tembleque un 1 de marzo de 1959. **En las calles de su pueblo** comienza a jugar al fútbol con los amigos mientras cursa estudios en las Escuelas Antonia González.

A llí juega en todas las posiciones hasta que sus padres le traen a Madrid a los 7 años, federándose a los 11 en el Rayo Lourdes, un equipo de barrio en el que juega de todo hasta que un día, ante la falta de portero, se sitúa por primera vez bajo los tres palos. Allí perfecciona su técnica hasta los 18, al amparo de Bautista Moreno González, presidente del club, que siempre confió en él y le alentó y ayudó como a un hijo. Después jugó en el Osiris Amistad, hasta que a los 20 años firma con el Atlético de Madrid, momento en el que haciendo la mili es cedido al Toledo. Allí alterna la portería con otro toledano llamado Abel Resino. En 1979 regresa al Atlético para jugar en el equipo filial dirigido por Joaquín Peiró y con compañeros como Clemente, Parra, Tomás, Pedro Pablo, Pedraza, Prado, Mínguez o Julio Prieto. Consiguen el ascenso a Segunda mientras la entidad vive cambios profundos con la llegada de Alfonso Cabeza a la presidencia en la campaña 1980-1981.

Mejías era un portero ágil, muy rápido y con buenas manos, no exento de un buen manejo del balón con los pies. Los técnicos con-

"Mi primera vez en el Calderón fue acompañando a un amigo y ganamos al Barcelona. Luego tuve la suerte de fichar por el equipo de balonmano. Para mí era siempre especial ir al Calderón cuando teníamos eventos del club y nos juntábamos las dos plantillas. Siempre recordaré con mucho cariño cuando nos hacíamos la foto de Navidad en el césped del Calderón con el presidente para la felicitación de Navidad del club".

José Javier Hombrados
(Exjugador de balonmano del Atlético y actual director de deportes en Institución Educativa SEK)

fían en él y, a pesar de la competencia, siempre contó con minutos. Jugaba muchos partidos de Copa, por lo que muchos compañeros le llamaron portero de noche. Siempre animaba a los que jugaban y, si era él quien se ponía bajo los tres palos, mantenía la sobriedad y ayudaba al equipo a mantenerse siempre entre los primeros puestos de la tabla.

En el primer equipo se mantiene hasta la campaña 1993-1994, con tres Copas y una Supercopa, momento en el que se marcha al Talavera para, tras una temporada, recalar en el Rayo Majadahonda, donde juega hasta 1999.

foto 6

Es el momento de dejar los guantes y comenzar su faceta como formador; trabaja con los porteros y ejerce de segundo entrenador de Manuel Gallego en la Colonia Moscardó en Tercera División. Posteriormente pasa con Santiago Martín Prado a entrenar en Segunda a los porteros del Getafe, para incorporarse de nuevo al Atlético de Madrid. En 2011 aceptó la llamada de Bernardo Schuster para su aventura en el Besiktas para recalar, a su regreso de Turquía, en el Rayo Vallecano. Con Schuster se fue al Málaga como entrenador de porteros desde donde regresó a Madrid para formar a los más pequeños en la AFE. Perseverante, trabajador y estudioso, siempre inquieto como entrenador, posee un gran futuro como técnico.

1/ La vida como técnico hace estar muchas horas en los aeropuertos. 2/ En la imagen vemos a un joven Ángel Mejías como portero del equipo filial. 3/ Mejías durante un entrenamiento. 4/ Con su mujer en Estambul. 5/ En Palma con Cachadiñas, Marcelino y Quique Ramos. 6/ Trabajando en el Atlético de Madrid como técnico. 7/ Trabajando con el Besiktas. 8/ Un descanso en el entrenamiento junto a un aficionado. Alfaro y López. 9/ En Estambul como técnico del Besiktas. 10/ En sus tiempos del Rayo Vallecano.

Equipos históricos

Campeón de **Copa del Rey**

ATLÉTICO	2-1	REAL MADRID

Diego Costa 35'	17 de mayo de 2013	**Cristiano 14'**
Miranda 98'	Estadio:	
	Santiago Bernabéu	

Entrenador: **Cholo** Simeone

Courtois

Godín — Miranda

Juanfran

Filipe Luis

Mario Suárez

Koke
(Raúl García 112')

Gabi

Arda
(Rodríguez 100')

Diego Costa
(Adrián 105')

Falcao

El **candado**
del doblete

En el verano de 1982 **los amigos del barrio** deciden forma a un equipo para jugar un campeonato. Hay un problema: todos son jugadores y no hay ningún portero. **Uno de ellos elige a uno de sus compañeros** para que se sitúe bajo los palos. Nadie pensó que **aquella decisión cambiaría la vida** de José Francisco Molina.

foto 5

"Un genio en la portería y... genial en las ruedas de prensa".

Cecilio Alonso
(Exjugador de balonmano del Atlético de Madrid)

José Francisco Molina Jiménez nació en Valencia el 8 de agosto de 1970. Enamorado del fútbol desde pequeño, disfruta jugando con sus amigos en el colegio y en las calles de su ciudad. Tras ponerse bajo palos ante la falta de portero en un torneo de chavales que acaban ganando, Molina es observado por el entrenador del equipo alevín de una de las mejores escuelas de fútbol de la época, que propone a varios niños la posibilidad de ir a probar al Benimar E. D. I. (Escuela de Deportes de la Iglesia). Tres se quedaron, uno de ellos Molina, ya siempre como portero en lo que fue su primer equipo. Durante cinco años perfecciona su técnica, aprendiendo los fundamentos de su nueva demarcación, hasta que con 17 años ficha por el Juvenil A del Valencia C. F. Es 1987.

Formando parte del filial valencianista es cedido al Unión Deportiva Alzira, donde da muestras de una gran sobriedad. Durante dos años progresa en el Valencia Mestalla, filial valencianista, hasta que es cedido al Villarreal, con el que debuta en Segunda División en la temporada 1993-1994. En su regreso a Valencia pasa a formar parte de la primera plantilla como tercer portero, por detrás de Zubizarreta y Sempere; no cuenta con oportunidades y tras seis

meses sin jugar es cedido en enero al Albacete Balompié, equipo con el que debuta en Primera División, de la mano de Benito Floro, el 8 de enero de 1995 en el Carlos Belmonte en un Albacete 1-Real Oviedo 0. Es un portero con solvencia, seguro bajo los tres palos y, aunque no es espectacular, sus dotes de mando en la retaguardia le convierten en uno de los guardametas con más proyección del fútbol español.

En el verano de 1995 recala en un renovado Atlético de Madrid en el que hay muchas caras nuevas, empezando por la del propio entrenador, Radomir Antic, que desde el primer momento pone al valenciano entre los tres palos para no moverlo nunca. Molina llega para ocupar la portería que había defendido con solvencia Abel.

Es el histórico año del doblete, en el que Molina gana su primer Trofeo Zamora y consigue ser internacional absoluto. Para sorpresa de todos, el valenciano debuta como internacional en Oslo el 24 de abril de 1996, pero no lo hace como portero, sino como futbolista en una decisión extraña de Javier Clemente que introdujo en el campo a Molina en sustitución de su compañero Juanma López para ocupar la posición de interior izquierdo. Luego fue ocho veces más internacional, ya como

foto 3

foto 6

foto 4

foto 2

foto 7

foto 1

portero, cerrando su etapa en la Eurocopa de Bélgica y Holanda de 2000 tras el primer partido en Rotterdam, en el que España cayó por 0-1 ante la selección de Noruega.

En el Atlético de Madrid, Molina se mantiene como portero indiscutible durante cinco temporadas, alcanzando el subcampeonato de Copa en dos ocasiones y dejando un buen sabor de boca en la Liga de Campeones. Sin embargo, los problemas extradeportivos en los que está inmerso el club acaban deteriorando el área deportiva. La intervención judicial desquicia a los jugadores, que se ven inmersos en una serie de malos resultados que abocan al equipo a un descenso que nadie entiende, con una plantilla formada para luchar por la Liga. Con el descenso, Molina sale del Atlético con destino a Coruña, donde empezará una nueva etapa de éxitos con el equipo gallego, con el que gana dos Supercopas de España y una Copa del Rey.

En 2002 comienza un nuevo partido al anunciar que padece un cáncer de testículo, lo que le obliga a retirarse por tiempo indefinido. Pasa por diversas sesiones de quimioterapia para superar la enfermedad y regresa a los terrenos de juego en marzo de 2003, tras anunciar en enero su recuperación. Después de seis temporadas en el equipo gallego, vuelve a su ciudad natal para jugar en el Levante U. D. y cerrar en San Mamés, en un Athletic 2-Levante 0, el 17 de junio de 2007, catorce temporadas en el fútbol profesional, trece de ellas en Primera División, con una Liga, dos Copas del Rey, dos Supercopas y un Trofeo Zamora.

Una vez cerrada su página como futbolista comienza su etapa como entrenador, debutando como técnico del tercer equipo del Villarreal en 2009. Su buen hacer en la cantera del Villarreal le llevó en 2011 al segundo equipo, al que consigue mantener en Segunda División. La mala trayectoria del primer conjunto le obligó a sentarse durante tres meses en el banquillo, pero no consiguió enderezar la trayectoria y fue destituido en marzo de 2012.

En el verano de 2012, Molina fue el encargado por la AFE (Asociación de Futbolistas Españoles) para dirigir al equipo de AFE de futbolistas sin equipo, realizando una pretemporada en Madrid y luego una gira por China que se desarrolló en septiembre de 2012. Posteriormente, estuvo entrenando en Hong Kong, luego en India y en México. En julio de 2018 fue nombrado director deportivo de la Real Federación Española de Fútbol, cargo que desempeñó hasta enero de 2023.

1/ Montando en bicicleta durante una concentración con la selección española. 2/ Entrenando con la selección española durante la Eurocopa 2000 con Camacho, Paco Jémez y Raúl. 3/ Su colocación y sobriedad le hicieron uno de los héroes del doblete. 4/ Con el Trofeo Carranza junto a Simeone, Toni y Pantic. 5/ Con el presidente Jesús Gil y el entonces alcalde de Madrid, Álvarez del Manzano en el balcón del Ayuntamiento en 1996. 6/ Celebrando un gol. 7/ Tras ganar la Copa en Zaragoza, los aficionados le aclaman al bajar del palco.

JOSÉ *PEPE* NAVARRO

El **pupas** del **'pupas'**

foto 2

José Navarro Aparicio nació el 20 de enero de 1952 en Granada. A los pies de La Alhambra comienza su andadura como portero, jugando como juvenil. Es un buen guardameta y **progresa en las categorías inferiores del Granada** hasta que llega a la primera plantilla. Con apenas 20 años **debuta en Primera** un 11 de marzo de 1973 en un partido en Sarriá, tras la expulsión de Cipriano Antonio González Rivero *Ñito*. Son apenas cinco minutos pero ya ha podido debutar en la máxima categoría e incluso llegaría a jugar otros tres partidos esa **temporada 1972-1973,** poniéndole Pasieguito por primera vez bajo los tres palos de Los Cármenes en Liga un 18 de marzo ante el Athletic Club (0-0).

"Qué suerte para la desgracia".

Héctor del Mar
Periodista (1942-2019)

Se va cedido unos meses al Getafe y al año siguiente al Córdoba (en Segunda División) para tener minutos, ya que con Izkoa y Ñito no va a gozar de oportunidades. Allí demuestra que es uno de los porteros con más proyección del fútbol andaluz; sin embargo, en el regreso a Granada apenas juega 45 minutos por lo que al término de la temporada 1974-1975 es cedido nuevamente, esta vez al Burgos. Es un buen año porque, aunque juegue poco, aprende al lado de Manzanedo y ayuda a que el equipo castellano ascienda a Primera de la mano del francés Lucien Muller y con jugadores como Juanito,

Sergio Kresic, Planas o Portugal. Las dos siguientes campañas juega de titular en El Plantío, ya como jugador del Real Burgos al ser traspasado desde el Granada, con técnicos como Marcel Domingo o el propio Muller y con más compañeros como García Navajas y Rubiñán.

Su buen hacer en tierras burgalesas le abre las puertas del Atlético de Madrid en la temporada 1978-1979, donde llega para competir por un puesto con Pacheco y con el consagrado Miguel Reina. Navarro es un jugador paciente, que sabe que su oportunidad va a llegar y cuando esta lo hace la aprovecha; así, en la segunda jornada sustituye en el descanso a Reina en un Atlético de Madrid 3-Hércules 0, celebrado el 9 de septiembre de 1978 en el Vicente Calderón, y se gana la confianza de Héctor Núñez, que apuesta definitivamente por él hasta la jornada 24, cuando en un entrenamiento se rompe la rodilla.

Tiene que pasar por el quirófano, pero aunque la intervención está programada para el jueves siguiente, durante la semana se rompe Reina el martes –rotura de menisco interno– y Pacheco el jueves –fractura del quinto dedo de su mano

foto 1

derecha–, por lo que Vicente Calderón le pide un esfuerzo y posponen la operación que tenía programada con el doctor Cabot y vuelve a jugar cojo hasta siete encuentros, agudizando sus problemas de rodilla, momento en el que se ficha al guipuzcoano Aguinaga, que hasta entonces defendía la portería del Real Jaén. Navarro se recupera pero en una gira sudamericana, jugando en Bolivia, vuelve a romperse el menisco de la misma rodilla y se tiene que poner, tras el fallecimiento del doctor Cabot, en las manos del doctor Guillén en la clínica Santa Elena, convirtiéndose en el primer jugador de elite que opera el galeno.

La rodilla ya no es la misma, por lo que vuelve a romperse, haciendo sus intervenciones en el primer equipo de manera intermitente. Aun así, en la campaña 1979-1980 juega 17 partidos de Liga y en la siguiente, 1980-1981, vuelve plenamente recuperado, juega seis partidos seguidos y gana confianza hasta que en un encuentro en el Calderón con la U. D. Salamanca se rompe el ligamento cruzado de la otra rodilla en un choque con el poste.

La temporada 1981-1982 será su última como profesional: comienza jugando pero tras doce jornadas se lastima el hombro en un partido ante el Sevilla, con lo que vuelve a caer lesionado de larga duración y los médicos le dicen «basta». Su despedida tiene lugar en el mismo campo en el que debutó nueve temporadas antes con el Granada, en Sarriá (2-2) un 18 de abril de 1982.

Deja así el fútbol en activo para pasar a ser parte del cuerpo técnico del club como ayudante de Rodri en la secretaría técnica y luego con Ángel Castillo hasta la temporada 1986-1987, en la que pasa a ser director del Instituto de Medicina Deportiva. Allí trabaja unos años hasta que inicia su etapa como agente de futbolistas en la que también se incorporó, hasta su fallecimiento, su buen amigo Miguel San Román. Juntos manejaron jugadores y entrenadores como, por ejemplo, Luis Aragonés, al que siempre los unió, al margen de una relación profesional, una gran amistad. Si alguien quiere imágenes del fútbol español… que llame a Pepe Navarro.

//// JOSÉ **PACHECO** GÓMEZ

La **paciencia**
da sus frutos

foto 1

Estaban a punto de saltar al terreno de juego, **los nervios a flor de piel para un chaval de 20 años** que veía cumplido un sueño en aquel túnel de vestuarios de Sarriá. Pacheco iba a debutar en Primera y el hombre que le dio la alternativa, Miguel González, haciendo gala de su guasa canaria, se le acerca y le entrega un rollo de papel higiénico: **«toma, por si lo necesitas».** No hizo falta: esa tarde, Pacheco debutó dejando su portería a cero.

"Era la vuelta de la semifinal de la Copa de Europa contra el Celtic de Glasgow. Lleno. Cada uno llevaba dos o tres banderitas rojiblancas en las manos. Las regalaba el Banco Peninsular. En Escocia habían maltratado al Atleti y el Calderón era una olla. Trajeron refuerzo policial de varios lugares. Ganó el Atleti 2-0 y se llegó a la final contra el Bayern".

Paco García Caridad
Periodista

José Pacheco Gómez nació en Santander el 14 de enero de 1947. Desde niño ya fue portero y así lo demostró en su primer equipo, el Callealtera. Con 9 años destaca entre los chavales de su edad en la playa y allí va desarrollando su técnica en los partidos en la arena norteña, donde llega incluso a ser campeón. Con 16 años pasa a jugar en campo grande y es captado por el filial del Racing, el Rayo Cantabria; allí juega en Tercera División, coincidiendo con jugadores como Aguilar y disputando incluso una promoción de ascenso a Segunda. A los 18 es el portero menos goleado de la categoría y el Atlético de Madrid llama a su puerta para incorporarle a su disciplina. El Racing no está por la labor, argumentando el famoso derecho de retención, pero la intervención del padre de Pacheco a favor del fichaje de su hijo hace que el jugador recale en las filas del equipo rojiblanco.

En 1967 llega al primer equipo del Atlético de Madrid desde la Tercera División para ponerse a las órdenes de Otto Gloria y posteriormente de Miguel González, compartiendo vestuario con Miguel San Román y Rodri. Fue un año convulso en el que San Román juega muchos partidos con Rodri como suplente, salvo en el primer encuentro, dirigido por Miguel tras la salida de Otto Gloria, en el que el canario se decantó en la portería por el joven Pacheco. Fue el 24 de marzo de 1968 en Sarriá y debutó con buen pie, ya que se ganó 0-1 gracias al gol de Luis Aragonés. Fue un pequeño premio que, sin embargo, no contó con continuidad, ya que no volvió a jugar ningún partido oficial en esa temporada

ni en las dos siguientes. Pero su constancia, su buen trabajo, su compañerismo y su calidad bajo los palos le fueron abriendo paso como un buen portero siempre preparado ante cualquier circunstancia. En esas temporadas, Pacheco entrena a diario con el primer equipo pero juega los partidos con el filial para mantener la actividad. Con el Atlético Reyfa comparte vestuario con compañeros como Capón y Benegas, trabajando para dar el salto.

Pacheco no llegó a ser absoluto pero sí fue internacional Sub-23. Era un portero sobrio bajo palos y muy espectacular en sus intervenciones, valiente, listo, expeditivo y con una gran colocación. Sus críticos le acusaban de palomitero, pero siempre rindió bien mientras defendió los colores del Atlético de Madrid. Curiosamente, a pesar de no ser titular, Pacheco puede presumir de haber tenido la fortuna de ponerse bajo los palos en partidos muy importantes para la entidad, como el partido 500 del club en Liga, el partido 1.000 o con intervenciones decisivas como el penalti que paró al Deportivo en el encuentro crucial por la Liga de 1972. También fue el portero de la final de la Copa Intercontinental ante el Independiente de Avellaneda o en el Bernabéu el día que se conquistó la Liga en 1977.

Pacheco defiende los colores del Atlético de Madrid durante once temporadas hasta el final de la campaña 1978-1979. Se marcha con tres Ligas, dos Copas y una Copa Intercontinental. Jugador de club, siempre supo esperar su oportunidad y, aunque jugó pocos partidos, merece un hueco en este libro. Tras el Atlético se marcha un año a su tierra, Cantabria, para jugar en el Racing de Santander. Después lo hará en el Logroñés, para cerrar su etapa en el Getafe, al que llega de la mano de Máximo Hernández. Sin embargo, los problemas de la directiva del equipo madrileño impidieron que los profesionales disputaran partidos oficiales, por lo que decide colgar las botas.

Regresa a Logroño a gestionar una tienda de deportes, para luego alternar este negocio con el puesto de segundo entrenador del Logroñés, con Delfín Álvarez, en la temporada 1985-1986 y con Javier Irureta en Primera División mientras entrena al juvenil de División de Honor y al equipo de promesas de los riojanos.

Una llamada de la Cadena Ser cambia el rumbo de Pacheco, que pasa desde aquel momento a ser jefe de Deportes de la emisora en Logroño, cargo que desempeñó durante veinte años. Falleció el 27 de septiembre de 2022.

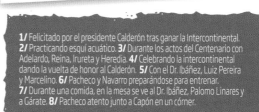

1/ Felicitado por el presidente Calderón tras ganar la Intercontinental. **2/** Practicando esquí acuático. **3/** Durante los actos del Centenario con Adelardo, Reina, Irureta y Heredia. **4/** Celebrando la intercontinental dando la vuelta de honor al Calderón. **5/** Con el Dr. Ibáñez, Luiz Pereira y Marcelino. **6/** Pacheco y Navarro preparándose para entrenar. **7/** Durante una comida, en la mesa se ve al Dr. Ibáñez, Palomo Linares y a Gárate. **8/** Pacheco atento junto a Capón en un córner.

Elástica
elegancia

«Vaya usted al oculista». Pazos se quedó de piedra al escuchar a los responsables del club mandarle al especialista tras haber encajado cuatro goles ante la Real Sociedad. Ni siquiera la grave lesión producida jugando con el Celta en el Metropolitano el 2 de noviembre de 1952 era la causante. Esa tarde, **en un aparatoso choque con Juncosa,** se rompe los dos maxilares, la mandíbula, el paladar y sufre además una luxación de clavícula. Obediente, acudió a la cita y el oculista, poco entendedor de fútbol, solo le pudo decir que no tenía problemas de visión y que, a pesar de las secuelas en el pómulo, **«o tuvo mala tarde o los delanteros del equipo contrario eran muy buenos».**

foto 1

"Su profesionalidad, disciplina, elegancia, constancia, locuacidad y respeto hacia el contrario en el terreno de juego los ha sabido aplicar y conjugar perfectamente en su vida personal y familiar con igual o más éxito, si cabe. Siempre ha sido un gran ejemplo a seguir e imitar".

José Manuel Pazos
(Hijo de Manuel Pazos)

Manuel Pazos González vio la luz en la ciudad pontevedresa de Cambados el 17 de marzo de 1930. En la plaza del Pazo de Fefiñáns juega con otros niños, unas veces de interior y otras, cuando le toca, de portero; uno de esos días en los que tiene que colocarse bajo los palos le ve un espectador y le convence para entrenar en Pasarón. En el equipo de su pueblo, el Carabela, y en el Pasarón, en Regional, comienza a forjar su carrera como guardameta. Su progresión no pasa desapercibida para los técnicos del Pontevedra pero cuando se deciden por hacerle contrato profesional, el Celta de Vigo se interpone y se hace con los servicios de Pazos para que juegue en Balaídos.

Manuel Pazos debuta con el Celta en Primera División el 14 de octubre de 1951, en un partido precisamente frente al Atlético de Madrid. Esa temporada apenas juega seis encuentros pero en la campaña 1951-1952, aunque le costó entrar en el equipo, agarró la titularidad en la jornada 13 y ya no la soltó hasta el final, lo que le valió que el Real Madrid se fijara en él. Tiene entonces 23 años y uno de los pioneros en agente de futbolistas como Ángel Rodríguez el Feo, le lleva al

Real Madrid en la campaña 1953-1954. Pazos desembarca en el conjunto blanco junto a un argentino llamado Alfredo Di Stéfano.

Debuta en Chamartín de la mano del técnico uruguayo Enrique Fernández, lo que le da la posibilidad de ser llamado por Pasarín y Encinas a la selección española para un amistoso en San Mamés ante Suecia. No debuta con la absoluta, ya que delante tiene a Ramallets, aunque sí jugará varias veces con la selección B. Ese año gana la Liga con el Real Madrid y juega 17 partidos, pero su situación en el equipo no es la mejor, ya que hay rumores de indisciplina (totalmente infundados), que le hacen ir cedido al Hércules de Alicante en la campaña 1954-1955. En el recién inaugurado Campo de la Viña alicantino realiza una sensacional campaña y el equipo finaliza sexto en la tabla, pero Pazos no está dispuesto a volver al Madrid y recibe en mayo de 1955 una oferta del Atlético.

Firma contrato por tres temporadas, pero lo que iban a ser tres años se convierten en siete, casi una década ligado a un club que disfrutó de la agilidad y espectacularidad de este portero gallego que mantuvo

foto 5

foto 4

foto 2

foto 8

foto 3

foto 7

foto 7

la titularidad hasta la llegada de otro de los grandes del Atlético: Madinabeytia. La plantilla enseguida se entiende perfectamente con este guardameta explosivo, ágil y espectacular, que hace grandes migas con jugadores como Escudero, Miguel, Peiró, Agustín, Cobo, Verde, Mújica o Collar. Es un equipo que lucha todas las temporadas por la Liga y por la Copa y que se estrena en Europa en la campaña 1958-1959. Son años gloriosos para Pazos, que vive una sana competencia con el argentino hasta que Villalonga se decanta por el ex de Huracán. Pazos asume su suplencia con gran compañerismo y anima como uno más a ganar las dos primeras Copas que conquista el Atlético, así como en el pase a la final de la Recopa en 1962.

Su suplencia le hace escuchar ofertas de otros equipos: a pesar del interés del Málaga, el Tenerife o el Español de Barcelona, acepta la oferta del Elche para volver a tierras alicantinas, en las que dejó grandes tardes.

Llega a Elche con 33 años y con muchas dudas generadas en los directivos debido a su edad, pero si se quedó siete en el Atlético, también estuvo otros siete en el viejo Altabix. Allí técnicos como Herrera, Di Stéfano o Juan Romo confiaron en él hasta que decidió retirarse cuando ya había cumplido los 39 años. En su carrera profesional, Pazos siempre jugó en Primera.

Con 40 años y más de 380 partidos de Liga en Primera División se enrola para matar el gusanillo en equipos de la Comunidad Valenciana de la Tercera División y Preferente. Así, juega en el Novelda, Tháder de Rojales o el Santa Pola hasta que con 44 años decide retirarse definitivamente en las filas del Abarán de la Preferente valenciana.

Tras su retirada decide fijar su residencia en Elche e incluso regentó un bar enfrente del viejo estadio de Altabix. También trabajó como representante de ventas de calzado. Falleció el 24 de mayo de 2019.

Equipos históricos
Segunda **Supercopa de Europa**

CHELSEA	1-4	ATLÉTICO
Cahill 75'	31 de agosto de 2012 Estadio: Louis II (Mónaco)	**Falcao** **6', 19' y 34'** **Miranda 60'**

Entrenador: **Cholo** Simeone

Courtois

Miranda — Godín

Juanfran — Filipe Luis

Mario Suárez — Arda

Gabi — Koke (Raúl García 81')

Adrián (Rodríguez 56') — Falcao (Emre 87')

Reflejos **felinos**

foto 1

Ni fumar y caminar pasillo arriba, pasillo abajo conseguían calmarle los nervios. A pesar de haber estado en **mil batallas,** aquel día estaba como un flan, incluso mucho más nervioso que cuando jugaba finales con el Barça o con el Atleti. La brisa del mar tampoco ayudaba, ajena a que en El Molinón **Luis Aragonés estaba a punto de dar la alternativa al hijo de un amigo.** Miguel Reina sufrió y disfrutó aquel 17 de agosto cuando pudo ver a su hijo Pepe como portero de la selección absoluta. Mantuvo su puerta a cero ante Uruguay y, al finalizar el partido (2-0), Reina padre soltó un soplido: **«ya me puedo morir tranquilo, ya he visto a mi hijo debutar como internacional absoluto».** Lo que no sabía es que no solo le vería debutar, sino también sacar la espinita de cientos de internacionales que como su padre soñaron con ser campeones del mundo.

"Los guantes de Miguel Reina, un ogro alemán de apellido innombrable, Schwatzembeck, cinco minutos y el mundo a sus pies se vino encima. El Atlético es el Nido del Cuco, un psiquiátrico maravilloso en el que se desatan todas las pasiones".

Alejandro Romero
(Periodista, Onda Cero)

Miguel Reina Santos nació en Córdoba el 21 de enero de 1946. Criado en una familia con cinco hermanos, su padre emigra como cocinero unos años a Venezuela antes de regresar a España y ser el jefe de cocina del Hotel Córdoba Palace. Estudió en el colegio Cervantes, de los maristas, y ahí empezó a demostrar sus buenas dotes como portero; por eso el hermano Justino se centró en él y le ayudó. Sus salidas valientes y explosivas le hacen jugar desde los 11 años en el Candelarias, donde se codea con chavales mucho mayores que él. Sus grandes habilidades en la cocina –se dice que podía haber llegado muy lejos como cocinero– no impiden que se incorpore al Español de Santiago juvenil, desde donde Abelardo Sánchez, figura notable y precursor del fútbol cordobés, le lleva al juvenil del Córdoba en unos años en los que compagina su trabajo como pinche de cocina, los estudios y los entrenamientos.

Miguel tiene 15 años y el primer equipo de la ciudad de la Mezquita está dirigido por Roque Olsen. Gracias al argentino y a otro buen amigo como Rosendo Hernández, Miguel ve cómo poco a poco asciende peldaños,

empezando por la selección andaluza y luego la española juvenil, y por supuesto también progresa en el Córdoba, donde gana el campeonato juvenil la temporada 1961-1962 y entrena a diario con el primer equipo, que ese mismo año consigue el ascenso a Primera División.

Debuta en Primera en octubre de 1964 de la mano de otro exportero, Ignacio Eizaguirre, que le enseñó a mandar, a dirigir a su defensa desde su área, a dar tranquilidad a sus centrales y a ser sin duda uno de los mejores porteros del fútbol español. Perfecciona con Eizaguirre el despeje de puños, la colocación y los reflejos y en plena campaña 1965-1966 el Córdoba recibe dos grandes ofertas, una del Real Madrid y otra del F. C. Barcelona. La oferta azulgrana es irrechazable por lo que hace las maletas: tras un tira y afloja que a punto estuvo de frustrar el fichaje, Reina llega a Barcelona para debutar en la Copa de Ferias.

Sus buenas actuaciones y la presencia de Olsen en el banquillo le abren la titularidad. Incluso con 20 años acude al Mundial de Inglaterra 1966 como tercer portero, detrás de Bettancourt e Iribar. Debuta con la Roja en La Línea el 16 de octubre de 1969 con Kubala ante Finlandia (6-0), pero días después se rompe el ligamento cruzado y el menisco poniendo en peligro ya no solo su continuidad en el equipo sino también su propia carrera. Es ahí cuando se cruza en su camino el doctor Cabot y sobre todo Ángel Mur, padre que con sus hábiles manos consigue una recuperación milagrosa que le vuelve a poner bajo los palos en un amistoso en noviembre ante el Estrella Roja. Tiene 20 años, una ilusión tremenda y sobre todo una calidad que le hará poco a poco conseguir sus metas. En esos tiempos, y con visión de futuro, monta junto a uno de sus

foto 2
foto 7
foto 6
foto 8
foto 9
foto 11
foto 10
foto 4
foto 5
foto 3

hermanos, que es sastre y diseñador, una empresa de confección de prendas de piel. A pesar de los pitos del público y de las decisiones del técnico inglés Vic Buckingham, en la temporada 1969-1970 se afianza definitivamente en el puesto y así lo hace hasta la temporada 1972-1973, en la que acaba como portero menos goleado del campeonato.

Su empresa de confección sigue progresando y se convierte en una de las grades proveedoras de las grandes firmas del país. Crece en empleados y en facturación pero una estafa en su negocio cambiará el rumbo de Reina como portero: el apoyo económico que no encuentra con el presidente azulgrana Montal sí lo tiene con Vicente Calderón (al que siempre catalogó cono un segundo padre), que no duda en ayudarle y además poner sobre la mesa del Barcelona una oferta de 12 millones, por lo que Reina deja el Barcelona para enrolarse en el Atlético de Madrid en la campaña 1973-1974, convirtiéndose en ese momento en el fichaje más caro de la historia del club.

En Madrid sigue haciendo gala de su extraordinaria calidad como cancerbero: ágil, elástico y sin miedo en salir a interceptar limpiamente el balón a los pies del delantero, se gana a la afición del Atlético, que siempre le recordará por jugar con un jersey verde (para pasar inadvertido). Con Juan Carlos Lorenzo en el banquillo, aquella temporada se llega a la ansiada final europea, en un capítulo ya conocido por los aficionados y que siempre dejó marcado a Miguel Reina, que curiosamente no había encajado un solo gol en toda la competición de Copa de Europa. Ese episodio del gol de Schwarzenbeck, al que sigue más de 40

años después si encontrarle una explicación, no le impide convertirse en indiscutible en la portería del Calderón, ganando en esos años una Liga, una Copa Intercontinental y una Copa, además de otro trofeo Zamora en la campaña 1976-1977 al encajar 29 goles en 30 partidos.

Su vida futbolística toca a su fin en 1980. Reina, en agradecimiento a Vicente Calderón, le había dado su palabra de que cuando el presidente se marchara, él haría lo mismo. En esos tiempos tenía también una agencia de representación en la que llegaba a ganar más dinero que en el fútbol; por eso, dicho y hecho, deja el club a la edad de 34 años para seguir dedicándose a sus negocios. Su último partido liguero con el Atlético de Madrid se remonta al 11 de mayo de 1980 en un Atlético 0 -U. D. Salamanca 1.

Tras el fútbol siguió con sus negocios como proveedor de grandes almacenes, pero al salir su hijo Pepe de la Masía se marcha a Barcelona alternando viajes a Madrid hasta que hace unos años decide trasladarse definitivamente a Córdoba. En las elecciones municipales de 2011, formó parte de la candidatura del Partido Popular por Córdoba y llegando a ser concejal de de Deportes y presidente del Instituto Municipal de Deportes del Ayuntamiento de Córdoba.

1/ Estando su padre en Caracas y aprovechando la visita del Barcelona para disputar la Pequeña Copa del Mundo, Domingo Balmanya regala un balón de reglamento que se convierte desde ese momento en el trofeo más preciado del pequeño Miguel. En el barrio juega de extremo pero da muchas patadas y los chavales le convencen de que juegue de portero para al menos seguir jugando con la famosa pelota. 2/ Torneo benéfico de Tenis en el Club de Tenis Chamartín Manolo Santana y Paul Breitner contra Miguel Reina y el tenista brasileño José Edison Mandarino, 21 de abril de 1976. 3/ En el Córdoba juvenil 1962-1963. El de Reina es un caso difícil de encontrar en nuestro fútbol en esos años sesenta ya que pasa con apenas 17 años de jugar en el juvenil a consolidarse en la portería de un equipo de Primera. 4/ Adelardo, Reina, Rubén Cano, Pereira, Benegas, Panadero Díaz. Abajo: Capón, Leal, Leivinha, Gárate y Ayala. 5/ Cromo de la época. 6/ Durante los actos del Centenario junto a Rivilla, Clemente Villaverde y Pacheco. 7/ Saludando en el Arcángel cordobés el día de su homenaje en septiembre de 2005. 8/ También fue un ídolo en el F. C. Barcelona. En la campaña 1972-1973 además consigue estar 824 minutos imbatido convirtiéndose en el portero menos goleado de la historia del F. C. Barcelona hasta que el 1 de noviembre de 2011 Víctor Valdés batió esa marca. Allí Miguel sigue adelante gracias al apoyo de su familia a la que trasladó a Barcelona. Su padre dejó de trabajar para otros y montó la Cafetería Reina que adquirió fama en Barcelona por la especialidad cordobesa del rabo de toro. 9/ Muchas veces los rivales se ponían a sus pies. 10/ Semifinales de la Copa de Europa en Glasgow; Reina atrapa un balón ante la presencia de Benegas, Heredia, Callagham y Adelardo. 11/ Siempre es bueno una partida de ajedrez con su compañero Navarro.

foto 1

Colocación
y sobriedad

Roberto Rodríguez Aguirre nace en Logroño el 14 de noviembre de 1942. Son **tiempos difíciles, años de penurias y de reconstrucción** en los que se intenta salir adelante a base de esfuerzo y trabajo. En 1950, sus padres deciden trasladar su residencia a Madrid. Es así como el pequeño Roberto, con apenas 8 años y junto a sus ocho hermanos (dos de ellos, Daniel y Naftalí, también jugadores de fútbol, ambos en Tercera División), **comienza a palpar el ambiente de la capital.**

> *"¿Qué es el Atlético? Un sentimiento. ¿Qué frase define al Atlético? Yo hago lo imposible, porque lo posible lo hace cualquiera".*

Agustín Castellote
(Periodista)

Un día en la parroquia necesitaban un chico que se pusiera de portero y allí acudió Rodri, lo hizo bien y se quedó jugando con sus amigos en las inmediaciones del Paseo de Extremadura hasta que con 14 años se animó a presentarse a unas pruebas con el Atlético de Madrid. El resultado de la sesión realizada en los campos de la Federación Castellana es satisfactorio: los técnicos rojiblancos, Burillo entre otros, le ven maneras y durante tres años le van puliendo para sacar al gran portero que lleva dentro.

Son años felices, ya que llega a ser internacional juvenil en el Campeonato de Europa celebrado en Lisboa, donde quedan terceros. Rodri es ya una de las promesas de la cantera del Atlético y se incorpora al primer equipo pero con ficha del conjunto *amateur*, en el que juega casi siempre a las órdenes de Adrián Escudero. Entrena con los mayores y aprende de Madinabeytia y San Román. Rodri defiende la camiseta de España en los Juegos Mediterráneos y juega la clasificación para los Juegos Olímpicos de Tokyo, en los que España es eliminada por Hungría. Aprovechando el servicio militar se incorpora a un Pontevedra que ya había mostrado interés en él, convirtiéndose así en un referente del equipo gallego, al que lleva a la Primera División. Es la temporada 1963-1964 y se convierte en el portero menos goleado en todas las categorías; como está haciendo el servicio militar también juega el

Campeonato del Mundo Militar que se disputa en Asturias; allí gana el título junto a futbolistas como Ufarte, Martínez Jayo, Grosso, Fusté, Glaría, De Felipe, Velázquez, Guedes o Montesinos.

Tras la mili y su paso por Pontevedra, Rodri debuta como portero del Atlético a las órdenes de Otto Bumbel en la Pequeña Copa del Mundo en Caracas, ante el Benfica del gran Eusebio. Su debut oficial en Liga tiene lugar en enero de 1966 en un Málaga 1-Atlético 1.

En esos años Rodri se consolida en el primer equipo alternando sus actuaciones con las de El Vasco Madinabeytia y San Román, hasta que en la campaña 1968-1969 se hace definitivamente con la titularidad para volver a ganar nuevamente el título liguero.

Su buen hacer y su trabajo le mantuvieron como uno de los fijos en la primera plantilla, a pesar de las ofertas que llegaban, como una muy importante que recibió del Betis. No era un portero espectacular, no hacía palomitas de cara a la galería, pero con su sobriedad, su seguridad y personalidad bajo los palos se ganó el cariño de la fiel afición y conquistó tres Ligas y dos Copas.

El hecho de finalizar su contrato y la llegada de Miguel Reina le cerraron la titularidad, al igual que Iribar le cerró el paso en la selección a pesar de ser convocado tres veces por Ladislao Kubala.

foto 2

foto 5

foto 3

foto 4

foto 6

La campaña 1973-1974 es la última de Rodri como jugador del Atlético. Tiene 31 años y su idea es dejar el fútbol, pero recibe una llamada de su amigo Manolo Moreno, por aquel entonces entrenador del Celta de Vigo, y se marcha al equipo gallego. Juega toda la temporada de titular pero no puede impedir el descenso a Segunda, por lo que al final de la campaña decide marcharse.

Su propia inquietud y su fidelidad a sus amigos le hace aceptar el compromiso con el Rayo Vallecano en Segunda División tras la llamada de Alfredo Di Stéfano. Llega a Vallecas en la campaña 1975-1976, pero al no poder alternar el fútbol con otras ocupaciones, solo juega nueve partidos y se despide del fútbol en la Tacita de Plata el 28 de diciembre de 1975, con un Cádiz 2-Rayo Vallecano 0.

Se abre ahí un nuevo capítulo en la vida de Rodri en la que aparece la figura del empresario como responsable de diversos salones de bodas, pero el fútbol tira y en Mareo se hace con el título de entrenador: termina la formación con el número dos de su promoción y comienza a trabajar en la cantera del Atlético de Madrid, donde desde el juvenil saca jugadores como Bastón, Pedro Pablo, Marina o Julio Prieto. Pasa a integrar la secretaría técnica del equipo y participa en el fichaje de jugadores como Landáburu, Tomás o Votava entre otros muchos. También se encarga en

1/ Saludando a Pelé. 2/ Con la selección militar posando con un gendarme y el canario Guedes. 3/ A pesar de las lesiones nunca perdió el buen humor para posar escayolado en el Calderón. 4/ Como secretario técnico del club asistiendo a la firma de contrato de Luis Aragonés como entrenador. 5/ Como canterano con el Atlético Juvenil. 6/ Equipo que ganó en Sabadell y se proclamó campeón de Liga en 1969. Arriba, Rodri, Melo, Ovejero, Calleja, Adelardo y Jayo; abajo, Ufarte, Luis, Gárate, Alberto y Salcedo.

1982 del traspaso de Julio Alberto y Marcos al Barcelona, pero decide no seguir a pesar de tener contrato hasta el mes de junio: su labor ha finalizado y se dedica desde ese momento a los negocios junto a uno de sus hijos.

Su hijo varón también se dedicó al fútbol profesional. Roberto Rodríguez Basulto nació el 11 de junio de 1969, cuando su padre era portero del Atlético de Madrid. Durante tres campañas jugó en el Sporting de Gijón en Primera División (1991-1994), aunque no gozó de muchos minutos. En la campaña 1994-1995 defendió la camiseta del Rayo Vallecano en Segunda División. En la actualidad, es director deportivo de fútbol masculino de la Real Federación Madrileña de Fútbol.

MIGUEL **SAN ROMÁN**

El **Pechuga**

Miguel San Román Núñez vino al mundo en la localidad zamorana de Mombuey un 25 de abril de 1938. De niño, **como cualquier chaval da patadas a pelotas improvisadas en las calles** del pueblo pero no será hasta su traslado a Madrid para estudiar cuando tenga un contacto más serio con el fútbol. En la calle Donoso Cortés, **en las Escuelas Pías, Miguel se hace portero.** Es un chaval alto, con una gran envergadura y con unas grandes manos que le sirven igual para atrapar balones que para despejarlos. Gracias a un hermano suyo, muy atlético, **consigue hacer una prueba y esa pequeña decisión cambiaría su vida.**

foto 6

"El Atleti te sacude el sentimiento, nunca decae".

Antonio Sanz
(Director de comunicación de Bahía)

Miguel llega al Atlético con 16 años para entrenar a las órdenes de Manuel Guijarro Pirulo y disputar algunos partidos amistosos. Los dos años siguientes perfecciona su técnica y aprende de dos auténticos mitos del club, primero a las órdenes de Juncosa y después a las de Germán, ganando el Campeonato de España en junio de 1956.

Los técnicos le ven como futuro portero grande por lo que va alternando el equipo juvenil con el *amateur*. Antonio Barrios le abre las puertas del primer equipo en 1958, recibiendo la alternativa con Fernando Daucik.

No juega un solo minuto en Liga, tiene apenas 20 años y los técnicos del club no quieren que esté tiempo sin jugar, así que deciden cederle, primero al Rayo Vallecano (1959-1960) y luego al Murcia (1960-1961).

Finalizada la cesión, regresa a casa en la temporada 1961-1962 a integrarse en la plantilla que dirigen José Villalonga y Rafael González Repullo Tinte ayudando a conquistar el primer título europeo de la historia del club, la Recopa ganada a la Fiorentina. Su debut oficial en Liga se produce en la campaña 1962-1963 en un partido disputado en Mestalla en enero de 1963. Su estreno en Liga en el Metropolitano tiene lugar el 6 de abril de ese mismo año en un partido ante el Elche (1-1)

en el que tiene enfrente como portero precisamente al que fuera su compañero en el Atlético Manuel Pazos.

A pesar de jugar poco, San Román hacía grupo, era el alma de un vestuario que juega dos finales de Copa ante el Zaragoza (una ganada y otra perdida) y que conquista la Liga en la temporada 1965-1966 a las órdenes de Domingo Balmanya, en un equipo en el que también tiene la competencia de Rodri. Con Otto Gloria en el banquillo vive sus mejores temporadas en cuanto a participación se refiere ya que juega muchos partidos siendo el portero más utilizado por el técnico brasileño. Su agilidad bajo palos, sus estiradas espectaculares y su seguridad le hacen auparse con el puesto de titular.

Con 31 años sus posibilidades de jugar se van desvaneciendo, una lesión de rodilla le hace pasar tres veces por el quirófano y, aunque se mantiene en la plantilla hasta la campaña 1969-1970 (año en el que se vuelve a ganar la Liga), decide poner punto y final a su carrera a pesar de tener aún un año y medio de contrato.

Apasionado del mundo del ring, ya en sus tiempos de portero se había sacado la licencia de empresario de boxeo gracias a la colaboración del propio Vicente Calderón que colaboraba con su suegro Luis Bamala.

foto 1

foto 2

foto 3

foto 4

foto 5

foto 8

RADIO DEL MANZANARE

MENAJE a SAN ROMAN

Domingo, 8 de febrero de 1970
A las 4,30 de la tarde

BRATISLAVA contra CLUB ATLÉTICO DE MAR

Sus veladas eran famosas en todo el país y ayudó a que el boxeo fuera uno de los deportes más apreciados en los años setenta. En 1973 se aleja de ese círculo y se traslada a Sevilla para iniciar una nueva vida en una empresa de mantenimiento hasta que con su amigo Manolo Mateo decide regresar a Madrid para dedicarse al mundo del espectáculo y regentar durante diez años el mítico tablao flamenco Los Canasteros, creado por Manolo Caracol. A pesar de sus negocios como empresario del boxeo y de hostelería, nunca deja el fútbol y mucho menos el Atleti, al que sigue siendo fiel. Desde mediados de los noventa, junto a su buen amigo y también ex portero rojiblanco Pepe Navarro, trabajó en la representación de futbolistas y técnicos, como la de su amigo Luis Aragonés. Ha ejercido de entrenador del equipo de veteranos del club y fue el nexo de unión de muchas generaciones de exfutbolistas que, aunque nunca jugaron juntos, se sienten compañeros. Miguel San Román falleció a los 77 años en Madrid el 10 de noviembre de 2015.

1/ Los mejores boxeadores del momento pasaban por sus manos, Dum Dum Pacheco, Pedro Carrasco, los hermanos Peralta, Carlitos Capeta (que fue masajista de Boca Juniors), Legrá o el propio Jose Manuel Ibar *Urtáin* con el que le unía una gran amistad y que, como se ve en la imagen, llegó a hacer el saque de honor el día de su homenaje en el Manzanares. 2/ Cartel del día del homenaje. 3/ Durante el Mundial 82, generó una gran amistad con Bobby Charlton. 4/ Alineación del Atlético del 31 de diciembre de 1967 en el Manzanares ante el Valencia (0-0). De pie, San Román, Griffa, Jayo, Ruiz Sosa, Glaría y Rivilla; agachados, Ufarte, Luis, Gárate, Urtiaga y Cardona. 5/ Comida en la que vemos en primer término a San Román, seguido de Collar, Rafael Martínez Gandía, el Padre Serrano y Manolo Ruiz Sosa. 6/ Felicitado por Calleja y Griffa tras un gran partido en Valencia. 7/ Con buenos atléticos, ahí vemos a San Román junto a Pancho Varona, Joaquín Sabina, Pepe Navarro y Miguel Ángel Gil Marín. 8/ Durante los actos del Centenario en 2003 mientras habla por teléfono, vemos a su lado a Pereira y *Ratón* Ayala.

foto 4

47

El portero de los
aviadores

Fernando Tabales Prieto nace en Sevilla el 24 de septiembre de 1914. **Desde niño Tabales se decidió por ponerse en la portería** en equipos como el sevillano Esparta F. C. o el Recreativo de Granada, con el que **debuta el 26 de noviembre de 1933** en un partido de Tercera División ante el Xerez. A punto de cumplir los 20 años empieza a jugar en el Aviación Nacional, club con el que gana el Campeonato Regional de Aragón. Puede jugar así el Torneo Nacional de Fútbol, un campeonato ideado en el bando vencedor de la Guerra Civil, que es **el primer campeonato oficial que se disputa en España** tras la contienda y posteriormente sería reconocido como la 35ª edición de la Copa.

"El Atleti me ha dejado en todo este tiempo fotos y personas imborrables en mi vida: todas las imágenes de aquel Atleti-Albacete que sellaba la Liga de 1995-1996 y la posterior cabalgata con el irrepetible Jesús Gil en la primera carroza y otras personas que hicieron historia".

Antonio Ruiz
(Periodista, Cadena Cope)

Con ese equipo debuta el 14 de mayo de 1939 en el campo de Heliópolis ante el Betis; ese día Tabales ocupa el puesto de titular en detrimento de Guillermo, que había sido el portero desde los inicios del Aviación. Siete días después se disputa en Madrid el primer partido oficial después de la guerra y los aviadores, esta vez con Guillermo en la portería en lugar de un nervioso Tabales, que acusó su debut en Heliópolis, se imponen claramente por 4-0 con doblete de Vázquez y Sañudo. En semifinales caen ante el Sevilla pero el futuro cambia cuando se inician negociaciones para comenzar de nuevo el campeonato de Liga. Es así como las conversaciones mantenidas en septiembre culminan con la firma el 4 de octubre de 1939 que lleva a fusionarse al Aviación Nacional con un maltrecho Athletic Club de Madrid, que, al margen de problemas económicos, carece de jugadores suficientes debido a la guerra. Así nace el Atlético Aviación.

Tabales aprende de Guillermo Rodríguez Gómez, un pontevedrés que ya jugaba con los rojiblancos desde 1934 y al que acabará quitando el puesto, y sobre todo del gran Ricardo Zamora, que se vuelca con el sevillano mientras este aprende a ser titular. La labor

de Zamora no es fácil, ya que la plantilla está formada de retales de jugadores que pertenecían a otros equipos antes de la guerra: Guillermo y Mesa al Athletic de Madrid, Blanco y Agustín al Celta, Germán y Hernández al Racing de Santander, Sañudo y López Herranz al Madrid F. C. y Begoña al Deportivo de la Coruña. La situación parece insostenible pero una hábil maniobra administrativa consigue disputar una promoción en Mestalla con Osasuna y estar en el estreno de la Primera División tras la Guerra Civil.

En ese escenario se mueve un Tabales con 20 años que se convierte en el portero menos goleado del campeonato. Su debut en Liga tiene lugar el 3 de diciembre de 1939 en San Mamés en un Athletic Club 1-Atlético Aviación 3. Son días felices para Fernando Tabales; sin embargo, antes del arranque de la siguiente temporada unos desacuerdos en la renovación le hacen declararse en rebeldía y regresa a Sevilla con la intención de abandonar el fútbol. El club repesca por si acaso a Pacheco para la temporada y no acepta las condiciones del sevillano, pero una mala actuación de Guillermo en el primer partido liguero hace que retome las negociaciones con Tabales,

quien se reincorpora a la disciplina del la entidad y vuelve a ocupar su puesto bajo palos en la segunda jornada para repetir título liguero.

Tabales era un portero sobrio, elegante, y, a pesar de no tener una gran altura, contaba con una agilidad extraordinaria. Continuó en la disciplina del Atlético Aviación hasta la campaña 1943-1944, en la que la llegada de Ederra y Pérez le cierran el paso, por lo que se marcha requerido por el presidente del Albacete, José Zafrilla Valero. También juega en la U. D. Salamanca y en el Granada, para recalar finalmente en las filas del Español de Barcelona, donde solamente juega dos partidos ligueros en la campaña 1945-1946. También en esos años juega algunos partidos amistosos, luciendo la elástica del Betis de su Sevilla natal. Juega su último partido como verdiblanco el 2 de junio de 1946 en Cáceres, para colgar definitivamente los guantes en las filas del Sant Andreu en la campaña 1946-1947.

Fernando Tabales falleció el 29 de mayo de 1983 a los 69 años de edad.

1/ En acción parando un balón en el Metropolitano en un partido ante el F. C. Barcelona. 2/ Riera, Tabales y Aparicio. 3/ Posando como portero del Granada. 4/ Demostrando su calidad en San Mamés. 5/ El Atlético Aviación campeón con Mesa, Tabales, Aparicio, Gabilondo, Germán Machín, Manín, Arencibia, Pruden, Campos y Vázquez. 6/ En sus años como portero del Atlético Aviación.

INAUGURADO EN 1966, FUE EL PRIMER ESTADIO DE EUROPA EN OFRECER ASIENTOS PARA TODO EL AFORO. SU HISTORIA GUARDA MOMENTOS GLORIOSOS.

El estadio de los conciertos

Grandes estrellas actuaron en el recinto. Michael Jackson eligió el estadio para sus dos únicos shows en Madrid, en 1988 y 1992.

¿Quién inauguró el marcador del Manzanares?

Vicente Calderón
Un fortín comanche

Infografía | Miguel Ángel Fernández

Luis Aragonés

1-0

Atlético-Valencia
Fecha:
2 de octubre de 1966
Competición:
Campeonato de Liga
(4ª Jornada)
Resultado final:
1-1

El lugar en el que más tiempo ha permanecido el club

Reparto de los 120 años del Atlético en sus estadios y aforo de cada uno de ellos.

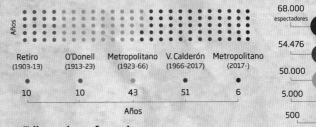

	Retiro (1903-13)	O'Donell (1913-23)	Metropolitano (1923-66)	V. Calderón (1966-2017)	Metropolitano (2017-)
Años	10	10	43	51	6

Años

68.000 espectadores
54.476
50.000
5.000
500

Tribuna de preferencia

La cubierta de la de la grada no fue acabada hasta febrero de 1972.

22 vigas de hormigón armado

18.850 asientos cubiertos

Cubierta

Superficie
5.000 metros ²

1 Grada
2 Palco
3 Tribuna VIP Sur
4 Tribuna VIP Norte
5 Palco de honor

25 títulos para tres presidentes

10 Vicente **CALDERÓN** (1964-80) (1982-87)

4 Jesús **GIL** (1987-03)

11 Enrique **CEREZO** (2003-) *

*Cerezo suma una Europa League (2018), una Supercopa de Europa (2018) y una Liga (2021) desde la inauguración del Metropolitano.

Cronología

1961	1966	1967	1971
Javier Barroso compra los terrenos para construir el estadio.	El 2 de octubre se inaugura el recinto con 62.000 asientos.	Primer derbi madrileño en el Manzanares. Resultado: 2-2.	El Estadio pasa de llamarse Manzanares a Vicente Calderón.

Títulos obtenidos en la etapa del Estadio Vicente Calderón

1 Intercontinental
2 Europa League
2 Supercopas de Europa
2 Supercopa de España
1 Copa Intertoto

1975	2010 y 2012	2010 y 2012	1985 y 2014	2007
El Independiente de Avellaneda pierde 2-0.	Forlán y Falcao son los héroes de estas dos finales.	Frente al Inter y al Chelsea. Falcao se consagra en 2012.	Se revalidó el título ante el Real Madrid.	Primer título del Atlético desde 1996.

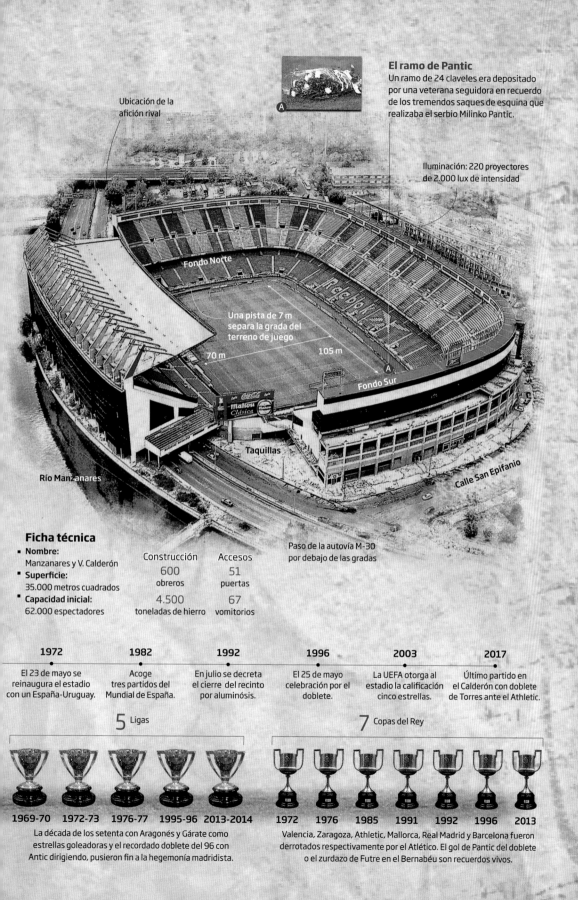

El ramo de Pantic
Un ramo de 24 claveles era depositado por una veterana seguidora en recuerdo de los tremendos saques de esquina que realizaba el serbio Milinko Pantic.

Ubicación de la afición rival

Iluminación: 220 proyectores de 2.000 lux de intensidad

Fondo Norte

Una pista de 7 m separa la grada del terreno de juego

70 m   105 m

Fondo Sur

Taquillas

Río Manzanares

Calle San Epifanio

Paso de la autovía M-30 por debajo de las gradas

Ficha técnica
- **Nombre:**
  Manzanares y V. Calderón
- **Superficie:**
  35.000 metros cuadrados
- **Capacidad inicial:**
  62.000 espectadores

Construcción
600 obreros
4.500 toneladas de hierro

Accesos
51 puertas
67 vomitorios

1972	1982	1992	1996	2003	2017
El 23 de mayo se reinaugura el estadio con un España-Uruguay.	Acoge tres partidos del Mundial de España.	En julio se decreta el cierre del recinto por aluminósis.	El 25 de mayo celebración por el doblete.	La UEFA otorga al estadio la calificación cinco estrellas.	Último partido en el Calderón con doblete de Torres ante el Athletic.

5 Ligas

1969-70	1972-73	1976-77	1995-96	2013-2014

La década de los setenta con Aragonés y Gárate como estrellas goleadoras y el recordado doblete del 96 con Antic dirigiendo, pusieron fin a la hegemonía madridista.

7 Copas del Rey

1972	1976	1985	1991	1992	1996	2013

Valencia, Zaragoza, Athletic, Mallorca, Real Madrid y Barcelona fueron derrotados respectivamente por el Atlético. El gol de Pantic del doblete o el zurdazo de Futre en el Bernabéu son recuerdos vivos.

defensas

Una de las cosas más complicadas para la realización de este libro ha sido reducir el número de jugadores que merecerían sin duda un hueco en estas páginas. La imposibilidad de hacer un capítulo a cada uno, por motivos de espacio y porque estaríamos cambiando el sentido de la obra, ha hecho que se cometan sin lugar a dudas muchas injusticias respecto a muchos futbolistas que también fueron parte activa de la historia del Atlético de Madrid. Pero no ha quedado más remedio que filtrar, con el consiguiente perjuicio histórico que ello conlleva. Sirvan estas introducciones a los capítulos para que al menos tengan su hueco aquellos héroes que, con mayor o menor protagonismo, hicieron aun más grande la historia de este club con su ilusión y entrega.

Los primeros años de andadura de la entidad fueron difíciles, sobre todo cuando los fundadores iniciales sentían otros colores como los del Athletic Club de Bilbao. Ellos aprovecharon su estancia en la capital para completar sus estudios y poder practicar su deporte favorito; de ahí que, como todo el mundo sabe, la Escuela de Minas y los estudiantes vascos fueran los precursores de lo que hoy es el Atlético de Madrid. Aquellos locos ya correteaban a principios de siglo en las antiguas tapias del Retiro, sin saber que aquella idea iría cristalizando en uno de los equipos de fútbol más importantes del mundo. Las tácticas brillaban en los primeros años por su ausencia, por eso lo mismo un día se jugaba de delantero y otro de defensa; aun así, en esos primeros años ya se destaca a jugadores como los exmadridistas Arana, Celada, Valdeterrazo o Goyarrola, junto a los Elósegui, Acha, Murga o Raimundo Moreno Aranzadi, hermano mayor de un chiquillo bilbaíno al que todos hemos conocido como Pichichi. Se disputan los primeros campeonatos madrileños con futbolistas que jugaban tanto en el Athletic bilbaí-no como en el madrileño, aunque otros solo lo hacían en la capital, como Ansoleaga, Manzárraga o Urigüen. Son los años de Prado (del que ya hemos hablado en el capítulo de los porteros), Withington, Cárdenas, Moreno, Gortázar, Astigárraga o Giles, que disputan partidos con el Athletic madrileño, al igual que Ricardo de Gondra que llegó a presidir el club antes de volver junto a Arencibia y Rivero a su Bilbao natal.

Son años de crecimiento, de los primeros estatutos del club, de más socios y más rivalidad; son los años del cambio del azul y blanco por las camisetas rojiblancas, de su responsable Elorduy y del importantísimo Julián Ruete; de los Allende, Muguruza, Arango, Mandiola, Belaunde, Garnica, Palacios y Smith, de la inauguración de O'Donnell, donde también participaron Axpe, el portero Irazusta, Arango, Pérez, Goñi o Lasquíbar.

Antes de los años veinte ya se empieza a configurar el equipo por demarcaciones y allí aparecen defensas como Galíndez, Allenda, Beguiristain, Roca, Goyarrola, Garrido, Náveda, Montojo o el gran Pololo. El fútbol crece en toda España y el Athletic Club de Madrid también, con defensas como Patarrieta, Olalquiaga, Flores, Ituarte, Abascal, Galdós, Noriega, Medina, Moriones, Zulueta y el gran Alfonso Olaso.

Llega el campeonato de Liga y a la zaga rojiblanca se suman grandes futbolistas como Conde, Lafuente, Ochandiano, Arater, Cabezo, Corral o Cruz. Sobrepasados los años treinta, la nómina de buenos defensas sigue creciendo con Illera, Martín, Pepín, Suárez de Villar, Anatol, Alejandro, Chacártegui, Lozano y Valcárcel. Tras la guerra surgen Aparicio, Mesa, Cobo y Arana para hacer campeón al club. Son los años de Ricardo Zamora en el banquillo y de una zaga con Jimeno, Rafa, Riera, Mauri o Tinte, que enseñan el camino a los que llegarían a finales de los cuarenta para jugar

con ellos y de la mano de Helenio Herrera volver a ser campeones: llegan y triunfan los Diego Lozano, Mencía, Polo, Herrera o Santiago Orgaz Verde. Se irían añadiendo futbolistas como Martín, Barragán, Pantaleón, Pérez Andreu, Méndez, Alvarito, González, Marañón, Rusiñol, Toni, Callejo, Gerardo, Irusquieta, Mendiondo o Villaverde para dar paso a los triunfales

años sesenta con el traslado del Metropolitano al Manzanares con hombres como Calleja, Griffa, Rivilla, Rodríguez, Martínez Jayo, Colo, Zamanillo, Glaría, Alfonso, Mariano, Paquito, Rubio o el rentable Uco Iglesias.

Los setenta también tienen sus héroes: Benegas, Capón, Eusebio, Melo, Ovejero, Quique, Raya, Panadero Díaz, Cacho Heredia, Fraguas, Laguna o Marcelino, hombres aguerridos, muchos internacionales y que dejaron el alma por las rayas rojas y blancas.

A mediados de los setenta el equipo gana Ligas, pierde Copas de Europa y se hace con la Intercontinental; son los años de Galán, Luiz Pereira y Sierra y, llegando a los ochenta, de los Julio Alberto, Miguel Ángel Ruiz, Arteche, Balbino, Clemente, Juanjo,

Sergio y Tomás. Esa cantera mantuvo el nivel. En esos años colaboran jugadores como Rubén Bilbao, Aguilera o Rodolfo para dar paso a la era Gil con hombres como Armando, Goikoetxea, Juan Carlos, Rivas, Sergio Marrero, Torrecilla, Bustingorri, Pizo Gómez, Solozábal, Patxi Ferreira, Juanma López, Pedro y Toni Muñoz.

Los años noventa comienzan con títulos con hombres como Juanito, Soler, Gonzalo, Alejandro, Valle y con una travesía al histórico doblete con defensores como Geli, Santi, Iván Rocha, Cordón, Pablo Alfaro o Prodan, para pasar a años de transición en la que defienden la camiseta también jugadores como Andrei, Christian Díaz, Ramón, Chamot, Gaspar, Serena, Torrisi, Ayala, Capdevila, Gamarra, Gustavo o Pilipauskas. Vendrán después el descenso, el ascenso, el siglo XXI y jugadores como Amaya, Fagiani, Gómez, el francés Hernández, Hibic, Llorens, Antonio López, Carreras, García Calvo, Otero, Coloccini, Cosmin Contra o el catalán, historia del barcelonismo, Sergi Barjuán. Llegó Perea y también Pablo Ibáñez, Juan Velasco, Molinero, Juan Valera, Julián Vara, Antonio Moreno, el griego Seitaridis, el portugués Ze Castro, el brasileño Fabiano Eller o el argentino Pernía. También llegaron para jugar en defensa el checo Tomas Ujfalusi, el holandés John Heitinga o el canterano Álvaro Domínguez, veteranos como Juanito o promesas que no triunfaron, como el argentino Leandro Cabrera.

En los últimos años, a esta lista se suman nombres importantes como Filipe Luis, Godín, Pulido, Kader, Miranda, Silvio, Cisma o Manquillo, junto a más jugadores que han pasado por la zaga colchonera como Cata Díaz, Alderweireld, Insúa, Juanfran, Giménez, Lucas Hernández, Savić, Jesús Gámez, Ansaldi, Siqueira, Monsalve, Vrsaljko, o los más cercanos en el tiempo como Carlos Isaac, Arias, Solano, Montero, Trippier, Lodi, Felipe, Hermoso, Manu Sánchez, Ricard o fichajes como Reinildo, el campeón del mundo Nahuel Molina, Witsel o Reguilón, que mantienen al Atlético en los primeros puestos de la tabla.

Foto/ Jorge Griffa

CARLOS **AGUILERA**

foto 1

Sacrificio fiel

Carlos Aguilera Martín **nació tres veces:**
una en el barrio madrileño de San Cristóbal
de los Ángeles, un 22 de mayo de 1969; otra
durante la temporada 1990-1991, cuando
**se le detecta un tumor en la tibia y se
recupera** tras una regeneración ósea guiada
con hueso liofilizado humano, gracias al
doctor González y, sobre todo, con el trabajo
de los doctores Munuera y Hernández Gil;
y la tercera, en el Colombino de Huelva, en
enero de 2003, cuando tras un balonazo en la
sien **perdió el sentido y entró en parada
cardiorrespiratoria,** lo que hace temer por su
vida. Gracias a la intervención del doctor Manuel
Beaus y, especialmente, del enfermero del
Atlético, Miguel Ángel López Velo, que le tuvo
que practicar el boca a boca en pleno césped,
Aguilera pudo ser reanimado y reaccionó en la
ambulancia de camino al hospital.

> *"El día que se retiró fue el final
> de una generación".*
>
> **Pedro Dargel**
> (Empresario - Club Vip Rase)

La historia futbolística de Carlos Aguilera –que no Juan Carlos, como muchos le siguen llamando (tal vez por la coincidencia en el tiempo con un periodista de Onda Madrid llamado así, Juan Carlos Aguilera)– nace en San Cristóbal en el seno de una familia en la que el padre es socio del Madrid y del Atlético. Allí, «a 50 metros de casa», empieza a destacar como delantero y con apenas 15 años el equipo rojiblanco se interesa por él. Sin embargo, el presidente del San Cristóbal no está por la labor de perder a una de sus promesas y exige al Atlético unas condiciones demasiado altas, por lo que entrena a las órdenes de Víctor Peligros pero sin poder jugar, al no querer el San Cristóbal darle la carta de libertad. La situación es insostenible y la cabezonería del dirigente flojea, permitiendo por fin que Aguilera se integre en el cuadro rojiblanco para militar en el filial. Allí juega de extremo derecho aprovechando su velocidad hasta que, tras la destitución de Menotti, Armando Ufarte toma las riendas del primer equipo y decide subirle, haciéndole

debutar junto a su compañero del filial Antonio Rivas un 26 de marzo de 1988 en El Molinón (2-0). Deslumbra por su velocidad, por su desparpajo y ausencia de miedo a enfrentarse a jugadores con mayor envergadura que él. Apenas dos meses antes de cumplir los 19 años, Aguilera hace realidad el sueño de debutar en Primera. Tiene cara de niño y precisamente recibe el apodo de El Niño que antes ostentó Enrique Collar, luego Juan Carlos Pedraza y que posteriormente pasaría a Fernando Torres. Llega a la selección española Sub-21, con la que debuta de la mano de Juan Santisteban en Chipre en marzo de 1989.

Sus movimientos de ruptura por la banda le hacen letal en el contraataque, por lo retrasa su posición para salir desde el lateral derecho, posición que ya no abandonará. Tras la temporada 1992-1993 decide aceptar una oferta del Tenerife tras una llamada de Jorge Valdano y se marcha a las islas, desde donde ve cómo el equipo de su corazón consigue ganar el doblete mientras tras él juega tres años a las órdenes de técnicos como Jorge Valdano, Vicente Cantatore o Jupp Heynckes.

En la temporada 1996-1997 regresa al Atlético de Madrid para estar cerca de los suyos tras una desgracia familiar, en lo que piensan muchos que serán sus últimos años. Así es, pero lo que se pensaba que sería poco tiempo se convierten en nueve temporadas más en las que vive la miseria del descenso, las dos temporadas en el infierno y el retorno a la élite para colgar las botas con 35 años.

A pesar de haber sido Sub-21 en 1989 tuvo que esperar casi una década para ser internacional absoluto. La oportunidad le llega con Javier Clemente en

septiembre de 1997, en Bratislava, en un Eslovaquia 1-España 2, que supone la clasificación de España para el Mundial de Francia. Clemente, el mismo que en una rueda de prensa en 1989 dijo que «Aguilera no regatea ni a una silla», le otorga su confianza y jugará cinco partidos más con la Roja a sus órdenes, incluidos dos del Mundial de Francia 98. Cierra su participación como internacional con José Antonio Camacho en el banquillo el 23 de septiembre de 1998, en Granada, en un España 1-Rusia 0.

En la temporada 2004-2005, con César Ferrando como técnico, Aguilera pone punto final a su carrera en Liga en un Atlético 2-Getafe 2. El público, puesto en pie, dedicó una gran ovación en reconocimiento a sus 18 años de trayectoria, quince de ellos defendiendo la camiseta del Atlético de Madrid, y con dos Copas del Rey en su haber y 453 partidos como profesional.

Tras el fútbol, Aguilera se aleja de todo lo que signifique un balón, se dedica a sus tres hijas y aprovecha el tiempo para cuidar sus negocios.

En 2012 regresa al Atlético como director del fútbol base, cargo que desempeña hasta finales de 2017.

1/ A pesar de ser defensa, su proyección en ataque le hizo pisar muchas veces el área rival e, incluso, marcar. En su carrera, anotó con el Atlético 29 goles en Liga. 2/ Jugando en el año 2000 con el Sevilla. 3/ Los contrarios a veces se empleaban con dureza como este jugador del Betis. 4/ Defensa de gran solvencia, superaba muchas veces a rivales de la calidad del madridista Zinedine Zidane. 5/ Si no hubiera estado tres años en Tenerife superaría incluso a Adelardo como el jugador que más veces hubiera defendido en Liga la camiseta del Atlético de Madrid. En la imagen le vemos con la camiseta del equipo canario posando con su buen amigo Toni Muñoz. 6/ Los más jóvenes en aquella época, Solozábal, López, Toni, Diego y Aguilera. 7/ De niño ya apuntaba maneras.

Entrega
incondicional

Con apenas 12 años y de la mano de un tío suyo fue a ver al Atlético de Madrid en Oviedo y **se enamoró del equipo.** Años después, cuando era jugador ovetense, a pesar de los **intentos del Real Madrid y del propio Barcelona,** que llegó incluso a mandar a Samitier para ficharle, **por su cabeza solo pasaba una idea:** vestir algún día **la camiseta del Atleti.**

"Noble, amigo de sus amigos, buena persona y el mejor padre que me podía tocar, bondadoso y cariñoso, pero una fiera terrible cuando jugaba".

Álvaro Rodríguez Galán

(Hijo de Alvarito)

Álvaro Rodríguez Ros vino al mundo el 16 de enero de 1936 en la cuenca minera de Asturias, en el concejo de Mieres del Camín, en la localidad de Ujo. Estudia en el Colegio de La Salle y finalizada la contienda comienza su formación en los maristas de la calle Santa Susana de Oviedo. Destaca entre los chicos de su edad y se enrola en el San Juan de Mieres para pasar luego al Caudal, un equipo clásico del fútbol asturiano que juega en Segunda. Alvarito, como ya se le conocía en esos años por su delgadez, llama la atención por su seriedad en defensa y su buen hacer, lo que provoca que el Real Oviedo le fiche para jugar en Buenavista.

Juega en la banda izquierda como lateral, formando un tándem importante en la época con su compañero de banda contraria Toni, lo que hace que el Atlético de Madrid firme como cedidos a los dos jugadores de una tacada en 1956. Está encantado en el Atlético y pide al presidente del Oviedo que facilite su traspaso. Toni, por su parte, sufre una afección estomacal, lo que frustra su fichaje y le obliga a regresar a Oviedo. Es así como Alvarito pasa a formar parte de la plantilla del Atlético en la campaña 1957-1958 y debuta en Liga en noviembre del 57 en el Metropolitano en un partido ante el Granada (5-1). Juega de defensa y, aunque no es un jugador espectacular, su buen trabajo le mantiene casi siempre en el equipo titular, donde

deja buenas muestras de entrega, pundonor y profesionalidad. Su momento de gloria llegó en la temporada 1959-1960, cuando el Atlético conquista la primera Copa de su historia en el Bernabéu ante el Real Madrid. Su buen hacer le lleva primero a la selección B, con la que disputa en 1959 la Copa del Mediterráneo de la mano de Helenio Herrera, y luego a la absoluta, con la que jugó dos partidos con motivo de una gira sudamericana en julio de 1960.

El año siguiente se repite título pero la desgracia se cruza con Alvarito en el partido de semifinales, cuando una entrada del jugador uruguayo del Valladolid Arizmendi le rompe la tibia y el peroné en el viejo Zorrilla. Un duro golpe: sus compañeros ganan la Copa pero esa lesión le deja en blanco la campaña siguiente y, cuando regresa, Calleja alterna con él en el puesto de lateral zurdo. Juega poco, por lo que, a pesar de que Villalonga quiere renovarle, se marcha al Murcia. Deja así el Atlético tras seis temporadas, con dos Copas y una Recopa, para jugar un año en tierras pimentoneras e iniciar después una aventura complicada en plenos años sesenta.

Hace las maletas y se va a Dublín para jugar con el Shelbourne F. C., después se marcha a Estados Unidos y tiempo más tarde Puskas le llama para jugar en Canadá. Juega en el Whitecups de Vancouver y también en el Seattle Sounders, pero el equipo entra

en quiebra y se enrola para jugar dos años la Liga del Pacífico en el Eintracht Vancouver, donde llegó incluso a ser entrenador. En su regreso a España, dirige equipos como el Benicarló o el Requena. También fue entrenador en Valencia de las Escuelas Benimar, después del Marbella, de la Balompédica Linense, del Melilla e, incluso, entrenó en Marruecos para irse a Melilla y trabajar muchos años como delegado de las embajadas de la Federación Melillense de Fútbol, ciudad en la que se estableció para posteriormente fijar su residencia en la localidad almeriense de Roquetas de Mar, donde falleció el 16 de junio de 2018.

1/ Contundente en el cruce, en la imagen vemos a Alvarito defendiendo la camiseta del Murcia. **2/** Muy animado en las celebraciones, así posaba con sombrero cordobés, también podemos ver a Collar en primer término, a San Román detrás, a Rivilla y Manolo Ruiz Sosa. **3/** Con la selección B disputó varios partidos internacionales. **4/** Dando un paseo con Chuzo y Joaquín Peiró. **5/** En el partido de semifinales de Copa disputado en el viejo Zorrilla, el jugador uruguayo del Valladolid Arizmendi le rompe la tibia y el peroné impidiéndole disputar la final de Copa de 1961. **6/** Posando el día de su boda en el Monte Igueldo donostiarra con la bahía de la Concha al fondo. **7/** Asturiano de nacimiento, destacó como jugador del Real Oviedo. **8/** En los Maristas de la calle Santa Susana de Oviedo. **9/** Con la absoluta jugó dos partidos con motivo de una gira sudamericana en julio de 1960, en la imagen forman en el Monumental de River Plate en Buenos Aires: Ramallets, Rivilla, Garay, Alvarito, Vergés, Segarra y Araquistáin (portero suplente). Abajo: Pereda, Luis Suárez, Di Stéfano, Peiró y Enrique Collar. **10/** Vuelta de honor en Chamartín tras vencer al Real Madrid en la Copa, Polo, Jones, Alvarito, Rivilla, Callejo; Peiró y Chuzo acompañan a Enrique Collar y a Madinabeytia que levanta la Copa. **11/** Posando en Chamartín con la Copa.

/// **ANTONIO LÓPEZ** GUERRERO

foto 2

Capitán
del siglo XXI

En una parada en el mercadillo donde trabajaban sus padres, su hermano le preguntó: **«¿te imaginas jugar en el Atlético?»**. Antonio contestó: **«Sería increíble,** me conformaría con estar en el banquillo»**. No sabía en ese momento que cumpliría con creces ese sueño, por eso cuando su tío le preguntó en qué equipo quería **hacer una prueba,** Antonio López no lo dudó: **«en el Atlético de Madrid».**

"La fuerza, garra y pasión que les hace ser únicos, esa incansable afición".

Héctor Faubel
(Piloto de motociclismo)

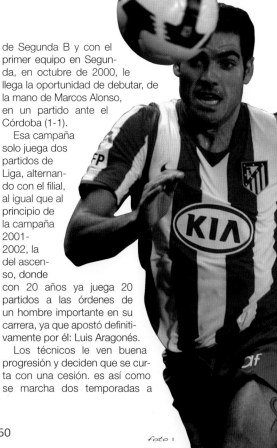

Antonio López Guerrero nace en la localidad alicantina de Benidorm el 13 de septiembre de 1981. Hijo de familia trabajadora, sus padres poseen un puesto en el mercadillo que recorre la zona y él ayuda en los veranos a la economía familiar mientras estudia en el Colegio Nuestra Señora de los Dolores.

Aunque la edad para entrar es la de 8 años, a los 6 ya forma parte de la escuela de fútbol de Benidorm gracias a que en los juveniles juega su hermano Óscar. Su primer entrenador en los infantiles es Jaime Agulló y, como apunta buenas maneras, su tío Alfonso le presenta a las pruebas del Atlético de Madrid. Tras varias convocatorias en las que va dejando atrás a numerosos niños de su edad, Antonio pasa a jugar con 15 años en el rojiblanco de categoría Preferente, entrenado por Uceda. Aún sigue a prueba, pero la decisión de Uceda, situándole por primera vez en la banda izquierda, cambiará su carrera futbolística.

La insistencia del entrenador da sus frutos y ficha definitivamente con el Atlético de Madrid, donde poco a poco va subiendo peldaños con técnicos como Arganda o Soto. Son años duros y a la vez felices: con la familia en Benidorm, lejos de su querida playa, Antonio va acoplándose a una nueva vida, crece rodeado de la ilusión que tienen todos los chavales por triunfar en el equipo mientras se forma en las clases del Colegio Amanecer, en Alcorcón donde está la residencia. Con Carlos Cantarero queda campeón de su grupo de Segunda B y con el primer equipo en Segunda, en octubre de 2000, le llega la oportunidad de debutar, de la mano de Marcos Alonso, en un partido ante el Córdoba (1-1).

Esa campaña solo juega dos partidos de Liga, alternando con el filial, al igual que al principio de la campaña 2001-2002, la del ascenso, donde con 20 años ya juega 20 partidos a las órdenes de un hombre importante en su carrera, ya que apostó definitivamente por él: Luis Aragonés.

Los técnicos le ven buena progresión y deciden que se curta con una cesión. es así como se marcha dos temporadas a

foto 1

jugar en el Club Atlético Osasuna, con el que debuta en Liga, marcando un gol en el Madrigal en un Villarreal 2-Osasuna 2, a las órdenes del técnico mexicano Javier Aguirre. En Pamplona gana enteros como lateral izquierdo, demostrando una gran fortaleza física y un potente disparo con la pierna izquierda. Buen marcador y sacrificado en defensa, Antonio López es un lateral con mucho recorrido en la banda, por lo que se suele sumar con peligro en la zona de ataque, dando buenos centros a los delanteros. Esto le abre las puertas nuevamente del Atlético de Madrid, donde regresa con 23 años para hacerse el dueño de la banda del Calderón.

En 2002 ya había sido internacional Sub-21 jugando seis partidos, pero su buen trabajo en el Atlético le lleva a ser internacional absoluto. Debuta con la selección española de fútbol en Belgrado, en marzo de 2005, en un Serbia y Montenegro 0-España 0, con Luis Aragonés en el banquillo. En total, hasta la fecha ha sido 16 veces internacional; jugó en el Mundial de Alemania 2006 y como internacional ha anotado un solo gol: el que marcó en octubre de 2005 en San Marino (0-6). Su última participación con La Roja fue durante la clasificación de la Eurocopa 2008 en Vaduz, en un Liechtenstein 0-España 2, con un equipo que formaba los mimbres para cambiar la historia del fútbol español.

En el Atlético se mantiene hasta la temporada 2011-2012 cuando, tras más de doce años en el club, se marcha al Mallorca para ponerse a las órdenes de Joaquín Caparrós y posteriormente a las de Gregorio Manzano. Antonio López deja el club con dos Europa League, una copa Intertoto y una Supercopa de Europa, títulos que levantó con el brazalete de capitán del Atlético de Madrid. Tras el fútbol inicia su etapa como empresario en diversos sectores, aunque sigue vinculado al mundo del fútbol con su agencia de representación Antonio López Management.

1/ Veloz. **2/** Posando con la Copa de la UEFA y la Supercopa. **3/** El día de la jura de bandera de su hermano. **4/** Sus incursiones por banda y su gran disparo, sus tarjetas de identidad. **5/** En el equipo de la Escuela de Fútbol de Benidorm. Es el tercero de la fila de abajo empezando por la derecha. **6/** Como capitán fue el encargado de decorar al Dios Neptuno. **7/** Vestido para la fiesta. **8/** Ya en su casa de Benidorm daba muestras de su calidad.

ALFONSO **APARICIO**

El gran
capitán

En Santander, en la finca paterna del Sardinero, **vino al mundo un 14 de agosto de 1919** Alfonso Aparicio Gutiérrez. Nadie podía pensar que ese niño seguiría manteniendo **en la actualidad un récord difícil de batir** a día de hoy en el Atlético de Madrid: ser **el único jugador en ganar cuatro Ligas como rojiblanco.**

"El Atlético es innegociable".

Tomás Morell
(Empresario - Club Vip Rase - Fallecido)

Sus comienzos como futbolista hay que buscarlos, como en cualquier chaval de su edad, en el colegio de los Padres Jesuitas de Orduña. El fútbol es su pasión y se convierte en uno de los referentes del colegio, por lo que tras su paso por los jesuitas empieza a jugar en equipos cántabros como Daring Club, Magdalena o el Club Juventud Sport (que luego sería el Rayo Cantabria). Su salto al Racing era una cosa hecha, pero el estallido de la Guerra Civil marca el destino de Alfonso Aparicio: alistado como voluntario en la Aviación, juega partidos en Salamanca en el equipo de su unidad, el 35 Unidad de Automóviles, para después integrarse en el Aviación Nacional ya en Zaragoza, donde coincidirá con una de las figuras claves en su carrera y en la historia del Atlético de Madrid: el alférez Francisco Salamanca. El militar ya había formado un equipo de fútbol en el aeródromo salmantino de Matacán y tras el traslado de la unidad a Zaragoza va dando forma al conjunto. Con el Aviación Nacional Alfonso se convierte en un futbolista sobrio, contundente en defensa y con una técnica que le afianza en un equipo cada vez más profesionalizado, que consigue incluso ganar el Campeonato Regional de Aragón en la campaña 1938-1939, lo que les da derecho a disputar la Copa del Generalísimo. El traslado del Aviación Nacional a Madrid y su fusión con el Athletic Club de Madrid lleva a Alfonso Aparicio a jugar en Primera División.

Tiene apenas 20 años y ya es titular indiscutible en la defensa de un equipo en el que jugará más de 300 partidos en las 14 temporadas siguientes. Su contundencia en el salto, sus marcajes, su nobleza y su capacidad física le convierten en uno de esos futbolistas que no deja indiferente a nadie y su buen hacer en el campo le proporciona una autoridad que traspasa los terrenos de juego. Además, se podría decir que Alfonso Aparicio fue el primer defensa central como tal, posición que en la que le colocó el Divino Zamora. Junto a Riera y Lozano formó lo que los aficionados rojiblancos llamaron el Telón de Acero.

Aparicio se mantiene en activo desde la campaña 1939-1940 a la temporada 1952-1953 y gana cuatro Ligas, una Copa de Campeones, un Campeonato Regional Castellano, una Copa del Presidente de la Federación Española de Fútbol y dos Copas Eva Duarte. Podía haber jugado aún más partidos como rojiblanco

si no hubiera tenido diversos problemas con los dirigentes que le hicieron estar aparatado algún tiempo.

Vistió la roja en ocho ocasiones, tras debutar un 11 de marzo de 1945 en Lisboa en un Portugal 2-España 2, con Jacinto Quincoces como técnico. Su última participación como internacional absoluto tuvo lugar en Chamartín el 27 de marzo de 1949 en un España 1-Italia 3; en este partido jugó acompañado en la defensa de sus dos compañeros en el Atlético Riera y Lozano.

Alfonso Aparicio forma parte de la plantilla hasta el año 1952. No fue su final en el fútbol profesional ya que, aunque él mismo solicitó la baja como jugador del Atlético, todavía firmó dos años con el Boavista de Portugal, llegando en su primera temporada a ser nombrado mejor defensa de Portugal. En el club portugués inició además su carrera como entrenador. Regresó al Atlético como directivo pero quiso entrenar y dirigió en esos años al Levante, al Rayo Vallecano y al Atlético Baleares. También ejerció de agente de futbolistas hasta que decidió recalar en casa como delegado de campo el Atlético, cargo que desempeñó hasta su jubilación, además de ser adjunto a la secretaría técnica.

Alfonso Aparicio falleció el 1 de febrero de 1999, pocos meses antes de cumplir los 80 años.

1/ Jugador elegante y muy valorado entre el público femenino, era uno de los galanes de la época. **2/** Como jugador del Atlético ha pasado a la historia como el único futbolista que ha conquistado cuatro Ligas. En la imagen busca la moneda tras el sorteo de campos en una labor de capitán que ejerció muchas veces. **3/** Durante muchos años ejerció también como delegado del primer equipo. En la imagen le vemos en la banda esperando el debut de Juan Carlos Pedraza. **4/** En el vestuario junto a Germán, Paco Campos y un directivo. **5/** También ejerció de delegado de campo cuando Carlos Peña, con quien posa en el Calderón, asumió las funciones de delegado del primer equipo. **6/** Formación del Atlético en 1944, de izquierda a derecha, arriba: Germán, Amestoy, Riera, Ederra, Aparicio, Machín; abajo: Vázquez, Campos, Gabilondo, Adrover y Taltavull. **7/** Con Helenio Herrera levantando como capitán del Atlético Aviación el trofeo de Liga.

Casta
cántabra

Podía haberse dedicado al baloncesto, ya que los entrenadores del colegio vieron que tenía madera. Su **espíritu luchador** le hizo alternar la canasta con el fútbol hasta el punto de destacar en las dos disciplinas. Un día había partido de baloncesto y fútbol a la misma hora y **Juan Carlos se decidió por la portería en vez de la canasta.** El entrenador de baloncesto le amenazó con expulsarle del equipo si no se presentaba, pero Arteche **eligió el fútbol y cambió su vida** para siempre.

"Fue una tarde lluviosa de otoño ante el Betis. La rodilla a cambio de una remontada imposible, la casta sobre todas las cosas. Y mucho más. El cuerpo y el alma al servicio del escudo. El compromiso dentro y fuera del campo. La emoción y la dignidad siempre antes que el monedero y la sumisión. El Atlético resumido en su bigote".

José Miguélez

(Periodista)

E ra cántabro y siempre ejerció de ello. Nació en Maliaño, municipio de Camargo junto a la bahía de Santander, un 11 de abril de 1957 y no tuvo una infancia fácil. A los 6 años pierde a su padre y tiene que aplicarse para ayudar a su familia a salir adelante trabajando los veranos descargando sacos de azúcar en el puerto de Santander por 650 pesetas. Estudiaba en el colegio La Salle y comenzó a amar el deporte y soñar con el Racing. Allí llega con 17 años al equipo juvenil disputando varios partidos con la selección cántabra. Con su primer sueldo pudo comprarle a su madre una lavadora. Después fue cedido en 1976 a la Gimnástica de Torrelavega, pero Maguregui, entrenador del Racing, inmediatamente le reclama ese mismo año para que regrese a los Campos de Sport. Durante dos temporadas se afianza en un equipo que consigue la permanencia y debuta en Primera en Mestalla (4-2) en octubre de 1976 con apenas 19 años.

Su corpulencia, su potente remate de cabeza y su enorme progresión ponen en alerta a muchos ojeadores de equipos que luchan por títulos. En el verano de 1978, mientras Arteche se prepara para iniciar la pretemporada con el Racing, le dan la noticia de que su nuevo destino es Madrid.

Al Manzanares llega para ponerse en el centro de la defensa junto a un futbolista de la talla de Luiz Pereira. Debuta de rojiblanco precisamente en pretemporada en Santander el 4 de agosto, perdiendo 3-0,

pero poco a poco, a sus 21 años, se va acoplando a esa defensa aprendiendo de Pereira la colocación y la anticipación: él le enseña a tomar decisiones a la hora de sacar la pelota, de quedarse atrás, de saltar o de dar un patadón. Su debut oficial en Liga tiene lugar el 2 de septiembre de 1978 en El Molinón (4-1). Son años convulsos en lo institucional y el equipo acaba en una triste decimotercera posición. Sin embargo, en la campaña 1980-1981, ya sin Luiz Pereira en el equipo, el nuevo técnico José Luis García Traid sitúa como compañero de Arteche en la defensa a Miguel Ángel Ruiz.

Arteche no pudo conquistar la Liga y no por méritos propios, sino por despropósitos ajenos al equipo, que impidieron en la campaña 1980-1981 levantar el título a pesar de haber sido el mejor equipo de la temporada. Es el año del Alfonso Cabeza más polémico y eso acabó pasando factura a un equipo que a pocas jornadas para el final ya cantaba el alirón, pero el 5 de abril de 1981 en el Calderón, en el partido con el Zaragoza, se vivió una de aquellas tardes que, se quiera o no, han marcado la historia de esta entidad. Aquella tarde se desquició el equipo y el público y se perdió el título que se daba por hecho.

No fue un defensa goleador, sin embargo, los aficionados del Calderón recuerdan especialmente dos que le hizo al Betis durante la campaña 1983-1984: se perdía 2-3 y se fue al ataque ante la atónita mirada de sus compañeros. Se ganó por 4-3 y él salió en camilla por una grave lesión de rodilla, pero se ganó el cariñoso apelativo de *Artechembauer*.

Conquista la Copa de 1985 y la Supercopa de 1986 y juega la final de la Recopa en Lyon ante el Dinamo de Kiev, aunque no pudieron derrotar a los ucranianos. Ese año 1986 supuso también su debut como

foto 4

foto 2

foto 1

foto 9

foto 8

foto 5

foto 6

foto 7

internacional absoluto, ya que, aunque había sido internacional juvenil y Sub-21, Andoni Goikoetxea y Antonio Maceda le había cerrado las puertas hasta que Miguel Muñoz le convocó cuanto tenía 29 años para jugar en Sevilla ante Rumanía en noviembre de 1986 (1-0). Jugó cuatro partidos, marcando incluso un gol en Albania. El último encuentro con La Roja lo jugó en el Santiago Bernabéu un 18 de febrero de 1987, en un España 2-Inglaterra 4, donde tuvo que bailar con la más fea y marcar a un Gary Lineker que anotó los cuatro goles ingleses. También jugó dos partidos con la selección olímpica.

Curiosamente, asuntos ajenos al césped marcaron fases de la vida de Juan Carlos Arteche, ya que la llegada a la presidencia del club de Jesús Gil terminó provocando su salida por la puerta de atrás. Arteche, ejerciendo de montañés, firmó un comunicado en el que los jugadores de la plantilla mostraban su desacuerdo con el presidente. Ese año solo juega dos partidos de Liga. Otra declaración en la radio es la gota que colma el vaso y Jesús Gil le despide al igual que a Quique Ramos, Quique Setién y Landáburu.

Así, con 31 años, a pesar de ganar en los tribunales y ser indemnizado, decidió colgar las botas al no poder jugar en otro equipo debido a la reglamentación vigente. Ese litigio no le sirvió a Arteche pero sí a muchos futbolistas ya que la sentencia sentó jurisprudencia y cambió la normativa desde entonces.

Tras su retirada trabajó como comercial para distintos medios de comunicación, también llevó la representación de una marca deportiva (Luanvi), además de poseer una firma de asesoría fiscal y laboral.

Tras una dura lucha contra un cáncer, falleció el 13 de octubre de 2010 con apenas 53 años.

1/ Defensor implacable, sus marcajes se hicieron célebres. En la imagen le vemos intentando arrebatar el balón al madridista Gordillo en un Real Madrid 0-At. Madrid 4. **2/** Foto de Arteche mientras cumplía el servicio militar. **3/** La afición se ve reflejada en él, todo pundonor y contundencia, y rápidamente se convierte en un ídolo y un referente del sentimiento de la grada en el propio césped, al que ponen el cariñoso calificativo de *El Algarrobo* asemejando su rudeza y nobleza al personaje interpretado por Álvaro de Luna en la serie televisiva *Curro Jiménez*, que en aquellos años se emitía por televisión. En la imagen, le vemos disputar un balón en Atocha ante Diego. **4/** Estudiaba en el colegio La Salle y allí comenzó a amar el deporte; siguiendo la tradición del colegio, destacó en el baloncesto. En la foto le vemos en el equipo con 10 años en la fila de abajo, el tercero por la derecha. **5/** Foto familiar en el verano de 1978, mientras Arteche se prepara para iniciar la pretemporada con el Racing, el exportero del club y secretario técnico cántabro, Julio Santamaría, le da la noticia de que su nuevo destino es Madrid. En cuestión de un mes, organiza su boda con Rosa, su novia de hacía años, pasando a ser su mujer de toda la vida y haciendo las maletas para embarcarse en el club de su vida. **6/** Posando con apenas 15 años en el equipo de fútbol del colegio La Salle. **7/** Saltando al campo por detrás de Quique Ramos y por delante de Sergio Morgado, Luis García o Marina. **8/** Siempre se llevó bien con la prensa. En la foto le vemos integrando un equipo repleto de periodistas entre los que se aprecia a Tomás Calvo, Juanma Bueno, Manuel Esteban, Enrique Ortego, Jorge Fernández o Rafa Recio. **9/** En la campaña 1980-1981, ya sin Luiz Pereira en el equipo, José Luis García Traid sitúa como compañero de Arteche en la defensa a Miguel Ángel Ruiz, dotando a la zaga de una envergadura difícil de superar, lo que llegó a hacer que la grada les llamara *Las torres gemelas*.

Defensa
de ley

El 6 de diciembre de 1936, en plena Guerra Civil, nació en el pueblo palentino de Valle de Cerrato Isacio Calleja García. Hijo de agricultores, el pequeño Isacio estudia mientras sus padres trabajan activamente las tierras para ganarse el pan. **Nunca tuvo intención de ser futbolista,** por eso cuando triunfó en el balompié supo valorar todo lo que la vida le dio tras conocer el esfuerzo diario con el que su padre mantenía a la familia. Esa **capacidad de sacrificio y de superación** le convirtió en un futbolista noble, un jugador honesto que nunca protestaba. Tampoco jamás daba una patada, ya que sus padres le enseñaron que cualquier situación en la vida había que afrontarla como un **auténtico caballero.**

foto 1

"Los atléticos no entienden el Atlético de Madrid como espectáculo, ni siquiera como afición. No son ni espectadores ni aficionados, entienden al Atlético como misión".

José Antonio Martín, *Petón*
(Representante)

A los 10 años se traslada a Madrid para seguir su educación; vive en el domicilio de su tía y estudia en los maristas de Fuencarral, completando el bachillerato de nuevo en Palencia. Con una buena condición física, destaca en el colegio y participa incluso en los campeonatos escolares, llegando a ganar la competición de campo a través. En los maristas juega también al baloncesto y hasta disputa un campeonato regional en Ceuta, en el que su equipo queda segundo.

Tras el Preu (curso preuniversitario), vuelve a la Residencia Claret de Madrid para iniciar sus estudios de Derecho jugando ya en esos años en el equipo de la facultad y luego en el Almanzor en Tercera regional. Los veranos los pasa en su pueblo ayudando en las labores del campo y regresa a la capital al inicio del curso. Es un buen futbolista y se marcha al Guadalajara, en el que solo juega los partidos, ya que entre semana se dedica a los libros. En un campeonato universitario entre las facultades, Ferdinand Daucik le ve jugar y le convence para ir al Atlético para jugar en el equipo *amateur*.

Debuta en Liga con el primer equipo en enero de 1959 en Oviedo (2-1) para presentarse en el Metropolitano en febrero ante el Real Madrid, con el objetivo de marcar a Kopa. Aquel día, Calleja se consagró ante su afición. Desde ese momento vivirá catorce años de dedicación a unos colores con los que conquista dos Ligas, cuatro Copas de España, una Recopa y la Copa de Europa de selecciones de 1964.

Con la selección española debuta en 1961 de la mano de Pedro Escartín en Cardiff ante Gales (1-2). Fue una vez internacional B y trece absoluto. El 25 de junio de 1964 jugó la final de la Copa de Europa ante Rusia en el Bernabéu, consiguiendo en ese momento el mayor logro de nuestra selección. Su última participación con España fue ocho años después, justo el año de su retirada, en un España 2-Uruguay 0 que sirvió para rebautizar el Manzanares como estadio Vicente Calderón.

Durante años, con Jorge Griffa y Rivilla conformó una de las defensas más recordadas de la historia del Atlético de Madrid, jugando Glaría y Ramiro por delante.

Sus duelos con Amancio marcaron una época y auparon a Isacio Calleja como uno de los grandes marcadores de la historia de nuestra Liga. Empezó jugando nueve partidos en su primera temporada y 30 en la última, lo que demuestra la continuidad que tuvo con todos los entrenadores que le dirigieron. Llegó con 22 años y cerró su etapa como futbolista con 35 y con el brazalete de capitán en el brazo. Su último partido como jugador del Atlético de Madrid fue la final de Copa de 1972 en la que el conjunto rojiblanco derrotó al Valencia por 2-1 el día de San Fermín. Calleja subió al palco a recibir la Copa de manos de Franco, siendo ese su último servicio al Atlético de Madrid, del que siempre dijo que su mayor éxito es que le hubieran dejado vestir su camiseta.

Tras su retirada, como licenciado en Derecho se volcó en su profesión y ejerció un tiempo como abogado de oficio. En 1974, jura como procurador en tribunales y ejerció durante muchos años como abogado, por eso en su despacho siempre mantuvo vivas sus dos pasiones: por un lado el libro de la Ley de Enjuiciamiento Civil y, por otro, sus recuerdos como futbolista del Atlético de Madrid. Falleció el 4 de febrero de 2019.

1/ En sus catorce años como jugador del primer equipo del Atlético de Madrid pudo levantar como capitán varios trofeos. En la imagen eleva al cielo el título de campeón de Liga 1969-1970. **2/** Junto a Rivilla y Griffa formó una de las defensas más recordadas del club. **3/** De cena con Rivilla, Ruiz Sosa y Collar. **4/** Calleja se consagró en su debut en el Metropolitano en febrero de 1959. En la imagen, tras el partido, Mendiondo y Calleja siguen escoltando a Kopa tras el final del partido. **5/** En una boda sentado al lado de un jovencísimo José María García. **6/** Formación de los primeros años sesenta con Pazos, Callejo, Ramiro, Glaría, Calleja y Rivilla. Agachados, Rives, Adelardo, Medina, Gasca y Collar. **7/** El 1 de noviembre de 1962, España derrotó por 6-0 a Rumania en el Bernabéu. Ese día jugaron: Vicente, Pachín, Rodri, Calleja, Glaría y Paquito. Agachados: Collar, Adelardo, Veloso, Guillot y Gento. **8/** Un jovencísimo Calleja en el Guadalajara. **9/** El 22 de febrero de 1959 Calleja debutó ante su público en el Metropolitano. El Chato se ganó desde el primer día a la afición rojiblanca. **10/** Campeón de Europa de 1964 con España, ese día jugaron contra Rusia Iribar, Zoco, Olivella, Fusté, Calleja y Rivilla, agachados: Amancio, Pereda, Marcelino, Luis Suárez y Carlos Lapetra.

La fe del
espíritu

Alberto Callejo Román nació en Madrid el 8 de abril de 1932. Sus comienzos futbolísticos hay que buscarlos en equipos modestos de la capital, como el Almendro o el Racing Labrador. Es un joven espigado y muy delgado, con poca fortaleza física pero **con un gran sentido de la anticipación** y una **gran intuición.** Uno de los técnicos de la época, Amador, ve sus evoluciones y consigue llevarlo al Cuatro Caminos, de donde salían muchos de los jugadores que recalaban en el Metropolitano. Su destino estaba echado y así, **en 1949, llega al Atlético** de Madrid.

"Por el Atlético he visto a personas conocidas, amigos míos y familiares hacer cosas que no harían por nada ni por nadie: llorar, reír, dejarlo todo. Un viaje, un partido, una final... cualquier motivo es bueno para estar cerca de tu equipo".

Francisco Javier Díaz
(Periodista, *Diario As*)

Ese verano con 17 años se pone a las órdenes de Helenio Herrera, que le hace jugar algunos partidos de pretemporada hasta que es cedido al Rayo Vallecano, donde coincide con jugadores como Rivilla o Peñalva. Tras la campaña 1949-1950 es cedido nuevamente, esta vez a Granada, para jugar al año siguiente en el Real Oviedo, donde entra en la operación de cesión junto a Agustín, Campitos, Durán y Miguel en el intercambio con el guardameta catalán Argila. Juega en esos años de extremo izquierdo, ayudando a los asturianos a conseguir el ascenso; después será reclamado por el Atlético, equipo con el que debuta ya como jugador de la primera plantilla en Mestalla en abril de 1952 (3-0). Tras una dolencia de Escudero, Callejo se asienta en el primer equipo hasta que una lesión con la selección B le abre las puertas a otro joven extremo como Enrique Collar.

En 1955 unos médicos sevillanos informan de que Callejo sufre una calcificación en el muslo que le impedirá volver a jugar al fútbol. La entidad negocia su cesión y viaja junto a Alfonso Aparicio a Sevilla, pero él no acepta el traspaso y busca una nueva opinión médica. Callejo siente que puede seguir jugando y consulta al galeno del Hospital Niño

Jesús, José Luis de la Quintana Ferguson, que le da esperanzas de recuperación. En apenas tres meses vuelve a jugar y así lo seguirá haciendo muchos años, demostrando que el pronóstico de los doctores sevillanos era erróneo.

Tras su milagrosa recuperación, Callejo ha perdido velocidad y parece no tener sitio después de casi dos años parado, por lo que es cedido al Rayo Vallecano en la temporada 1956-1957. Allí en Vallecas vuelve a brillar y con la llegada de Ferdinand Daucik al banquillo del Metropolitano se abre una nueva época para Alberto Callejo, que retrasa su posición para convertirse en un extraordinario lateral. Olvidados los problemas físicos, el madrileño despliega su gran fútbol en el césped derrochando sacrificio, anticipación, calidad y velocidad por la banda, aunque también alterna muchas veces las posiciones en el centro del campo e incluso de delantero centro cuando la ocasión lo requería.

Callejo participa en la primera incursión del Atlético en Europa, gana dos Copas y conquista la Recopa ante la Fiorentina, y obtiene también tres subcampeonatos de Liga, otros dos de Copa y uno de Recopa. A pesar de las lesiones, una de ellas grave de menisco, alcanzó la internacionalidad absoluta en tres ocasiones. Debutó de la mano de Manuel Meana en marzo de 1958 en el Parque de los Príncipes de París ante Francia (2-2) y tras jugar en Francfort ante Alemania cerró su participación con la selección en abril de 1958 en Chamartín ante Portugal (1-0).

Tras doce temporadas en el Atlético, Alberto Callejo dice adiós con 30 años y juega su último partido en octubre de 1962. Después del fútbol monta junto a su hermano, que es joyero, un taller de joyería hasta que años más tarde comienza a trabajar junto a su íntimo amigo desde los 17 años Santiago Orgaz Verde en las oficinas de una empresa de construcción hasta su jubilación. Alberto Callejo falleció en Madrid el 21 de agosto de 2013.

1/ Posando en el Metropolitano con una camiseta (camisa entonces) que defendió durante doce temporadas. 2/ Fue internacional en tres ocasiones. En la imagen aguarda en la banda junto a Joseito, Zarra o Parra, entre otros. 3/ Tarjeta de indentidad a favor de Alberto Callejo. Se puede apreciar la fecha, 4 de marzo de 1949, y la firma del presidente Cesáreo Galíndez. 4/ Matando el tiempo durante un viaje, en la imagen se ve en la misma mesa a Alberto Callejo de frente, a su izquierda José Lobito Hernández y frente a él Alfonso Silva. 5/ Jugando al golf con Chuzo. 6/ En la comida de veteranos de las Navidades de 2012 junto a Marina y San Román. 7/ Alineación del 6 de abril de 1958 Pazos, Peter, Herrera, Rafa, Callejo, Verde, Miguel, Agustín, Hollaus, Peiró y Collar. 8/ Hasta su jubilación trabajó junto a su íntimo amigo desde los 17 años Santiago Orgaz Verde en una empresa de construcción. En la imagen le vemos sentado en la oficina.

Equipos históricos

Segunda **Europa League**

ATLÉTICO	3-0	ATHLETIC

Falcao 7' y 85'
Diego 85'

9 de mayo de 2012
Estadio:
National Arena (Bucarest)

Entrenador: **Cholo** Simeone

Courtois

Godín   Miranda

Juanfran   Filipe Luis

Gabi   Mario Suárez

Arda
(Domínguez 93')   Diego
(Koke 90')

Adrián
(Salvio 88')   Falcao

Pundonor
sin descanso

Jugando en el Plus Ultra, **el Real Madrid reclama tanto a Capón como a Salcedo** para que acudan a las oficinas a firmar su incorporación al conjunto blanco. Ambos se dirigen a Concha Espina y esperan a ser recibidos. El tiempo pasa y el empleado que les tenía que recibir no lo hace: les indica que se marchen a casa y que vuelvan al día siguiente para firmar, ya que, aunque todo está resuelto, no podía atenderles en ese momento. Los dos jugadores abandonan las oficinas y esa misma noche Capón recibe la llamada de Salcedo diciéndole que al día siguiente iban **a firmar, pero no por los blancos, sino por el Atlético de Madrid.**

"Del Atleti se nace, es para toda la vida".

Rafael Gutiérrez Muñoz

(Guitarrista de Hombres G)

José Luis Capón González nace el 6 de febrero de 1948 en Madrid. Estudia en el colegio Miguel de Unamuno mientras empieza a mostrar buenas condiciones para el fútbol, ya que además maneja las dos piernas con soltura. Su primer equipo es el Racing Delicias, desde donde es captado por Fernando Ferreiro para la Agrupación Deportiva Plus Ultra, equipo que durante muchos años abasteció la cantera del Real Madrid. En las filas del equipo de cantera blanca coincide con Ignacio Salcedo para unir desde ese momento su destino como futbolistas. A las órdenes de Casimiro Benavente o Francisco Trinchán va formándose como futbolista, encaminando sus pasos al Real Madrid, pero la falta de decisión final de los directivos blancos para firmar y una hábil maniobra de los dirigentes del Atlético de Madrid hacen que recale en la ribera del Manzanares.

Capón llega muy joven al Atleti y, a pesar de poder jugar en las dos bandas, en la derecha Melo y en la izquierda Calleja le cierran la posibilidad de disputar minutos en un equipo que en aquella temporada 1969-1970 conquista el título liguero. Va adquiriendo minutos en el filial, el Atlético Reyfa –rebautizado como Atlético Madrileño a principios de los años setenta– aunque Marcel Domingo le incluye en algunos amistosos de pretemporada.

Su buen hacer en el filial y su polivalencia (alterna la posición de defensa lateral con la de medio centro) le van abriendo poco a poco las puertas del primer equipo, con el que debuta oficialmente el Liga el 24 de enero de 1971 en Balaídos en un Celta 3-Atlético de Madrid 2, cuando sobre el embarrado campo pontevedrés sustituye a su amigo Salcedo. Atenazado por los nervios, no toca el balón prácticamente, pero ya entra en la dinámica del primer equipo y juega también la semana siguiente, debutando en el Manzanares ante el Sabadell (4-1). Es cedido al Burgos en la campaña 1971-1972 para regresar al Atlético de Madrid con 24 años y con la etiqueta de mejor lateral de España: será entonces cuando se quede en el club rojiblanco.

Su nombre figura en la agenda del F. C. Barcelona, pero el Atlético tiene fe en sus posibilidades y le mantiene en la primera plantilla para ocupar la banda izquierda, a pesar de ser diestro, tras la salida de Isacio Calleja y la marcha de Quique al Hércules. Ya había jugado con la selección española de aficionados y el propio Ladislao Kubala le convocó con la selección Sub-23 hasta llegar a la absoluta, con la que jugó trece partidos: el de su debut fue el 24 de noviembre de 1973 en el Neckarstadion de Sttutgart, frente a la

foto 3
foto 4
foto 5
foto 8
foto 6
foto 7
foto 9
foto 10

poderosa Alemania. Capón se mantiene fijo varios años en la selección hasta unos meses antes de la cita mundialista en Argentina: juega su último encuentro en abril de 1977 en Bucarest el día que debuta otro rojiblanco con la elástica roja, Eugenio Leal.

Capón era un jugador rápido, contundente, siempre concentrado en el juego y continuamente generoso en el esfuerzo, que hizo suya durante una década la banda izquierda del Atlético. Los aficionados recuerdan además su imagen, muy acorde a la de los aguerridos jugadores de los setenta, con melena y un frondoso bigote que sigue manteniendo en la actualidad. Heredó el número de 3 de Calleja para ganar en nueve temporadas dos Ligas, una Copa del Rey y una Copa Intercontinental jugando más de 250 partidos con la camiseta rojiblanca.

Se mantiene como un fijo en el equipo hasta la temporada 1979-1980, cuando se marcha al Elche, donde juega una temporada en Segunda.

El Atlético de Madrid le homenajeó el noviembre de 1980 en un partido ante la Unión Soviética, siendo ese homenaje el último que el club ha rendido a sus grandes figuras.

Tras el fútbol se colegia en Alicante como agente de seguros y regresa posteriormente a Madrid para trabajar en el Grupo Mapfre. Un año después cambia radicalmente el rumbo y pasa a ser delegado de la zona centro de la marca de relojes Maurice Lacroix, con la que trabajó más de 20 años. También fue miembro de la Asociación de Futbolistas Española (AFE). Falleció el 19 de marzo de 2023.

1/ Defensa contundente y expeditivo le vemos en la imagen anticipándose en el Manzanares al madridista Del Bosque. **2/** Atento a las respuestas de Pirri al periodista Miguel Vila tras un partido de la selección en pleno vestuario. **3/** Foto del propio vestuario en la que se puede apreciar a Capón con la Copa del Generalísimo recién conquistada; a su lado está él delegado Carlos Peña, abajo con barba Laguna y con la toalla Salcedo junto a Pacheco. **4/** Como internacional defendió la camiseta absoluta en trece ocasiones. En la imagen intenta de manera acrobática interceptar un balón. **5/** De paseo en la concentración de la selección. De izquierda a derecha, Amancio, Capón, Benito y los dos hermanos Castro, Jesús y Quini. **6/** El Atlético de Madrid le homenajeó en noviembre de 1980 en un partido ante la Unión Soviética siendo ese homenaje el último que se ha ofrecido por parte del club a sus grandes figuras. En la foto posando con el capitán ruso y el colegiado Díaz Frías, el linier de la derecha es el hermano del Padre Daniel, capellán del Atlético, Juan Jesús Antolín y el otro linier es Zambrano Pajarón. **7/** No siempre llevó bigote, en la imagen le vemos en la entrada del Hotel Reyes Católicos de Santiago de Compostela. Es el primero de la derecha, junto a él, Rodri, Eusebio, Melo, Quique, Gárate y de pie está Ufarte. **8/** Partido en el viejo Sarriá. Capón intenta impedir el remate de Roberto Martínez ante la mirada de Melo. **9/** Despejando la pelota. **10/** Con su buen amigo Salcedo posando con la Intercontinental.

foto 2

CLEMENTE VILLAVERDE HUELGA

foto 1

Servicio
al club

En la localidad asturiana de Cangas de Onís nació el 8 de febrero de 1959 Clemente Villaverde Huelga. Su primer equipo es el Canicas A. C., en el que **comienza a gestarse en él el gusanillo por el fútbol.** Después del colegio estudia en el Instituto Rey Pelayo, aunque cuando su familia se traslada a Madrid terminará su formación en el Instituto de San Isidro. **Apunta buenas maneras con el balón** y se inscribe en unas pruebas del Atlético de Madrid; con **14 años pasará a formar parte de la disciplina del club.**

"Cuando conocí a Jesús Gil, me dí cuenta de todo lo que iba a cambiar en el club y, con el paso del tiempo, la huella del presidente me dejó marcado para bien".

Chema Abad
(Periodista, RNE [1957-2022])

foto 8

Clemente alterna los estudios en el instituto con los entrenamientos en el equipo a las órdenes de técnicos como Víctor Peligros. El joven asturiano progresa en los conjuntos filiales hasta integrarse con 19 años en el segundo equipo, a las órdenes de Joaquín Peiró.

Comienza la campaña 1981-1982 como jugador del filial, pero el técnico del primer equipo, José Luis García Traid, le hace debutar en Primera División el 20 de diciembre de 1981, en el Vicente Calderón, en un Atlético 1-Español 0. Ese mismo año entra en la Universidad Complutense de Madrid para comenzar sus estudios de Derecho (Promoción 1981-1986).

Clemente siempre fue un jugador de club, futbolista sobrio, con buena técnica, discreto en el trato y humilde tanto cuando jugaba él como cuando quien estaba en el campo era otro compañero. Durante años alternó la banda izquierda con Julio Alberto o Quique Ramos, compartiendo defensa con Miguel Ángel Ruiz y Juan Carlos Arteche y ayudando a su equipo de toda la vida a mantener un nivel competitivo que siempre hizo que el Atlético estuviera entre los cuatro primeros de la tabla.

Fueron años de penurias económicas en la entidad, pero el equipo se mantuvo a flote con jugadores de cantera que no solo aportaron ilusión, sino también una calidad que llevó al equipo a conquistar una Copa del Rey y una Supercopa de España. Se quedaron a las puertas de un título europeo, la Recopa de 1986 –cayeron en la final ante el Dínamo de Kiev–, y de otra Copa del Rey –la que perdieron en Zaragoza en los penaltis ante la Real Sociedad–, pero nada impide que con el tiempo aquella generación se escriba con letras de oro en la historia del club.

Se mantiene en el equipo hasta la temporada 1986-1987 y juega su último partido como rojiblanco en el Benito Villamarín, en junio de 1987: un Betis 2-Atlético 1. Le queda un año de contrato, pero los cambios en el club hacen que acepte la posibilidad de salir con destino a Málaga, donde se marcha con su compañero Miguel Ángel Ruiz para ponerse en Segunda División a las órdenes de Ladislao Kubala. En aquella temporada 1987-1988, con Clemente alternando la posición de

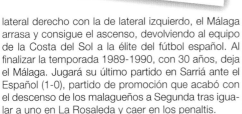

lateral derecho con la de lateral izquierdo, el Málaga arrasa y consigue el ascenso, devolviendo al equipo de la Costa del Sol a la élite del fútbol español. Al finalizar la temporada 1989-1990, con 30 años, deja el Málaga. Jugará su último partido en Sarriá ante el Español (1-0), partido de promoción que acabó con el descenso de los malagueños a Segunda tras igualar a uno en La Rosaleda y caer en los penaltis.

En sus años en la Costa del Sol ya ejerce como abogado en su propio despacho y al dejar el fútbol compagina su actividad en el bufete con otras como la secretaría general del sindicato de los futbolistas (AFE) y como miembro de apelación de la RFEF (Real Federación Española de Fútbol).

En 1992 regresa al Atlético para incorporarse a la asesoría jurídica para ocupar posteriormente la gerencia hasta 2020, cuando fue designado director general del Getafe C.F. A finales de 2022 fue nombrado presidente de la Fundación LaLiga.

1/ Defensa sobrio se sumaba poco al ataque, con el Atlético no marcó ningún gol en Liga y solo se le apunta uno en propia puerta en Mallorca, en la imagen le vemos tapando la internada de Butragueño en un derbi en el Bernabéu. **2/** Una foto más actual junto al *Pechuga* San Román. **3/** En Zaragoza ganó la Copa del Rey en 1996. Antes del partido posa en la banda con Miguel Ángel Ruiz y Lázaro Albarracín. **4/** Un Atlético de finales de los ochenta. Arriba: Ruiz, Clemente, Quique Setién, Landáburu, Arteche y Elduayen. Agachados, Paco Llorente, Tomás, Uralde, Julio Prieto y Sergio Morgado. **5/** Siempre rodeado de amigos: en la foto con Clemente, en el centro posan Pereira, Carlos Peña, Ruiz, San Román, Angelines y Alemao. **6/** El mayor logro en su época de futbolista fue la Copa del Rey de 1985. **7/** Como gerente del club y como exfutbolista siempre está presente en los actos del Atlético. Una cita ineludible, la comida de Navidad de los veteranos. En la de 2012 le vemos sonriendo con Feliciano Rivilla y Enrique Collar. **8/** Foto curiosa en la que el equipo posa con el Oscar conseguido por la película *Volver a empezar* de José Luis Garci en la que en algunas imágenes sale el Atlético de Madrid jugando en El Molinón gijonés.

Marcador
sobrio

foto 1

Alejado del fútbol, no ha tenido nunca intención de volver: **«nunca fui bien tratado.** Eso me dejó tal vez más secuelas y **ahora el fútbol no me es grato.** El deporte en sí es muy bonito, pero lo que se mueve alrededor no me llama mucho la atención –confiesa Eusebio, que no guarda buen recuerdo de los dirigentes–. En general, el trato con las personas es desagradable y por eso quizá ir al fútbol no me llena». Sin embargo, **prefiere no remover el pasado y quedarse con los triunfos** y con los buenos amigos que le dio la vida, reconociendo que siempre se ha sentido **«un privilegiado».**

"Para los que no nacen colchoneros, tropezarse un solo instante con el Atleti supone condenarse de por vida a comulgar con una forma única y pasionalmente desmedida de entender un sentimiento: el rojiblanco".

Jesús Hernández
(Periodista. Actual director
de comunicación del
Albacete Balompié S.A.D.)

Eusebio Bejarano Vilaró nació el 6 de mayo de 1948 en Badajoz. Jugador espigado y de buena técnica, ya de niño comienza a destacar en el Júpiter, equipo de la Barriada de la Estación de la capital pacense. No tardó mucho el Badajoz en echar sus redes sobre este joven jugador, al que incorpora para jugar en todos los equipos de las categorías inferiores del club extremeño, pasando por el Olivenza hasta dar el salto al primer equipo. Su proyección es alta y equipos como el Sevilla, el Betis, el Barcelona y el Real Madrid luchan por hacerse con sus servicios, aunque finalmente serán los blancos quienes se hagan con su fichaje.

Llega a Madrid a prueba en el juvenil, si bien regresará después para jugar en Segunda en el Badajoz, mientras los dirigentes de ambos equipos ultiman el acuerdo. El fichaje se demora, circunstancia que aprovecha el Atlético de Madrid para ficharle con la temporada 1967-1968 ya empezada. Otto Gloria no cuenta en principio con el joven jugador extremeño, pero la llegada al banquillo de Miguel González y Villalonga le abrirá las puertas para la campaña siguiente, 1968-1969.

Eusebio debuta con la camiseta del Atlético de Madrid en Liga el 20 de octubre de 1968, en el Manzanares, en un Atlético 0-Elche 0. Tiene apenas 20 años pero da muestras de su sobriedad en la defensa y de su gran calidad para sacar la pelota controlada desde atrás. Es un chico callado, con un espigado cuerpo que no destaca por su espectacularidad pero sí por su buen trabajo en el terreno de juego. Sus detractores le acusaban de lento, pero todo el mundo señalaba su precisión en los marcajes a las estrellas rivales, a los que secaba con un gran sentido de la anticipación. Esa continuidad le mantuvo en el equipo doce temporadas, en las que ganó tres Ligas, dos Copas del Rey y una Intercontinental, al margen del subcampeonato de Europa.

Con un carácter reservado, Eusebio nunca levantaba la voz y ni siquiera protestó cuando el club le dio la baja y le negó, en reiteradas ocasiones, un homenaje que había merecido sin duda.

Tras el Atlético, Eusebio firma con el Sporting de Gijón en la temporada 1978-1979, pero una grave lesión de rodilla y la preferencia del técnico José Manuel Díaz

Novoa por los jugadores de la cantera de Mareo hacen que el extremeño no juegue ni un solo minuto en Liga, por lo que se marcha a Badajoz, donde se opera para cerrar su etapa como futbolista en Segunda B a la edad de 33 años.

En 2001 recibió la Medalla al Mérito Deportivo otorgada por la Junta de Extremadura.

Tras el fútbol, Eusebio entra en una empresa del sector automovilístico, en la que ha trabajado durante 21 años hasta su prejubilación en 2009.

1/ Los aficionados siempre recordarán el buen hacer de Eusebio durante las doce temporadas que defendió con honestidad la camiseta del Atlético de Madrid. **2/** Destacaba por su gran sentido de la anticipación y por sus grandes marcajes a las estrellas rivales. **3/** En la imagen recibiendo de manos del Marqués de la Florida un premio con Vicente Calderón al fondo. **4/** Curiosa foto en la que se ve a Eusebio sonriendo mientras la actriz Geraldine Chaplin le toca la cara. En la imagen también se ve con jersey blanco a Juan Gómez *Juanito*. **5/** Poderoso en el juego aéreo, en la imagen despeja un balón en el Camp Nou ante la oposición del barcelonista Clares mientras Benegas sigue con la mirada la dirección del balón. **6/** Partido en Split en 1976. Arriba, de izquierda a derecha: Capón, Alberto, Eusebio, Reina, Pereira y Panadero Díaz; agachados, Leal, Leivinha, Rubén Cano, Ayala y Heredia.

Doctorado
para el Aviación

Ramón Gabilondo Alberdi nació el 15 de marzo de 1913 en la localidad guipuzcoana de Eibar; sin embargo, en vez de seguir los pasos de muchos de sus compañeros, que piensan en triunfar en el Athletic Club bilbaíno, sin dejar de soñar con el fútbol, **Gabilondo encamina su futuro a los estudios,** pues quiere desde pequeño ser médico. Juega en el equipo de Bachiller-Comercio y en el Estrella. Tras estudiar el bachillerato, se traslada en 1928 a Valladolid para cursar **estudios de Medicina** y allí compagina las aulas de la facultad con las alineaciones primero de la Ferroviaria y después del Valladolid, que juega en Tercera. Son años en lo que va perfeccionando su calidad como medio centro, aunque también juega en ocasiones como ala. **Su siguiente destino universitario es Madrid y, por consecuencia, también su destino futbolístico.**

"Lo más grande del fútbol español".

Lázaro Albarracín
(Exvicepresidente del Área
Social del club. [1929-2022])

Es así como llega al Athletic Club de Madrid en 1934 para comenzar a jugar a las órdenes de Mr. Pentland en un equipo que acaba de recuperar la máxima categoría y así debutar como rojiblanco en Liga el 2 de diciembre de 1934 en Nervión, en un Sevilla 4-Atlético 0. Una semana más tarde, en su debut en el Estadio Metropolitano, el 9 de diciembre, consigue anotar su único gol de la temporada en un Atlético 3-Racing 1. Sin embargo, en la siguiente campaña, la de 1935-1936, tras una mala planificación, el equipo pierde la categoría tras el último partido ante el Sevilla con el famoso penalti marrado por Chacho.

La Guerra Civil interrumpe su carrera como futbolista y durante tres años ejerce su profesión de médico, curiosamente en los dos bandos: en el republicano como capitán de sanidad y en el nacional como soldado en Burgos y en el frente de Santander, olvidando que un día fue uno de los mejores jugadores de un fútbol español desintegrado.

La fusión del Aviación Nacional y el Athletic Club de Madrid, en octubre de 1939, abre de nuevo las puertas a su futuro como futbolista y se enfunda de nuevo la camiseta rojiblanca para jugar, tras una hábil maniobra administrativa y una promoción, de nuevo en Primera División.

Gabilondo está en plena madurez deportiva, tiene 27 años y afronta como campeón una segunda temporada en la que, tras dejar la posición de interior derecho, se integra en una de las medias más conocidas por los aficionados de la época, Los Tres Mosqueteros: Germán, el propio Gabilondo y Machín llevan de nuevo a la victoria al equipo aviador. Son los años en los que se reincorpora el equipo al Metropolitano tras las obras realizadas después la guerra y en la que Gabilondo viste por primera vez la camiseta de la selección nacional. Debuta con la Roja de la mano de Eduardo Teus en Lisboa, el 12 de enero de 1941, en un Portugal 2-España 2. Juega cinco partidos, los tres últimos como capitán, y finaliza su participación en San Siro el 19 de abril de 1942, en un Italia 4-España 0.

Gabilondo se mantuvo en el equipo rojiblanco hasta la temporada 1945-1946 y demostró su clarividencia en el juego, su caballerosidad en el campo y sus grandes dotes de manejo de balón, que le otorgaron el título honorífico de mejor medio centro derecho del fútbol español de aquellos tiempos.

Por decisión propia deja el fútbol para ejercer su otra vocación, la de médico, recibiendo el homenaje de los aficionados en un Metropolitano abarrotado el 23 de diciembre de 1945, en un encuentro que el Atlético Aviación juega contra la selección española. Su último partido liguero lo juega el 20 de enero de 1946: un Atlético Aviación 2-Oviedo 2, en el que consigue además su último tanto como futbolista.

Su vida en los terrenos de juego dio paso a la de médico, pero Gabilondo nunca se alejó del balompié, al que siguió ligado primero entrenando a los juveniles del Atlético, donde descubrió a un jovencísimo Enrique Collar, y luego como médico de la mutualidad de futbolistas y, sobre todo, como técnico en la Federación. Entrenó a la selección nacional juvenil e incluso llegó a ser seleccionador absoluto junto a José Luis Lasplazas y José Luis Costa, debutando en la ciudad polaca de Chorzow el 28 de junio de 1959 en un Polonia 2- España 4. Dirigió doce partidos, de los que ganó ocho y perdió cuatro. Su último encuentro como seleccionador absoluto lo dirige en Viena el 30 de octubre de 1960, en el Prater, en un Austria 3-España 0.

La Federación Española de Fútbol le otorgó la Medalla de Oro al Mérito Deportivo y en 1968 fue nombrado presidente de la Federación Castellana de Fútbol.

Ramón Gabilondo falleció en Madrid el 16 de septiembre de 2004, a la edad de 89 años.

1/ Debuta como rojiblanco en Liga el 2 de diciembre de 1934 en Nervión en un Sevilla 4-Atlético 0. Ese día jugaron Guillermo, Corral, Mendaro, Gabilondo, Marculeta, Peña, Lafuente, Marín, Elicegui, Arocha y Cuesta. **2/** Foto del día de su boda en octubre de 1942 en Arrate con Vicenta Asazna. **3/** Alineación típica de antes de la Guerra Civil, en la que se ve a Gabilondo a la izquierda del portero Pacheco junto a jugadores como Arencibia, Mesa, Marculeta o Luis Marín. **4/** Nunca dejó de estudiar, por eso abandonó el fútbol para dedicarse a su verdadera vocación, la medicina. **5/** Formación de 1944. De pie: Germán, Amestoy, Riera, Ederra, Aparicio y Machín. Agachados: Vázquez, Campos, Gabilondo, Adrover y Taltavull.

//// JESÚS **GLARÍA**

El **sacrificio**
hecho futbolista

Glaría tuvo muchos amigos, pero **en especial dos:** el primero, su paisano **Zoco,** con el que compartió durante largo tiempo piso en Madrid, circunstancia curiosa ya que uno jugaba en el Real Madrid y otro en el Atlético, pero su amistad perduró siempre a pesar de la rivalidad en el campo. El otro, **Miguel San Román.** Ambos conocieron a dos hermanas y se casaron con ellas, por lo que pasaron a ser cuñados, además de amigos.

"El Atlético de Madrid es el hogar de los rebeldes. Por ejemplo Han Solo (de Star Wars) seguro que sería del Atleti".

Paco González

(Periodista, Cadena Cope)

Jesús Glaría Jordán nació en la localidad navarra de Villafranca el 2 de enero de 1942. Hijo de Inocencio y Pilar, estaba claro que el pequeño Jesús sería futbolista, pues de los seis hermanos, cuatro de ellos varones, tres ya le pegaban al balón. Pero nos centraremos en la figura de Glaría IV, el que más triunfó de todos sus hermanos, el que llegó a ser internacional y leyenda en el Atlético de Madrid.

Jesús se trasladó con 7 años a estudiar a Logroño junto a sus hermanos. A los 10 pasa al colegio de los Padres Capuchinos de Lecaroz, en Navarra, donde coincide con Zaldúa y Miguel Jones. Sus comienzos futbolísticos hay que buscarlos en el colegio y en el modesto equipo pamplonés del Oberena, con el que llega a jugar en Tercera División hasta que su hermano Javier llega al primer equipo del Atlético de Madrid, procedente de las categorías inferiores rojiblancas, y consigue que hagan una prueba a su hermano pequeño, que ya por aquel entonces había jugado con la selección navarra y con la española juvenil.

Jesús regresa a Pamplona pero en 1960 vuelve a Madrid para quedarse y demostrar su calidad en el equipo *amateur.* Y es que desde su llegada deslumbró con su elegancia, su sentido del juego, su gran manejo de la pelota y su porte majestuoso. Jugador práctico y contundente cuando era necesario, sabía sacrificarse por el bien del conjunto durante los 90 minutos, lo que le abre las puertas del primer equipo con apenas 18 años en la campaña 1960-1961. A pesar de tener por delante la pareja formada por Ramiro y Chuzo, llega a debutar en enero del 61 de la mano de Villalonga en

un Betis 1-Atlético de Madrid 0. Así comienzan ocho temporadas de éxitos que convierten a Jesús Glaría en un referente por delante de la defensa y en una delicia para el aficionado, que disfrutaba viendo cómo sacaba la pelota controlada desde la retaguardia. Glaría juega prácticamente todos los partidos en esos ocho años, con todos los entrenadores que le dirigen, y gana dos Copas, la Recopa del 62 y la Liga 1965-1966, siendo además finalista de la Recopa de 1963 y de la Copa de ese mismo año.

Las lesiones le suelen respetar (jamás pasó por el quirófano) y aunque se emplea con contundencia, tanto rivales como compañeros siempre destacaron su nobleza y señorío dentro y fuera del campo. Sirva como dato que jugando con el Atlético de Madrid nunca fue expulsado en Liga, es más, ni siquiera llegó a ser amonestado.

Es una de las grandes estrellas del fútbol español a pesar de su juventud y el propio José Luis Villalonga le lleva la selección absoluta en noviembre de 1962 en un partido disputado en el Bernabéu y que España ganó de manera abultada a Rumanía (6-0). En total fue 20 veces internacional, participando en los partidos de clasificación de la Eurocopa 1964 y jugando la fase final del Mundial de Inglaterra 66.

Con 25 años y en plena madurez futbolística, las necesidades económicas de la entidad propician su salida, con la que se recaudan 10 millones del Español de Barcelona, un dinero necesario para la culminación de las obras del estadio. Si debutó contra el Betis en Sevilla ocho años antes, Glaría se despediría del Atlético

foto 1

foto 3

LOS CAMPEONES, EN MADRID Esperados en la estación de Atocha por una muchedumbre de fervorosos simpatizantes, los jugadores del Atlético de Madrid (Glaría, á hombros de los hinchas) llegaron a la capital de España. Su gran victoria en Sarriá les ha hecho nuevos y brillantes campeones de Liga, con lo que termina el largo reinado del Real Madrid en el torneo de la regularidad.

foto 2

en Liga precisamente con los verdiblancos en abril de 1968 (0-0). Es así como llega al estadio de la carretera de Sarriá para ser estrella; aunque el equipo desciende en la primera temporada, consigue el retorno en la siguiente para seguir dando muestras de su clase hasta que decide colgar las botas al finalizar la temporada 1974-1975.

Con 33 años ponía punto final a una carrera extraordinaria como uno de los mejores jugadores que ha dado el fútbol español. En sus tiempos de futbolista nunca había dejado de mirar al futuro y mantenía una fábrica de pantalones vaqueros en Pamplona y una inmobiliaria para la venta de pisos que había montado en Barcelona, pero cuando todo apuntaba a que pasaría a formar parte de la secretaría técnica del conjunto blanquiazul, en la madrugada del 19 de septiembre de 1978, cuando regresaba de vacaciones con su hijo Jesús y su sobrino Francisco, que jugaba en las categorías inferiores del Español, un reventón de una rueda en la A-2, a la altura de la localidad de L'Espluga de Francolí (Tarragona), acabó con la vida de Jesús Glaría y de su hijo de 10 años. Francisco salvó la vida al llevar el cinturón de seguridad, mientras que el pequeño Jesús, que dormía tumbado en el asiento de atrás, moriría en el acto. Aún con vida, Glaría fue trasladado a la Residencia de la Seguridad de Lleida en ambulancia, pero pereció en el camino a la edad de 36 años. Un año después, en el incendio del hotel Corona de Aragón, falleció su viuda Marta Bamaia Duch, hija del famoso promotor de boxeo Luis Bamaia.

foto 4

1/ Rojiblancos en la selección militar; de izquierda a derecha, Rodri, Ufarte, el brigada Jiménez, Glaría y Martínez Jayo. 2/ Tras ganar la Liga el equipo fue recibido en la estación de Atocha por miles de aficionados, algo que hizo que *ABC* se hiciera eco del momento en su portada. 3/ Comida de la plantilla en el restaurante El Bosque en 1966. Vemos a Glaría en la fila del medio, justo detrás a la izquierda del padre Serrano. 4/ El 1 de noviembre de 1962, España derrotó por 6-0 a Rumania en el Bernabéu, ese día jugaron: Vicente, Pachín, Rodri, Calleja, Glaría y Paquito. Agachados: Collar, Adelardo, Veloso, Guillot y Gento. 5/ Atendiendo las explicaciones del técnico Otto Gloria, también asisten a la charla además Glaría, Collar y Adelardo.

JORGE BERNARDO **GRIFFA**

foto 1

Vocación de
educador

«Me olvidé de vivir». Esa frase la sigue diciendo Griffa años después cuando recuerda su paso por España. No se arrepiente, pero **era tanta su pasión y entrega por su profesión,** que se olvidó de ver crecer a los suyos. Quizá por eso mismo luego todos sus esfuerzos han ido encaminados a la formación, no solo como futbolistas, sino como personas. **«El instinto pega más fuerte que la sabiduría»** y bien que lo sabe porque tuvo un paréntesis en su vida para jugar y después lo cerró para vivir y evitar que otros se olvidaran de hacerlo.

"Para identificar a un colchonero no necesitas llevar bufanda. Los rojiblancos son esos colores que trascienden al fútbol y suponen una manera de comportarse ante la vida".

Héctor Fernández

(Periodista)

Jorge Bernardo Griffa Monferoni nació el 7 de septiembre de 1935 en Casilda (Argentina). Con sangre latina es sus venas, ya que su abuela nació en Pinillo de Toro (Zamora), desde muy pequeño sueña con el balón y se enrola en el equipo de su pueblo; allí compagina el equipo cadete de La Unión Casilda con un trabajo como chico de los recados de la tienda de su padrino, llevando en bicicleta los pedidos a casa de los clientes. Su afán de superación y la exigencia de su padrino le hacen competir consigo mismo para entregar los encargos en el menor tiempo posible, lo que le otorga una capacidad física que le servirá en su vida como profesional. Tiene apenas 14 años y ya demuestra un carácter que marcaría su carrera: le costaba aceptar las derrotas.

Estudia Secretariado Comercial, pero siempre con el deporte en la cabeza: así, en esos días practica baloncesto y boxeo, pero sobre todo fútbol, debido en parte a la obsesión que por ese deporte tenía su padre, Bernardo Griffa, exjugador de Central Córdoba que se vio privado de una larga carrera por una fractura de tibia y peroné. Su padre fue fan incondicional y le presentó a las pruebas, primero en Rosario Central y luego en Newell's.

Con 17 años llega a las categorías inferiores de Newell's Old Boys y con apenas 18 años debuta en Primera División. La experiencia no fue positiva pero se preparó física y mentalmente y consiguió hacerse un hueco y convertirse en un referente para la hinchada.

Con la albiceleste ganó el Campeonato Sudamericano de 1959.

Es un defensa elegante y a la vez contundente y aunque River, Boca, Independiente y el Barcelona pujan por él, recala en Madrid en la temporada 1959-1960. De la mano del eslovaco Ferdinand Daucik debuta en Liga el día 13 de septiembre de 1959 en el Estadio Insular (0-3). Forma en esos años una de las líneas más recordadas en el Atlético, con Rivilla y Calleja. Durante años, los tres son el alma de la defensa de un Atlético en el que Griffa gana una Liga, tres Copas y la Recopa. Durante diez temporadas defiende la camiseta rojiblanca, con alegrías y tristezas, con buenos y malos momentos (las lesiones fueron su cruz), pero siempre con el corazón en el campo y con el cariño de una afición que ya en 1967 le rindió homenaje en un partido en el Manzanares ante el Benfica. En 1968, el Gobierno le concede la Medalla de Plata al Mérito Deportivo.

Su último partido de Liga como jugador del Atlético es en febrero de 1969 en el Manzanares, en un Atlético 4-Málaga 1 en el que marca incluso un gol. En ese momento es el futbolista extranjero que más veces había vestido la camiseta del Atlético de Madrid, mérito que Luis Amaranto Perea superaría en 2011.

Tras el Atlético ficha por el Español de Barcelona hasta 1971. Tras su retirada regresa a Argentina y se dedica a la agricultura y la ganadería y además inicia la aventura de ser jugador y entrenador en Bandfield,

pero es atropellado por un camión, se rompe la pelvis y tiene que estar enyesado más de 70 días, lo que le obliga a poner punto final a su carrera como jugador.

Tiene ganas de entrenar, pero se da cuenta de que no está preparado para seguir en Primera tras dirigir cinco meses a su club de toda la vida en la máxima categoría del fútbol argentino. Un ofrecimiento del presidente de Newell's, pero esta vez para empezar en el fútbol base, cambia su vida ya que desde entonces comienza a trabajar con chavales más como educador que como entrenador, en una labor docente de la que ha hecho su vida. Su mentalidad y nuevas ideas las empieza a plasmar en el fútbol base de Newell's, dotando al club de Rosario de una categoría que nunca había conocido y situándolo entre los grandes del fútbol argentino. Su capacidad para descubrir talentos y formar personas es incuestionable. Ha dado la alternativa a técnicos como Marcelo Bielsa pero sobre todo ha descubierto figuras en Newell's cuando apenas contaban con 12 o 14 años como Jorge Valdano, Américo Gallego, Gabriel Batistuta, Fabián Basualdo, Roberto Sensini, Fernando Gamboa, Mauricio Pochettino, Maxi Rodríguez, Walter Samuel, Aldo Duscher, Abel Balbo, Gabriel Heinze Cuando trabajó para Boca Juniors entre 1996 y 2004 descubriría a niños luego consagrados como Nicolás Burdiso, Sebastián Battaglia, Fernando Gago o Carlos Tévez. Toda esa experiencia le ha llevado a dar numerosas confe-rencias y seminarios, a trabajar con otras federaciones como la mexicana que le llamó para supervisar sus categorías inferiores o el Nexaca para ser director de cantera hasta que Mauricio Macri, presidente de Boca Juniors, volvió a requerir sus servicios. Incluso ha tenido tiempo de publicar un libro con sus vivencias en el fútbol base, 39 años en divisiones inferiores, que es un manual para los nuevos entrenadores.

Si como defensa era rápido y contundente y no sabía perder, Jorge Griffa pregona la paciencia a las nuevas generaciones: «no les exijo ganar, les preparo para el éxito».

1/ Simpática foto tomada en un aeropuerto en la que bromean dos grandes amigos: Griffa y Collar. **2/** Sin duda uno de los tríos defensivos más importantes de la historia de la entidad, Rivilla y Calleja se apoyan en Griffa sobre el césped del Metropolitano. **3/** Otra simpática instantánea de Alfredo Di Stéfano poniendo una flor en la solapa de su compatriota. **4/** Como jugador de Newell's en la disputa del clásico de 1956, junto a Castro, jugador de Rosario Central. **5/** Foto actual de Luis Aragonés conversando con Griffa. **6/** Recibiendo el saludo de Franco en la recepción como campeones en el Palacio del Pardo. **7/** En 1967 se le rindió homenaje en un partido ante el Benfica. Aquel 1 de noviembre de 1967 en el césped se volvió a ver a Mendonça y a Peiró otra vez de rojiblancos y también a la estrella del Benfica, Eusebio, que maravilló con su juego llevándose los portugueses el partido por 1-2, con goles precisamente de Eusebio. En 1968 el Gobierno español le concede la Medalla de Plata al Mérito deportivo. **8/** Como buen argentino no podía faltar un asado: en la imagen vemos al propio Griffa como cocinero ante la mirada del *pinche* y dos incrédulos Collar y Ruiz Sosa. **9/** Vemos a Griffa, segundo por la izquierda, en la formación de la línea defensiva de Newell's Old Boys. **10/** Posando en el viejo campo de la Carretera de Sarriá como jugador del Español de Barcelona.

Equipos históricos
Primera **Supercopa de Europa**

INTER	0-2	ATLÉTICO
	27 de agosto de 2010	**Reyes 62'**
	Estadio:	**Agüero 83'**
	Louis II (Mónaco)	

Entrenador: **Quique Sánchez Flores**

De Gea

Perea   Godín

Ujfalusi   Domínguez

Reyes
(Fran Mérida 69')   Raúl García

Assunçao   Simao
(Camacho 91')

Agüero   Forlán
(Jurado 82')

foto 1

Sargento
de hierro

Hijo de padre español, Heriberto Herrera Udrizar nació en Guarambaré (Paraguay) el 24 de abril de 1926. En su ciudad natal empieza a dar sus **primeros pasos futbolísticos,** aprovechando su **envergadura y manejo del balón,** hasta que llega al Teniente Fariña de Caapupe. Su primer equipo serio es el Nacional de Asunción, donde va subiendo peldaños hasta convertirse en **uno de los defensas más importantes de América.** Su trabajo en el Nacional le llevó a la selección paraguaya, con la que se conquistó la Copa América disputada en Perú en 1952, torneo en el que es declarado mejor jugador.

"Atlético de Madrid: la superación constante de la frustración llevada a los altares del fútbol".

Joseba Larrañaga
(Periodista, Cadena Cope)

Herrera llega al Metropolitano con 27 años, ya hecho y con aureola de gran jugador. Debuta en Liga el 13 de septiembre de 1953 en Sarriá, en un Español 3-Atlético de Madrid 1. Unos días después, en un amistoso en París frente al Stade Français, se lesiona la rodilla, dolencia que le dará muchos problemas durante toda su carrera.

Heriberto Herrera era un jugador espigado, sobrio en el manejo del balón, poderoso en el juego aéreo y muy contundente en el cruce, y jugó muchos partidos con compañeros como Cobo, Verde o Rafa Mújica.

Poseedor de la nacionalidad paraguaya y española, aunque ya había jugado con la selección paraguaya, la normativa UEFA permitió que pudiera jugar con la española y lo hizo en una sola ocasión, cuando Manuel Meana le convocó para el decisivo partido disputado en Chamartín en marzo de 1957 en un España 2-Suiza 2, encuentro que se debía ganar y en el que no se pasó del empate.

En la temporada 1958-1959 la llegada de hombres como Adelardo, Rivilla, Callejo o Chuzo le va haciendo perder protagonismo y apenas disputa tres encuentros ligueros, cerrando su etapa rojiblanca en Atocha un 18 de enero de 1959 en un Real Sociedad 0-Atlético 0. Cuando deja el club ficha por el Rayo Vallecano, donde alterna su faceta de jugador con la de entrenador. Ahí

comienza una larga y exitosa carrera como técnico, que arranca con el Tenerife, al que asciende por primera vez en la historia a la Primera División. Luego vendrían Real Valladolid, Español, Elche y la aventura italiana durante once temporadas en la Juventus (con los que logra un Scudetto y una Copa), en el Inter, en la Sampdoria y en el Atalanta, donde, al coincidir sus iniciales con las del Mago Helenio Herrera, recibió el sobrenombre de HH II. De vuelta a España entrena a Las Palmas en dos ocasiones, al Granada, al Valencia y al Español, ganándose el apodo de «sargento de hierro» por sus estrictos métodos de entrenamiento y la férrea disciplina que imponía a sus jugadores.

Heriberto Herrera falleció en el Sanatorio Universitario de Asunción (Paraguay) el 27 de julio de 1996.

1/ Como jugador fue muy bueno y como entrenador tuvo una larga carrera plagada de éxitos en España y en Italia. HH II, en la imagen, durante una entrevista en España. No diremos nada del nudo de la corbata. 2/ Acompañado del masajista Rafa Greño y un miembro de la Cruz Roja se retira del Metropolitano lesionado en el hombro. 3/ Imagen de un partido en el Camp Nou. Herrera atento mientras intenta despejar ante un jugador del Barcelona. Pazos espera la pelota delante de un expectante Kubala. 4/ Formación del Atlético en 1957. De izquierda a derecha, Pazos, Herrera, Martín, Hernández, Cobo, Verde y Chércoles; agachados, Miguel, Molina, Escudero, Peiró y Collar. 5/ Poseedor de la nacionalidad paraguaya y española, aunque ya había jugado con su selección, la normativa UEFA permitió que pudiera jugar con La Roja y lo hizo en una sola ocasión cuando Manuel Meana le convocó para el decisivo partido disputado en Chamartín el 10 de marzo de 1957 en un España 2-Suiza 2 en el que se debía ganar y no se pasó del empate. Esta fue la alineación de aquel día; arriba: Ramallets, Orúe, Herrera, Canito, Maguregui, Garay y Conde (masajista). Agachados: Miguel, Kubala, Di Estéfano, Luis Suárez y Gento. 6/ Atento siempre a cualquier incidencia, le vemos aguardando la palomita de Pazos en un partido ante el Sevilla.

JULIO **IGLESIAS**

Rentabilidad
sin ruido

Nacido en Los Corrales y bautizado en Mercadal, sus primeros años en Cartes no fueron fáciles: debió de coger frío y fue trasladado al Hospital de Valdecilla, donde **los médicos prácticamente le daban por perdido** hasta que su abuela materna le dio una purga y poco a poco fue recuperándose, pero no comenzó a andar hasta los 17 meses.

"La dignidad por encima de la recompensa, eso es el Atleti. El equipo que cree que los atajos no llevan a la felicidad".

María José Navarro
(Periodista, Cadena Cope)

Julio Iglesias Santamaría nació el 25 de marzo de 1944 en la localidad cántabra de Corrales de Buelna, aunque siempre presumió de ser de Cartes, el pueblo de sus padres. Estudió en el colegio La Salle y allí los profesores le dijeron que debía encaminar sus pasos hacia el baloncesto, pero el pequeño Juliuco –al que luego siempre se le conocería como Uco– quería jugar al fútbol e intentaba destacar en las dos disciplinas.

Ya de niño juega en el Buelna y allí se mantiene hasta los 18 años, habiendo jugado ya con la selección cántabra, para pasar al Racing, donde empieza a destacar como un gran marcador en el Rayo Cantabria hasta que da el salto al viejo Sardinero, donde durante dos años, con técnicos como Rafa o Yuste, va puliendo su técnica y acoplando su corpulencia a la defensa. El Racing quiere renovarle pero tras la muerte de su padre y con seis hermanos pide más dinero, algo que no acepta el Racing; es así como, gracias a la intervención de José María de la Concha, consigue llegar al Atlético de Madrid. Se incorpora al equipo y debuta en septiembre de 1966 en Riazor ante el Deportivo (0-1), de la mano de Otto Gloria, para vivir la jornada siguiente la inauguración del nuevo estadio del Manzanares.

En ese momento comienzan siete temporadas en las que juega más de 175 partidos defendiendo con sobriedad la camiseta rojiblanca, con la que conquista dos Ligas y una Copa del Generalísimo y consigue además un subcampeonato liguero.

Iglesias era un buen jugador de equipo, polivalente en el campo, aunque solía jugar de zaguero, demostrando una gran habilidad en los marcajes a los delanteros contrarios. Se mantiene en el equipo hasta finales de la temporada 1972-1973: juega su último partido liguero en el Manzanares, precisamente frente al mismo equipo ante el que debutó casi siete años antes, el Deportivo de La Coruña (3-1). Con un año más de contrato se plantea seguir, pero la llegada de Juan Carlos Lorenzo al banquillo y de hombres como Cacho Heredia le cierran las puertas, por lo que decide marcharse, una vez más con la intervención de José María de la Concha, al Real Betis Balompié para ponerse a las órdenes del húngaro Ferenc Szusza.

Con los verdiblancos consigue el ascenso y juega dos temporadas más, hasta el final de la campaña 1975-1976. Tiene 32 años y ya piensa en la retirada, pero en el verano le llama Joseíto y hace las maletas para jugar en el Alavés. En Mendizorroza está cinco meses junto a un jovencísimo Jorge Valdano recién llegado de Argentina; apenas juega siete partidos y decide poner punto final al terminar el año. Sin embargo, una llamada de José María Maguregui le saca de su retiro para enfundarse la camiseta del equipo de su tierra, el Real Racing de Santander, y volver a jugar en Primera. Mantienen al equipo en la máxima categoría y al final de la temporada 1976-1977, con 33 años, decide colgar definitivamente las botas.

Aún se mantiene ligado unos años al sacarse el título de entrenador nacional y dirigir a equipos como el Torrelavega o el Naval, pero decide que no le gusta esa vida y cambia radicalmente su rumbo para hacerse cargo de las carnicerías en Suances, donde vive, y en Torrelavega hasta que se jubila. En su localidad natal de Corrales de Buelna el campo anexo al municipal lleva su nombre.

1/ Curiosa imagen de los jugadores entrenando a los pies del Monasterio de San Lorenzo de El Escorial, vemos en primer término a Adelardo junto a Iglesias y el miembro del cuerpo técnico José María Negrillo, por detrás le siguen Ovejero y Ufarte con Luis Aragonés al fondo. 2/ Debutó en septiembre de 1966 en Riazor ante el Deportivo (0-1) de la mano de Otto Gloria para vivir la jornada siguiente la inauguración del Manzanares ante el Valencia. La imagen corresponde a aquel 2 de octubre de 1966. Estrenaron el campo; arriba: Rodri, Griffa, Colo, Iglesias, Glaría, Rivilla; Agachados, Cardona, Luis, Mendonça, Adelardo y Collar. El primer gol lo marcó Luis, el partido acabó 1-1.

JULIO ALBERTO MORENO

foto 4

Torbellino
en la banda

En la localidad asturiana de Candás nace un 7 de octubre de 1958 Julio Alberto Moreno Casas. Con **una infancia difícil** tras la separación de sus padres, llega muy joven a Madrid. En la **cantera del Atlético de Madrid** se va formando para llegar a lo más alto. Destaca en el filial y **Luis Aragonés le sube al primer equipo,** haciéndole debutar en la campaña 1977-1978, en la que juega tres partidos, el primero de ellos en el Calderón en enero de 1978 ante la Real Sociedad (2-1).

"El Atleti es barrio, es fe y es malditismo, es como una vida en pequeño".

Orfeo Suárez

(Periodista, *El Mundo*)

Culmina así un trayecto que comenzó en los campos de tierra y que le lleva incluso a ser llamado por la selección Sub-21; sin embargo, con apenas 19 años, tiene pocos minutos y tras una segunda temporada en la que tampoco cuenta, el club decide cederle al Recreativo de Huelva. Allí, de la mano de Marcel Domingo, sigue creciendo hasta que una inoportuna lesión hace que regrese a Madrid, ahora sí, para afianzarse en la banda izquierda del Manzanares.

Julio Alberto ha sido probablemente uno de los mejores laterales izquierdos que ha dado el fútbol español; rápido, vertical, hábil y buen marcador, sus centros eran aprovechados por los delanteros para materializar numerosos goles. Así, fue un fijo en las dos siguientes temporadas, creando un tándem perfecto en banda con su compañero Juan José Rubio.

Su progresión no pasa inadvertida y las ofertas no se hacen esperar. La situación del club no es boyante y la falta de liquidez hace que Vicente Calderón acepte la oferta del F. C. Barcelona por dos de sus grandes promesas, Julio Alberto y Marcos Alonso. Firma por ocho temporadas con los azulgranas y en su primera campaña, a las órdenes de Udo Lattek, conquista la Copa del Rey en un partido en el que muchos recuerdan su subida por la banda de La Romareda, su centro y el remate en el aire de Marcos batiendo al madridista Miguel Ángel.

Vestido de azulgrana es llamado por Miguel Muñoz para jugar con la selección absoluta, con la que debu-

ta en Luxemburgo en febrero de 1984 (0-1). En total fue 34 veces internacional y disputó las fases finales de la Eurocopa de Francia 1984 y el Mundial de México 1986.

Julio Alberto es un referente en la selección y en el Barça hasta la llegada de Johan Cruyff. El holandés confió el primer año en el asturiano, pero poco a poco fue alejándose del período de renovación que inició el holandés de la mano de José Luis Núñez. Ha perdido su punta de velocidad y no entra en el proyecto del futuro Dream Team, de modo que, tras la campaña 1990-1991, de manera voluntaria, cuelga las botas para siempre para incorporarse a la banca. No pudo levantar la Copa de Europa perdida en Sevilla ante el Steaua pero disfrutó con su gol decisivo a la Juventus que aun sigue siendo recordado en la Ciudad Condal. En sus nueve años como azulgrana, Julio Alberto ganó dos Ligas, tres Copas del Rey, una Supercopa, una Recopa y dos Copas de la Liga.

Tras su retirada trabajó también para la revista Don balón y hace unos años sacó en carné de entrenador en la Federación Española de Fútbol. Ha colaborado activamente como representante del F. C. Barcelona con las peñas y en las escuelas de fútbol que el club tiene desplegadas por el mundo en el proyecto F. C. B. Escola, En la actualidad, con el apoyo de la Fundación azulgrana, ha lanzado la Fundación Relife para luchar contra las adicciones y prevenir, educar y ayudar.

foto 5

foto 2

foto 3

foto 1

1/ Equipo de principios de los años ochenta: Arriba, Aguinaga, Marcelino, Arteche, Julio Alberto y Balbino. Agachados: Marcos, Cabrera, Quique, Rubio, Dirceu y Julio Prieto. **2/** Acompañando a Marcos Alonso cuando este entrenaba al Sevilla. **3/** Fue internacional absoluto en 34 ocasiones. **4/** Imagen de un joven Julio Alberto dando sus primeros pasos en el Calderón. **5/** Alineación de la temporada 1980-1981. Arriba, de izquierda a derecha, Aguinaga, Marcelino, Julio Alberto, Ruiz, Arteche y Balbino. Abajo, Quique Ramos, Cabrera, Marcos, Dirceu y Rubio.

/// JUAN MANUEL *JUANMA* **LÓPEZ**

foto 2

Dureza **noble**

Juan Manuel López Martínez nació en Madrid el 3 de septiembre de 1969. Cuando tiene apenas 3 años, su padre, jugador de fútbol, ficha por el Ceuta, por lo que la familia se traslada a la ciudad autónoma. **Emulando a su padre, Manuel López,** que jugó en el Real Madrid, Moscardó, Badajoz y Ceuta, el pequeño Juanma **da sus primeros pasos como futbolista** de la mano del padre Casimiro mientras cursa estudios en el colegio de los Padres Agustinos. Es un niño bajo para su edad y allí le ve un exfutbolista del Real Madrid, Pachín, que convence a los ojeadores del club blanco para que vean las evoluciones de ese chico de 14 años que juega con chavales mayores que él. López viaja a Madrid para estar tres días a prueba pero su tío Julián, muy atlético, consigue que los rojiblancos también le pongan a prueba argumentando el interés del Real Madrid. **Es así como con 14 años** y dejando a sus padres en Ceuta, Juanma López **ingresa en el Atlético de Madrid** para jugar en el infantil B.

> "Trabajar ocho años en la cantera del Atlético de Madrid me permitió experimentar y grabar dentro de mí lo que mis amigos colchoneros llamaban sentimiento atlético. Ese período provocó que creciera profesionalmente pero sobre todo como persona".
>
> **Abraham García**
> (Entrenador de fútbol)

V a cumpliendo con las expectativas y al año siguiente sube al infantil A, poniéndose a las órdenes de Martín Prados Pradito para ser cedido con 16 años al Colegio Amorós. Son años en los que juega de delantero marcando muchos goles y, en su regreso, Víctor Peligros prefiere sacar partido a su espigado cuerpo y potente salto haciéndole jugar como central, aunque con Antonio Briones, que aprovecha su velocidad, su gran zancada y buena técnica, también alterna esa posición con la de lateral derecho. Sigue subiendo peldaños con técnicos como Antonio Seseña, Emilio Cruz –que le sube al filial– o Iosu Ortuondo, que le hace debutar en Segunda a pesar de haber estado apartado por una grave lesión. Jugador con gran personalidad y con una melena característica, equipos como el Espanyol o el Mallorca luchan por ficharle, pero prefiere quedarse en el Atlético y esa

paciencia acabará dándole sus frutos, ya que en abril de 1991 debuta en Primera de la mano de Tomislav Ivic en La Romareda (1-0). Con 21 años ya empieza a ser un defensa habitual y su padre deportivo, Luis Aragonés, le hace alternar partidos con el primer equipo y con el filial, ayudando a conquistar la Copa del Rey, cuya final jugó como titular ante el Real Madrid en el Bernabéu, y culminando la temporada colgándose la medalla de oro de los Juegos Olímpicos de Barcelona 1992. Sin duda fue un gran año, ya que además el 9 de septiembre debuta con la selección absoluta en Santander en un partido ante Inglaterra (1-0).

En los próximos diez años, López es un referente de la grada: su pundonor, su buen hacer, su profesionalidad y su amor por los colores le hacen un hueco en la historia del club. Saborea el doblete y en los años posteriores, aunque no es un fijo en el once, disputa muchos minutos hasta que una grave lesión y la posterior recaída le hacen perder protagonismo, perdiéndose incluso el Mundial de Francia. A pesar del descenso y de sus 31 años, López se mantiene un año más en la plantilla para ayudar en la necesaria vuelta a Primera: así, en el infierno juega sus últimos minutos en Sevilla en diciembre de 2000 (3-1).

Tras más de 17 temporadas en las filas del Atlético desde que llegara con 14 años, con cerca de 200 partidos con la camiseta rojiblanca, una Liga, tres Copas del Rey, una medalla de oro olímpica y once internacionalidades absolutas y, a pesar de la fama de defensa excesivamente duro, sin ningún lesionado en su haber, Juanma López cuelga las botas para dedicarse a representar futbolistas en su propia agencia.

foto 1

foto 3

foto 4

foto 5

foto 6

foto 7

foto 9

foto 10

foto 8

1/ En el césped de la Romareda de Zaragoza celebrando el título copero conseguido ante el F. C. Barcelona; en la imagen vemos a López, Juan Carlos y Santi sujetando la copa junto a Vizcaíno y Geli. **2/** Jugador de calidad a la hora de sacar la pelota, la grada siempre supo apreciar su entrega y pundonor en cada partido. **3/** En 1992 se colgó al cuello la medalla de Oro en los Juegos Olímpicos de Barcelona. **4/** Amigos de cantera y en el primer equipo, Toni, Aguilera, López, Diego y Solozábal. **5/** Bonita imagen de la celebración de la copa de 1996 sobre el césped de La Romareda. **6/** Vistió la Roja en once ocasiones, debutando el 9 de septiembre de 1992 en Santander ante Inglaterra (1-0). **7/** Celebración del título liguero en el Calderón al vencer al Albacete. En la imagen vemos a Santi y a López, colgados del larguero. **8/** Tras el fútbol en activo, López sigue ligado al deporte con su agencia de representación de jugadores. **9/** Durante los actos del Centenario en 2003 vemos de izquierda a derecha a Jorge Mendonça, Juanma López, Vizcaíno, Toni y Futre. **10/** Imagen del año del descenso, esa temporada solo jugó dos encuentros. Esta foto corresponde a su último partido en Primera en el Calderón ante el Sevilla.

DIEGO **LOZANO**

foto 7

Atleta de cemento

Considerado como **uno de los mejores defensas que ha tenido el Atlético de Madrid,** sus cualidades físicas le hicieron primero ser un **gran atleta,** luego un gran delantero y, por último, consagrarse como un **extraordinario defensa.**

"Siempre recordaré a mi abuelo contando la batallita de cómo negoció el fichaje de mi tío con el gran Ricardo Zamora. Diego Lozano: deportista superdotado, músico, cascarrabias y gran contador de chistes. La edad le fue arrebatando muchos recuerdos, incluidas nuestras caras, pero jamás le quitó la certeza de que su corazón era rojiblanco".

Teresa Lozano
(Periodista de Antena 3 y sobrina de Diego Lozano)

iego Lozano Rodríguez nació en Montijo (Badajoz) el 8 de febrero de 1924. Su característica más destacada era la velocidad y allí, en las tierras extremeñas, comenzó a destacar como velocista, conquistando sus primeros triunfos en las competiciones del Sindicato Universitario. También lanzaba peso y jabalina y llegó a participar en los 400 metros lisos en unos Juegos de la Juventud organizados por la Alemania de Hitler, la Italia de Mussolini y la España de Franco.

Sus largas y musculadas piernas le dotan de unas cualidades que hacen que pruebe en el mundo del fútbol, por lo que se enrola en el Emeritense de la Tercera División, equipo antecedente del actual Mérida.

En su tierra destaca como un extremo hábil, rápido y contundente de cara a gol, lo que le abre las puertas del Atlético Aviación, donde recala en 1943. Llega al Metropolitano con ganas de aprender de unos compañeros que acaban de ganar dos Ligas consecutivas. Tiene apenas 19 años y viste por primera vez la camiseta rojiblanca el 12 de marzo de 1944 en Nervión, en un Sevilla 4-Atlético Aviación 2. La presencia de Vázquez le cierra las puertas y se marcha cedido Hércules de Alicante, donde crece como futbolista. Su progresión continúa con una nueva cesión al Racing de Santander, para regresar definitivamente al Metropolitano en la temporada 1948-1949.

El técnico italiano Lino Taioli retrasa su posición y le incrusta en la defensa para aprovechar su envergadura y su velocidad, algo que dará sus frutos sobre todo con la llegada de Helenio Herrera y que convertirá a Diego Lozano en uno de los mejores defensores que ha tenido nunca el Atlético de Madrid.

foto 1

Los cambios de sistema introducidos en los años cincuenta afianzan una defensa que ha pasado a la historia de la entidad y que los aficionados llamaron la Defensa de Cemento, con Riera, Aparicio y Lozano. Siempre jugando en la línea de tres en el lado derecho, Lozano era un peligro en ataque y un muro en defensa; sus incursiones por banda y sus apoyos constantes en el centro del campo le hicieron un fijo en las alineaciones. Aunque se sumaba con contundencia arriba, recordando sus tiempos de extremo, solo marcó un gol como jugador del Atlético y lo hizo en un partido histórico disputado en el Metropolitano en enero de 1950 ante el Athletic Club de Bilbao (6-6).

En el Atlético jugó ocho temporadas, hasta la campaña 1954-1955, ganando dos Ligas y una Copa Eva Duarte. Sacó el título de entrenador con el número uno de su promoción ex aequo con Miguel Muñoz y,

tras dejar el Atlético, se embarca en el C. D. Badajoz, donde ejerce las funciones de entrenador y jugador, al igual que en la temporada 1956-1957 hará en el Tenerife –es el único profesional de la historia de este club canario que ha ejercido de jugador-entrenador–. También entrenó al Córdoba, al Extremadura, al Hércules, al Melilla y al Mérida, equipo al que ascendió en 1980 a Segunda División B.

Fue director de la escuela territorial extremeña de entrenadores y, ya retirado del fútbol, fue un gran profesor de Educación Física en el Instituto Santa Eulalia de Mérida.

En 2001 fue nombrado Hijo Predilecto de la ciudad de Mérida y el ayuntamiento le dedicó en 2009 una calle en su honor.

Diego Lozano Rodríguez falleció en Mérida el 4 de febrero de 2011.

1/ Imagen en la que vemos a Diego Lozano junto a un elegante Marqués de la Florida. **2/** Jugó en total cinco partidos como internacional cerrando su participación en el estadio parisino de Colombes en junio de 1949 en un recordado Francia 1-España 5. **3/** Vestido de uniforme mientras realizaba el servicio militar. **4/** El técnico italiano Lino Taioli retrasa su posición y le incrusta en la defensa para aprovechar su envergadura y su velocidad, algo que dará sus frutos sobre todo con la llegada de Helenio Herrera y que convertirá a Diego Lozano en uno de los mejores defensores que ha tenido nunca el Atlético de Madrid. **5/** En el homenaje a Escudero entrega junto a Juncosa una placa al *Chava*. **6/** Destacó como velocista conquistando sus primeros triunfos. También lanzaba peso y jabalina llegando a participar en los 400 metros lisos. **7/** Lozano es el primer extremeño en vestir la Roja. Su debut se produce en Montjuic en enero de 1949 ante Bélgica (1-1). La imagen corresponde a un España 1-Italia 3 disputado en Chamartín el 27 de marzo de 1949. **8/** Junto a otros reclutas haciendo la mili.

/// **MARCELINO** PÉREZ AYLLÓN

Esfuerzo
sin descanso

Marcelino Pérez Ayllón nace en la localidad
catalana de Sabadell el 13 de agosto de 1955.
Ya de niño, a pesar de su poca envergadura,
destaca por su velocidad en los equipos
infantiles de la localidad vallesana. De los 11
a los 14 años juega en la escuela de fútbol del
Gimnástico Mercantil y entrena asiduamente
con los infantiles del Espanyol; llega a probar
incluso con el Barcelona, momento en el que
el Sabadell se hace con sus servicios.

*"El Atlético es color, alegría, un club
señorial, siempre lo fue, sin pupas, cerca
o lejos del río, con épocas aciagas de
mala suerte, como todos, pero siempre
grande, histórico. Eterno".*

Paco Grande
(Periodista, TVE)

Ficha para jugar en el equipo que milita en Preferente, pero ya con 17 años, y tras el descenso del primer equipo a Segunda División hace su debut en la categoría de plata jugando los últimos diez minutos del Sabadell 0-Sevilla 1, en septiembre de 1972. Se afianza en el equipo en las dos siguientes campañas y se convierte en una de las grandes promesas del fútbol español; incluso le llaman varias veces para jugar en las categorías inferiores de la selección española, donde coincide con un chico del Albacete llamado José Antonio Camacho. El Barcelona quiere hacerse con él y con su hermano Antonio (que también quiere que le llamen Marcelino), y finalmente este último ficha por el filial blaugrana, dejando el camino libre a su hermano, que recala en el Atlético de Madrid.

Marcelino llega a un equipo sumido en la decepción de la derrota en la final de la Copa de Europa ante el Bayern de Munich, pero afronta con ilusión el nuevo reto de jugar en un grande y disputar una Intercontinental. Debuta en Liga en el Manzanares en septiembre de 1974, en un partido ante el Granada (0-0). En muchos encuentros juega como centrocampista por la presencia de Melo en el lateral derecho, hasta que Luis Aragonés, debido a las continuas lesiones de Melo, decide retrasarle la posición de lateral derecho para convertirlo en uno de los grandes carrileros que ha dado nuestro fútbol.

Pegajoso en el marcaje, duro en el cruce, disciplinado en defensa, sacrificado con sus compañeros y sobre todo rápido, Marcelino se convirtió en un referente para una grada que supo entender su pundonor. Con el Atlético conquista, al margen de la Intercontinental, una Liga y dos Copas. Además es el autor del gol 2.500 del Atlético de Madrid en Liga: fue un 5 de octubre de 1980 en un Atlético 2-Athletic Club 1.

Se hace dueño de la banda derecha y Kubala le abre las puertas de la internacionalidad absoluta en 1977, jugando unos minutos en el Calderón ante Rumanía (2-0). Se convertirá en titular en el siguiente encuentro, que nos dio la clasificación para el Mundial de Argentina 1978: la famosa Batalla de Belgrado, en la que, con el gol de Rubén Cano, España alcanzó la cita mundialista. En total, Marcelino suma trece participaciones con la selección, juega el Mundial de Argentina y cierra su ciclo como internacional en Rumanía, un 4 de abril de 1979 (2-2). Una inoportuna lesión rotura de rodilla, cuatro meses antes del Mundial de España, le impide estar en la lista definitiva. Posteriormente Luis Suárez le convocó en alguna ocasión más con la selección B.

Como todo en la vida es cíclico, si Melo le quitó el puesto a Rivilla y Marcelino a Melo, la irrupción de un joven canterano como Tomás Reñones le fue cerrando las puertas, hasta que, con 30 años, sin opciones de jugar y con muchos problemas de rodilla, decide dejar el Atlético. Aún intentó la aventura de jugar en el Conquense, pero unos meses después deja definitivamente el fútbol en activo.

foto 3

foto 4

foto 5

Se mantiene alejado de los campos de entrenamiento mientras se dedica a la hostelería hasta que su amigo José Antonio Camacho le lleva al Rayo Vallecano como ayudante. Allí vive el ascenso a Primera. Tras dejar al Rayo en la máxima categoría, el de Cieza decide llevárselo al Sevilla. Cuando Camacho ficha por el Espanyol, Marcelino inicia su carrera en solitario entrenando al Cádiz, al Carabanchel o al Talavera, hasta que Fernando Zambrano le reclama como segundo entrenador en el Atlético de Madrid para jugar en Segunda. Marcelino siguió posteriormente ligado al Atlético como parte de la secretaría técnica y ayudando a Adelardo como responsable de la ciudad deportiva rojiblanca del Cerro del Espino. En 2005 se marcha al Logroñés para entrenar después al Tomelloso. En 2005 se marcha al Logroñés para entrenar posteriormente al Tomelloso, mientras que su última aventura en los banquillos fue de la mano de José Antonio Camacho como miembro de su cuerpo técnico en Osasuna en la elaboración de informes. Desde hace años es miembro activo de las leyendas del club en sus actos con las peñas.

1/ Durante un viaje vemos a Marcelino junto a Rubén Cano, Leal y Capón a la moda de los años setenta. **2/** Como capitán formando junto a Aguinaga, Sierra, Ángel, Arteche y Balbino; agachados, Marcos, Dirceu, Rubén Cano, Quique Ramos y Rubio. **3/** Alineación de España que se midió en Belgrado a Yugoslavia en lo que se ha conocido como *La Batalla de Belgrado*. Arriba: Miguel Ángel, San José, Marcelino, Pirri, Camacho y Migueli; agachados, Antonio (utilero), Rubén Cano (que anotó el gol de la victoria), Asensi, Cardeñosa, Leal y Juanito junto a Ángel Mur hijo (masajista). **4/** Alineación en el Calderón: Aguinaga, Marcelino, Arteche, Julio Alberto y Balbino; agachados, Marcos Alonso, Cabrera, Quique, Rubio, Dirceu y Julio Prieto. **5/** Alineación de la selección española que jugó en Cracovia ante Rumania el 4 de abril de 1979 (2-2) Arriba: Arconada, Felipe, Alexanco, Marcelino, San José y Villar; agachados: Dani, Del Bosque, Quini, Asensi y Rubén Cano.

Equipos históricos
Primera **Europa League**

ATLÉTICO

2-1

FULHAM

Forlán
35' y 116'

12 de mayo de 2010
Estadio:
Hamburgo Arena (Alemania)

Simon Davies
37'

Entrenador: **Quique Sánchez Flores**

De Gea

Perea

Antonio López

Ujfalusi

Domínguez

Reyes
(Salvio 78')

Raúl García

Simao
(Jurado 68')

Assunçao

Agüero
(Valera 119')

Forlán

foto 7

Todo por
el escudo

Con 14 años probó con el Atlético en un campo de arena y estrenando unas botas que le hacían daño, pero, como siempre pasó luego en su carrera, **ante la adversidad se crece,** juega de delantero centro y aunque solo pisa el terreno de juego durante la primera parte, de los nueve goles que marca su equipo él anota siete y **supera la prueba para tener un nuevo destino: los juveniles del Atlético.**

"El Atleti representa la vida misma. Con grandes momentos y grandes desencantos. El Atleti es una montaña rusa de las emociones. Ser del Atleti significa saber que no se puede ganar siempre, pero que también se gana muchas veces, más que la mayoría".

Javier Gómez Matallanas
(Portavoz de la RFEF)

Jesús Martínez Jayo nació en Madrid el 4 de diciembre de 1942. En los patios del colegio del Buen Consejo fue creciendo enamorado del balón, hasta el punto de que los profesores tuvieron que advertir a sus padres que tenía más fútbol en la cabeza que otras cosas propias de su edad. Con el colegio fue campeón nacional de fútbol escolar y después se enroló en el San Pelayo hasta que el exjugador Diego Manzanares consiguió que hiciera una prueba con el Atlético de Madrid.

Su primer entrenador en el club es Burillo, que le hace alternar la posición de delantero con la de defensa central. En ese tiempo gana el Campeonato del Mundo con la selección militar, recibe la Medalla de Bronce al Mérito Deportivo y le llama incluso la selección española juvenil.

Es cedido al Langreo para curtirse en Tercera y allí ayuda a los asturianos a ascender a Segunda tras disputar la promoción e inmediatamente, al finalizar la temporada, vuelve a Madrid para jugar tres meses en el *amateur* y dar el salto definitivo al primer equipo. Inicia la pretemporada con un conjunto que gana la Recopa y recoge su recompensa en noviembre de 1962 al debutar en el Metropolitano en un Atlético 2-Athletic Club de Bilbao 0. Esa primera campaña juega pocos partidos y

foto 1

alterna posiciones según el interés del entrenador: unas veces de delantero centro, otras de lateral, otras de medio centro, pero sobre todo de central, puesto en el que poco a poco va afianzándose por su buen manejo de balón, su sentido de la anticipación y por su contundencia y concentración. En el centro de la zaga se consolida formando buenas parejas en esos años, primero con Griffa y luego con los que fueron llegando, como Ovejero, Iglesias o Eusebio Bejarano.

En total estuvo once temporadas defendiendo la camiseta del Atlético de Madrid, años en los que conquistó tres campeonatos de Liga y dos Copas del Generalísimo y se convirtió en un referente para una afición que supo siempre responder con aplausos su entrega sobre el campo. El gusto por sacar el balón siempre jugado desde atrás, sin un pelotazo, siempre atento a los cruces y a las coberturas, le sitúa entre los defensas más regulares que ha tenido el club en su historia.

En la campaña 1972-1973 una grave lesión de la que tarda en recuperarse le hace perder la titularidad, por lo que con la temporada siguiente comenzada y ante las pocas perspectivas de jugar, el club y el jugador llegan a un acuerdo para su traspaso al Sevilla. El conjunto hispalense le

foto 2

foto 3

foto 4

foto 5

foto 9

foto 6

foto 8

ofrece dos años que comienzan con la ilusión de subir a los andaluces a Primera; no lo consigue la primera temporada pero sí la segunda, con Roque Olsen en el banquillo. Tienen la opción de renovar un tercer año pero no se concreta y, a pesar de las ofertas, Jesús Martínez Jayo decide colgar las botas en 1975.

Ya en Sevilla hace sus pinitos como técnico en los equipos del fútbol base y tras su retirada regresa a Madrid para completar su formación con el título de entrenador nacional. De la mano de Héctor Núñez pasa a ser segundo entrenador del primer equipo roji-blanco y en varias ocasiones tiene que hacer las veces de entrenador interino. La llegada de Jesús Gil significa la salida definitiva de Martínez Jayo de la entidad tras más de 30 años de dedicación a unos colores que fueron su vida. Entonces se aleja definitivamente del fútbol para trabajar en el sector de la alimentación, donde ha permanecido hasta su jubilación.

1/ Madrileño de pura cepa, a los 14 años ya era jugador del Atlético de Madrid, allí se hizo hombre. **2/** Fotografía curiosa en la que se aprecia su buen estilo con la muleta durante una capea. **3/** Con su buen amigo Roberto Rodríguez *Rodri* vistiendo los colores de la selección militar. **4/** Defensa contundente y expeditivo. Siempre fue un hombre necesario. **5/** Alineación del Atlético a principios de los años setenta. Arriba, Rodri, Melo, Ovejero, Calleja, Jayo y Adelardo; abajo, Ufarte, Luis, Gárate, Irureta y Salcedo. **6/** Un joven Jayo muestra sonriente los regalos que recibió la expedición del Atlético en su visita a la fábrica holandesa. **7/** Despejando un balón en el Bernabéu en un derbi de la capital. **8/** En sus tiempos de jugador del Sevilla. **9/** Ejerció muchos años como técnico de la casa, unas veces como primero y muchas más como segundo. Aquí le vemos a la izquierda de Luis mientras el de Hortaleza habla con los jugadores.

/// FRANCISCO DELGADO **MELO**

Anticipación
y precisión

«Paco, el taller o el fútbol». Esa frase pronunciada por Domingo Martín, dueño del taller en Plasencia donde estaba como aprendiz Paco Melo, cambió el futuro de nuestro protagonista. Fueron años de precariedad económica en España que **curtieron a Melo como persona y futbolista,** ya que su **calidad y proyección** le hicieron tomar la segunda opción. Con su primer dinero se compró una medalla de la Virgen del Puerto, patrona de Plasencia, grabada con la frase **«dame paz y protégeme»,** de la que nunca se desprendió.

"Otros marcan más goles pero no son tan bonitos, o ganan trofeos pero no son tan épicos. Siempre en mi memoria aquel rato en el que, gracias a Luis Aragonés, fuimos durante unos minutos campeones de Europa. No fue un sueño, yo lo vi".

Rafael Martínez Simancas
(Periodista)

El 13 de noviembre de 1943 vino al mundo en la localidad cacereña de Plasencia Francisco Delgado Melo. Paco, como siempre le conocieron en casa, alternaba las clases del colegio con los partidos en la calle El Salvador, donde vivía, o en la Avenida, en partidos improvisados con los niños que llenaban aquellas calles vacías de la posguerra extremeña. Siempre siguiendo los sabios consejos de su madre, una humilde mujer que no sabía escribir pero que apodaban la Maestra por su enorme sabiduría y coherencia, Melo supo compaginar los entrenamientos con su trabajo de aprendiz de mecánico en el taller de Domingo Martín junto a su primo Pedro.

Inmediatamente el Plasencia se fija en él y pasa a formar parte del equipo juvenil. Juega como delantero y destaca por su contundencia, lo que le hace recalar en el Béjar para jugar en Tercera División. El equipo salmantino disponía de un nivel económico superior a la media (incluso vestían traje en los desplazamientos). Allí juega dos años a un gran nivel y salen campeones de su grupo hasta que el secretario técnico del Béjar, Vaquero, se marcha al Real Valladolid, consiguiendo llevarse a Melo al jugar en Segunda. Los pucelanos buscan el ascenso y Melo se convierte en un referente durante cuatro temporadas. Su posición en el campo habitualmente es la

de interior derecho con gran llegada por la banda y buenas asistencias en el viejo Zorrilla, a las órdenes de técnicos como Ramallets. Su trabajo llama a las puertas de los grandes, en especial del Atlético, que tras la eliminatoria de Copa intentó su fichaje hasta que el mismo día de su boda Melo es confirmado como nuevo jugador del Atlético de Madrid.

Llega al Manzanares en el verano de 1968 y comienza a jugar como pareja de Eusebio debutando el día de su cumpleaños en un Real Zaragoza 2-Atlético 0. Esa campaña juega bastante y marca su único gol como rojiblanco: lo hizo en el Arcángel cordobés en diciembre de 1968 (0-3). En la pretemporada siguiente Marcel Domingo, tras la marcha de Rivilla y Colo, le sitúa en un Trofeo Carranza en el puesto de lateral derecho para hacerle dueño de la banda derecha rojiblanca durante toda su carrera. Son grandes años para la entidad y para el extremeño, que conquista en esas nueve temporadas tres Ligas, dos Copas, una Intercontinental y el subcampeonato de la Copa de Europa.

Como futbolista Melo era nobleza en el campo, velocidad, precisión en los centros laterales, anticipación, gran colocación, sacrificio y entrega a unos colores que le marcaron de por vida. Se compenetró perfectamente con el hombre que jugaba por delante

de él en la banda, Armando Ufarte, y juntos hicieron que la banda del Atlético fuera respetada y temida.

Su buen hacer en el equipo rojiblanco le abre las puertas de la selección de la mano de Ladislao Kubala, que le hace jugar en dos ocasiones: la primera en Sevilla, en febrero de 1970, en un España 2-Alemania 0, en el que jugó los últimos cinco minutos (esa camiseta se la regaló a la Virgen de Puerto, patrona de Plasencia), y la segunda en Zaragoza, jugando los 90 minutos en octubre de 1970 en un España 2-Grecia 1.

En la temporada 1975-1976 llegó el calvario de las lesiones; una de ellas, de rodilla, le hizo pasar dos veces por el quirófano, por lo que pudo jugar solamente tres partidos. No se recupera como esperaba y pierde el sitio entre otras cosas por la llegada al club de un joven catalán llamado Marcelino. El último año de Melo en el Atlético de Madrid es una auténtica pesadilla, ya que pasó más tiempo en el gimnasio con los recuperadores que en el campo, sin poder disputar ni un solo minuto, por lo que con 33 años decide retirarse definitivamente del fútbol con el agridulce sabor de una Liga en la que no pudo aportar nada más que el apoyo a sus compañeros.

Tras el fútbol Melo comienza una aventura en diversos negocios como tiendas de deporte pero el gusanillo puede más y empieza a trabajar como entrenador con chavales. En su último año como futbolista aprovechó el tiempo que estuvo lesionado para sacarse los títulos de entrenador juvenil y regional. Casado con una coruñesa, en la ciudad gallega planta su residencia. El primer equipo que le da la oportunidad es el equipo de su ciudad, el Plasencia, al que entrena tres años. Los cuatro años siguientes vuelve a Coruña para hacerse cargo del filial del Deportivo, el Fabril, y después irse otros cuatro años más al Endesa. Estando allí, recibe una llamada de su buen amigo y excompañero en el Atlético, Javier Irureta. Jabo entrenaba en Vigo pero iba a firmar como técnico del Deportivo y quería a Melo como segundo. La aventura le convence y vuelve a Coruña para entrenar al mejor Deportivo de la historia. Con el equipo gallego volvió a ganar títulos, conquistó una Liga y una Copa del Rey y se doctoró junto a Jabo en la Liga de Campeones. En 2005 se fue con Irureta al Real Betis y después regresó a Coruña para dedicarse a su familia.

El 14 de abril de 2012, como reconocimiento a su trayectoria, Francisco Delgado Melo fue nombrado Hijo Predilecto de Plasencia.

1/ Fue dos veces internacional absoluto. La primera de ellas, de la mano de Ladislao Kubala en Sevilla en febrero de 1970 en un España 2-Alemania 0. En la imagen vemos como Melo ofrece esa camiseta a la Virgen de Puerto, patrona de Plasencia. **2/** Formación del Valladolid en la temporada 1967-1968. Arriba, de izquierda a derecha, Aguilar, Montes, Rivas, Quique, Salvi y Marañón. Abajo, García, Melo, Docal, Lizarrade y Román. **3/** Tras el fútbol su destino fueron los banquillos, junto a Irureta vivió sus mejores éxitos en el Deportivo de La Coruña, aunque también le acompañó en el Betis. **4/** Celebración de la Copa Intercontinental. Vemos arriba a la derecha a Carlos Rodrigo, Pacheco, Gárate y Eusebio. Abajo: Aguilar, Melo, Irureta, Ayala, *Cacho* Heredia y Capón.

Motor Diesel
para el Atleti

foto 7

Dicen que nadie es profeta en su tierra y eso le ocurrió a Juan José Mencía al regresar de Francia. Se ofreció al equipo de su pueblo pero ni siquiera le llegaron a probar. Tuvo que buscar suerte en otros modestos para **demostrar su calidad,** que haría incluso que **los aficionados le sacaran a hombros del Metropolitano** para llevarlo a casa.

"Deportista ejemplar y hombre noble y generoso".

Iñaki Mencía
(Hijo de Juan José Mencía)

Juan José Mencía Angulo nació en la localidad vizcaína de Sestao el 5 de marzo de 1923; siendo el penúltimo de doce hermanos, estudió el Bachillerato elemental en su pueblo natal, en el colegio de Rebonza. En el pueblo ya jugaba con 9 años en el Kasaltas Chiki y en esos embarrados campos fue adquiriendo fortaleza física y se convirtió en un jugador polivalente en varias posiciones en el campo. La Guerra Civil española le llevó con tan solo 13 años a Riom, cerca de Clermont-Ferrand (Francia); allí concluyó el Bachillerato y empezó a destacar como un gran defensa. De vuelta a España empieza a jugar en División Regional en Sestao, en el modesto Siempre Adelante, hasta 1942, momento en el que ficha por el Barakaldo (Segunda División), donde jugará hasta 1944. Compagina su carrera futbolística con los estudios, ayudado por una beca de la Cámara de Comercio de Bilbao, y conoce en ese tiempo a Amelia Huergo, con quien se casaría tres años después. Mencía, medio centro fuerte, con buena técnica que lo mismo ataca que defiende, que siempre está bien colocado y que da equilibrio al equipo, rechaza en ese tiempo ofertas del Athletic, del Valencia, del Barcelona y del Real Madrid para aceptar la del Atlético Aviación y desplazarse a Madrid.

foto

CLUB ATLETICO DE MADRID — TARJETA DE IDENTID

Temporada 1953-54

A FAVOR DE

D. JUAN JOSÉ MENCÍA ANGULO

como Jugador de fútbol.—

Madrid, 1 de Julio de 1953
El Presidente, El Secretario,

Al Metropolitano llega junto al canario Farias y el madrileño Cuenca para preparar el relevo del medio centro de Germán, Gabilondo y Machín, los Tres Mosqueteros. En su primera temporada juega solo dos partidos ligueros y debuta como rojiblanco precisamente en su tierra, en Vizcaya, el 22 de abril de 1945 en San Mamés, en un Athletic Club 0-Atlético Aviación 1. En la siguiente temporada ya se afianza en el medio centro junto a Farias y Cuenca y alterna el puesto con el mítico Germán, aunque jugó también muchos partidos como defensa derecho. Defendió la camiseta del equipo, ya llamado Club Atlético de Madrid desde principios de 1947, un total de diez temporadas en las que ganó dos Ligas y una Copa Eva Duarte y fue un jugador indispensable para los técnicos de la época. Su trabajo le dio la oportunidad de ser internacional absoluto solo una vez: Benito Díaz le hizo jugar en Chamartín, en febrero de 1951, en un España 6-Suiza 3.

Llegó con 21 años y se marchó con diez más después de haber jugado su último partido de Liga como rojiblanco en diciembre de 1953 en Riazor (1-0) y recibiendo el cariño de la afición en el homenaje que tuvo lugar tras su retirada. Aquel 24 de abril de 1956 el Atlético goleó por 4-1 al Newcastle inglés y Mencía

recibió, entre otros muchos galardones, la Medalla de Plata al Mérito deportivo. Un caballero del fútbol como Mencía donó toda la recaudación del partido, nada más y nada menos que 400.000 pesetas, para la apertura de una guardería en Sestao que aún lleva su nombre y para el asilo municipal de ancianos de Rebonza de su Sestao natal, algo que le proporcionó la Gran Cruz de la Orden de Beneficencia. Una curiosidad de aquel partido en homenaje a Mencía fue que se grabaron imágenes que sirvieron para la película de éxito a finales de los cincuenta El fenómeno, una cinta dedicada al fútbol y protagonizada por Fernando Fernán Gómez.

Una vez dejado el fútbol trabajó en Hacienda como inspector financiero y tributario del Estado, ya que nunca dejó los estudios cuando jugaba y siendo futbolista sacó la carrera de Comercio y en unas duras oposiciones consiguió plaza como inspector de Utilidades de Hacienda (en la actualidad inspectores de Finanzas del Estado). También fue reclamado por su excompañero Pérez Payá, en ese momento presidente de la RFEF, para ser directivo representando a los jugadores, pero declinó la propuesta por estar en desacuerdo con la situación jurídica de los futbolistas en aquel entonces. Durante un tiempo llegó a sonar como futurible seleccionador pero siguió viviendo en Bilbao, ajeno a rumores. En 2003 fue el veterano de mayor edad en acudir a los actos del centenario del Atlético de Madrid. Mencía, que era Ilustrísimo Caballero de la Orden de la Beneficencia, falleció en Bilbao el 20 de mayo de 2012.

1/ Tarjeta de jugador de la temporada 1953-1954. 2/ El Motor Diesel del Atlético rindió a gran nivel durante diez temporadas dando el equilibrio al equipo y siendo un comodín en cualquier posición. 3/ Incansable en la recuperación de la pelota aquí le vemos disputando con Zarra un balón en el Metropolitano. 4/ Carnet personal de Mencía cuando llegó al Atlético. Es curioso que, a pesar de que el nombre de Atlético de Madrid no es oficial hasta 1947, en el carnet se ve el nombre del equipo y no el de Atlético Aviación. 5/ Formación del Atlético de Madrid en Chamartín el 3 de octubre de 1948 (1-2): Vidal, Arnau, Escudero, Pérez Zabala, Mencía, Silva, Ben Barek, Marcel Domingo, Mújica, Aparicio, Lozano y Besabe. 6/ Formación de España que se enfrentó en Chamartín, en febrero de 1951 a Suiza (6-3). Arriba, Mencía, Antúnez, Puchades, Silva, Guillermo Eizaguirre y Nando; agachados: Basora, Miguel Muñoz, Zarra, Molowny y Gainza. 7/ Un sonriente Juan José Mencía posa con su hijo Iñaki. 8/ Benito Díaz le llamó para el partido ante Suiza en un día inspirado de Zara que anotó cuatro de los seis goles españoles.

Sonrisa al servicio de un escudo

foto 2

Un miércoles 31 de marzo de 1915 nació en la ciudad de Las Palmas de Gran Canaria José Mesa Suárez. Estaba claro desde pequeño **que su destino sería el deporte y podría haber destacado en cualquiera,** ya que siendo muy niño practicó todas las disciplinas habidas y por haber y siempre con buenos resultados. Hizo natación en el Club Náutico Metropole, formando parte del equipo que consiguió el récord en relevos de la época; también jugó al tenis y participó en remo, deporte en el que fue tres años consecutivos campeón del Club Náutico. **En el fútbol comenzó, como todos los niños, en las calles** de Las Palmas, jugando con una pelota de trapo hasta que se enroló en el Príncipe de Asturias, que luego cambió su nombre por el de Sporting. Después recaló en el Porteño, con el que quedó campeón de la segunda categoría. De la mano de Pepe Gonçalvez llega al Vitoria y allí **se muestra como un defensa con contundencia y eficacia,** cualidades que compagina con **una simpatía inconfundible, una nobleza ejemplar y una camaradería** que le hacen destacar entre sus compañeros y ser muy querido.

> "Alegra el alma y rompe el corazón".
>
> **José Camarero**
> (Exdirector de Seguridad del Atlético de Madrid)

Siguiendo los pasos de grandes jugadores canarios, emprende con 19 años la aventura peninsular para recalar en un Athletic Club de Madrid que acaba de retornar a la Primera. Mesa debuta en Liga en el Metropolitano en diciembre de 1934 ante el Barcelona (1-3). La siguiente temporada no se consigue mantener la categoría, con el famoso penalti fallado por Chacho, pero el estallido de la Guerra Civil pone un punto y seguido en la trayectoria de Mesa como futbolista. Con contrato en vigor, disputa algunos partidos hasta que en 1938 se incorpora al Aviación. Son los tiempos en los que se ficha a Ricardo Zamora y se oficializaría tras el final de la guerra la fusión del Aviación Nacional con el Athletic Club de Madrid, formando el Athletic Club Aviación.

De nuevo en la máxima categoría tras la promoción con Osasuna, se afianza como uno de los grandes defensas del club. Su cuerpo atlético, su colocación intachable y su contundencia en el despeje le hacen ser un referente en ese equipo que gana dos Ligas consecutivas de la mano de Ricardo Zamora, con el propio Pepe Mesa luciendo el brazalete y pasando a la historia como el primer gran capitán del club. Suma muchos minutos todos los años hasta que en la campaña 1941-1942 se fractura la pierna en Vigo: no puede jugar más esa temporada, pero aun así regresa con fuerza y durante dos campañas más se consolida en el Atlético Aviación hasta que al finalizar la temporada 1944-1945 deja el equipo para marcharse a Vigo.

En Balaídos juega cuatro temporadas, demostrando buen nivel con técnicos como Platko o Zamora y con compañeros como Francisco Simón, Gabriel Alonso, Miguel Muñoz, Pahiño o su compañero del Aviación Juan Vázquez. Es una de las mejores campañas que se recuerdan en Vigo, la de las bodas de

foto 1

foto 4

foto 6

plata, en la que se alcanza el cuarto puesto en Liga y se consigue el subcampeonato de Copa en aquella mítica final disputada en Chamartín ante el Sevilla, en la que los vigueses cayeron por 4-1.

Tras dejar el fútbol con 33 años, entrenará a diversos equipos, entre ellos el Xerez C. D. Posteriormente se dedica a diversos negocios de hostelería hasta que en febrero de 1974, a los 58 años, fallece de forma repentina en Marbella, donde residía con su familia y donde dirigía un restaurante muy conocido en la ciudad andaluza.

foto 5

foto 3

107

1/ Su eterna sonrisa no ocultaba el gran futbolista que era el canario. 2/ Bonita imagen de Mesa recogiendo el trofeo que acredita al Atlético Aviación como campeón de Liga de manos de Ricardo Zamora. En la foto también se ve a Germán y Manín tras Mesa, Aparicio entre la Copa y Zamora y detrás del *Divino* se ve a Juanito Vázquez. 3/ Equipo rojiblanco de 1935, Mesa, Cuesta, Gabilondo, Chacho, Elícegui, Pacheco, Marculeta, Peña, Mendaro, Lafuente y Arocha. 4/ Defensa de gran colocación era contundente en el cruce, en la imagen le vemos en un partido disputado ante Osasuna con Pacheco rodando por los suelos ante la mirada de Arocha a la derecha, Marculeta a la izquierda y Alejando al fondo. 5/ Sus cruces en el área eran espectaculares, en la imagen impide el remate de Isidro Lángara en un partido jugado en Oviedo en 1936. 6/ Equipo campeón de Liga. Arriba, Mesa, Tabales y Aparicio; en el medio, Gabilondo, Germán, Machín y Zamora; en la línea de abajo, Manín, Arencibia, Vidal, Campos y Vázquez.

/// MIGUEL ÁNGEL RUIZ GARCÍA

Efectividad
gemela

foto 2

Miguel Ángel Jacinto Ruiz García nació el 5 de enero de 1955 en Toledo. Estudiaba en los maristas y allí se jugaba a todo menos al fútbol; sin embargo, **su padre, Gabino Ruiz, jugaba en el Toledo** y le fue inculcando poco a poco el gusanillo del balompié. Aun así, el pequeño Miguel Ángel practica baloncesto, balonmano y, sobre todo, atletismo, deporte en el que apunta buenas maneras y **llega a ser campeón provincial de *cross*.** Sin embargo, a los 11 años cambia de disciplina y **se decanta por el fútbol,** enrolándose en las filas del San Fernando.

"Para mí el Atlético de Madrid es la fuerza, la garra y la ilusión de un luchador".

José Antonio García Sirvent
(Fotógrafo, *El Mundo Deportivo*)

Como es alto para su edad, se coloca en el centro de la defensa, aunque también se aprovecha su envergadura para jugar como delantero; esa polivalencia no pasa inadvertida para los técnicos del Toledo, que se lo llevan para jugar con los juveniles. Así, con 14 años se pone a las órdenes del entonces atleta Fernando Fernández Gaitán. Inmediatamente llama la atención de los ojeadores del Atlético, en especial de Matallanas, que pasó los primeros informes. Son años de progresión y cambios: primero a jugar en Preferente al Mateo Cromo entrenado por Antonio Seseña luego al *amateur* para acabar definitivamente en el Atlético Madrileño a las órdenes de Ángel Castillo.

En sus tiempos del *amateur* se produce una circunstancia que cambiará su vida futbolística ya que, aunque juega en posiciones adelantadas como centrocampista llegador, la baja de un defensa central le hace retrasar su posición al medio de la zaga. Ese detalle puntual para un partido significa su definitivo cambio en el club, pues nunca más tornaría a la posición del centro del campo. Alto, contundente y con buena técnica, los entrenadores ven en Ruiz un talento innato para jugar de zaguero y así le pulen en esos cinco años que defiende las categorías inferiores.

El trabajo paciente y la fe en sus propias posibilidades ven recompensa cuando alterna el filial con entrenamientos del primer equipo. Luis Aragonés confía en él y le convoca para el partido de la quinta jornada en San Mamés. No juega, pero ya se siente parte del primer equipo, debutando en octubre de 1977 en un Atlético 4-Cádiz 0.

Ruiz se convierte en un fijo de la defensa y así será durante diez años, con independencia de los técnicos que fueron pasando por el banquillo. Central duro, contundente en el juego aéreo, diestro con buen manejo de balón, fue fijo para todos los entrenadores.

Con Arteche forma una línea defensiva sólida. Aquel equipo repleto de jugadores de cantera compite cada año por la Liga con los todopoderosos y siempre consigue la clasificación para alguna competición europea (en la nueva modalidad de Liga de Campeones, el Atlético hubiera participado siempre).

Como rojiblanco ganó la Copa de 1985, la Supercopa de 1986 y jugó la final de la Recopa. Subcampeón de Liga en varias ocasiones, Ruiz fue siempre un ejemplo de honestidad, firmeza, trabajo y amor a unos colores que defendió desde que era niño.

No pudo despedirse con un título ya que curiosamente su último partido como jugador del Atlético es el primero de la era Gil: lo juega el 27 de junio de 1987 en la final de la Copa del Rey con la Real Sociedad en Zaragoza, donde además abandonó el campo lesionado. A pesar de tener aún un año de contrato solicita la carta de libertad y se marcha junto a su buen amigo Clemente Villaverde a jugar con el Málaga en Segunda División de la mano de Ladislao Kubala.

Ese año el Málaga arrasa en la categoría de plata del fútbol español y consigue el ascenso. Son años

foto 1

foto 3

foto 4

foto 9

foto 6

foto 8

muy buenos en la Costa del Sol pero en la tercera temporada el equipo desciende y Ruiz, que ya tiene 35 años, se plantea la retirada.

En sus tiempos de futbolista no dejó nunca los estudios y, con el título de Empresariales, decide ocupar el puesto de director general del Málaga. Al mes, Ruiz no está conforme con el trabajo del club y rescinde su contrato para marcharse a Albacete (la gestión económica del Málaga abocaría a la entidad a su desaparición meses más tarde). Es así como con 35 años llega al Carlos Belmonte a integrarse en el Queso Mecánico que consigue el ascenso pero en el que apenas juega un partido, ya que se rompe el pómulo y decide definitivamente colgar las botas.

Tras un período en Málaga, donde tiene a sus hijos estudiando, regresa a Madrid como asesor financiero en un banco de la capital. Alterna su trabajo con el puesto de comentarista en la emisora autonómica madrileña Onda Madrid hasta que en 1994 se incorpora como secretario técnico del Atlético. Ya antes había traído a Simeone y su primera medida para la nueva temporada es firmar a Radomir Antic y traer a jugadores como Molina, Penev o Santi. Ese año se ganará el doblete –aunque él prefiere decir triplete, ya que el filial de Martín Prado gana también el título–. Se mantiene en el cargo hasta la temporada 2000-2001 cuando se marcha al Tenerife, aunque solo estará un año, regresando a Madrid como asesor en la secretaria técnica del club que dirige Toni Muñoz.

Después trabajó en el Valencia y ha sido colaborador de la Federación Española de Fútbol junto a Jorge Carretero en la creación del curso de formación para directores deportivos mientras sigue comentando partidos en Telemadrid y en Canal+. También ha dirigido un proyecto de seguimiento de veintiuna ligas de todo el mundo, con análisis pormenorizado de los jugadores de cada equipo. Desde hace unos años es director de la Academia del Atlético de Madrid, cargo que ha compaginado con la dirección técnica del filial rojiblanco hasta su salida de la entidad en octubre de 2018.

foto 7

foto 5

1/ Imagen del 9 de octubre de 1977 en un Atlético de Madrid 4-Cádiz 0, instante en el que entra al campo en sustitución de Luiz Pereira. 2/ Como capitán pudo levantar en 1985 la Copa del Rey ante la sonrisa del entonces presidente del Gobierno, Felipe González y del de la Federación, José Luis Roca. 3/ En una gira sudamericana con sus buenos amigos Juan José Rubio y Juan Carlos Pedraza. 4/ Aunque era defensa, casi todas las temporadas solía marcar algún gol. En la imagen le vemos celebrando el segundo gol que marcó a la Real Sociedad el 25 de enero de 1981. Curiosamente, ese día, se ganó 2-0 siendo el autor del primer gol otro defensa como Juan Carlos Arteche. 5/ El descanso tras la batalla. Aún sin cambiarse, así posaba en el vestuario del Bernabéu con la Copa recientemente conquistada. 6/ Durante un entrenamiento pugnando con Hugo Sánchez. 7/ Con Quique Ramos en una concentración. 8/ Entrenando en el Calderón iniciando un sprint junto a Balbino, Arteche y Hugo Sánchez. Detrás, Marcelino y Rubio. 9/ Como capitán levanta un Trofeo Villa de Madrid.

ISELÍN SANTOS OVEJERO

El **Cacique**
del área

foto 1

«A Pelé se le recuerda por su técnica, por sus regates, sin embargo, a mí se me recuerda porque tiré la portería».
Ese 3 de septiembre de 1974 no solo jugaba en La Romareda el Santos de Pelé, sino que Ovejero se vestía por primera vez la camiseta del Real Zaragoza. En una desafortunada jugada, Pelé arrebata el balón y la pica por encima del portero Nieves, Ovejero intenta despejar de chilena introduciéndose en la portería, pero se enreda con la red y se cuelga del larguero, derribando la portería ante la sorpresa de todos.

"Representa los valores del esfuerzo, el trabajo, el salir a darlo todo... sentimiento especial que envuelve al club y que yo he intentado plasmar en mi carrera".

Carlos Jiménez
(Exjugador de baloncesto)

foto 5

selín Santos Ovejero Maya vino al mundo en el distrito Las Catitas, en el departamento Santa Rosa de la localidad argentina de Mendoza, un 16 de octubre de 1945. Sus inicios futbolísticos se centran, como todos los chavales, primero en el barrio de Guaymallén, en la calle Cañadita Alegre, donde empieza a jugar al fútbol combinando las calles de Mendoza y las de San Juan, donde sus padres alternaban temporadas de trabajo. Sus cualidades no pasan inadvertidas para los técnicos del Colegio Leonardo Murialdo y allí, con tesón y paciencia, consigue llegar a Primera aprendiendo de hombres de fútbol como el profesor Rita y Américo Roldán. Su progresión es imparable y en 1962, con 21 años, ya es jugador de Vélez Sarfield, donde será un referente durante siete temporadas y se convertirá en campeón en 1968.

Ovejero es un central expeditivo, con un porte imponente, e intimida a los rivales con su poderoso salto, su anticipación en el cruce y su pegada de balón. Es el auténtico cacique del área y son constantes sus apariciones con la albiceleste, aunque una lesión de rodilla le impidió estar con su selección en el Mundial de Inglaterra 1966.
El Atlético necesitaba otro Griffa y el técnico de Estudiantes de la Plata, Osvaldo Zubeldia, recomienda a Víctor Martínez el fichaje de Ovejero. Su debut como colchonero tiene lugar en diciembre de 1969 en un Atlético 2-Athletic Club 1; ese año gana su primera Liga en España. Defendió con éxito la camiseta del Atlético de Madrid durante cinco temporadas y conquistó la Copa del Rey de 1972 y una nueva Liga en 1973.
Ovejero deja el Atlético de Madrid al finalizar la campaña 1974-1975 y se viste por última vez como rojiblanco el 20 de mayo de 1975 en un Atlético 1-Real Oviedo 0. La dura competencia con Heredia en el centro de la defensa y la llegada de Pereira hace que acepte una su-

culenta oferta del Zaragoza para jugar en La Romareda. El primer año acaban segundos pero la segunda
temporada, con apenas cinco partidos de Liga disputados, Ovejero se marcha a Segunda para jugar en el
Terrasa. Su etapa como jugador se cierra en las filas
del modesto Sant Andreu catalán en 1978; allí, a sus
34 años, Ovejero decide dejar el fútbol profesional.

Una vez abandonada la práctica del balompié, el argentino inicia su carrera como técnico, primero como
ojeador del Atlético y luego llevando equipos de categorías inferiores, además de ser en alguna que otra
ocasión entrenador interino, haciéndose cargo del primer equipo y en muchas ocasiones como segundo
entrenador. Ovejero siempre ha sido un hombre de
club y así lo demostró en todo momento que se le
solicitó su ayuda.

Su mayor logro desde el banquillo tiene lugar en la
campaña 1990-1991 cuando, tras la salida de Tomislav Ivic, se hace cargo del equipo y conquista la Copa
del Rey ante el Mallorca. El siguiente año también gana
la Copa, esta vez como ayudante de Luis Aragonés.

Esos primeros años noventa son convulsos en cuanto al banquillo se refiere, ya que el entonces presidente
Jesús Gil cambia continuamente de entrenador, por lo
que Ovejero, como hombre de club, tiene que sentarse
en muchas ocasiones como entrenador interino. Durante años, Iselín Santos Ovejero realizó informes para
una empresa que maneja la información de las jóvenes
promesas del fútbol europeo y sigue participando con
las leyendas rojiblancas en los actos del club.

1/ Foto con Pelé del día de su debut como jugador del Zaragoza, el
famoso día que tiró la portería. **2/** Con los jugadores de Vélez en la playa
enterrando a un compañero. Ovejero está de rodillas con la cabeza
levantada a la derecha. **3/** Día de su debut con Vélez Sarfield, con
quien fue campeón en 1968. **4/** Divertida foto de Ovejero de sparring
del campeón del mundo de peso ligero Pedro Carrasco. **5/** Vestido con
la camiseta del Atlético de Madrid, su contundencia y envergadura
intimidaba a los rivales. **6/** Con los compañeros de Vélez cantando,
vemos a Iselín con la guitarra. **7/** Con Alfredo Di Stéfano haciéndose
carantoñas. **8/** Durante su prestación del servicio militar, es él de la
izquierda. **9/** Hombre de la casa, desde el banquillo ganó la Copa del Rey
de 1991. **10/** En la playa junto a Pacheco (con gafas) y Martínez Jayo.

111

LUIS AMARANTO **PEREA**

La **locomotora** rojiblanca

foto 2

«Me emociona Perea. Es el ejemplo para un Atleti mejor», decía de él Simeone cuando, en su última temporada en el club, sin contrato y ya con 33 años, **cada vez que salía al campo lo daba todo.** Este es uno de los muchos motivos por los que el día de su despedida el Frente Atlético colocó una pancarta en la que se podía leer: **«Gracias Perea».**

"El Atleti es un personaje cargado de humanidad, valiente ante las heridas, que se deja la vida, un luchador nato. Desde que conocí a Sabina y al Mono Burgos, el Calderón es una habitación más levantada en mi corazón".

Txus di Fellatio

(Fundador de Mago de Oz, compositor, poeta y batería)

Luis Amaranto Perea, colombiano nacido el 30 de enero de 1979 en la localidad costera de Turbo, en la región de Antioquia, ha pasado por méritos más que demostrados a formar parte de la historia viva del Atlético de Madrid al ser el extranjero que más veces ha vestido la camiseta rojiblanca en estos 110 años de existencia del club.

Pero, como ocurre en muchos otros casos, sus comienzos fueron muy duros. Trabajaba en la industria bananera hasta que un día decidió cambiar de vida y buscar fortuna en Medellín. Tras un viaje de más de once horas en autobús llegó a la capital paisa donde, a pesar de sus extraordinarias condiciones físicas, tampoco lo tuvo fácil. Residía en el deprimido barrio de Moravia y se ganaba el sustento vendiendo helados hasta que, tras probar con diferentes equipos de fútbol, finalmente inició su carrera en la Liga colombiana en el Independiente de Medellín, donde jugó tres años.

En la temporada 2003-2004 da el salto a la Primera División de Argentina, concretamente al Boca Junior, club con el que conquista la Copa Intercontinental en el 2003. Tan solo permanece allí una temporada y, después de disputar el partido de vuelta de la Copa Libertadores, llega a Madrid para incorporarse a la concentración del Atlético de Madrid en Los Ángeles de San Rafael. Ese año se quedó sin vacaciones, pero para él era mucho más importante la ilusión de competir en Europa. Lo primero que llamó la atención en España fue su impresionante poderío físico y su velocidad. A pesar de no haber disfrutado del descanso estival, las pruebas a las que fue sometido certificaron que era un gran atleta.

Su debut en la Liga española se produjo el 28 de agosto, con victoria ante el Málaga. Ese año Perea pasó de ser un desconocido a convertirse en uno de los ídolos de la afición junto al indiscutible Fernando Torres. Su segunda temporada en el club no resultó tan brillante como la primera y tuvo que aprender a convivir con la sombra del traspaso sobre su cabeza. Equipos como el Milan o el Barcelona sonaron con insistencia como posibles destinos y estos rumores afectaron a su rendimiento y le llevaron a cometer fallos

foto 1

de concentración. En su tercera temporada tampoco destacó por sus aciertos y esto provocó que desapareciera del once inicial y que, cuando salía al campo, lo hiciera tenso y nervioso.

De esta manera afrontó su cuarta temporada con un gran reto: el de conseguir convertirse en el organizador de la defensa y del equipo desde atrás. Para ello, contaba con dos ventajas añadidas: por un lado con la veteranía y, por otro, con el hecho de que había dejado de ocupar plaza de extranjero al nacionalizarse español. Por desgracia y aunque, junto con Pablo, formó una de las parejas más sólidas en defensa de la Liga, los resultados no acompañaron y la mala suerte se cebó con él, dejándole sin acabar la temporada a causa de una lesión mientras disputaba un partido amistoso con su selección.

En la temporada 2009-2010, Perea ya era todo un veterano que, con Abel Resino en el banquillo, tenía que luchar por la titularidad en un nuevo puesto: el de lateral. Ese año, por fin, llegó un trofeo, la Europa League, que cerraba un largo período de sequía. En noviembre el club anuncia su renovación hasta junio de 2012, un año más de lo previsto en su contrato anterior. Perea seguía dejando claro que, en su trayectoria, era un hombre de confianza de los entrenadores que iban desfilando por el banquillo del Calderón.

El 25 de septiembre de 2011 fue una fecha muy relevante en su recorrido dentro del club. El Atlético de Madrid jugaba frente al Fútbol Club Barcelona e iba sufriendo una abultada derrota, pero a Perea ese encuentro le supuso pasar a forma parte de la historia rojiblanca al ser su partido número 288 e igualar así al argentino Jorge Griffa como el extranjero que más partidos ha jugado con la camiseta del Atlético de Madrid. Cuatro días después volvió a competir como titular y se convirtió, ahora ya en solitario, en el nuevo propietario de este récord.

Era su último año y, sin duda, se había convertido en todo un símbolo para una afición que nunca puso en entredicho su profesionalidad. El 5 de mayo de 2012, en el último partido que se disputaba en el Vicente Calderón en esa temporada, recibió el homenaje del club, que le hizo entrega de la insignia de oro y brillantes y de una camiseta con el número de encuentros disputados con el Atlético de Madrid.

Cuatro días después, el club rojiblanco se volvía a proclamar campeón de la Europa League en Bucarest, poniendo de esta manera Perea el broche de oro a su carrera como futbolista en España.

Los últimos días como rojiblanco los pasó disputando encuentros amistosos en una gira en su Colombia natal para, posteriormente, volver a América y fichar por el Cruz Azul de México, donde se retiró como jugador. Hace unos años inició su trayectoria como entrenador.

1/ Su fortaleza física era uno de sus rasgos característicos.
2/ Perea ha sido el extranjero que más veces ha defendido los colores rojiblancos. **3/** Siempre se ha sentido colombiano y español.
4/ Perea lucha un balón ante un jugador del Villarreal en abril de 2007. **5/** Perea, Simao y Forlán disfrutan desde el autobús del equipo de la alegría de la afición tras la victoria de la Europa League.

Equipos históricos

Campeón de **Copa del Rey**

ATLÉTICO	1-0	BARCELONA

Pantic 102'

10 de abril de 1996
Estadio:
La Romareda

Entrenador: **Radomir Antic**

Molina

Santi
Solozábal

Geli
Toni

Vizcaíno
(Biagini 82')
Simeone

Caminero
Pantic

Kiko
(Roberto 84')
Penev
(López 61')

LUIZ EDMUNDO **PEREIRA**

Samba inundada de **calidad**

Nadie entendía que siempre riera: incluso un día se le salió el hombro y, cuando los médicos le recolocan el brazo, **la gente vio su eterna sonrisa,** que descolocaba hasta a los rivales. **«¡Que baile Pereira! ¡Que baile Pereira!»,** se oyó una vez en el estadio. Luiz no entendía y Navarro le tradujo los cánticos de la afición del Real Madrid. El brasileño, ni corto ni perezoso, dedica unos pasos de samba a la grada del Bernabéu y los hinchas merengues, incrédulos y desarmados, gritan: **«¡Pereira a Eurovisión! ¡Pereira a Eurovisión!».** Entonces un aficionado le tira una lata de cerveza y, ante la mirada incrédula de la grada y de sus propios compañeros, el brasileño le pega un sorbo. No fue la única vez: en Valencia le tiraron una naranja, pero Luiz la peló y se la comió mientras jugaba al fútbol **sin perder su eterna sonrisa.**

E l 21 de junio de 1949 nació en Brasil uno de esos futbolistas que dejaron una huella imborrable en los miles de aficionados que le vieron jugar. Su imponente físico, su tremenda contundencia que no rivalizaba con el buen manejo de balón y, sobre todo, su enorme sonrisa cautivaron a los aficionados del Atlético de Madrid de los setenta. Luiz Edmundo Pereira no tenía la técnica de muchos de sus compañeros contemporáneos ni la exquisitez de los que jugaron antes o los que vinieron después, pero en su juego sí estaba marcada la impronta del gusto por el toque del balón, por la magia de saber dibujar en un campo de fútbol trazos imposibles mientras otros daban brochazos a diestro y siniestro. Pereira era brasileño y eso era imposible disimularlo, por eso de él se destaca no solo su capacidad como defensa, sino también su categoría a la hora de sacar la pelota desde la zaga y sumarse como uno más al ataque, descolocando al equipo contrario.

"Muchos me hicieron amar el fútbol, pero daría media vida por volver a sentir, como entonces, la grandeza, la magia, la ternura y el talento de mi gran dios futbolístico: Luiz Pereira".

José Antonio Abellán

(Periodista)

Al nordeste del estado de Bahía, en la margen derecha del río San Francisco, en la localidad de Juazeiro, empezó a dar sus primeros pasos. Con poca edad se trasladó con su familia a São Paulo buscando un futuro mejor; así empieza a trabajar como tornero mecánico e, incluso, como ensacador de harina. Ya en esos años juega al fútbol y lo hace como delantero en el equipo benjamín São Caetano do Sul, que pertenece a la General Motors, por lo que los aficionados conocían al club como Chevrolet en alusión al vehículo de la multinacional. Poco tiempo le queda para jugar pero aun así es constante y va probando con equipos de la zona hasta que le dan la oportunidad en el São Bento de Sorocaba: allí el club azul y blanco le hace su primer contrato. Es 1967 y Pereira tiene 18 años.

Luiz juega con el São Bento hasta mediados de 1968, cuando su progresión ya en la posición de zaguero no pasa inadvert,da para los técnicos del Palmeiras. Su altura, 1'81, su cuerpo desgarbado y sus pies virados para dentro debido a una tibia deformada por una enfermedad infantil le dan una apariencia diferente porque, aunque de aspecto torpe, su firmeza en el regate, su potente juego aéreo, su técnica y la colocación le convierten en un fijo en el Palmeiras. Son los grandes años del club verde, en los que conquista el campeonato brasileño (1972 y 1973) y el paulista (1972 y 1974) y Pereira se consolida como el defensa más seguro que ha vestido su camiseta, lo que le abre las puertas de la selección en 1973, con la que debuta en junio en Túnez. Es el capitán de Brasil en el Mundial de Alemania 74 y juega en total 38 partidos.

Con 25 años está en un momento importante de su carrera: líder de la selección brasileña, es el defen-

sa más goleador de su historia y pilar indiscutible en el Palmeiras. Tras el Mundial siguen los éxitos hasta que en el verano de 1975, tras exhibirse en el Trofeo Carranza, es fichado junto a Leivinha por el Atlético.

La afición está eufórica y los ve por primera vez el 28 de septiembre de 1975. Ese día el Calderón se rinde a los pies de los dos brasileños, que dan una exhibición ganando por 4-1 al Salamanca con tres goles de Leivinha. Durante cinco temporadas maravilla con su juego, sus regates, sus goles y su sonrisa.

El 8 de octubre de 1978 es un día clave en el devenir de Luiz Pereira en el Atlético. Ese día la Real Sociedad visita el Calderón y tras una primera parte con errores en defensa y con 0-2 en el marcador, al llegar al vestuario el técnico Héctor Núñez recrimina a Marcial Pina. Pereira se encara con el técnico, la discusión sube de tono y están a punto de llegar a las manos, por lo que tienen que intervenir varios compañeros. Aunque el equipo, ya sin Pereira en el campo, consigue empatar, la directiva decide tomar medidas ante la aparente falta de autoridad del técnico, por lo que destituye a Héctor Núñez y abre expediente al jugador sancionándole con 300.000 pesetas de multa y cuatro partidos de sanción. La situación institucional da un giro por los problemas económicos. A pesar de haber jugado 40 partidos en la temporada 1979-1980, el nuevo presidente decide fichar a José Luis García Traid para el banquillo y a Héctor Núñez como secretario técnico, con lo que, tras la pretemporada, el propio Luiz decide no continuar. Es así como Luiz Pereira deja el Atlético tras cinco campañas, jugando su último partido precisamente frente al mismo equipo con el que debutó, el Salamanca (0-1).

En Brasil sigue jugando al fútbol en diversos equipos: el Club de Regatas do Flamengo, Palmeiras (aquí ya juega con el nombre de Luisão), Portuguesa de Desportos, Santo André, Corinthians, Santo André, Central de Coitia, São Caetano, Esporte Clube São Bernardo, cerrando el círculo en el equipo en el que comenzó a jugar, el Esporte Clube São Bento. Así, en 1994 y con casi 45 años cuelga las botas para comenzar una carrera como técnico precisamente en el Esporte Clube São Bento de Sorocaba.

Su carrera como técnico no fue brillante: dirigió a pequeños equipos paulistas como el São Carlense o el Força Esporte Clube y fue director deportivo del São Caetano, para volver a España en 2002 como técnico del filial del Atlético. Al carecer de título homologado por la Federación, no puede sentarse en el banquillo, con lo que se sitúa en el palco y dirige los entrenamientos aunque es Rafa Juanes el que se sienta en el banquillo.

Sigue colaborando activamente en el club como miembro destacado de las leyendas en todos los actos oficiales y aportando en la casa su experiencia con los técnicos y con las promesas que poco a poco van ascendiendo peldaños en la entidad.

1/ El día de su presentación en 1978 junto a su compañero Leivinha y su nuevo entrenador Luis Aragonés. **2/** Con el entonces presidente del Gobierno José María Aznar durante la recepción en el Palacio de La Moncloa con motivo del Centenario del Atlético de Madrid en 2003. **3/** Defensa contundente en el salto, su calidad a la hora de sacar la pelota maravilló a los aficionados. **4/** Celebración de la Peña Atlética de Las Palmas en 1977 acompañado de otros dos futbolistas como Pepe Navarro y Juan Carlos Arteche. También se ve a la derecha al que fuera directivo José Luis Carceller. **5/** Su carácter amable y simpático le granjeó gran respeto y admiración en las aficiones rivales, Pereira nunca ha perdido su eterna sonrisa. **6/** Fue ídolo en Brasil poniendo su nombre al lado de mitos como el propio Pelé.

Los primeros
ídolos

«No mirar nunca al guardameta antes de lanzar el tiro. Después de pitar el árbitro, correr hacia el balón, procurando intuir cuál es el lugar más favorable para que vaya la pelota. **Tirarlo con toda la fuerza,** con el empeine, atacando el balón para que entre a un metro del suelo».

Fernández Santander, Carlos (1997), *A bote pronto. El fútbol y sus historias,* Madrid, Temas de Hoy (Finalista Premio Don Balón 1997).

"El Atlético es como Bogart: la épica del fracaso, puro cine negro".

José Luis Garci
(Director de cine)

Miguel Durán Terry nació el 5 de agosto de 1901, según reflejan los datos de la parroquia de San Félix en Lugones, en el Concejo de Siero, a 5 kilómetros de Oviedo. Era el único hijo varón de Miguel Durán Walkinshaw, director de la fábrica de explosivos de Coruño y Santa Bárbara Lugones y pronto encaminó sus pasos a los estudios como ingeniero de minas.

Muy joven, con apenas 10 años, se traslada a Madrid para recibir la educación necesaria y posteriormente iniciar sus estudios de ingeniería. En la capital conoce el ambiente futbolístico y demuestras buenas dotes para la práctica del balompié, por lo que empieza a jugar en 1919, junto a muchos de sus compañeros de la Escuela de Ingenieros de Minas, en el Athletic Club de Madrid.

Miguel Durán Pololo, como ya figura en las crónicas de la época, era un defensa corpulento, expeditivo, que no rehuía el choque con el adversario y que se adaptaba perfectamente por su fuerza física a las condiciones de los terrenos de juego de aquellos primeros años veinte. Con los rojiblancos gana en la temporada 1920-1921 el Campeonato Regional tras vencer el 23 de enero al Racing Club en el campo del Paseo Martínez Campos por 2-1. Ese triunfo permite a los rojiblancos disputar el Campeonato de España, única

competición oficial de aquellos años. Tras dejar en la cuneta al Barcelona (que se retiró por no aceptar el cambio de sede de la final de Sevilla a Bilbao) y al Real Unión de Irún, se alcanza la final de la Copa de España, en la que tienen que verse las caras con el equipo madre, el Athletic Club de Bilbao. El partido se disputa el 8 de mayo de 1921 en San Mamés y vencen los vizcaínos por 4-1.

El fútbol no era profesional y Pololo regresa a Asturias para entrar en el negocio familiar mientras compagina sus estudios con el deporte. Una vez acabada su semana laboral se desplazaba en motocicleta a Madrid para jugar o a cualquier punto de España donde el equipo rojiblanco disputara partido. Cuando podía jugaba con el otro equipo que llevaba en el corazón, el Atlético de Lugones, en el que colaboró en sus primeros años de vida, fundado en 1905 por don José Tartiere, que disputaba sus partidos en el campo de Las Artosas. En uno de esos partidos informales lo ve el trío de seleccionadores Berraondo-Ruete-Castro y es preseleccionado para jugar en Madrid ante Portugal.

Pololo debuta como internacional el 18 de diciembre de 1921 en el antiguo campo del Racing de Madrid. El partido acabó 3-1 y convirtió a Pololo en el

foto 1

foto 3

foto 2

segundo asturiano, por detrás de Meana, en alcanzar la internacionalidad absoluta. Será, junto a Fajardo y Luis Olaso, uno de los primeros internacionales que dio el Atlético de Madrid. Aún jugó un segundo partido con España: fue en el estadio de La Victoria de Sevilla en diciembre de 1923, también ante Portugal (3-0).

Pololo deja el Atlético de Madrid en 1926 para dedicarse a sus negocios, aunque se integra en el Oviedo (que acababa de surgir de la unión del Deportivo y el Stadium), donde jugará hasta 1929. Deja el fútbol definitivamente y entra a trabajar en la fábrica de Lugones, donde desarrolla su actividad como ingeniero. Pocos años más tarde, en octubre de 1934, con motivo de la revolución surgida en las zonas mineras asturianas, tanto Pololo como su padre, Miguel Durán Walkinshaw, y los también ingenieros de minas Rafael del Riego y Rafael Rodríguez Araujo, mueren asesinados durante los disturbios.

1/ El Atlhletic Club de Madrid en 1926. De izquierda a derecha: Luis Olaso, Tuduri, Burdiel, *Pololo*, Fajardo, Monchín Triana, Javier Barroso, Palacios, Ortiz de la Torre, Alfonso Olaso y De Miguel. **2/** Miguel Durán Terry como capitán del Athletic Club de Madrid. **3/** Derbi madrileño y saludo de ambos capitanes, por el lado rojiblanco, *Pololo*, por el madridista, un joven Santiago Bernabéu.

Futbolista
total

«Mújica **matizaba el juego del equipo** con una desenvoltura que daba la engañosa sensación de estar exenta de esfuerzo, como si el juego fluyera por si solo, como si hubiera aplicado un **lubrificante mágico al engranaje...**».

Herrera, Helenio (1962), *Yo, Memorias de Helenio Herrera*, Barcelona, Planeta.

"Atleti: mi casa, mi familia, mi vida y mi trabajo".

Dr. José María Villalón

(Jefe de los servicios médicos del Atlético de Madrid)

Rafael Mújica González nació en Las Palmas de Gran Canaria el 19 de noviembre de 1927. En los patios del colegio de los jesuitas hay que buscar sus primeros pasos futbolísticos para pasar después a equipos como el de la Cícer o el Porteño. Ya es un jugador con nombre en la isla cuando ficha por el Real Victoria y comienza a ganar títulos como el campeonato insular y regional de 1944 o el campeonato de campeones de 1946, amén de ser subcampeón en 1945.

Dotado de una fina inteligencia, Mújica es considerado el futbolista total, ya que puede ser usado en diversas demarcaciones. Un comodín de lujo con grandes cualidades técnicas que le llevan al Marino para recalar en el Atlético de Madrid en la temporada 1947-1948. Llega al Metropolitano con apenas 20 años para ponerse a las órdenes de Emilio Vidal, que, aunque le alinea en algunos partidos de pretemporada decide cederle una temporada al Sporting de Gijón para que adquiera experiencia en el fútbol peninsular. Debuta en Primera en Balaídos en febrero de 1948 ante el gran Celta de Vigo de Ricardo Zamora, que ese año jugará la final de Copa con jugadores como Simón, Pahiño, Miguel Muñoz o los exrojiblancos Mesa y Vázquez (3-2). Juega pocos partidos y anota dos goles para regresar al comienzo de la temporada 1948-1949 definitivamente a las filas del Atlético de Madrid.

Desde el principio Mújica es un jugador importante que alterna su buen hacer en la organización con goles como los tres que le hizo al Athletic Club de Bilbao

en San Mamés en abril de 1949 (1-3). Esa primera temporada marca once tantos en Liga y doce en la siguiente, ayudando al equipo entrenado por Helenio Herrera a conquistar el título de Liga en la campaña 1949-1950, título que repiten el año siguiente en una época gloriosa de la entidad, en la que también se conquista la Copa Eva Duarte.

Son años de cambios en el club con la salida de Cesáreo Galíndez y la llegada a la presidencia de Luis Benítez de Lugo, marqués de la Florida. El canario sigue siendo un fijo y juega como central, como medio centro, como centrocampista ofensivo e incluso como delantero centro. Su carácter amable y simpático le granjeó amistad entre sus compañeros pero no siempre fue entendido por sus directivos, que llegaron a acusarle de conductas antideportivas. Aun así, sus destacadas actuaciones con los rojiblancos le llevaron a vestir los colores de la selección nacional B en dos ocasiones.

Su última temporada como rojiblanco es la de 1955-1956, en la que solo participa en un partido liguero. Tras ocho años en el club y después de un fugaz paso por el Córdoba, Mújica recala con 29 años en su tierra para jugar en la U. D. Las Palmas, donde estará tres años más.

Retirado del fútbol a los 32 años, se estableció en Madrid, donde trabajó como vendedor y en el INEF (Instituto Nacional de Educación Física), hasta que falleció el 12 de abril de 1987 a los 60 años, triste y en la miseria.

1/ El canario era considerado como el futbolista total. **2/** Fotografía que recoge el momento en el que Mújica intenta llegar al balón en presencia del portero del F. C. Barcelona Velasco durante un partido disputado en el Metropolitano el 6 de noviembre de 1949 (4-1). **3/** Alineación típica de la temporada 1949-1950. Arriba: Mújica, Pérez Zabala, Mencía, Marcel Domingo, Diego Lozano y Escudero; agachados, Ben Barek, Estruch, Tinte, Silva, Miguel y Carlsson.

RAMIRO RODRIGUES VALENTE

Clase
paulista

Un periodista acusó a Ramiro de lento. El brasileño se le acercó y le dijo: **«yo no soy velocista, yo hago correr el balón»**. Ese mismo periodista acabó escribiendo que Ramiro **era el futbolista que «más rápido pensaba»**.

"Para mí, el Atlético es la libertad. Mis primeras excursiones fuera de casa, en la frontera difusa entre la infancia y la adolescencia, sin compañía de adultos ni de mi hermano mayor, fueron para ver al Atlético en el Metropolitano. Nunca olvidaré aquellas tardes de domingo. Constituyen una parte esencial de mi vida".

Alfredo Relaño
(Presidente de honor del diario *As*)

Ramiro Rodrígues Valente nace, descendiente de españoles, en São Paulo (Brasil) el 19 de febrero de 1933. En las calles de la ciudad y en sus playas juega al fútbol junto a su hermano Álvaro, dos años mayor que él. Ramiro estuvo en el infantil del Jabaquara y como juvenil en el Amador para jugar después dos años en el Fluminense y abrirse las puertas del equipo en el que ya había recalado su hermano, el Santos Futebol Clube. Ambos hermanos juegan bien pero el primero que empieza a destacar es Álvaro, que ya en 1955 viste la camiseta de la selección nacional de Brasil (fue nueve veces internacional). Los dos son titulares en el Santos y crecen junto a un joven de 15 años llamado Edson Arantes Do Nascimento, Pelé. Son años en que el Santos es el equipo de moda de Brasil y gana tres campeonatos paulistas; también se convertirá en una cantera de fichajes para el Atlético, que consigue en 1959 hacerse con los servicios de los dos hermanos brasileños.

La estrella sin duda es Álvaro, que era internacional y llegaba con mucho nombre mientras que su hermano pasa inadvertido los primeros días, hasta que se enfunda la camiseta rojiblanca, momento en el que la afición se entregó a su clase y dominio del balón. Álvaro era muy bueno, pero su hermano Ramiro era aún mejor. A la postre, los números dejan clara la trayectoria de uno y otro: Álvaro, que jugaba de delantero, no se adaptó al fútbol europeo y eso que debutó

marcando dos goles al Sevilla en su estreno en Liga; sin embargo, apenas jugó once partidos ligueros y uno de Copa regresando a Brasil en 1960 para ganar dos campeonatos más paulistas. Eso sí, se marchó de España con una Copa en su palmarés. Por su parte, Ramiro jugaba de medio centro y enseguida se ganó la confianza de la afición, de los entrenadores y sobre todo de sus compañeros. Jugador de gran clase, se convirtió por derecho propio en uno de los mejores centrocampistas que han vestido la camiseta del Atlético de Madrid.

Ramiro debuta en Liga en octubre del 59 en el Metropolitano ante el F. C. Barcelona (0-1). En la Copa el plantel se transforma y Ramiro puede jugar gracias a su ascendencia española, ya que su padre era natural de La Cañiza, en la provincia de Pontevedra. El equipo se planta en la final sin complejos ante un Real Madrid que viene de ganar unos días antes su quinta Copa de Europa y que ve cómo con la batuta de Ramiro en el centro del campo pierde en su propio estadio un título con el que contaba antes de empezar.

La historia se repite al año siguiente, para desesperación de un Alfredo Di Stéfano que ve cómo no puede alcanzar el único título que le faltaba como jugador.

Ramiro era elegante, con gran visión de juego, con un toque exquisito de balón y, aunque algunos le acusaban de lento, fue un complemento perfecto para hombres como Adelardo o Mendonça. En esos años

siempre se comentaba: «si faltaba alguien, estaba Ramiro». Jugaba de medio centro pero también lo hizo de defensa e incluso de delantero centro. Tanta era su calidad, que en la campaña 1960-1961 fue el máximo goleador liguero del equipo.

A pesar de pasar por el quirófano en 1961 para reparar su menisco, Ramiro dio un rendimiento sensacional en las seis temporadas que jugó en el Atlético. Llegó a la sombra de su hermano y se marchó por la puerta grande a los 31 con tres Copas y una Recopa.

En su estancia en España nació su hija y, con el contrato finalizado, a pesar del interés del Atlético para que se quedase un año más, se marchó a la ciudad brasileña de Guarujá. Le propusieron ser entrenador en el Santos pero él prefirió dedicarse a su empresa de construcción civil en Río y a su inmobiliaria Eccon Río Ingeniería Limitada. Fue representante del Santos y jugaba al fútbol con los amigos recordando sus buenos tiempos y guardando la memoria de su hermano Álvaro, fallecido en 1991.

1/ Su hermano Álvaro llegó con más fama pero fue Ramiro el que se ganó el corazón de los atléticos. 2/ Vemos a Ramiro a la derecha de la fotografía con José Villalonga y Collar. 3/ La plantilla recogiendo folletos de una azafata. Ahí vemos a Mendonça, San Román, Greño, Adelardo, Collar y Ramiro. 4/ Haciendo el saque de honor el día del homenaje a Calleja. 5/ Selección de Castilla, Madinabeytia, Isidro, Griffa, Ramiro, Calleja y Pachín; agachados, Miguel, Mendonça, Di Stéfano, Puskas y Manolín Bueno.

JOSÉ LUIS **RIERA**

foto 1

Actitud
y aptitud

«En un día como hoy no puedo negarle nada». Así contestó el General Moscardó, máxima autoridad del deporte español en los años cincuenta, ante la petición de Alfonso Aparicio. Riera había sido sancionado tres meses por agredir a un árbitro, pero el día del homenaje a Aparicio el veterano capitán solicitó a Moscardó que levantara la sanción, algo que hizo el militar, ante la devoción y el aprecio que profesaba a Aparicio.

"Por actitud, por orgullo y por ilusión, esa es la respuesta".

Paco Alegrete
(Secretario general de la Real
Federación Española de Karate)

José Luis Riera Biosca nació en Barcelona el 26 de noviembre de 1920. Mucho más alto que cualquiera de los chavales de su edad, se imponía en los partidos jugados en cualquier esquina de la Ciudad Condal. Su envergadura, su potencia y su autoridad en el juego aéreo pronto llaman la atención de los ojeadores de los equipos modestos de la zona de Barcelona. Juega en los campos de Regional en equipos como el Santamarienense o el Mirandés antes de trasladarse a Mallorca, donde recala en escuadras como el Ripoll o el Athletic de Palma, hasta que el Constancia de Inca se interesa por sus servicios. En el equipo balear juega en Segunda División, intentando el salto a la máxima categoría y dando muestras de que está llamado para jugar en un grande de la Liga.

Es así como en la campaña 1942-1943 abandona Mallorca para recalar en el Atlético Aviación y debutar en Primera División el 1 de noviembre de 1942, en un partido jugado en Vallecas (el Metropolitano estaba en obras) y que se ganó de manera contundente al Granada (7-1). Es el inicio de una carrera meteórica que convierte a Riera en uno de los referentes del equipo rojiblanco. Aprovechando su constitución física, su rapidez por las bandas, su elegancia –siempre luciendo un pequeño bigote– y su buen toque, Riera inmediatamente es titular del equipo campeón que había conquistado ya dos Ligas a las órdenes de Ricardo Zamora. Se impone en la lucha por el puesto a vetera-

nos como Cobo, Jimeno o Rafa y, ante los problemas en la recuperación en la pierna de Mesa, devuelve la confianza a Zamora con una sobriedad en defensa que hace olvidar a los antiguos poseedores del puesto. En 1943 regresa al Metropolitano y también retorna, tras estar apartado por rebeldía, Alfonso Aparicio, para acoplarse perfectamente en la retaguardia junto a Pérez hasta la irrupción tiempo después del joven Diego Lozano.

La llegada de Helenio Herrera al banquillo produce un punto de inflexión, ya que el argentino, adelantado a su tiempo, cambia el sistema defensivo para formar con una línea de tres atrás que asombra en el campeonato. Diego Lozano, Alfonso Aparicio y José Luis Riera forman la denominada Defensa de Cemento, que da solidez al equipo para ganar de manera consecutiva dos títulos más de Liga en contraposición a la Delantera de Cristal formada por Juncosa, Ben Barek, Perez Payá, Carlsson y Escudero. Es un equipo de ensueño que arrasa en el campeonato y que los aficionados recitan de memoria, llegando a ganar en noviembre de 1950 al eterno rival en Chamartín por un contundente 3-6.

Llegó a internacional y juega tres partidos con la selección. Su debut se produce de la mano de Guillermo Eizaguirre en Lisboa, en marzo de 1949, en un Portugal 1-España 1. Unos días después jugó en Madrid ante Italia (1-3) y cierra su participación con la Roja

un año después, en abril de 1950 en Madrid, en un España 5-Portugal 1.

Como futbolista del Atlético se mostró siempre contundente en defensa y, aunque subía al ataque, no gozaba de muchas oportunidades para marcar goles; tan solo hizo uno como rojiblanco y lo anotó en el Metropolitano en marzo de 1947, en un empate a 2 con el Murcia.

Riera se mantiene nueve temporadas en el equipo hasta que al comienzo de la campaña 1951-1952 solicita un aumento de sueldo, algo que no concede la directiva de Cesáreo Galíndez y que produce un cisma entre el catalán y los directivos, con declaraciones en la prensa de por medio, que acaba con su salida en 1951.

Riera deja Madrid para fichar por el Real Zaragoza y jugar dos temporadas más hasta que, tras la campaña 1952-1953 y con el descenso del equipo aragonés, decide poner, a sus 33 años, punto final a su carrera deportiva como futbolista para pasar a otras labores técnicas.

Afincado en Andalucía, destacó como entrenador y dirigió equipos como el Club Deportivo San Fernando, el Cádiz, el Málaga, el C. D. Tenerife y el Xerez Club Deportivo.

Una vez finalizada su etapa como técnico pasó a ser gerente del Xerez, localidad en la que residía cuando falleció, el 20 de mayo de 1987.

1/ Rápido por banda, elegante siempre con su bigote y con gran calidad, fue uno de los grandes artífices de las dos primeras ligas. 2/ Tuvo el honor de recoger el título liguero. 3/ Primera visita del Aviación a Chamartín el 29 de febrero de 1948, partido polémico con la famosa mano del madridista Alsúa, secuencia que tuvo que retirar NO-DO en los cines por el escándalo que suscitaba. En la imagen vemos a Rafa Alsúa empujar la pelota con la mano ante la mirada del guardameta rojiblanco José Luis Saso y del propio Riera. El partido acabó empate a uno. 4/ Despejando un balón. 5/ Formación de España que jugó ante Italia (1-3) el 27 de marzo de 1949 en Chamartín, de izquierda a derecha, arriba: Puchades, Gonzalvo III, Riera, Aparicio, Lozano, Ignacio Eizaguirre y el portero suplente Bañón; abajo: Epi, Silva, Zarra, Rosendo Hernández y Gainza. 6/ Formación de la selección española.

Nobleza
y señorio

Feliciano Muñoz Rivilla nació en Ávila el 21 de agosto de 1935. Hijo de Feliciano y Basilia, dueños de una tienda de ultramarinos, el niño crece feliz junto a sus dos hermanos, Sonsoles y Enrique, y en la calle de la Toledana (hoy Nuestra Señora de Sonsoles) **comienza a dar sus primeras patadas a un balón.** Del equipo del Instituto Nacional de Enseñanza Media pasa al Acción Católica para posteriormente encaminar sus pasos al Piqui, equipo filial del Real Ávila. **Llega como interior derecho para jugar en Primera Regional** y conseguir el ascenso a Tercera hasta que es llamado por el Real Murcia para jugar con los pimentoneros en Segunda División bajo la **atenta mirada del ojeador del Atlético Antonio Mochales,** que consigue hacerse con sus servicios para la temporada siguiente.

"Soy del Atlético por Angelines, José Julio Carrascosa, Carlos Peña, el Pater Daniel, el doctor Ibáñez, Cacha, Paco Valderas y un largo etcétera. Todos ellos me enseñaron a disfrutar amando unos colores: los rojiblancos".

Rafael Recio
(Periodista)

Feliciano llega al Metropolitano con 19 años, pero al no contar con oportunidades pide a Antonio Barrios ir cedido para contar con minutos y recala en el Plus Ultra (es el primer jugador del Atlético cedido al filial blanco). Su siguiente destino, en la campaña 1956-1957, es el Rayo Vallecano, donde juega dos temporadas para volver con 22 años a la plantilla dirigida por Ferdinand Daucik.

Rivilla debuta en Liga como rojiblanco en septiembre del 58 en Mestalla (4-2). Su experiencia como interior le convierte en el dueño de la banda derecha, donde demuestra una calidad que asombra al Metropolitano. Su velocidad, su clase, su técnica y su carácter le convierten inmediatamente en uno de los ídolos de la grada. Su personalidad marcó un estilo de comportamiento en el campo: entendía el juego como un pacto de caballeros, por eso siempre fue respetado por los contrarios, los árbitros, los diri-

gentes y los aficionados de todos los equipos y recibió incluso el premio Patricio Arabolaza como el más genuino representante de la furia española.

Daucik decide retrasar su posición al lateral tras la lesión de un compañero, lo que convierte a Feliciano Rivilla en uno de los primeros carrileros de la historia y le abre las puertas, tras haber jugado en la Sub-21, de la selección absoluta, con la que debuta en Lima en julio de 1960 en un Perú 1-España 3. En total, Rivilla sumó 26 participaciones como internacional y fue parte importante en la consecución de la primera Eurocopa de Naciones conquistada por nuestro país. También estuvo en el Mundial de Chile 62 (solo jugó un partido al fracturarse el empeine en un choque) y el de Inglaterra 66 (no disputó ningún partido).

Como rojiblanco conquistó una Liga, una Recopa y tres Copas, dejó una huella profunda y formó junto a Calleja y Griffa, una de las defensas más recordadas de la historia del club. A los 33 años, con una oferta de renovación en el bolsillo decide dejarlo definitivamente –«el fútbol está en paz conmigo y yo con el fútbol», afirmó– para centrarse en diversos negocios en el sector de los electrodomésticos y en el de las gasolineras. La afición le rindió un cálido homenaje el 17 de septiembre de 1969 en un partido amistoso ante el Santos capitaneado por Pelé. Ese día, Rivilla recibió la medalla al Mérito Deportivo y la insignia de oro y brillantes del Atlético de Madrid. Rivilla está catalogado como el mejor jugador que ha dado Ávila y el único internacional que ha visto la tierra de Santa Teresa.

Siempre ligado al Atlético, fue durante muchos años presidente de la Asociación de Veteranos. Falleció en Madrid el 6 de noviembre de 2017.

1/ Sin duda Feliciano Rivilla ha sido de los jugadores más importantes de la historia del club, conquistó una Liga, una Recopa y tres Copas. En la imagen posa en el Calderón con algunos trofeos conquistados con la camiseta del club. 2/ Simpática foto de tres de los grandes defensas de la historia del club, formaron una de las líneas defensivas más regulares del fútbol español: Rivilla, Griffa y Calleja pasean por la esquina del Calderón. Como se puede ver, los alrededores del estadio estaban sin construir. 3/ Paseando junto a Vicente Calderón y Enrique Collar la última Liga que vivió el Metropolitano. 4/ Momento de una cena con compañeros, Rivilla con Calleja a su derecha, enfrente Ruiz Sosa y Collar con un San Román en la mesa de al lado mirando a la cámara. 5/ Fue internacional en 26 ocasiones conquistando la primera Eurocopa de Naciones y participando en el Mundial de Chile 1962 y de Inglaterra 1966. En la foto le vemos posando en Chamartín con Alfredo Di Stéfano. 6/ Tras la conquista en el Neckarstadion de Stuttgart de la Recopa, vemos haciendo la vuelta de honor a Rivilla y Collar portando la Copa con un Villalonga eufórico. 7/ Historia del Atlético, Villalonga, Rivilla, Calleja y Collar. 8/ Campeón de Europa con la selección en 1968, vemos a Zoco, Calleja, Amancio, Villalonga, Rivilla y Chus Pereda esperando la entrega de la Copa. 9/ La afición le rindió un cálido homenaje el 17 de septiembre de 1969 en un partido amistoso ante el Santos capitaneado por Pelé con quien posó tras el sorteo de campo.

Equipos históricos

Campeón de **Copa del Rey**

ATLÉTICO	2-0	REAL MADRID

Schuster 7'
Futre 29'

27 de junio de 1992
Estadio:
Santiago Bernabéu

Entrenador: **Luis Aragonés**

Abel

López   Donato

Tomás   Solozábal

Vizcaíno   Schuster

Soler   Manolo
(Toni 77')

Moya
(Alfredo 59')   Futre

Elegancia
silenciosa

El 29 de junio de 1991 un puñado de jóvenes de la selección castellano-manchega pisaba el Santiago Bernabéu para jugar la final del campeonato de selecciones territoriales de la categoría. Perdieron, pero para uno de ellos **aquella tarde dejó otro recuerdo inolvidable** y no tuvo que ver nada con su partido. Dos horas después de su encuentro se jugaba la final de Copa entre el Atlético y el Mallorca. Ese día ganó el Atlético con el gol en la prórroga de Alfredo Santaelena, pero el premio para ese chaval no solo fue pisar el césped del Bernabéu, ni formar parte de aquella selección: de aquel día, su recuerdo más preciado lo consiguió al **colarse con otro compañero en el vestuario del Atlético de Madrid** durante la celebración del título... Durante la fiesta, y mientras los jugadores **metían en el jacuzzi al propio Jesús Gil,** este chico, llamado Santiago, recibió como uno de sus mayores trofeos las medias del propio Alfredo, del autor del gol. Años después, **con unas medias similares, ganaría el doblete.**

Santiago Denia Sánchez nació en Albacete el 9 de marzo de 1974. Su vida deportiva comienza en el Club Deportivo El Pilar, desde donde da el salto en edad juvenil al Albacete Balompié. Allí sube peldaños hasta llegar al primer equipo, en edad aún juvenil. Es la temporada 1992-1993 y debuta en la máxima categoría de la mano de Julián Rubio, en septiembre de 1991, en un Albacete 3-Sevilla 4. Ese mismo año pisaría por primera vez el Calderón en Liga y no será un buen recuerdo para él, ya que, al margen de la derrota por 3-2, fue expulsado por el colegiado Rubio Valdivieso.

> *"En la primavera de 1996 yo rodaba mi primera película, Familia, y el Atlético de Madrid ganaba los trofeos de Liga y Copa. Ese fue un año difícil de olvidar para mí".*
>
> **Fernando León de Aranoa**
> (Guionista, director y escritor)

Tres años como titular indiscutible le abren las puertas de la selección Sub-21 en la que se convierte en un fijo. Ese verano, tras haber perdido la promoción ante el Salamanca encajando un 0-5, ficha junto al portero del Albacete, José Francisco Molina, por el Atlético de Madrid, para ponerse a las órdenes de Radomir Antic. Tras una pretemporada en la que el equipo arrasa, Santi debuta en Liga ante su afición el 3 de septiembre de 1995 en un Atlético de Madrid 4-Real Sociedad 1, para formar un equipo de ensueño. Ese año histórico en el que se gana Liga y Copa, Santi solo se pierde un partido de Liga.

Santi era un jugador expeditivo, contundente en el cruce, no exento de calidad y con buen manejo del balón. Tímido, callado fuera del campo, en el terreno de juego se transformaba para sin aspavientos liderar junto a Roberto Solozábal un centro de la defensa que marcó una época. Al Atlético llegó siendo un niño y fue haciéndose hombre saboreando las mieles del triunfo y lo amargo de un descenso a Segunda División.

Debutó como internacional absoluto de la mano de Javier Clemente, con quien disputa dos partidos. Juega dos años en Segunda intentando recuperar la categoría

hasta conseguirlo en la temporada 2001-2002, a las órdenes de Luis Aragonés. Se mantiene en el equipo hasta 2005 pero no cuenta para el técnico, por lo que en el mercado de invierno retorna al Albacete Balompié, despidiéndose del Atlético en Copa ante el Lorca en enero.

En su casa, con 30 años, apenas juega doce partidos esa temporada y no puede impedir el descenso de categoría. Aun así, jugará dos temporadas más como capitán de los manchegos (a pesar de tener una oferta para jugar en la liga estadounidense), para colgar las botas jugando en la división de plata en la campaña 2006-2007. Así, pone punto final a una trayectoria de 16 temporadas en el fútbol profesional el 16 de junio de 2007 en un Albacete 1-Lorca 0.

El Albacete le ofrece la posibilidad de incorporarlo como segundo entrenador pero él se incorpora a la dirección deportiva del Atlético. En febrero de 2009 es designado segundo entrenador de Abel Resino y llega a ser entrenador interino tras la destitución de Abel en un partido disputado en el Calderón el 24 de octubre de 2009.

En julio de 2010 pasa al cuerpo técnico de la Real Federación Española de Fútbol donde se hizo cargo de las selecciones Sub-16 y Sub-17 y Sub-19. En enero de 2023, fue nombrado seleccionador nacional Sub-21.

1/ Un joven Santí defendiendo la camiseta de la selección de Castilla la Mancha, en el Bernabéu antes de la disputa de la Final de Copa de 1991. **2/** Tras ganar al Albacete en el Calderón se confirmó el título liguero. En la imagen dos eufóricos Solozábal y Santi celebran el triunfo ante los reporteros gráficos. **3/** Defendiendo los colores del equipo de su ciudad en el Calderón intentando quitarle la pelota a Manolo. **4/** Disputando un balón al españolista Raúl Tamudo durante la Final de Copa de 2000 en Valencia. **5/** Dialogando con el fallecido Jesús Gil en el hotel de concentración.

ROBERTO **SOLOZÁBAL**

El **cerrojo**
del doblete

El 15 de septiembre de 1969 nació en Madrid Roberto Solozábal Villanueva. Sus primeras patadas a un balón las da junto a sus amigos en las calles de Boadilla. En el colegio Alonso Madrigal **alterna los libros con el balón** y sobre todo con la posición de defensa, ya que, al contrario que muchos niños de la época que soñaban con ser delanteros, Roberto **siempre quiso jugar en la retaguardia.**

"Cabalgamos juntos, morimos juntos. Rebeldes para siempre. Estas palabras de Will Smith a Martin Lawrence casi sintetizan el sentimiento atlético: todo corazón, entrega, lucha ante el grande y el poderoso, rebeldía frente al poder establecido. Eso es ser atlético".

José Manuel Cuéllar
(Periodista [1953-2023])

Tiene maneras y gracias a su tío, José María Mendiondo, que fue jugador del Atlético de Madrid a finales de los años cincuenta, consigue una prueba. No parece que en el Atleti vayan a contar con él y aprovecha para probar con el Real Madrid, donde entrena una semana, hasta que su tío consigue convencer a los técnicos del Atlético para que cuenten con su sobrino. Es así como, con su tío de padrino y su primo César Mendiondo jugando en el segundo equipo rojiblanco, Roberto llega con 14 años a la entidad para incorporarse al infantil A, equipo en el que coincide con Carlos Aguilera.

Roberto Solozábal siempre ha mostrado inquietud por los deportes y por otras muchas actividades como los estudios y los idiomas, por lo que un año después, con 15 años, deja el Atlético para irse a estudiar a Estados Unidos, concretamente al Ringwood School. Con 16 regresa a Madrid y vuelve al Atlético para jugar en los juveniles, primero en el B y posteriormente en el A, en una progresión que los técnicos no dejan de lado, ya que en poco tiempo Emilio Cruz le sube al Atlético Madrileño, equipo con el que asciende de Segunda B a Segunda.

Es un central muy completo, a pesar de no poseer una envergadura imponente, su habilidad para el cruce, su potencia en el cuerpo a cuerpo y su calidad a la hora de sacar la pelota la hacen un fijo en el filial, llamando a las puertas de un primer equipo que en aquellos años vive convulso en un continuo baile de entrenadores. Es la temporada 1988-1989 y los malos resultados primero con Maguregui, luego con Briones, después con Atkinson y posteriormente con Addison

propician su ascenso al primer equipo, pero una inoportuna apendicitis aplaza una temporada su debut en el primer equipo.

Es así como en la campaña 1989-1990, tras haber sido internacional Sub-19 y Sub-20, de la mano de Javier Clemente debuta en Primera en septiembre del 89 en Mestalla. Esta temporada juega ya diez partidos ligueros, demostrando que está llamado a ser el central titular. Así será en las siguientes siete temporadas, en las que lidera una zaga que, aunque sufre para mantener la categoría en las campañas 1993-1994 y 1994-1995, asombra a todos en la temporada 1995-1996 con un doblete guardado en la memoria historia del club. Con una superioridad aplastante, el equipo conquista la Liga y la Copa con un Solozábal que ejerce de capitán tanto dentro como fuera del campo.

Solozábal era un defensa inteligente, con unas dotes de mando sin aspavientos que determinaban el juego del equipo. Mandaba adelantar la línea o retrasarla siempre con un criterio que beneficiaba a sus compañeros. No era excesivamente duro y muchos aficionados preferían la contundencia de compañeros como López o Ferreira, pero siempre gozó del cariño de la afición, a la que respondió con honradez y sobre todo con regularidad, ya que fueron muy pocos los partidos que se perdió en ocho temporadas.

Como rojiblanco gana tres Copas del Rey y una Liga, además de ser el capitán de la selección campeona olímpica en Barcelona 92, en aquel equipo en el que Vicente Miera, a pesar de que Solozábal había debutado ya con la selección absoluta en Cáceres

ante Rumanía en abril de 1991, decide contar con la experiencia del central del Atlético para liderar un equipo que se colgaría el oro en la final ante Polonia. Su último partido liguero como rojiblanco lo disputa el 23 de junio de 1997 en un Atlético de Madrid 0-Tenerife 3.

Su alma de líder y defensor de sus compañeros no le granjearon a veces buenas relaciones con sus superiores; así fue con Jesús Gil y con el propio Radomir Antic, con los que tuvo varios desencuentros que acabaron propiciando su salida.

Tras la campaña 1996-1997 ficha por el Real Betis Balompié, para volver a ser un fijo en el equipo entrenado por Luis Aragonés. En Sevilla juega hasta la campaña 1999-2000, en la que comienzan los problemas con el presidente verdiblanco Manuel Ruiz de Lopera. Solozábal, como veterano del equipo, salió en defensa de algunos de sus compañeros en un asunto que acabó en los tribunales y le alejó definitivamente de un deporte que tanto amaba y del que terminó huyendo. Sus últimos quince minutos como futbolista profesional los disputa en Los Pajaritos de Soria, en un Numancia 1-Betis 2. Es una temporada en la que el Betis desciende y, aunque forma parte de la plantilla que al año siguiente consigue el ascenso, no disputa ni un solo minuto al encontrarse apartado del equipo. Así, a sus 31 años, pone punto final a su carrera tras doce temporadas como profesional.

Solozábal comienza de este modo una nueva etapa alejado de los terrenos de juego. Aunque los primeros tres años se los pasa en los tribunales por el juicio con el Real Betis, una vez concluidos los procesos

judiciales da carpetazo definitivo al fútbol tras más de media vida y se dedica a su familia y a vivir de las inversiones realizadas. Sigue practicando deporte pero de otro tipo: bicicleta, montaña, piragüismo, escalada junto a su hermano Eduardo y su amigo Álvaro Pérez de Zabala, deportes de esfuerzo… pero nada de fútbol, una disciplina a la que no ha vuelto a encontrar aliciente. Sigue viviendo en Madrid con una filosofía de vida en la que quiere disfrutar de los suyos y de la vida con lo que ganó en los terrenos de juego. También ha hecho sus pinitos en el cine: participó como extra junto a Kiko Narváez en la película *Escuela de seducción,* protagonizada por Victoria Abril y Javier Veiga. Desde finales de 2017 es presidente de las Leyendas del Atlético de Madrid.

1/ Formando con el trío arbitral en un partido ante el Espanyol, como capitán de los blanquiazules está su primo César Mendiondo. **2/** Buen momento para jugar a las cartas durante un desplazamiento. Aquí vemos, entre otros, a Alfredo, Solozábal, Aguilera, Sabas y Gaby Moya. **3/** Comiendo en el Asador Donostiarra, de izquierda derecha: Alfredo, Sabas, Ferreira (de pie), uno de los metres, Abel, Toni, Diego, Aguilera (de pie), Solozábal y Pizo Gómez. **4/** Tras el doblete recibe la felicitación del entonces alcalde de Madrid, José María Álvarez del Manzano durante la recepción ofrecida a los campeones en el consistorio. **5/** Con la selección española disputó 12 encuentros, en uno de ellos forma con Zubizarreta, Michel, Vizcaíno, Abelardo y Martín Vázquez; agachados: Butragueño, Goicoechea, Eusebio, Manolo y Sanchís. **6/** En esos años juega una media de 30 partidos, compartiendo zaga con futbolistas como Ferreria, Goicoetxea, Juanito, López, Santi y jugando siempre con entrenadores como Luis Aragonés, Pastoriza, Pereira, D'Alessandro, Ovejero, Maturana, Basile o Radomir Antic con quien le vemos levantando el título liguero. **7/** Tras el fútbol su pasión ahora son otro tipo de deportes, como la bici de montaña.

Humildad por el bien común

foto 1

Rafael García Repullo *Tinte* nació en Córdoba el 29 de diciembre de 1923. En la ciudad califal **se hizo futbolista a la vez que crecía como persona** en equipos como el Ciudad Jardín, San Lorenzo o el popular equipo de las electromecánicas, el Letro, que tomaría el nombre de Sociedad Constructora, rival del Córdoba Sporting Club. Ambos se fusionaron antes de la guerra y, a principios de los cuarenta, ya aparece *Tinte* como medio volante central jugando en Tercera División. En el Real Club Deportivo Córdoba se hace gran futbolista, lo que **le abre las puertas del Atlético de Madrid en 1948.**

"Los atléticos somos gente luchadora y con agallas".

Pepe Barroso
(Empresario)

Llega al Metropolitano junto a su compañero Antonio Durán el mismo año en el que se visten de rojiblancos Ben Barek y Marcel Domingo. Tinte tiene 25 años e intenta poco a poco asentarse en una defensa en la que comparte minutos con futbolistas como Lozano, Aparicio, Riera, Mújica o Mencía. Aunque llega con experiencia no tiene mucha continuidad el primer año y disputa solamente cuatro partidos de Liga tras debutar en el Metropolitano en septiembre de 1948 en un Atlético 1-Sevilla 1. La llegada de Helenio Herrera cambia al equipo, que conquista dos títulos ligueros de manera consecutiva y una Copa Eva Duarte.

Se puede considerar a Tinte como un buen jugador de equipo: no era una estrella que brillara como alguno de sus compañeros pero su buen trabajo defensivo le granjeó el cariño y el reconocimiento de todos los entrenadores que tuvo y el respeto de los rivales, ya que siempre su juego era noble. Siempre se destacó de él su personalidad amable y su educación. Era muy buena persona. Jugador grande y corpulento, poseía un buen manejo del balón y un extraordinario disparo desde lejos que puso en más de un aprieto a los porteros rivales.

Su rendimiento le mantuvo en el equipo hasta la campaña 1955-1956. Así, con 32 años, Tinte cuelga las botas jugando su último partido liguero en el Metropolitano en abril de 1955 en un derbi (2-4).

Ama el fútbol y comienza una prolífica carrera como técnico. Con 33 años pasó a entrenar a los juveniles y el *amateur* del Atlético, ayudando a Antonio Barrios en el primer equipo. Cuando José Villalonga tiene que bajar del despacho al banquillo, decide que su paisano Tinte sea su segundo. El dúo cordobés gana las dos primeras Copas de España y cuando Villalonga vuelve al despacho Tinte pasa a ser primer entrenador en la campaña 1961-1962, en la que se conquista la Recopa ante la Fiorentina. La campaña siguiente vuelve a alcanzar la final de la Recopa, pero esta vez el Tottenham inglés se hace con el título. Al inicio de la temporada 1963-1964, tras caer con la Juventus en Chamartín 1-2, la directiva decide destituirle y toma el relevo su segundo, Adrián Escudero, antes de la llegada de Sabino Barinaga.

Tras la experiencia en el banquillo, Tinte se aleja del fútbol y rechaza ofertas de equipos portugueses y franceses, regresando a su Córdoba natal e instalándose en el barrio de Santa Rosa. Durante años trabajó en la antigua Caja Nacional como funcionario en el Instituto Nacional de Previsión hasta su jubilación y fue un asiduo de las tertulias de la Taberna Góngora y de El 6.

Rafael García Repullo falleció en Córdoba el 11 de enero de 2000 a la edad de 77 años.

foto 3

foto 5

foto 4

foto 2

1/ Vemos la salida del equipo a Chamartín, en primer término Agustín seguido de Tinte y Escudero. **2/** Foto realizada durante un viaje a Europa, vemos a Escudero, Menéndez, Callejo, Ramón Colón y Tinte. **3/** Foto de familia, de izquierda a derecha; de pie: Rafa Greño, Callejo, Álvaro, Peiró, Tinte, Madinabeytia, Collar, Vavá, un directivo, Alvarito, Chuzo, Adelardo, Griffa y Ramiro; agachados, Jones, Rivilla, Polo, Calleja y Pazos. **4/** Uno de los grandes éxitos del club, la Recopa del 62 el día que la ofrecieron a los aficionados en el Metropolitano. Posando con la Copa, arriba, Madinabeytia, Griffa, Ramiro, Glaría, Villalonga (primer entrenador), Tinte (segundo entrenador), Calleja y Rivilla; agachados, Rafa Greño (masajista), Miguel Jones, Adelardo, Mendonça, Peiró y Collar. **5/** Durante la presentación del equipo el presidente Javier Barroso, con gafas oscuras, habla para los presentes en el Metropolitano, vemos a los dos técnicos, José Villalonga y a su lado Tinte, curiosamente vestidos de corto como jugadores.

//// TOMÁS REÑONES

Incombustible

El futuro del pequeño Tomás estaba cantado, ya que **desde siempre fue aficionado del Atlético de Madrid,** en parte por su padre, que se enroló para hacer la mili en la aviación y allí, como sanitario que era, conoció poniendo inyecciones a mitos como Aparicio o Germán. El pequeño Tomás **creció jugando al fútbol y con las historias de su padre en la cabeza,** soñando con vestir alguna vez la camiseta rojiblanca.

"La sangre es roja, las batas blancas y la pasión, rojiblanca".

Javier Sanz
(Médico, abonado 916, fundador y presidente de la Peña Atlética del Hospital 12 de octubre)

Tomás Reñones Crego nació el 9 de agosto de 1960 en Santiago de Compostela. Sus primeros pasos como futbolista los da en los patios del colegio Manuel Peleteiro. Su vocación defensiva ya le hace ocupar en esos años la plaza de lateral derecho y ahí jugará con los mayores cuando llega al instituto Arzobispo Gelmírez. Sigue puliéndose en el instituto hasta que ficha por el juvenil de la Sociedad Deportiva Compostela para llegar al primer equipo y conseguir el ascenso de Tercera a Segunda B en el desaparecido Municipal Santa Isabel, con José López como entrenador. El entorno de Tomás era muy atlético, por lo que un amigo de la familia, Moncho Vilas, habló con el secretario técnico rojiblanco, el exportero Rodri, para que le hiciera una prueba al chaval. Sobre la mesa de Tomás había dos ofertas, una del Deportivo de la Coruña y otra de Real Club Celta de Vigo, pero el amor por el Atlético inclinó la balanza renunciando a mejores sueldos por cumplir su sueño de jugar en el Atlético de Madrid.

Tomás ingresa directamente en el filial entrenado por Joaquín Peiró, donde su buen trabajo y los informes de Peiró al primer entrenador, José Luis García Traid, le abren las puertas del primer equipo, con el que realiza la pretemporada mientras disputa partidos con el Madrileño. El entrenador que le da la alternativa es Luis Aragonés, que le hace debutar en San Mamés en la Copa de la Liga para estrenarse en Primera en septiembre de 1984 en un Espanyol 0-Atlético 0.

Tomás se gana a la afición del Calderón con sus arrancadas por la banda, sus marcajes, su técnica y su derroche de facultades desde el primer minuto hasta el último. Nunca fue goleador, tan solo anotó dos goles en su carrera, pero dio muchos y salvó muchos más, llegando a ser un referente entre las nuevas generaciones. Su entrega y buen hacer le mantuvieron en el once pese a los numerosos cambios de entrenadores que se sucedían en los primeros años del mandato de Jesús Gil.

Esa perseverancia y continuidad le llevaron a la selección absoluta de la mano de Miguel Muñoz, en noviembre de 1985 en Zaragoza, en un España 0-Austria 0. Con España jugó 19 partidos, entre ellos los del Mundial de México 86 y la Eurocopa de Alemania 88, cerrando su participación con la Roja con Luis Suárez en el banquillo, en diciembre de 1989, en Tenerife en un España 2-Suiza 1.

Como jugador del Atlético de Madrid, Tomás Reñones ganó una Liga, cuatro Copas del Rey y una Supercopa, al margen de una Copa de la Liga de Segunda División con el filial rojiblanco.

Su último año en el club es el del histórico doblete. Ese año participa poco, ya que Radomir Antic usa en el puesto de lateral derecho a Delfí Geli, de modo que Tomás solo juega dos partidos completos y colabora en otros diez de Liga para ayudar al equipo a conquistar el título. En la final de Copa no juega pero sí tuvo el honor como capitán de levantar el trofeo de manos de Su Majestad el Rey. Su último partido defendiendo la camiseta del Atlético es el día que se conquista el título de Liga: aquel 25 de mayo de

foto 3

foto 6

foto 2

foto 5

foto 4

1996, a falta de diez minutos y con el 2-0 al Albacete en el marcador, Antic accedió a la petición de la grada e hizo saltar al campo a Tomás para que viviera desde el césped la gloria del triunfo, poniendo así punto final a doce temporadas y 367 partidos de Liga, que le sitúan por detrás de Adelardo en el segundo puesto de los jugadores que más han vestido la rojiblanca en Liga.

Aunque Gil renueva tras el doblete a toda la plantilla, Tomás es realista y decide marcharse del equipo de su vida. En la campaña 1996-1997 juega en el Marbella y en la campaña 1997-1998 en el San Pedro de Segunda B. Es en ese momento cuando decide colgar las botas tras casi 20 años jugando al fútbol.

Miguel Ángel Gil le da la posibilidad de integrarse en el organigrama del club pero Tomás quiere desconectar un año y atender a su familia. Sin embargo, se cruza en su camino una oferta de trabajo del Ayuntamiento de Marbella para trabajar con los niños en la Concejalía de Juventud en el área de deportes y Tomás entra a formar parte del consistorio marbellí, donde después fue teniente alcalde, concejal de Deportes y hasta alcalde en funciones. La Operación Malaya por casos de corrupción le salpicó y le llevó durante cuatro meses a prisión. En los últimos años ha colaborado con las leyendas del club y en la actualidad es el *Team Manager* del primer equipo.

En 2002, con el Atlético en Segunda, recibió la insignia de oro y brillantes del club: aquel día hizo el saque de honor y quiso que se la entregaran con el equipo en Segunda porque en toda ocasión dijo: «los atléticos estamos siempre en los malos momentos».

1/ Con 367 partidos de Liga, Tomás es el segundo jugador por detrás de Adelardo que más veces ha vestido la camiseta del Atlético de Madrid. **2/** Un Tomás aún niño en Galicia, soñando con el Atleti. **3/** Como capitán y veterano de la plantilla recogió de manos del Rey de España la Copa en la Romareda de Zaragoza. **4/** Momento de relax en el estadio tras el entrenamiento; sin duda buen momento para tomar el sol, vemos a Tomás de pie junto a otros compañeros. **5/** Buenos amigos, arriba, Pedraza, Tomás, Marina, Abel, Ruiz, Clemente y Landáburu; abajo, Mínguez, Mejías, Quique Ramos y Rubio. **6/** En un entrenamiento pugnando con Landáburu.

foto 5

Zurda con **estilo cordobés**

Antonio Muñoz Gómez nació en Córdoba el 4 de febrero de 1968. En la ciudad califal juega al fútbol en las calles del barrio del Naranjo y pronto forma parte del Zoco. A pesar de su poca corpulencia y su escasa edad –10 años–, su **habilidad y buen hacer** en los campos de tierra le abre las puertas de las categorías inferiores del Córdoba. Son años de aprendizaje en los infantiles y juveniles del equipo de su ciudad, hasta que es cedido al Egabrense, de la ciudad de Cabra, para jugar en Tercera División. Continúa en Valdepeñas mientras hace el servicio militar, para **regresar de la mano de Campillo al Córdoba** y jugar en Segunda División B. Suele jugar de **interior zurdo y es captado por el Atlético** gracias a los informes presentados por Iselín Santos Ovejero.

"Guardo como un tesoro el brazalete de capitán que me regaló y firmó Toni en su último partido. Es un ejemplo de honestidad, dedicación y profesionalidad".

Luis Cabrera
(Empresario - Club Vip Rase)

Es así como Toni llega al Manzanares en la campaña 1989-1990 para jugar en el filial entrenado por Ortuondo. Toni se afianza en la posición de interior izquierdo e incluso muchas veces como media punta, lo que le abre las puertas del primer equipo al ser llamado por Joaquín Peiró para realizar la pretemporada con los mayores en la campaña 1990-1991. El hombre que hizo los informes para que fichara por el Atlético, Ovejero, le hace debutar en Primera en septiem-

bre de 1990, en el Luis Casanova de Valencia, en un Valencia 1-Atlético 1. Apenas juega un minuto al sustituir al final del partido a Solozábal, pero será el comienzo de una trayectoria que le llevará a ser rojiblanco durante diez temporadas.

Toni fue el fiel sucesor de hombres que galoparon por la banda izquierda como Calleja, Capón, Julio Alberto, Quique Ramos o Clemente, afianzándose en el puesto de lateral en el que le situó Luis Aragonés en 1991 para aprovechar su velocidad y buenos centros y beneficiarse de los espacios dejados por delante por Paulo Futre.

En sus más de 250 partidos como rojiblanco, Toni ganó tres Copas del Rey y una Liga, importantísimas las dos primeras tras cinco años de sequía y fundamental la última, que fue acompañada del título liguero en el histórico doblete de la campaña 1995-1996 tras 19 años sin levantar el torneo de la regularidad.

Su buen hacer en el Atlético le llevó a la internacionalidad absoluta: debuta en Valladolid de la mano de Vicente Miera en septiembre de 1992 en un

foto 1

España 2-Estados Unidos 0. En total jugó diez partidos, despidiéndose con Javier Clemente en el banquillo el 22 de septiembre de 1993 en Tirana, en un Albania 1-España 5 en el que además anotó uno de los goles españoles. Una inoportuna lesión del tendón rotuliano le impidió estar en el Mundial de Estados Unidos y, a pesar del doblete y su regularidad, Clemente llevó a Sergi a la Eurocopa de Inglaterra.

Tras el doblete el equipo se afianza en la parte alta de la tabla y lucha incluso por la Liga de Campeones, pero en las siguientes temporadas Toni poco a poco va perdiendo protagonismo con la llegada de técnicos como Arrigo Sacchi o Claudio Ranieri, y poco puede ayudar a evitar el descenso de categoría en la temporada 1999-2000. Ese año juega solo siete partidos y el club sufre una intervención judicial que acaba con el dramático descenso al infierno. Todavía jugará una temporada más con el Atlético en Segunda para intentar recuperar la categoría, pero tampoco suele contar para el entrenador, por lo que al finalizar la campaña 2000-2001 decide colgar las botas. Juega su último partido en el Calderón en mayo de 2001 ante el Sevilla (2-0).

Tras el césped pasa al despacho, ya que Paulo Futre y Abel Resino le llaman para hacerse cargo del fútbol base, función que desempeña hasta la salida de Futre del club. En ese momento pasa a desempeñar el cargo de director deportivo del Atlético hasta 2006, cuando pasa a ser director general deportivo del Getafe C.F, cargo que ostentó hasta 2017.

1/ Durante un derbi intenta llevarse la pelota ante la oposición del madridista Chendo y de Fernando Hierro. **2/** Montando a Imperioso. **3/** Capitán en un partido histórico: vemos a Toni, el 25 de mayo de 1996, junto al colegiado Manuel Díaz Vega y al capitán del Albacete José Luis Zalazar antes del partido que confirmó el título liguero. **4/** Siempre ha hecho gala de su buen humor cordobés. **5/** Preciosa foto de Toni posando antes de un partido con sus hijas, Andrea y Cristina. **6/** Acreditación de Toni en la final de Copa de 1992 ante el Real Madrid. **7/** Durante el servicio militar en la aviación. **8/** Brindando en el avión con Jesús Gil y Patxi Ferreria. **9/** Simpática foto, pillado *in fraganti.* **10/** Aunque Paco nació en Las Palmas se siente cordobés, dos buenos amigos. Paco Jémez (técnico del Rayo Vallecano) y Toni. **11/** Recibiendo la felicitación de sus Majestades los Reyes. **12/** Con el capote durante una capea. **13/** Junto a Simeone celebrando una victoria importante en Liga de Campeones en el Calderón.

Seguridad
germana

Miroslav Votava nació en la antigua Checoslovaquia, en la ciudad de Praga, el 25 de abril de 1956. **Sus comienzos como futbolista** hay que buscarlos en el equipo infantil del Dukla Praha, a la edad de 6 años. Con apenas 12 años vivió las revueltas de la Primavera de Praga y la invasión soviética, por lo que con su familia se desplaza primero a Nuremberg para posteriormente irse a Australia. Tras una breve estancia regresan a Alemania para instalarse en la ciudad de Witten. Allí **se enrola en 1969 en el conjunto alemán del VFL Witten 07**. Adquiere la nacionalidad alemana y se da a conocer en el fútbol teutón con buenas actuaciones en las categorías inferiores hasta que en 1973 ingresa, junto a su hermano, dos años más joven que él, en las filas del Borussia Dortmund. Entre 1973 y 1982 destaca en el filial hasta que **debuta con el primer equipo, con apenas 18 años,** como referente en el centro del campo, con mucha vocación ofensiva. No es goleador, tampoco es un jugador de gran técnica, pero su **pundonor y sacrificio** le hacen llegar incluso a la selección absoluta de Alemania, con la que se proclama Campeón de Europa en 1980 junto a otro joven jugador llamado Bernd Schuster.

"Todo el mérito de fabricar seguidores del Atlético de Madrid lo tienen esos padres y abuelos que convencen a hijos, hijas y nietos para amar a un equipo que comparte ciudad con ese otro que gana más, que sale más en la tele y que parece ser omnipresente".

Javier Reyero
(Periodista y comunicador)

Votava se convierte en el referente del centro del campo del Dortmund durante ocho temporadas, hasta que surgen desavenencias con el club y decide irse. El secretario técnico del Atlético por aquellos años es el antiguo guardameta Roberto Rodríguez, que ve las evoluciones del jugador y decide ficharle en el verano de 1982, haciéndole debutar en el Trofeo Villa de Madrid.

Votava se convierte así en el primer alemán en vestir la camiseta del Atlético de Madrid. Su primer partido liguero tiene lugar en el Calderón en septiembre de 1982, en un Atlético 1-Salamanca 0. No acaba de acoplarse y es criticado por la grada, que busca similitudes con los otros dos alemanes de la Liga española: el barcelonista Schuster y el madridista Stielike. Tras unos inicios titubeantes, supera una operación de su hijo y consigue poco a poco transformar los silbidos en aplausos.

Suele jugar como centrocampista diestro por delante de Marcelino, en un equipo que se llena de jugadores canteranos ante la precariedad económica. Su regularidad es extraordinaria y en las tres temporadas que está en España juega prácticamente todos los partidos de Liga. Con el sobrenombre de Mirko se hace dueño del centro del campo rojiblanco en un afán insuperable en el robo de balón, en el equilibrio del equipo y en la entrega constante. Su mayor éxito es la conquista de la Copa del Rey ante el Athletic Club en el Bernabéu.

A pesar de contar con una plantilla joven e inexperta, el equipo nunca baja del cuarto puesto e incluso llega a rozar el campeonato de Liga en la campaña 1984-1985. Esa será su última temporada en el Atlético, en el que deja un buen sabor de boca a pesar de unos inicios titubeantes.

Votava llegó como centrocampista y con su brega, su pundonor y su estilo alemán supo ganarse a la afición rojiblanca, que siempre agradeció su esfuerzo y profesionalidad. Con un cuerpo espigado y su inconfundible bigote acabó jugando de lateral y esa posición le volvió a abrir las puertas de la Bundesliga para fichar con 29 años por el Werder Bremen tras la llamada de Otto Rehhagel, que buscó en Votava un hombre con experiencia para la defensa. Lo que muchos pensaban que iba a ser un retiro de pocos años se convirtió en doce temporadas en las que gana dos Bundesligas, una Recopa y dos Copas alemanas, siendo dos veces subcampeón de Copa y otras dos de Liga. Votava capitanea a un equipo en el que se mantiene hasta los 40 años para irse a la Segunda División alemana al VfB Oldeburg, tras 546 partidos en la Bundesliga, siendo el cuarto jugador de la historia en partidos jugados.

En 1997, con 41 años, deja definitivamente los terrenos de juego para inicial otra longeva carrera como técnico. Tras trabajar como ojeador en el Werder Bremen, se marcha a dirigir al modesto SV Meppen, donde permaneció hasta 1999 para entrenar después al FC Union Berlin y regresar de nuevo al Werder Bremen para hacerse cargo de las categorías inferiores.

1/ Dos jugadores rentables a mediados de los ochenta, Luís Mario Cabrera y *Mirko Votava*. **2/** Siempre es buen momento para degustar un buen bocado, así lo hicieron esa tarde Mínguez, Votava y Quique Ramos. **3/** Aunque algo borrosa, momento de piscina. De izquierda a derecha: Cachadiñas, Carlos Peña, Votava, Marcelino, Mejías y Arteche. **4/** Foto durante un viaje; detrás, Marcelino, Juanjo, Marina, Balbino y Votava; delante, Abel, Quique Ramos, Pedraza y Julio Prieto. **5/** Alineación de los años ochenta: Pereira, Clemente, Votava, Ruiz, Landáburu y Arteche; agachados, Julio Prieto, Hugo Sánchez, Tomás, Quique Ramos y Rubio.

DESDE SUS ORÍGENES, EL ATLÉTICO HA VARIADO MUCHAS VECES DE EQUIPACIÓN. EN 1911 LOS LEGENDARIOS COLORES ROJIBLANCOS QUEDARON GRABADOS EN EL CORAZÓN DEL AFICIONADO.

El primer escudo oficial

En 1903 iba cosido al pecho de las camisetas. Se mantuvo 8 años.

¿Quién ha vestido más veces de rojiblanco en la historia?

Koke
Hasta el 1 de octubre de 2022 fue Adelardo con 551 partidos.

120 años
sudando
la
CAMISETA

Así ha evolucionado la equipación colchonera

Infografía | Miguel Ángel Fernández

Marcas deportivas que han acompañado al Club

Deportes Condor fabricó las camisetas entre 1960 y 1980.

Meyba
(1980-1983)

Puma
(1983-1999)

Reebok
(1999-2002)

Nike
(2002-hasta hoy)

Evolución de la equipación

1903
Originalmente la primera camiseta era azul y blanca.

1911
Prendas de lona con cordones. Sin cuello ni el escudo cosido.

Años 20
Vuelve el calzón azul. Ausencia del mítico escudo rojiblanco.

Años 30
Camisas abotonadas que se arremangaban. Se incluye el escudo del Atlético Aviación. Modificado tras la Guerra Civil.

Años 40
Uso de camisa en los primeros 50, cuellos redondos después.

Años 50

Escudos

1917 1932

1939

1942

1947

Así cambiaron las botas

Suela de cuero más gruesa y dura que el calzado común.

Suela de cáñamo. Estaba prohibido usar otro tipo de bota.

Se usan máquinas para clavar tacos fuera de la horma.

El gran peso de los balones hace que los artesanos curtan la piel para reforzar el calzado.

Materiales externos más elásticos y nuevas bandas de cosido.

PIEZAS DE MUSEO
La camisa de botones fue utilizada durante 40 años por el Club. Si hacía calor el jugador tenía que remangarse la prenda, ya que no existía la manga corta.

Años 60
Sin escudo.
Nace el modelo estilo polo.

Años 70
Condor diseña una camiseta deudora del estilo de los 60.

Años 80
Llega la publicidad.
El poliéster sustituye al algodón.

Años 90
Variaciones en el color del cuello y en el número de rayas.

2000
Nike experimenta con nuevos diseños. Tejidos 'Dri-FIT'.

2023
Materiales más transpirables Diseños atrevidos.

1960   **1970**   **1980**   **1990**   **2003**   **Actualmente**

Piezas enteras clavadas a la suela y material más ligero.

Tacos fijos de goma moldeados y mejor distribuidos.

Botas mucho más flexibles. Tacos atornillados.

Ondulaciones para mejorar la precisión en el golpeo del balón.

Surgen las lengüetas cubre cordones y la piel de canguro.

Botas muy ligeras.
Desaparecen las costuras.

centrocampistas

El centro del campo es una de esas zonas por las que pasa todo el mundo. Hay defensas que jamás pisan el área rival y delanteros que nunca bajan al propio, ni tan siquiera para defender un córner, pero el centro del campo es un tránsito continuo de futbolistas para un lado o para otro, de ahí que delimitar esta demarcación sea tan complicado, pues en ella es tan importante la creación, como la faceta de destrucción.

En el capítulo de los defensas ya hemos esbozado a aquellos primeros locos que crearon el Atlético de Madrid y, en las próximas líneas, intentaremos nombrar a muchos de los que con su calidad construyeron el juego del equipo.

Mientras Europa era asolada por la Gran Guerra, en el Athletic Club de Madrid crecían centrocampistas como Arango, P. Muguruza, Mandiola, Del Monte, Silva, Goñi, Iturbe, Buylla, Mieg, S. Quintana, Urrutia, Ansola, Yáñez, Sáez, Garrido, P. Belauste o el polivalente Andrés Tuduri. El fútbol ya era un deporte seguido por miles de aficionados y en los locos años veinte España despertaba a nuevos métodos no solo a nivel social sino también en lo futbolístico; ahí surgen figuras como Montojo, Covarrubias, Maurolagoitia, Escalera, Fajardo, Méndez Vigo, Pérez Mínguez, Contreras, Olarreaga, Marín, Burdiel, Becerril, Uría, Urquijo, Mederiz, Alizalde, Repiso, Pedraza, Ibrán, O. Marín, Ugalde, Zarranz, Ordóñez, Pena, Tronchín, Matanzo o Luis Aguirre. No son profesionales y muchos entienden que es un insulto cobrar por jugar (¡qué diferentes!), pero el mundo gira y con la creación del campeonato de Liga en 1929 esa idea comienza a cambiar; aun así, muchos siguen sin percibir apenas nada por jugar. Son

los años de Arteaga, Cela, Ordóñez, Santos, Mendía, Lafuente II, Hilario, Illera, Rioja, Trillo, Antoñito, Rey, Balaguer, Castillo, Gómez, Feliciano o el malogrado Vigueras, que perdió la vida en Argel tras una paliza de unos gendarmes.

La Guerra Civil interrumpió la carrera de grandes futbolistas y, en otros casos, la aplazó: eran los tiempos de Basterrechea, Marculeta, Peña. Nico, Ipiña, Blanco, Torres y Urquiri. Llegó Ricardo Zamora y llegaron los primeros títulos, manejando el centro del campo futbolistas como Juan Escudero, Cobo, Colón, Blanco, Nico, Urquidi o *Los Tres Mosqueteros:* Germán, Gabilondo y Machín, y junto a ellos Ameztoy, Calixto, García, Cuenca, Farias Lecue, Mencía, Silva, Arnau, Valdivieso, Mújica o Hernández.

Llegan los años cincuenta y la capital cambia igual que el Atlético: más hinchas, más títulos y más centrocampistas como Agustín, Galbis, Buendía, Ares, Chuzo, Peter, Rafa, Vallejo, Asensio, Calleja, Csoka, Galán o Rivilla. Muchos luego cambiaron posiciones para dejar paso en los años sesenta a futbolistas como Ramiro, Amador, Glaría, Montejano, José Luis, Martínez, Adelardo, García, Luis, Martínez Jayo o Ruiz Sosa. Se cambió el Metropolitano por el Manzanares y sobre su césped manejaron el balón hombres como Víctor, Irureta, Correa, Eusebio, Melo, Alberto, Morón o Cabrero.

Los setenta son los años con más títulos, con centrocampistas como Salcedo, Leal, Bermejo o Jesús González, el otro de los Salcedo. De la decepción de la Copa de Europa a la gloria de la Intercontinental con López, Marcelino, Valentín Jorge Sánchez Robi, Herencia, Marcial, Vilches o Guzmán. Llegaron los ochenta y los problemas económicos, pero siguieron los grandes centrocampistas, unos llegados de fuera –como Dirceu, Votava, Quique Setién o Landáburu–, y otros de la casa –como Julio Prieto, Marina, Pedro Pablo, Quique Ramos, Mínguez, Villalba o Marián–, siempre calidad fiel a unos colores como Manolo Agujetas, y con gran rendimiento como Eusebio, López Ufarte, Parra, Alfredo, Orejuela o Abadía.

Los noventa trajeron nuevos títulos y nuevos jugadores como Schuster, Vizcaíno, Acosta, Rajado, Villarreal, Caminero, Maguy, Moacir, Pirri, Quevedo, Soler, De la Sagra, Dobrovolski, Simeone, Dani, Fortune, Pantic, Roberto, el checo Radek Bejbl, Santi Ezquerro, el polivalente Velko Paunovic, Tomic o el recordado Juninho, al que una maldita lesión en Vigo le hizo perder la magia con la que maravilló al Calderón. Acaban los noventa y el club se asoma al infierno con jugadores como Lardín, Nimmy, Rubén Baraja, Jugovic, Óscar Mena, Njegus, Solari, Valerón, Venturín, Hugo Leal, Luque, Pablo García, Carcedo, Carlos, Cubillo, Lawal, Wicky o Zahínos.

Del infierno de nuevo se pasa a la élite con caras nuevas como Colsa, Dani, Jesús, Movilla, Nagore, Stankovic, Albertini, Emerson o Jorge Larena, que mantuvo la saga de los jugadores canarios.

El siglo XXI trajo nuevas caras, unas con más protagonismo que otras, como De los Santos, Ibagaza, Álvaro Novo, Nano, Gabi, Ortiz, Diego Rivas, Luccin, Grønkjær, Musampa, Raúl Medina, Maxi Rodríguez, Marqués y Mario Suárez o los Maniche, Thiago, Jurado, Costinha, Víctor Bravo, filiales como Koke, Pollo o Rufino y otros como Diego Ribas, Arda Turan, Cristian Rodríguez (el Cebolla), Insúa, Saúl, Oliver Torres, Sosa, Emre Belözoğlu, Guilavogui, Cani, Augusto, Thomas Partey, Kranevitter o Antonio Moya; algunos más cercanos como Lemar, Héctor Herrera, Marcos Llorente, Riquelme u Óscar y los más actuales Kondogbia, Torreira, De Paul, Serrano, Wass o la irrupción de Pablo Barrios. Muchos nombres, muchas ilusiones, unas cumplidas y otras no, pero siempre con el deseo de triunfar en el centro del campo del Atlético de Madrid.

///// **ADELARDO** RODRÍGUEZ

El **motor**
rojiblanco

Si hubiera un nombre propio para la definición de **«hombre de la casa»**, ese sería sin duda el de Adelardo, no solo por el número de veces que defendió la camiseta del club, sino por **su entrega durante toda su vida a una entidad que no se concibe sin su presencia.** 17 temporadas en el primer equipo, más de **600 partidos oficiales,** más de **70 goles,** historia con mayúsculas del Atlético al que llegó siendo un niño y donde poco a poco se fue haciendo hombre y cumplió los consejos de su padre: «desde el primer día me salen las cosas bien. **El primer gol en el primer partido de Liga.** Y quizá se cumplió una profecía que hizo mi padre, que en paz descanse, que me dijo que, si me dedicaba al fútbol, llegara a un sitio y plantara raíces y no fuera un transeúnte de equipo en equipo».

"El mejor centrocampista de todos los tiempos".

Enrique Cerezo
(Presidente del Atlético de Madrid)

Adelardo Rodríguez Sánchez nació en Badajoz el 26 de septiembre de 1939. Allí, en las calles extremeñas, comienza a forjar su carácter luchador, su trabajo incansable que sería su característica principal en su carrera y allí perfecciona también su técnica, porque Adelardo no solo era pundonor y entrega: también era rápido, con buen toque y con gran visión de juego. Comienza en equipos modestos como el Ferrocarril o el Betis Club Extremeño de Badajoz, para llegar como juvenil al C. F. Extremadura. Eso

le lleva en 1957 al Club Deportivo Badajoz para jugar en Segunda y demostrar sus cualidades, que no pasan inadvertidas para los ojeadores de los grandes equipos, en especial del Real Madrid; pero tras un partido del Atlético en Badajoz, el técnico Fernando Daucik le ve jugar y aconseja su fichaje. El que años más tarde sería ministro de Hacienda, don Juan Sánchez Cortés, directivo del Atlético en esos años, acaba convenciéndole.

Adelardo llega a Madrid en 1959 para debutar con gol en la primera jornada de Liga en septiembre en el Insular de Las Palmas (0-3). Tiene solo 19 años y desde el primer día se convierte en un fijo para todos los entrenadores que en los siguientes 17 años le dirigieron. Llegó jugando de interior derecho pero Daucik le situó en la línea media por delante y allí se quedó. Tres décadas en rojo y blanco en las que gana tres Ligas, cinco Copas, una Eurocopa con España, un subcampeonato de Europa, una Intercontinental y una Recopa.

Prudente en todos sus actos, Adelardo llegó con la idea de triunfar desde el esfuerzo y el compromiso, sudando la camiseta en cada partido y ganándose la confianza del entrenador y de sus compañeros en cada entrenamiento. Así era Adelardo como futbolista, generoso en el esfuerzo, compañero con mayúsculas, algo que inmediatamente percibió una grada que veía

proyectado todo el sentimiento de una afición con el pacense en el césped. Primero el Metropolitano y luego el Manzanares se rindieron a su profesionalidad y sacrificio y así se lo reconocieron en el merecido homenaje que le tributaron en su despedida más de 50.000 aficionados. No solo recibió ese día el cariño de la afición, sino también la medalla del club, una placa de plata de la Federación y la Medalla de Plata al Mérito Deportivo.

Tenía una gran capacidad goleadora, por lo que jugaba muy adelantado, aunque con el tiempo fuera retrasando su posición en el campo. Fue siempre el motor del equipo, con una efectividad asombrosa en los pases a sus compañeros y finalizó su carrera incluso jugando de líbero en la retaguardia, pero si le hubieran pedido que jugase de portero, lo hubiera hecho, seguro. Ahora bien, con 37 años dijo basta y colgó el brazalete y las botas en 1976.

Ya había sido jugador Sub-21 en dos amistosos en 1960, sin embargo su debut como absoluto tiene lugar en el Mundial de Chile en 1962 ante Brasil. También participó en la Eurocopa de 1964 y fue mundialista en Inglaterra 66, completando catorce actuaciones.

Adelardo, que estaba casado con la hija de Vicente Calderón, siguió ligado al deporte militando en el Inter Fútbol Sala, donde ganó el primer trofeo oficial organizado por la Federación Española de Fútbol. Se dedicó después al mundo del automóvil y trabajó como responsable de diversos concesionarios de Madrid, para luego ser presidente del equipo de su ciudad, el Club Deportivo Badajoz. Después volvió al Atleti como director de la Ciudad Deportiva en el Cerro del Espino de Majadahonda y en la actualidad es el presidente de la Fundación del Atlético de Madrid.

1/ Posando con el C. D. Badajoz, es en la fila de abajo el del medio. **2/** En el Manzanares en los años setenta. **3/** En Badajoz montado en una Vespa. **4/** Posando el año de su debut en el Metropolitano. **5/** Con la Selección española participó en la Eurocopa de 1964 y fue mundialista en Inglaterra 1966 completando 14 actuaciones. **6/** Aplaudiendo al público presente en el Calderón en los actos del Centenario. **7/** Adelardo, Mendonça y Peiró. **8/** En el medio campo era todo fuerza y calidad. **9/** A la mínima armaba la pierna y disparaba a puerta anotando numerosos goles. **10/** Llevado a hombros por sus compañeros tras levantar la Copa Intercontinental como capitán en 1974. **11/** Su mujer Marilines, hija de Vicente Calderón.

El **Ratón**
del Atleti

Ayala se convierte en **un jugador mediático,** sobre todo en su país, donde incluso protagoniza un anuncio en televisión que se sigue recordando en Argentina: era de la marca de calzado deportivo Interminables y sobre el Monumental de River paraba el entrenamiento para decir a cámara, con esa voz suya aflautada tan peculiar: **«en Europa no se consiguen»,** una frase que se sigue usando en Sudamérica para expresar algo así como **«ellos se lo pierden».**

"Recuerdo con nitidez la primera vez que fui al campo. Fue ante el Celtic de Glasgow en la semifinal de la Copa de Europa. Eran los años setenta. Jamás olvidaré aquella noche en la que el embrujo atlético se apoderó de mí para ya no desprenderse de mi esencia vital, jamás".

José Ribagorda
(Periodista, Telecinco)

En la provincia de Santa Fe, en la comuna de Humboldt, en el departamento Las Colonias en Argentina, vino al mundo un 8 de enero de 1950 un futbolista que dejó una huella imborrable en la afición del Atlético de Madrid. Rubén Hugo Ayala Zanabria. De pequeño abandonó la comuna para instalarse con su familia en Lanús. Juega al fútbol en las calles y José Fernández, entrenador de un club de barrio de Buenos Aires, le anima para que sea futbolista; Rubén quiere serlo, al igual que lo fue su padre, pero su progenitor no está por la labor, por lo que se niega a firmar los papeles que le permitirían entrar como juvenil en el San Lorenzo de Almagro. Un familiar firmó los formularios clandestinamente y así pudo entrar en las categorías inferiores del Ciclón. En las filas del San Lorenzo destaca como un futbolista explosivo, regateador incansable (gambeteador, como dicen en Argentina), con gran desborde en carrera y sobre todo goleador. Con apenas 18 años debuta en la Primera División del fútbol argentino en un partido ante Independiente de Mendoza. Al margen de su calidad futbolística, su imagen no pasa inadvertida, ya que con su bigote y su larga cabellera al viento es reconocible desde cualquier parte del campo, lo que le hace ser un ídolo para la grada del viejo Gasómetro. En el equipo azulgrana juega de 1968 a 1973, ganando dos Trofeos Metropolitanos en 1968 (sin perder un solo partido con el equipo conocido como los Matadores) y en 1972 y el Torneo Nacional en ese mismo año. Además consigue un ré-

cord en el fútbol argentino al ser el primer equipo que conquistaba en un mismo año dos títulos y lo hizo de la mano de Juan Carlos Toto Lorenzo, terminando el Campeonato Nacional invicto con jugadores como el propio Ayala, su futuro compañero en el Atlético Heredia, Irusta, Ricardo Rezza, Roberto Telch, Luciano Figueroa, Victorio Cocco o Enrique Chazarreta.

Ayala era flaco y corría con las medias bajadas muchas veces, con la melena al viento y el cuerpo hacia delante, aparentemente mirando al suelo con pasitos cortos, por lo que desde pequeño le ponen el mote de Ratón. Normalmente tirado a banda, sus largas galopadas las hacía muchas veces por el centro del campo, lo que le permitía pisar el área con peligro, ya que además tenía un gran olfato de gol. Esa calidad le llevó a la selección argentina y al Atlético.

A Madrid llega al inicio de la temporada 1973-1974 con la apertura de las fronteras futbolísticas y lo hace acompañado de su amigo de infancia y equipo Ramón Heredia Cacho Heredia, para integrarse en un plantel que entrenará un hombre que conoce bien y con el que triunfaron en Argentina, Juan Carlos Lorenzo. Ayala llega a Madrid, firma su contrato y con Heredia regresa a Argentina para preparar el Mundial de Alemania 1974, por lo que no debuta con la camiseta del Atlético de Madrid hasta la séptima jornada del campeonato en un choque en Sarriá ante el Español (1-0), en el que entra sustituyendo a Luis Aragonés en el minuto 67. Los aficionados no tuvieron que esperar

mucho para verle debutar en el Calderón y además golear, ya que en la siguiente jornada ante la Real Sociedad es autor de dos de los cinco goles que se marcaron a los donostiarras (5-1). Su primera víctima fue el tristemente desaparecido Urruti.

El equipo viene de ganar la Liga y disputa la Copa de Europa y Ayala se entiende a la perfección con Gárate y Becerra, formando una línea de ataque bautizada como los Tres Puñales. Se alcanza el subcampeonato tras el Barça de Johan Cruyff y se pierde la final de la Copa de Europa ante el Bayern de Munich, partido que no puede jugar por estar sancionado tras el duro encuentro ante el Celtic de Glasgow. Como rojiblanco, Ayala ganó la Copa Intercontinental al Independiente con protagonismo en el segundo partido, en el que marcó el segundo gol que certificaba el título. Se convierte en un ídolo para la hinchada conquistando también la Copa en la temporada 1975-1976, el título de Liga en la campaña 1976-1977 y así lo será hasta la temporada 1979-1980, cuando abandona el Calderón para jugar en México tras siete temporadas, 169 partidos y 45 goles.

En México jugó en el Jalisco de Guadalajara, donde debuta en noviembre de 1979 para jugar en la temporada siguiente en el Atlante hasta la campaña de 1984, cuando colgó las botas para pasar a entrenar a diversos equipos aztecas como el Cobras de Querétaro (1986-1987), Tampico-Madero (1987-1988), Cobras de Ciudad Juárez (1988-1989), Correcaminos de la UAT (1992-1994) y Pachuca (1994-1996), con el que gana un Trofeo de Invierno y el Trofeo Apertura. En el Pachuca se quedó trabajando, desde encargado de la cantera hasta técnico interino, y ejerció en los primeros años como técnico del que fuera futuro entrenador del Atlético Javier Aguirre; juntos consiguieron el primer título nacional del equipo mexicano. Allí sigue viviendo y trabajando para el Pachuca.

1/ Así posaba en 2003 en los actos del Centenario, ya sin su melena pero manteniendo su característico bigote. **2/** Ayala era flaco y corría con las medias bajadas muchas veces, con la melena al viento y el cuerpo hacia delante aparentemente mirando al suelo con pasitos cortos por lo que desde pequeño le ponen el mote de *Ratón* Ayala. **3/** Charlando con sus viejos amigos en el Calderón, aquí le vemos a la izquierda de San Román y junto a Luis Aragonés y Pereira. **4/** A Madrid llega al inicio de la temporada 1973-1974 con la apertura de las fronteras futbolísticas y lo hace acompañado de su amigo de infancia y equipo Ramón *Cacho* Heredia para integrarse en un plantel que entrenará a un hombre que conoce bien y con el que triunfaron en Argentina, Juan Carlos Lorenzo. Esa temporada también se incorpora el portero Reina y otro compatriota, Rubén *Panadero* Díaz, por lo que a veces se conoció a ese Atleti de los setenta, con Ayala, Heredia, Panadero, Ovejero, Cabrero o Benegas como el Atlético Buenos Aires. **5/** Poseía un gran disparo que dieron muchos goles al Atlético de Madrid. **6/** Aunque el 9 era Gárate, a veces lucía ese dorsal para delirio de la grada. **7/** En 2003 en animada conversación con el actual presidente del club, Enrique Cerezo. **8/** Formación típica de los años setenta. Arriba, Adelardo, Reina, Rubén Cano, Pereira, Benegas y Panadero Díaz; agachados, Capón, Leal, Leivinha, Gárate y Ayala.

foto 3

Clase con la
cabeza alta

José Luis Pérez Caminero nació en Madrid el 8 de noviembre de 1967. Criado en Leganés, pronto pasó las pruebas de selección del Real Madrid y en los campos de la vieja Ciudad Deportiva blanca **empieza a dar sus primeros pasos como futbolista.** Apoyado por los técnicos de la casa, que le ven buenas maneras, sube peldaños hasta llegar al segundo equipo en 1986. Tiene 19 años y en el Castilla se erige como un buen jugador, que **progresa adecuadamente en la posición de centrocampista** y que en dos años está perfectamente preparado para dar el salto al primer equipo. Sin embargo, el empujón final no acaba de llegar y con 21 años decide no estancarse y marcharse al Real Valladolid. **Debutará con los pucelanos en un partido de Recopa** el 26 de septiembre de 1989 en Malta ante el Hamrun. Comienza ahí una andadura de cuatro temporadas con descenso y ascenso incluido que le proyecta como **uno de los mejores jugadores del momento,** evolucionando con entrenadores como Vicente Cantatore o Pacho Maturana. Con ellos retrasa su posición en el campo, convirtiéndose en un gran defensa libre que dota a la zaga de una seguridad extraordinaria. Esa proyección le **abre las puertas del Atlético de Madrid en el verano de 1993.**

"Yo no soy futbolera. Soy atlética. Soy una apasionada rojiblanca, en el Calderón he llorado y también me he vuelto loca como el año del doblete".

Mabel Lozano

(Actriz).

Llega a un Manzanares convulso, con cambios continuos de entrenadores, con masivas salidas de jugadores y con atasco también en la puerta de entrada. El verano de su llegada se da la baja a 16 jugadores y se incorporan doce caras nuevas; ade-

más, Caminero tendrá hasta seis entrenadores diferentes en su primer año como rojiblanco. El club quiere recuperar la senda de antaño, pero mientras eso ocurre el equipo navega en la parte baja de la tabla intentando salvar la categoría. No es momento para florituras y se mantienen en Primera a duras penas. Sin embargo, la grada empieza a tener nuevos ídolos: uno, el propio Caminero, que supo suplir a la perfección la salida de Donato, y otro, un jerezano que llegó también en el verano de 1993: Kiko Narváez. Ambos lideraron el equipo en el que Caminero, al margen de capacidad de sufrimiento, se dotó de un talento que haría historia dos años después.

El debut de Caminero en Liga con el Atlético de Madrid tiene lugar en septiembre de 1993 en el Calderón, en un Atlético 1-Logroñés 0. Tres días después debutaba también con la selección española absoluta en Alicante en un amistoso ante Chile (2-0) de la mano de Javier Clemente. Desde aquel día la grada pudo ver a un jugador dotado de gran personalidad, que sacaba la pelota con calidad desde la zaga para sumarse al ataque con peligro. Caminero era un jugador fuerte, alto, con una envergadura a la que sabía combinar un gran toque de balón, siempre con la cabeza levantada, siempre con el cuerpo estirado, jugando en corto o en largo según lo requiriera el momento y sumándose al ataque para marcar goles, aunque entre sus críticos siempre se le acusó de lento.

La llegada de Radomir Antic dota al vestuario del equilibrio necesario para llevar a la entidad a conquistar el primer doblete de su historia, ganando la Copa

y la Liga. La situación parece idílica, pero Caminero anuncia en plena concentración de la selección española en la Eurocopa de Inglaterra 96 que dejará el club. Su último partido con la Roja es precisamente ese, tras 21 internacionalidades. Son momentos tensos, pero club y jugador consiguen reconducir la situación y Caminero aún se mantendría en el equipo dos temporadas más. Sin embargo, el idilio con la grada ya no es el mismo y muchos hinchas señalan a Caminero como uno de los responsables de la mala marcha del equipo, acusándole de indolencia sobre el campo.

El madrileño, con 30 años, se va del Manzanares junto a otros dos grandes como Pantic y Vizcaíno, dejando muy buenos momentos a la grada rojiblanca, como el regate imposible a Nadal en el Camp Nou que acabó con gol de Roberto Fresnedoso o la vaselina sobre Vítor Baía en aquel Atlético 5-Barcelona 2.

Su siguiente destino es Valladolid, donde jugará seis temporadas más hasta colgar definitivamente las botas al finalizar la campaña 2003-2004, a la edad de 36 años, a pesar de tener sobre la mesa la oferta de renovación por un año más.

Tras su retirada, Caminero ocupó el cargo de secretario técnico del Real Valladolid hasta 2008. Desde mayo de 2011 ejerció como director deportivo del Atlético de Madrid, hasta que en junio de 2018 firmó como director deportivo del Málaga C. F. hasta 2019. También realizó el curso de entrenadores de la Federación Española y actualmente trabaja como agente de jugadores junto a Manuel García Quilón.

1/ Lamentando una ocasión perdida. 2/ Desde mayo de 2011 es director deportivo del Atlético de Madrid. 3/ Fue 21 veces internacional absoluto siendo uno de los culpables del gran fútbol de la Selección que mereció más en el Mundial de Estados Unidos 1994 y en la Eurocopa de Inglaterra 1996. En la imagen le vemos durante un partido en el Mundial de Estados Unidos. 4/ ¡Penaltiiiii! 5/ Cae encima de Panucci en un derbi en enero de 1997. 6/ En Acción. 7/ Alineación en la temporada 1993-1994: López, Abel, Vizcaíno, Caminero, Pirri y Soler. Agachados: Tomás, Manolo, Toni, Kosecki y Pedro. 8/ Los derbis los vivía de manera especial por su pasado madridista. En la imagen se lleva la pelota en enero de 1994 con Michel caído en el suelo ante la mirada de un jovencísimo Kiko al fondo.

ANTONIO GONZÁLEZ ÁLVAREZ *CHUZO*

Promesa y
realidad

El público se queda mudo, con el alma en vilo. Acaba de ver a un niño de 16 años derrumbarse en el suelo. **Hasta el árbitro se sobrecoge y acude raudo** a ver lo sucedido. Solo atisba a ver a un crío llorando en el suelo desconsoladamente ante la oportunidad perdida y ante la falta de justicia del balón. Un partido que se debió ganar de forma holgada se perdió de manera incomprensible, lo que derrotó a todas las almas de los integrantes de la **selección española juvenil,** pero en especial a una: la de aquel chico, que era el mejor con diferencia y que seguía llorando a moco tendido en el suelo. El propio árbitro consigue incorporarle y con otros compañeros le acerca al vestuario. En ese momento el silencio se disipa y se cambia por **una sonora y sentida ovación** como pocas veces se había escuchado en el Bernabéu. El colegiado siempre mantuvo en su trayectoria, que **aquellas lágrimas de Chuzo fueron lo mejor de su carrera.**

"Ser del Atleti es una vacuna contra la depresión".

Tomás Molinero Aparicio

(Médico. Abonado 265)

Antonio González Álvarez nació el 28 de enero de 1940 en la localidad malagueña de Antequera. En el colegio de La Salle demuestra su gran manejo de balón y su impresionante remate de cabeza, lo que hace que el propio alcalde de Antequera, Luis Moreno, hable con su amigo Luis Guijarro para que pruebe con el Atlético de Madrid. Luis Guijarro, uno de los pioneros en nuestro país en el asunto de representación de jugadores, consigue que el Atlético realice la prueba a este malagueño de 14 años. En el Metropolitano quedan sorprendidos por la calidad del niño y no dudan en ficharle para su cantera. El inconveniente es la edad y la residencia del chico, por lo que para ello la entidad presidida por el Marqués de La Flori-

da contrata al padre del chaval, que era pintor, como personal de mantenimiento del estadio Metropolitano para así poder efectuar el cambio de residencia. Aun así hay que hacer una pequeña trampa, ya que con 14 años no puede jugar en el juvenil (la edad permitida está entre los 15 y los 18 años), por lo que se falsifica su partida de nacimiento y se usa el apodo que tenía en el colegio, Chuzo, por el que será conocido por los aficionados a partir de esa temporada 1953-1954.

Va perfilando su estilo y adquiriendo más peso en un equipo que gana el campeonato juvenil y es en numerosas ocasiones internacional. Su escalada es imparable y le abre las puertas con solo 17 años del primer equipo. Fernando Daucik le hace debutar en Primera División, tras aceptar la Federación que juegue a pesar de no contar con 18 años. Será el 1 de diciembre de 1957 en el Metropolitano en un partido ante el Valencia (2-2). Ese día juró bandera por la mañana en Badajoz junto a otro chico que poco después llegaría al Atlético, Adelardo. Desde el primer día se gana la confianza del técnico: su polivalencia es una garantía para cualquier entrenador y, aunque su demarcación más habitual es la de centrocampista, juega de todo menos de portero. Como medio volante gana dos Copas (aunque no puede participar en la segunda final por haber sido operado de menisco) y una Recopa.

Todo va viento en popa hasta que la tragedia se cruza en su camino cuando en un accidente de tráfico fallecen sus padres y su hermana, quedándose solo en

Madrid con apenas 18 años. Ahí surge la figura de su amigo y compañero Miguel San Román, que le acoge en su casa como un hermano.

A pesar de ser parte del equipo profesional, a veces la Federación le obliga a jugar con la selección española juvenil. Con 20 años, el trío de seleccionadores formado por José Luis Costa, Ramón Gabilondo y José Luis Lasplazas le abre las puertas, aunque solo sea una vez en su vida, de la selección absoluta: es en Viena en octubre de 1960 (3-2).

Jugador importante de la plantilla, es momento de renovar y equiparar sus emolumentos a los de otros compañeros, algo que el club parece no aceptar, lo que genera una tensión que acaba con su salida de la entidad a pesar de ser uno de los jugadores más queridos y respetados del equipo. Su último partido como rojiblanco es la final de la Recopa de 1963 perdida ante el Tottenham.

Vuelve a su tierra a pesar de tener una buena oferta del Zaragoza y alterna Segunda y Primera en el Málaga hasta la campaña 1970-1971.

Deja el césped pero no el fútbol, ya que pasa a ser adjunto a la gerencia del Málaga junto a José María Zárraga. A la marcha de Zárraga se queda como gerente y secretario técnico durante tres años, hasta que decide alejarse del fútbol de manera definitiva para trabajar primero en el Banco de Granada, después en una inmobiliaria y montar finalmente junto a su mujer un negocio de lencería que mantuvo hasta su jubilación hace unos años.

1/ Para todos los que le vieron evolucionar desde la cantera, Chuzo ha sido el canterano de mayor calidad que pasó por las categorías inferiores del Atlético de Madrid. 2/ La primera Copa de España conquistada por el club se ganó en 1960 ante el Real Madrid en pleno Bernabéu. Tras el triunfo Chuzo posa con sus compañeros con la tapa de la Copa en las manos. 3/ Cada vez que vestía la camiseta de la selección se vaciaba, desde luego no se puede decir que Chuzo no sudara la camiseta. 4/ Una foto entrañable: dos jóvenes rojiblancos con un mito como Alfredo Di Stéfano. Miguel San Román a la izquierda y Chuzo a la derecha. 5/ Foto curiosa de Chuzo comulgando en misa con el chándal de la Federación Española. 6/ Equipo del Atlético que jugó el 15 de diciembre de 1957 en el Metropolitano. Arriba: Pazos, Peter, Herrera, Chuzo, Verde, Callejo y San Román; agachados: Agustín, Escudero, Peiró, Collar y Miguel. 7/ Con 20 años, el trío de seleccionadores formado por José Luis Costa, Ramón Gabilondo y José Luis Lasplazas le abren las puertas, aunque solo sea una vez en su vida, de la selección absoluta. Es en Viena en octubre de 1960 (3-2). 8/ Buen momento para reponer fuerzas con un buen cocido, Chuzo se sirve mientras Jones no pierde detalle, Adelardo ya está en plena faena.

JOSÉ GUIMARÃES **DIRCEU**

Un **maestro**
a balón parado

Tras triunfar en Brasil, Dirceu probó suerte en México, pero la experiencia fue nefasta y huyó rápidamente del fútbol azteca para jugar en Europa. A su **llegada a Barajas como jugador del Atlético** no tuvo reparos en explicar el por qué de su salida de México: **«llego con el objetivo de recuperar el placer por jugar al fútbol,** ya que en México pasabas un balón y te devolvían una sandía».

"Un sublime revolucionario en el arte del golpeo".

Ignacio Tylko
(Periodista, Agencia Colpisa)

José Guimarães Dirceu nació el 15 de junio de 1952 en la ciudad brasileña de Curitiba, en el estado de Paraná. Fue un niño precoz en el fútbol, ya que, sin apenas destacar en las categorías inferiores del club de su ciudad, su forma de lanzar las faltas le abre las puertas del primer equipo cuando apenas tiene 18 años. Es 1970 y Dirceu se convierte en una de las sensaciones del campeonato, pues a la precisión en el lanzamiento de las faltas aplica una potencia difícil de encontrar en un chico de su edad. Poco a poco va adquiriendo diversos conceptos que rápidamente aplica en el campo, aprovechándose de su trabajo incansable en la recuperación del balón y sobre todo en su gran visión de juego. Con el equipo del Couto gana dos copas paranarenses (1971 y 1972) y es convocado por Brasil para representar a su país en los Juegos Olímpicos de Munich 72. A pesar de que la canarinha no hace gran papel, él es considerado uno de los mejores jugadores del torneo. Su calidad le abre las puertas de uno de los clásicos equipos de la Liga brasileña, el Botafogo, al que llega en la temporada 1973-1974. También ese año es internacional con Brasil y juega el campeonato del Mundo Alemania 74. En 1976 ficha por el Fluminense, con el que gana la Liga brasileña, siendo elegido mejor jugador del campeonato; también esa temporada gana la Copa Guanaraba. Es ya un jugador muy importante y cambia de aires para fichar por el Vasco de Gama, con el que volverá a conquistar, de la mano de Orlando Fantoni, la Liga

brasileña en 1977 y 1978. Está en un gran momento de forma y acude con Brasil al Mundial de Argentina 78, donde consiguen el tercer puesto, siendo Dirceu incluido en el once ideal del torneo.

Su siguiente destino es México, concretamente el América, pero no consigue disfrutar y vuelve a hacer las maletas para cruzar el charco y recalar en las filas del Atlético, donde llega para ocupar la plaza dejada por Rubén Ayala. Dirceu se erige en la estrella del equipo maravillando a los aficionados del Manzanares con sus pases milimétricos, sus disparos a puerta y con sus carreras incansables durante los 90 minutos. Recupera su nivel de juego dejando una huella imborrable en los aficionados rojiblancos. El equipo lucha por la Liga y merece ganarla, pero las continuas críticas del presidente Cabeza al estamento arbitral acaban pasando factura al equipo, que termina perdiendo el campeonato tras el polémico partido ante el Zaragoza.

La última temporada en el Atlético de Madrid de Dirceu es la de 1981-1982, despidiéndose de los aficionados el 25 de abril de 1982 en el Vicente Calderón en un Atlético de Madrid 2-Osasuna 1. La situación económica del club obliga al nuevamente presidente Vicente Calderón a aceptar una millonaria oferta del Verona por el brasileño, por lo que Dirceu pone rumbo a Italia para jugar en diversos equipos del Calçio tras haber disputado el Mundial de España.

En Italia juega en cinco equipos y en ninguno de ellos se consolida, a pesar de ser la estrella de todos:

Verona, Nápoles, Ascoli, Como y Avellino disfrutan de su calidad pero con 36 años decide regresar a Brasil pensando en la retirada. Sin embargo, el que tuvo retuvo y con el Vasco de Gama vuelve a ganar el campeonato carioca.

Decir que Dirceu era un trotamundos del fútbol no está desencaminado porque en sus últimos años jugó también en el Miami Sharks de Estados Unidos, el Bangu AC de Brasil, el Ebolitana y el Venevento de Italia, el Ankaragucu turco y el Atlético Yucatán, en el que juega en 1995 con 43 años, hasta que un fatídico 15 de septiembre de ese año pierde la vida en accidente de tráfico en Río de Janeiro.

1/ Tras el partidillo en el entrenamiento posan los ganadores. Dirceu tumbado y sobre él Pedraza, Gaby, Quique Ramos, *La Joyita* Bermejo y Marcelino. **2/** En los años que vistió la camiseta del Atlético dejó una huella imborrable para los aficionados que disfrutaron de su juego. **3/** Una foto tomada tras su llegada a Madrid compartiendo mesa y mantel con Carlos Peña, a la izquierda, y el secretario técnico del club Víctor Martínez. **4/** Durante una gira por Sudamérica posan varios miembros de la expedición. De izquierda a derecha, arriba, sin identificar, López *Pirri*, Rubio, Carlos Peña, Dirceu y Aguinaga; abajo, Juan Carlos Pedraza. **5/** Dirceu en la boda de Quique Ramos acompañado, de izquierda a derecha, de Rubén Cano, Aguilar, Rubio y su novia, Quique, Robi, Arteche, Aguinaga, Dirceu y Pereira. **6/** Buenos compañeros, sentado Pepe Navarro, a su derecha, Dirceu, a su izquierda, Quique Ramos y arriba Aguilar. **7/** Alineación de los primeros años ochenta. Arriba, Aguinaga, Marcelino, Arteche, Julio Alberto y Balbino; agachados, Marcos Alonso, Cabrera, Quique, Rubio, Dirceu y Julio Prieto. **8/** Día del debut liguero de Dirceu en Vallecas, aquella tarde del 18 de noviembre de 1979, no fue el debut soñado. Antes del encuentro posa junto a Luiz Pereira con el uruguayo Fernando Morena. El Rayo ganó por 4-1 y Morena marcó dos goles.

//// **DONATO** GAMA DA SILVA

foto 1

Longevidad
al servicio
de la **calidad**

Donato Gama da Silva podría escribir un libro solamente con sus vivencias en los primeros años de su estancia en este mundo. Nacido el 30 de diciembre de 1962 en Río de Janeiro (Brasil) tuvo que sobrevivir ganándose la vida y para ello **vendió paraguas por las calles de Río,** hizo de chico de los recados y hasta trabajó como cerrajero durante más de tres años. El poco tiempo que le quedaba lo utilizaba para jugar por las calles de su barrio, donde **aprendió que la constancia y el sacrificio abren muchas puertas,** pero claro, todo eso dotado de calidad, y Donato la tenía a raudales. Su primer club es el América de Río, que le dio la oportunidad de llamar a las puertas de un grande como el Club de Regatas Vasco de Gama. Allí llegó en 1980, sin haber cumplido aún los 18 años, y se quedó durante ocho temporadas, convirtiéndose en un referente en aquella generación de futbolistas, con jugadores como Romario o Mazinho, con los que **llegó a ser tres veces campeón carioca.**

Tras un Trofeo Carranza con Vasco de Gama, los ojeadores de Atlético se fijan en este futbolista de color que, a pesar de sus andares irregulares y su aparente sobrepeso, golpea la pelota con genialidad.

Llegó en plena madurez futbolística, con 26 años y una dilatada experiencia en su país, pero, aunque Europa era diferente, se supo adaptar a una Liga que hizo suya con su buen trabajo. Medio centro reconvertido con los años en central, Donato era un gran goleador. Hábil en el manejo del balón, también era un consumado especialista en los lanzamientos de falta, que muchas veces tuvo que rivalizar en el Atlético con

"Satisfacción comedida en la victoria y orgullo en la derrota; sin una y otro es imposible respirar el aire puro del Atlético".

Julián Redondo
(Presidente de la Asociación Española de la Prensa deportiva)

foto 8

lanzadores de la talla de Bernardo Schuster o Paulo Futre.

Desde su llegada a Madrid y a pesar de los continuos cambios en el banquillo, Donato se afianza en el once en sus cinco años en el Atlético, donde tuvo hasta quince entrenadores y ganó las Copas de 1991 y 1992. Su última campaña es la de 1992-1993, despidiéndose en el Calderón como rojiblanco el 20 de junio de 1993 en un Atlético 2-Real Zaragoza 2, en lo que para muchos eran sus estertores como futbolista... ¡qué equivocados! Se marcha de vacaciones con una oferta de renovación del Atlético por una temporada más, pero en su país se entera de su venta al Deportivo de La Coruña escuchando como argumento que está mayor.

Con 30 años Donato ficha por el Deportivo para ponerse a las órdenes de Arse-

foto 4

foto 5

foto 3

foto 2

foto 7

foto 6

nio Iglesias y ayudar a cambiar la historia del equipo coruñés. Es el Superdepor de la Liga perdida tras el penalti de Djukic, el de las grandes noches europeas y por supuesto el que ganó la Liga y las dos Copas. Retrasado ya a su posición por delante de la defensa, Donato imparte clases de juego junto a Mauro Silva. Primero con Arsenio Iglesias y luego con dos atléticos como Irureta y Melo, Donato sigue sumando años, minutos jugados y el cariño de una grada de Riazor que le sube a los altares. Disfruta de ver al Deportivo pasearse por Europa y de ser el jugador más veterano en jugar la Liga de Campeones hasta que en 2003, con 40 años, con el apodo de «el abuelo» a su espalda y con una colocación en el campo que ha suplido la condición física, decide colgar las botas, siendo el jugador no nacido en España con más partidos en nuestra Liga.

Donato deja el fútbol en 2003 con una Liga, cuatro Copas y tres Supercopas. Tras el fútbol se instaló en A Coruña e intentó trabajar como intermediario en fichajes de futbolistas y en una sociedad con un mesón, con poco éxito. Aprovechó para sacarse el carnet de entrenador y trabajó en Grecia con su gran amigo Mazinho en el Aris de Salónica. Después de no poder repetir experiencia y ante la falta de oportunidades como técnico, regresó a Brasil, donde trabajó en varias empresas. Siempre con residencia en nuestro país, trabajó desde 2015 como delegado de la zona de Galicia de una importante empresa de iluminación. En la actualidad es socio fundador de Amazing Emotion, una empresa que fabrica e imprime materiales 3D y lenticulares, con colaboraciones con clubes como el Atlético de Madrid, Cádiz y Real Club Deportivo de La Coruña y también colabora con 360Player que ayuda y facilita la gestión deportiva de los clubs.

1/ No vivió una infancia fácil ya que tuvo que trabajar y estudiar para poder jugar al fútbol. En la imagen un jovencísimo Donato leyendo. **2/** Foto actual de Donato vestido de traje, ahora alejado del fútbol. **3/** Llegó al Atlético con 26 años y demostró una calidad extraordinaria en los cinco años que vistió de colchonero. **4/** En su estancia en el Atlético tiene lugar la llamada del seleccionador brasileño Lazaroni, que había pensado en él como sustituto del lesionado Mozer para jugar un amistoso frente a Dinamarca. Era su gran oportunidad de defender la *canarinha* pero Donato no acudió a la llamada porque tenía que jugar un importante compromiso de Copa del Rey con el Atlético de Madrid. Años después, con la nacionalidad española en el bolsillo llegó a ser internacional español de la mano de Javier Clemente debutando un 16 de noviembre de 1994 en el Sánchez Pizjuán de Sevilla en un España-Dinamarca (3-0), con gol incluido. Abriendo así un periplo de 12 internacionalidades en las que nunca perdió y cerrando el ciclo en Leeds en la Eurocopa 96 en un España 1-Bulgaria 1. **5/** En Maracaná un joven Donato de 17 años defendiendo los colores del America de Río. **6/** Con su mujer. **7/** Formación que se enfrentó al Maribor en la Recopa el 16 de septiembre de 1992. Arriba, Schuster, Abel, Futre, Vizcaíno, Donato y Ferreira; agachados, Toni, Aguilera, Solozábal, Alfredo y el mexicano Luis García. Ese día se ganó 0-3 con goles de Alfredo y dos del mexicano. **8/** Se marchó del Atlético con 30 años y muchos le daban por acabado, pero estuvo diez años en el Deportivo llevando al equipo gallego a lo más alto de su historia.

Equipos históricos

Campeón de **Copa del Rey**

ATLÉTICO	1-0	MALLORCA

Alfredo 111'

29 de junio de 1991
Estadio:
Santiago Bernabéu

Entrenador: **Santos Ovejero**

Mejías

Ferreira

Juanito

Solozábal

Tomás

Toni

Schuster

Vizcaíno

Orejuela
(Alfredo 61')

Manolo

Futre
(Sabas 87')

ROBERTO **FRESNEDOSO**

Recambio de **quilates**

foto 8

Roberto Luis Fresnedoso Prieto nació en Toledo el 15 de enero de 1973. Con 12 años se traslada a Cataluña por el trabajo de su padre y **comienza a destacar en los equipos** de la Peña Buenos Aires. Sus primeros pasos los da en el Girona, en categoría juvenil, hasta llegar con 16 años a debutar en el primer equipo, momento en el que ficha en 1991 por el C. E. L'Hospitalet, que en esos años era filial del R. C. D. Espanyol. De la mano de técnicos como Paco Flores, Jaume Sabater y Moya sube peldaños hasta llegar **al primer equipo blanquiazul y debutar en Primera, con Juanjo Díaz,** en junio de 1993 en un partido en San Mamés (2-0), jugando también la promoción que pierden ante el Racing.

"Es el ave fénix del fútbol: ante la adversidad, el desaliento y el caos siempre renace majestuoso para deleite y orgullo de sus incondicionales".
Miguel Ángel Muñoz (Periodista)

Son años buenos para él: le convoca la selección Sub-21 y disputa con el equipo olímpico español los Juegos de Atlanta 96. Como rojiblanco se mantiene en el equipo hasta la campaña 1997-1998, cuando tras haber jugado apenas tres partidos decide irse cedido al Español en el mercado de invierno. una vez finalizada la campaña, regresa al Atlético para jugar durante cuatro temporadas más en las que vive el amargo descenso, los dos años en el infierno y el retorno a Primera.

Después de la campaña del ascenso a la máxima categoría, es cedido al Salamanca para jugar en Segunda y allí vuelve a dar muestras de su calidad, siendo titular indiscutible y convirtiéndose además en el máximo goleador del equipo charro. Rescinde contrato con el Atlético y se marcha a jugar con el Real Murcia en Primera; sin embargo las lesiones le impiden rendir al máximo nivel y en el mercado de invierno decide irse al Rayo Vallecano. Su último equipo fue la Cultural y Deportiva Leonesa, a la que defendió en Segunda División B en la temporada 2004-2005.

Cuelga las botas con una Liga y una Copa, un subcampeonato de Copa y otras dos Ligas de Segunda, además de un subcampeonato europeo Sub-21. Tras su carrera como futbolista pasa unos años dedicados al ocio y a la dedicación de esas inquietudes que como futbolista no pudo realizar, pero sin perder nunca la relación con el fútbol. Viajes, retos personales, familia… pero finalmente vuelve a caer en las garras del fútbol de forma activa, ahora como entrenador. Durante unos años, ha pasado por distintas categorías llevando equipos filiales del club como el División de Honor, el Tercera e incluso un tiempo al segundo equipo. Es un miembro activo de la Asociación Leyendas del Atlético de Madrid junto con Roberto Solozábal y fue director deportivo en la escuela de Evergrande Guangzhou en Madrid. Actualmente, y desde mayo del 2021, es presidente del comité de entrenadores y preparadores físicos de la Real Federación de Fútbol de Madrid.

El equipo había perdido la categoría pero Roberto consigue en la siguiente temporada en Segunda hacerse un hueco en el equipo de José Antonio Camacho y ayudar a lograr el ascenso. Roberto fue un jugador rápido, con buena llegada al área rival y sacrificado en el esfuerzo. Hombre táctica y técnicamente bien dotado, fue siempre utilizado por todos sus entrenadores para diversos puestos, aunque su demarcación más habitual fue la de centrocampista. Su proyección es grande y el Barcelona pone los ojos en él, pero será finalmente el Atlético de Madrid el que se haga con sus servicios para renovar la plantilla en 1995. Es el histórico año del doblete, en el que Roberto participa activamente desde el campo cuando lo estimaba oportuno Radomir Antic o ayudando al compañero que jugaba. A pesar de no salir siempre de inicio, esa campaña participó en 31 partidos de Liga en los que anotó seis goles y disputó también unos minutos en la final de Copa ante el F. C. Barcelona.

foto 1

foto 9

foto 2

foto 3

foto 5

foto 4

foto 7

1/ Nacido en Toledo, antes de irse a Cataluña posaba de esta manera en las vacaciones familiares. **2/** Siempre es buen momento para descansar en las concentraciones. **3/** En Ibiza con su amigo Santi Ezquerro. **4/** Bromeando con Milinko Pantic. **5/** Formación del Atlético de Madrid en el Nuevo Zorrilla. De pie: Molina, Vizcaíno, Roberto, Kiko, Geli y Penev; agachados; Simeone, Santi, Toni, Solozábal y Pantic **6/** Posando en una capea con compañeros y toreros. **7/** Con buenos amigos en Ibiza, Labi Champions, Toni y Aguilera. **8/** Vistiendo la camiseta del Salamanca. **9/** Jugando con el Atlético en el Arcángel de Córdoba en los años del infierno.

foto 6

GERMÁN GÓMEZ

foto 1

El **pilar** de los Mosqueteros

«Nunca tuve necesidad de firmar un documento, todo mi trato fue de palabra». Así era Germán, un ejemplo dentro y fuera de los terrenos de juego. Firmó en blanco por el Atleti, **fue ejemplo de honestidad y sacrificio** y siempre demostró ser un caballero.

"Es una cosa muy dramática. Una contienda simulada que tiene euforia, victoria, derrota, dolor, decepción y lealtades".

Almudena Grandes
(Escritora [1960-2021])

Germán Gómez Gómez nació en Santander el 5 de enero de 1914. Sus primeros pasos en el mundo del fútbol tienen lugar en el patio del colegio de los Padres Agustinos, donde va demostrando unas cualidades innatas para manejar la pelota, que enseguida le hacen empezar a jugar partidos en el Club Bustamante y en el Unión Juventud. Su calidad no pasa inadvertida y el Racing, que ya había puesto sus ojos en él, lo atrae a su equipo filial, el Rayo Cantabria. Su siguiente destino es el Tolosa y es allí, en el campo Berazubi, cuando Germán adquiere la forma física y la experiencia necesaria para poder cumplir el sueño de cualquier chaval nacido a orillas del Cantábrico: jugar en el Racing. Con apenas 20 años, Germán llega a un Racing de Primera con jugadores como los mundialistas del 34 Enrique Larrinaga y Manuel Ibarra, Goenechea o el goleador José María Artechel destacando gracias a su precisión en el pase, su visión de juego y sobre todo por su gran técnica en el manejo de la pelota. El entrenador que le da la alternativa en la máxima categoría es el británico Randolph Galloway: debuta con la camiseta del Racing en Liga en Sarriá en un Español 4-Racing 2 el 23 de diciembre de 1934. Con los santanderinos jugó dos temporadas y cerró su etapa el 12 de abril de 1936 en Alicante.

El estallido de la Guerra Civil sesga muchas carreras de grandes futbolistas, pero no es el caso de Germán que, alistado en la aviación, sigue jugando al fútbol en el equipo del Ejército del Aire. Hay pocas informaciones referentes a esos años oscuros pero sí hay documentación referente a un partido disputado precisamente en Santander entre el Racing y el equipo del Aviación Nacional el 25 de septiembre de 1938, en el que por los aviadores juegan dos cántabros como Germán y Aparicio. Al finalizar la Guerra y con el restablecimiento de la competición Germán se ve inmerso en un contencioso entre su antiguo club, el Racing, y el nuevo, el Athletic Aviación Club. Las federaciones castellana y cántabra tienen que llegar a un acuerdo para solucionar el problema. Así gana el Campeonato Regional en Chamartín al Madrid y consigue que el equipo vuelva a Primera tras una polémica promoción con el Osasuna por la plaza vacante dejada por el Oviedo.

Germán debuta oficialmente en Liga como rojiblanco en un partido en San Mamés el 3 de diciembre de 1939 (1-3) y se convierte en uno de los referentes del centro del campo, donde forma línea media primero con Urquiri y Machín y posteriormente la conocida media de los Tres Mosqueteros, la mítica de Germán, Gabilondo y Machín.

Como rojiblanco gana dos títulos ligueros y llega a ser seis veces internacional, debutando en un España 3-Suiza 2 en Mestalla, en diciembre de 1941, de la mano de Eduardo Teus, hasta que juega su último partido como internacional absoluto con Jacinto Quincoces en el banquillo en A Coruña un 6 de mayo de 1945 en un España 4-Portugal 2.

Como jugador era el cerebro del equipo: lo mismo defendía que atacaba, con gran colocación y visión

foto 3

foto 2

foto 5

foto 6

foto 4

de juego destacó por su gran técnica aunque nunca lo hizo como goleador –de hecho, solo anotó dos goles–. Su participación en el equipo es extraordinaria y se convierte un fijo y juega prácticamente todos los partidos hasta la campaña 1946-1947, cuando a punto estuvo de conseguir su tercer título liguero si no se hubiera fallado en la última jornada en el Metropolitano ante el eterno rival: aquel día el Madrid ganó (2-3) y dio en bandeja el título al Valencia. Ese 13 de abril de 1947 fue el último partido oficial en Liga de Germán como rojiblanco, ya que al inicio de la temporada siguiente el técnico Emilio Vidal prescindió de algunos veteranos como el propio Germán, Talltavul, Arencibia o Juan Vázquez. La afición le rindió un emotivo homenaje en diciembre de 1948. Es así como Germán regresa a Santander para jugar en el Racing tres años más. Recaló en el conjunto santanderino para jugar en Tercera y se retiró dejando al equipo en Primera en su retirada en 1954.

Germán fue el primer entrenador del los juveniles del Atlético de Madrid cuando se creó dicha sección en 1950, también entrenó antes al Unión Juventud, al Gimnástico de Torrelavega y después a los equipos de Agromán, Alcázar, Segoviana, Toledo, Torrijos y al Vallehermoso, mientras atendía una tienda de artículos deportivos que regentó muchos años.

Germán, que poseía la insignia de oro y brillantes del club, falleció en Madrid el 22 de marzo de 2004 a la edad de 90 años.

1/ Germán debuta oficialmente en Liga en un partido en San Mamés el 3 de diciembre de 1939 en un Athletic 1-Atlético Aviación 3 y se convierte en uno de los referentes del centro del campo donde forma línea media primero con Uriquri y Machín y posteriormente la conocida media de Los Tres Mosqueteros, la mítica de Germán, Gabilondo y Machín. 2/ Fue durante muchos años el capitán del equipo. 3/ Dotado con una gran técnica, siguió mejorando día a día, en la imagen le vemos entrenando en el Metropolitano. 4/ Atlético Aviación campeón Mesa, Tabales, Aparicio, Gabilondo, Germán, Machín, Manín, Arencibia, Pruden, Campos y Vázquez. 5/ Fue seis veces internacional debutando en un España 3-Suiza 2 en Mestalla en diciembre de 1941 de la mano de Eduardo Teus. 6/ Su último partido como internacional absoluto con Jacinto Quincoces en el banquillo en La Coruña un 6 de mayo de 1945 en un España 4-Portugal 2.

165

/// HERMANOS **OLASO**

Saga de
pioneros

No es habitual encontrar en la historia del fútbol a **dos hermanos que compartieran no solo vestuario, sino también éxitos al mismo nivel de juego.** Eso ocurrió en el Atlético de Madrid en la figura de los hermanos Olaso, dos auténticos pioneros en unos años en los que jugar al fútbol no estaba muy bien visto por la sociedad.

"Sentimiento, irreductible orgullo de pertenencia".

José Sámano
(Periodista, *El País*)

El mayor de los dos es Luis Olaso Anarbitarte, nacido en la localidad guipuzcoana de Villabona el 15 de agosto de 1901. En la plaza del pueblo juega sus primeros partidos aprovechando la portería pintada en la pared del frontón, al que también le da con la pala. Ya con su hermano Alfonso jugaba en las Escuelas Pías de Tolosa. Eligió ser médico y se trasladó a Madrid para realizar sus estudios. El pequeño, Alfonso Olaso Anarbitarte, vino al mundo unos años después, el 14 de julio de 1904, y también desde su localidad natal de Villabona viajó a Madrid para estudiar.

Luis era un apasionado del fútbol y militó en el Triumph, equipo del Liceo Francés, hasta que, gracias a su paisano Tuduri, encontró hueco en el Athletic Club de Madrid en 1918. Allí demuestra sus dotes como delantero, con una velocidad innata y un gran olfato de gol que pronto le convierten en uno de los extremos más importantes del momento. Por su parte, Alfonso comenzó a jugar al fútbol en el Nacional de Madrid, equipo que disputaba sus partidos en la zona de Felipe II, donde están ubicados el Palacio de los Deportes de la Comunidad y la Casa de la Moneda. Alfonso juega como defensa y pronto llama la atención del Athletic Club de Madrid, donde juega su hermano.

Cuando Luis Olaso llega al Athletic Club de Madrid, la hegemonía del fútbol madrileño se la disputaban equipos como el Racing de Madrid, el Unión Sporting, la Real Sociedad Gimnástica Española o el Madrid. Gracias al empuje y la visión de Julián Ruete desde la presidencia, el equipo empieza a hacerse un hueco en el deporte de la capital, luchando por el Campeonato Regional que da derecho a participar en el campeonato de España. Luis Olaso es ya una figura en

esos años y a punto está de integrar la selección que representaría a España en los Juegos Olímpicos de Amberes si no hubiera sido porque el extremo bilbaíno Txomin Acedo le cerraba el paso. A pesar de no ir a Amberes, Luis es uno de los miembros del equipo rojiblanco que conquista el primer título de la historia del club, al proclamarse campeón regional tras el decisivo partido disputado en el campo del Paseo Martínez Campos el 23 de enero de 1921, en el que se gana por dos goles a uno al Racing de Madrid. Ese título le da al club la posibilidad de disputar el Campeonato de España ante el Athletic Club de Bilbao en San Mamés, aunque perderá dicha final.

Luis Olaso ya es una estrella y su capacidad de golear y el manejo de ambas piernas le abren las puertas de la selección española ese mismo año, 1921. Fue en el primer partido oficial de la historia entre las selecciones de España y Portugal y tuvo lugar el 18 de diciembre en el campo de O'Donnell, en Narváez, ganando España por 3-1; ese día la Roja formó con tres atléticos: Pololo, Fajardo y Olaso.

En 1923 Alfonso Olaso ingresa en el club para compartir vestuario con su hermano Luis; juntos ganan el Campeonato Regional de la campaña 1924-1925, años en los que por el banquillo pasan pioneros ilustres como Urbano Iturbe, James Vincent Hayes (míster Hayes) Ramón Olalquiaga, Frederick Pentland, Antonio de Miguel Postigo o el propio Julián Ruete. Allí juegan los dos hermanos, uno, Luis, haciendo goles entrando desde la izquierda y el otro, llamado por aquel entonces Olasito, desde la retaguardia, evitando que su equipo los encaje. Ambos son fijos en las alineaciones y comparten equipo inicial en el estreno del Campeonato de

Liga un 10 de febrero de 1929 en el estadio de Ibaiondo en aquel Arenas de Getxo 2-Athletic Club de Madrid 3 en el que Alfonso Olaso pasó a la historia al ser el primer jugador de nuestra Liga en marcar un gol en propia meta.

Luis volvió a ser internacional tres ocasiones más, cerrando su etapa justo el día que debutaba su hermano: fue ante Italia en Bolonia (2-0) el 29 de mayo de 1927, en el único partido que el pequeño de los Olaso jugó con la Roja.

Luis Olaso es una de las estrella del equipo y además el capitán, sin embargo el club decide quitarle el brazalete en una decisión que incomoda al jugador de tal forma que acaba marchándose del club para fichar por el Real Madrid junto al gallego Cosme Vázquez. Luis siempre entendió aquello como un menosprecio por parte del club y el enfrentamiento con los dirigentes acabó con su salida de la entidad, cerrando una década en la que había conquistado tres Campeonatos Regionales y había sido dos veces finalista de Copa. Fue aquella una decisión buena para Luis en lo deportivo y en lo personal, ya que el Real Madrid le permite seguir con sus estudios sin entrenarse, pero mala para el Athletic y para su hermano, pues esa temporada 1929-1930 finalizó con el descenso a Segunda División. Los rojiblancos deambulan por Segunda mientras Luis ayudaba con sus goles a ganar la primera Liga blanca de la historia en 1932, repitiendo título al año siguiente. De blanco jugó cuatro temporadas en las que ganó cuatro títulos regionales y dos de Liga hasta que en 1933 puso fin a su carrera como futbolista.

Alfonso, por su parte, siguió en las filas del Athletic y recibió el 12 de enero de 1930 un homenaje donde el presidente Luciano Urquijo le impuso la insignia de oro y brillantes del club. Jugaría después en el Deportivo de Castellón y en el Nacional de Madrid para regresar en la campaña 1932-1933 a Madrid para jugar de rojiblanco hasta 1934, momento en el que decide dejar el fútbol tras no haber podido devolver al equipo a Primera. Curiosamente, al año siguiente de su retirada el equipo logró el ascenso.

La vida tras el fútbol es muy diferente para los dos hermanos: Alfonso ve truncado su futuro con el estallido de la Guerra Civil, cayendo en el frente de Teruel en 1937. Por su parte Luis, extraordinario pelotari en la modalidad de pala, formando pareja con Ignacio Méndez Vigo, llegó a ser subcampeón de España en 1933, 1942 y 1944. Posteriormente pasó a formar parte de la Federación Española de Pelota, de la que fue presidente entre 1943 y 1944. Como médico hizo gran carrera en la especialidad de odontología y fue inspector médico de la Mutualidad General Deportiva. Luis Olaso falleció el 6 de diciembre de 1981.

1/ Alfonso se convirtió en uno de los mejores defensas del Atlético de la época. En la Imagen vemos al pequeño *Olasito* saltando a la comba. **2/** Alfonso siempre mantuvo su sonrisa hasta que la vida no le sonrió al comienzo de la Guerra Civil, cuando fue abatido en el frente de Teruel en 1937. **3/** Imagen de un derbi disputado en 1927, el delantero del Real Madrid Juan Monjardín, con pañuelo en la cabeza, acosa al portero del Athletic Club de Madrid Messenguer con Alfonso Olaso y Tuduri como espectadores rojiblancos. **4/** Luis fue uno de los primeros ídolos de la afición, sus diez años en el Athletic no fueron empañados por su fuga al eterno rival. **5/** En la imagen Luis durante el intercambio de banderines en un partido disputado entre la selección de Madrid y la de París. **6/** Luis fue un extraordinario pelotari en la modalidad de pala, formando pareja con Ignacio Méndez Vigo, llegó a ser subcampeón de España en 1933, 1942 y 1944. Posteriormente pasó a formar parte de la Federación Española de Pelota de la que fue Presidente entre 1943 y 1944.

Sosiego
eléctrico

foto 5

–¿Cómo dice que se apellida?

–Iruretagoyena, señor, **pero me llaman Jabo.**
Así contestaba a la pregunta un chico de 19
años abrumado ante la imponente figura de
Vicente Calderón.

–¡Aquí tenemos a Martínez Jayo! A usted, Jabo,
mejor le llamamos por su apellido. Es muy largo,
¡así que le llamaré Irureta!
Y así fue: desde aquel día, al chaval vasco recién
llegado de Irún, donde jugaba en Tercera, con la
maleta llena de ilusiones y que se hizo hombre
en el Manzanares, aceptó la recomendación de
Vicente Calderón y **acortó el apellido para
inscribirlo con letras de oro en la historia
del Atlético** y del fútbol español.

*"Cuando yo jugaba, nuestro gran rival
siempre era el Atlético de Madrid".*

Vicente del Bosque
(Exseleccionador nacional de fútbol)

Javier Iruretagoyena Amiano nació el 1 de
abril de 1948 en la localidad guipuzcoana de Irún. Como cualquier chiquillo,
la pelota se convierte en com-
pañera inseparable y ya con
11 años jugaba en la playa
en el Escalerillas para pasar
posteriormente al Mendelu.
Con apenas 15 años ya juega en la selección guipuzcoana
de la categoría y ficha por el Real
Unión de Irún para jugar en el equipo juvenil tres años, desde donde
asciende al primer equipo a los 18.
Allí será el máximo goleador esa
temporada, con 13 tantos.

El Barcelona y el Atlético mues-
tran interés por el joven irundarra,
que recala finalmente con 19
años en un equipo de Primera al
que le cuesta acoplarse; jugará apenas catorce partidos. La
primera vez que los aficionados

le vieron con la camiseta del Atlético fue en un partido de la Copa de Ferias jugado en el Manzanares en
octubre de 1967, ante el Wiener (2-1), para luego debutar en Primera División dos meses después en casa
ante Las Palmas (1-2). Comienza ahí una andadura
que le mantendrá en el equipo ocho temporadas al
máximo nivel. Como futbolista era explosivo, veloz, rápido en el pase y en el disparo y oportunista. Trabajador incansable en el medio
campo, lo mismo defendía que atacaba y
sobre todo aportaba muchos balones a
sus compañeros. Se afianzó en el equipo y
compaginó a la perfección con Adelardo un
medio campo, insuperable hasta que Marcel Domingo adelantó su posición para
formar lo que para muchos ha sido
una de las mejores líneas de ataque de la historia del club con
Luis, Ufarte, Gárate y Alberto.

En ocho temporadas
consigue dos Ligas, una
Copa y la Intercontinen-
tal y alcanza interna-
cionalidad absoluta en
seis ocasiones: debu-
ta con Kubala justo
en el Manzanares en
1972 en un España 2-
Uruguay 0 y cierra su
etapa con la Roja el 17
de abril de 1977 en un
España 1- Rumania 1, que
también significó el adiós como internacional de José Eulogio Gárate.

foto 3

Uno de sus goles más importantes lo anotó en el partido de vuelta de la final de la Intercontinental, en el que marcó el primer tanto al Independiente de Avellaneda. Nadie podía pensar en ese momento que apenas jugaría cinco partidos más oficiales con el Atlético, ya que al inicio de la temporada 1975-1976 es traspasado, para sorpresa de la afición, al Athletic Club de Bilbao.

En San Mamés juega cinco temporadas y llega a la primera final europea de la historia del club, en la que los bilbaínos caen ante la Juventus a doble partido. Jabo se despide como jugador a los 32 años en el Bernabéu un 18 de mayo de 1980, en un Real Madrid 3-Athletic Club 1. Es su despedida como futbolista, pero la bienvenida para el entrenador, ya que en apenas cuatro años, con el título de técnico en el bolsillo, ya dirige Sestao.

En sus años en la localidad vizcaína consigue el ascenso a Segunda División y ahí lo mantienen hasta que da el salto a un equipo de Primera de la mano del Logroñés en la temporada 1988-1989. Su progresión como entrenador recuerda a la que tuvo como jugador y pronto se consolida en el Real Oviedo, equipo al que logra llevar incluso a disputar una competición europea. El Real Racing Club de Santander, el Athletic Club de Bilbao, la Real Sociedad y el Celta de Vigo, con el que juega la UEFA, son sus nuevos destinos hasta que ficha en la temporada 1998-1999 por el Deportivo de La Coruña.

Allí y con el también exrojiblanco Paco Melo de segundo, alcanza grandes éxitos y sitúa a los gallegos no solo entre los equipos punteros en España, sino también entre los conjuntos conocidos en Europa. Con el Depor gana una Liga –la primera de la historia del club–, es subcampeón en dos ocasiones, gana una Copa del Rey (conocida como el centenariazo al ganar al Real Madrid en el Bernabéu el día de centenario blanco) y dos Supercopas y convierte a su plantilla en un equipo habitual en la Liga de Campeones, cuyas semifinales alcanzó en 2004.

Tras su etapa en A Coruña recala en el Betis en la temporada 2006-2007 y en el Real Zaragoza en la campaña 2007-2008, cerrando así una longeva etapa como técnico con más de 600 partidos dirigidos en 19 temporadas.

En 2009 se hizo cargo de la dirección deportiva del Athletic Club de Bilbao y en 2011 junto a Miguel Etxarri asumió la codirección de la selección de Euskadi. Tras esta aventura, ya jubilado, sigue viendo fútbol allá donde puede, sobre todo de los equipos en los que ha estado.

1/ En la arena de la playa jugaba como delantero pero en los campos de tierra retrasó su posición para jugar en lo que ahora se conoce como media punta. En la imagen vemos al pequeño Jabo con 13 años (el segundo agachado por la derecha) antes de un partido en la playa. **2/** Sentado en la grada del Manzanares junto al diestro Luis Miguel Dominguín. **3/** La imagen más conocida de Jabo en la última época. Aunque ha entrenado muchos equipos, su *Superdepor* maravilló en España y en Europa. **4/** Tras dejar el Atlético se marchó durante cinco años a Bilbao, aquí le vemos en una formación del Athetic clásica de los setenta en un Sevilla 3-Athletic Club 1 el 28 de octubre de 1979; arriba: Iribar, Goicoechea, Alesanco, De Andrés, Urquiaga y Núñez; agachados: Dani, Irureta, Carlos Ruiz, Tirapu y Rojo I. **5/** Durante los actos del Centenario en 2003 vemos a Irureta en el centro mientras le escuchan atentamente Adelardo, Reina, Pacheco y Heredia. **6/** Jabo ha entrenado durante 19 años dirigiendo más de 600 partidos en Primera División siendo uno de los técnicos, junto a Luis Aragonés que más ha dirigido en nuestro país. **7/** En un aeropuerto los jóvenes Gárate e Irureta.

Multiplicador
de esfuerzos

Llegó a Madrid procedente de sus queridas Islas Canarias y se le conocía como Hernández, pero sus compañeros y la afición pronto le conocieron como **el Lobo Negro,** mote que le pusieron sus compañeros Tinte y Cuenca debido a su **tez morena y su agilidad,** que fue derivando por su pequeña envergadura en **Lobito,** como le acabaron llamando.

"Ser atlético es una categoría social".

Esteban †

(Restaurador)

El 11 de septiembre de 1926 la isla de Lanzarote vio venir al mundo, en Arecife, a José Hernández González, que se convertiría en un gran futbolista. De cuerpo pequeño, siendo muy niño, se trasladó con su familia a Gran Canaria; se instalaron en el Puerto de la Luz y allí, en el Colegio de los Franciscanos de la calle Padre Cueto, empezó a ser futbolista.

En el barrio de Santa Catalina aprendió la nobleza de la que hizo gala en su carrera y su calidad empezó a demostrarla en el Marino de Las Palmas, donde llegó en 1945. Allí tuvo difícil jugar el primer año pero, tras la marcha al Real Madrid de otro canario ilustre como Luis Molowny, se hace con un puesto de titular para ayudar al equipo azul a ganar el título de Campeón de Canarias en la temporada 1947-1948. Su progresión le da la posibilidad de ser traspasado al Atlético de Madrid, en el que coincide con otros insulares como Alfonso Silva, Rosendo Hernández, Rafael Mújica, Miguel González, Farías o Durán, de ahí que se le conociera como el Atlético de los canarios.

José Hernández derrochaba capacidad física en el centro del campo para ayudar a sus compañeros; tenía técnica, pero su espíritu combativo suplía cualquier carencia por leve que fuera. Una de sus frases favoritas era: «para mí, los partidos empiezan cuando llega el minuto 90».

Helenio Herrera es presentado como técnico y una de sus primeras decisiones es ceder a jugadores jóvenes como Callejo, Cobo o Bermúdez entre otros y declarar transferibles a Arnau, Lecue, Besabe, Tomes, Candía y al propio Hernández. Sin embargo, convence con su trabajo al técnico y por fin debuta en Liga como rojiblanco, con 23 años recién cumplidos, en el estadio de Sarriá, el 21 de enero de 1950 en un Español 0-Atlético de Madrid 2. No juega mucho en esa primera temporada, pero ayuda a conquistar la tercera Liga de la entidad, para, a partir de la campaña 1950-1951, ser ya uno de los habituales para el Mago y conquistar un nuevo título liguero. Son buenos años para el club, que, bajo la presidencia de Cesáreo Galíndez, se hace con la propiedad de los terrenos donde está ubicado el Estadio Metropolitano en una gran operación financiera que beneficia las maltrechas arcas de la entidad. En lo deportivo, se conquista la Copa Eva Duarte (actual Supercopa) al derrotar al Barcelona en el estadio de Chamartín.

Su calidad no pasó inadvertida para los seleccionadores, pero la imposibilidad de hacer cambios le privó de debutar oficialmente como internacional, además de una inoportuna lesión que le apartó de la lista definitiva para el Mundial de Brasil en 1950, en la que Guillermo Eizaguirre y Benito Díaz le habían incluido. Aun así llegó a vestir la camiseta de la selección en una gira precisamente de cara a la cita mundialista: fue en México (0-0), en un partido amistoso que solamente está contabilizado en las lista de partidos no oficiales de la selección al no existir por aquel entonces relaciones diplomáticas con el país

azteca. Sí pudo, sin embargo, defender la camiseta de la selección de Canarias en un partido disputado en Chamartín el 10 de enero de 1950 ante San Lorenzo de Almagro (4-2).

Hernández se mantuvo en el equipo hasta la temporada 1957-1958; en ese momento recibe dos ofertas, una del Oviedo y otra de la U. D. Las Palmas, que ya había conseguido recuperar a sus paisanos Rosendo Hernández, Alfonso Silva y Luis Molowny. Sin embargo, los insulares no pueden igualar la suculenta oferta de los asturianos y José Hernández ficha por el Oviedo para debutar en noviembre de 1958 en el derbi asturiano en El Molinón, ganando los carballones por 0-3. Juega en el Carlos Tartiere dos campañas para marcharse, tras once temporadas en Primera, al C. F. Extremadura, donde cuelga las botas al final de la temporada 1960-1961.

Una vez alejado del fútbol, el Lobo Negro regresó a Canarias, donde ejerció como taxista hasta que se jubiló. El fútbol canario siempre reconoció su valía, por lo que recibió numerosos homenajes, uno de ellos el que en 2008, cuando contaba con 81 años, recibió de la Federación de Fútbol de Las Palmas, además del Cabildo de Lanzarote, que le reconoció como el mejor jugador lanzaroteño de todos los tiempos, si bien curiosamente no jugó nunca en ningún equipo de la isla.

José Hernández González falleció en Gran Canaria, en la Clínica San José, el día 11 de octubre de 2011, a la edad de 85 años.

1 / El canario fue un jugador importante durante muchos años. En la foto antes de iniciar un partido en el Metropolitano con otros fijos de la época como Pazos, *Verde,* Agustín, Callejo, Peiró o Collar . **2 /** En las concentraciones hay que matar el tiempo y muchas veces las cartas son buenas compañeras. En la imagen, Adrián Escudero muestra una carta de la baraja a Hernández mientras Agustín observa el juego. **3/** Momento de informarse leyendo la prensa, Hernández sujeta el periódico mientras Agustín lee con atención. **4/** Conexión canaria en el Metropolitano. Hernández, Agustín y Miguel siempre presumieron de su tierra. **5/** A pie de avión la plantilla posa antes de emprender un viaje europeo, vemos a Hernández agachado, el segundo por la izquierda, junto a un joven Joaquín Peiró.

JULIO PRIETO MARTÍN

foto 1

Regularidad
efectiva

Solo podía ser del Atleti. Desde la cuna mamó el sentimiento rojiblanco de la mano de su padre, hincha incondicional del Atlético; de su tío, que llegó a jugar en los juveniles del club y, sobre todo, de **su abuelo Máximo,** que en aquellos años sesenta era **inspector de las puertas del Metropolitano.**

"El Atlético de Madrid es como el amor de tu vida. Hay otras mujeres más altas, más guapas, con las que puedes disfruta mucho, pero el amor de tu vida siempre lo vas a querer".

Manel Bruña
(Periodista, *El Mundo Deportivo*)

Julio Prieto Martín nació en Madrid el 21 de noviembre de 1960. Daba patadas al balón en el patio del colegio Federico Rubio hasta que con 12 años se presenta a las pruebas del Atlético en el madrileño campo de la Mina de Carabanchel. Él mismo fue a la calle Barquillo (en esos años allí se encontraban las oficinas del club) a rellenar la solicitud y los técnicos del club se encuentran con un jugador pequeño, que no deslumbra en ninguna posición fija pero que cumple en todos los lados, por lo que el añorado Antoñito, uno de esos hombres que sin destacar fomentaba el patrimonio del club, decide incorporarlo al equipo infantil.

En los campos de tierra de la Comunidad de Madrid se va haciendo hombre y futbolista asesorado por Víctor Peligros o Rodri y va ganando peso específico en los equipos de cantera del Atlético. Para no cerrar su progresión se le cede dos temporadas al Colegio Amorós para volver al infantil rojiblanco hasta que Joaquín Peiró le incorpora al filial, dando así la alternativa a una generación de canteranos que maravilla a la afición y que consigue ascender a Segunda División.

Martínez Jayo le reclama para realizar la pretemporada con el primer equipo en 1979 y con García Traid en el banquillo, aunque juega en el filial, cumple el sueño de debutar con el primer equipo en Liga el 29 de marzo de 1981 en un Sporting de Gijón 3-Atlético 0.

Julio Prieto juega cedido la campaña 1981-1982 en un Castellón en el que disputa 20 partidos de la mano de Benito Joanet. Ese año el Castellón desciende a Segunda y Julio Prieto regresa a la disciplina rojiblanca. Se gana la Copa de 1985, se alcanza la final de la Recopa de 1986, se gana la Supercopa española y se juegan dos finales de la Copa de Liga y una más de la Copa del Rey.

Tras la campaña 1986-1987, Julio Prieto abandona la disciplina atlética para irse al Celta de Vigo: a pesar de tener contrato en vigor con el Atlético un año más, Gil acepta y Prieto inicia su etapa gallega en Balaídos de la mano de José María Maguregui. Tras su paso por Vigo recibe la llamada de Peiró para regresar al Atlético y, aunque juega poco, ganará la Copa del Rey de 1991.

Inicia la pretemporada con Luis Aragonés pero no juega, por lo que decide aceptar en el mes de octubre una oferta procedente del Mérida. Recala así en Extremadura de la mano de Eduardo Caturla, al que inmediatamente sustituye Juan Gómez Juanito. El equipo lucha por el ascenso pero se trunca la trayectoria con la muerte de Juanito en accidente de tráfico, por lo que al año siguiente y tras la llegada de Fabri al banquillo extremeño, Julio Prieto se ve abocado a su salida por las nulas relaciones con el nuevo entrenador, a pesar de ser uno de los fijos del equipo.

Su buen amigo Félix Barderas Felines le llama para que se incorpore a sus 32 años al Talavera, equipo con el que juega dos temporadas más, llegando a disputar la liguilla de ascenso; después colgará definitivamente las botas a los 35 años.

Su carrera después del fútbol se encaminó a la representación de futbolistas con sus amigos Juan Carlos Pedraza y Daniel Muñoz. Después trabajó muchos años en la empresa Bahía para recalar posteriormente junto a Alejandro Camaño y Juanma López en la empresa Boss, sigue ligado al mundo de la representción de futbolistas recorriendo el mundo en la búsqueda de nuevos talentos.

1 / Jugador de cantera, fue subiendo peldaños hasta cumplir el sueño de llegar al primer equipo. **2 /** Posando en el césped donde triunfaría plenamente como futbolista. **3 /** Foto durante un viaje del equipo. Apreciamos a Julio Prieto, Mejías, Aguilera, Tomás y Pachi Ferreria. Detrás se ve a Alfredo y a Juan Sabas y al fondo a Pizo Gómez. **4 /** Foto tomada en el Calderón de Julio Prieto y Tomás en buena compañía. **5 /** Como capitán en el XXI Torneo Internacional de Fútbol 1979. Coppa Carnevale, Viareggio. **6 /** En sus tiempos de jugador del Real Club Celta de Vigo. **7 /** En la imagen Julio Prieto remata un balón en el XXI Torneo Internacional de Fútbol 1979 Coppa Carnevale. **8 /** Posando con la camiseta del Atlético de Madrid.

Equipos históricos

Campeón de **Copa del Rey**

ATLÉTICO	2-1	ATHLETIC
Hugo Sánchez 24' y 55'	30 de junio de 1985 Estadio: Santiago Bernabéu	Julio Salinas 75'

Entrenador: **Luis Aragonés**

Mejías

Arteche — Ruiz

Votava — Clemente (Balbino 61')

Landáburu — Marina

Julio Prieto — Quique

Hugo Sánchez — Rubio (Mínguez 82')

Cálculo y medición

Jesús Landáburu Sagüillo nació el 24 de enero de 1955 en el palentino pueblo de Guardo, donde su padre trabajaba en una explotación minera. Interno desde los 9 años en el colegio San José de Valladolid, **pronto empieza a dar muestras de su gran visión como organizador** en los equipos del patio del colegio y en los campeonatos escolares en los que participa. El Real Valladolid, aconsejado por Pepe Rodríguez, le capta precisamente en esa época para **debutar con 17 años con el primer equipo en Segunda División** el 7 de mayo de 1972, en un Valencia 2-Real Valladolid 0. Ese día, Landáburu, que hasta entonces jugaba en campos de tierra, pisó por primera vez un campo de hierba.

En los cinco años siguientes, de la mano de entrenadores como Héctor Martín, José María Martín, Gustavo Biosca, Fernando Redondo, Héctor Núñez, Luis Aloy o José Luis Saso, va perfeccionando su técnica y su poder de liderazgo en el juego del equipo del viejo Zorrilla, en el que aún siguen recordando el golazo que marcó al Tenerife desde medio campo en noviembre del 1974 y que fue el pistoletazo de salida para que España conociera su existencia como futbolista. Su técnica y su visión de juego le convertían en el faro del equipo; su capacidad de recuperación y anticipación, debido a su gran colocación, suplían la falta de físico y fortaleza. Nunca llegó a jugar con el Real Valladolid en Primera División pero todo el mundo sabía a orillas del Pisuerga que su futuro estaría en la élite del fútbol español.

En Valladolid dan por hecho que el destino del palentino será Sevilla; sin embargo, unas presuntas dolencias cardiacas frustran el fichaje por los hispalenses, situación que aprovecha su antiguo técnico en Pucela, Héctor Núñez, para ficharle en el recién ascendido Rayo

"Uno de los recuerdos intactos de mi niñez me sitúa con cuatro años defendiendo una de las porterías en un partido con mis hermanos y primos. Lo más difícil era distinguir a los jugadores en aquellos Atlético de Madrid contra Atlético de Madrid".

Nacho García Vega

(Músico)

Vallecano. Con 22 años debuta en Primera División y allí juega dos años a un altísimo nivel que le catapulta al F. C. Barcelona, por el que ficha en el verano de 1979. El buen ojo de Joaquín Rifé le hace llegar al Barcelona para jugar todos los partidos el primer año, ganando la Copa del Rey de la temporada 1980-1981.

En sus tiempos como jugador azulgrana alcanza la internacionalidad absoluta de la mano de Ladislao Kubala, un 23 de enero de 1980 en Balaídos en un España 1-Holanda 0.

Su siguiente año en el Barcelona no es tan fructífero, circunstancia que aprovecha el por aquel entonces secretario técnico del Atlético de Madrid y exguardameta Rodri para ficharle al inicio de la campaña 1982-1983. Hay dudas sobre su rendimiento, ya que el Barcelona le traspasa con la carta de libertad en la mano, pero las dudas se disipan en cuanto se enfunda la camiseta del Atlético de Madrid, donde vuelve a desplegar un majestuoso juego como organizador y recuperador, alternando pases cortos con pases largos milimétricos. Especialista en el lanzamiento de faltas, los aficionados que le vieron jugar recuerdan con cariño sus saques de esquina, que se convertían en un auténtico peligro para los porteros rivales. Un hombre de medio campo como Luis Aragonés ve en Landáburu su extensión en el terreno de juego y confía en reflotar a un equipo que pasa por momentos delicados. El Atlético vuelve entonces a luchar por la Liga y conquista títulos como la Copa del Rey de 1985 o la Supercopa de España que ganó al F. C. Barcelona de Terry Venables.

La campaña 1987-1988 será la última de Landáburu no solo como jugador atlético, sino también como futbolista profesional. Cuenta con 32 años y es uno de los líderes del vestuario que no tiene reparos en enfrentarse a los nuevos métodos del presidente Jesús Gil, por lo que es despedido al igual que otros compañeros como Arteche, Quique Ramos y Quique Setién. Curiosamente, su último partido en Primera tiene lugar en el mismo campo en el que debutó con el Rayo once años antes, el Ramón de Carranza de Cádiz. Ese día, en el Cádiz 3-Atlético 3 juegan sus últimos minutos como rojiblancos Landáburu, Arteche y Quique Ramos.

Aunque los tribunales le dan la razón en su contencioso con el Atlético de Madrid, Chus Landáburu, asqueado de la situación, decide poner punto final a su carrera con 33 años. Siempre se preocupó de su futuro y le gustó estudiar, así que finalizó la carrera de Ciencias Físicas en la Universidad Complutense en la especialidad de Cálculo Automático e hizo un máster en Ingeniería del Conocimiento por la Universidad Politécnica; ha trabajado hasta hace poco en una empresa de consultoría dedicada al desarrollo del área económica financiera de sistemas y tecnologías de la información. Hace un tiempo trasladó su residencia a su querida Valladolid y allí ha desarrollado una faceta solidaria: tras unos años como voluntario en la ONG jesuita de Valladolid Entreculturas, en 2007 asumió más protagonismo en la delegación de la organización en Valladolid. En la actualidad, ya jubilado, es el encargado del área de proyectos de la Fundación vinculada a los Jesuitas que defiende el acceso a la educación de los más desfavorecidos y también colabora en asuntos informáticos en Red Íncola, una ONG que atiende a inmigrantes. En octubre de 2019 fue nombrado presidente de dicha organización.

1 / En sus tiempos del Rayo en una foto que guarda con cariño en la que se le ve con el *Chopo* José Ángel Iribar. 2 / Antes de un partido en el Calderón la plantilla posa con el Oscar de Hollywood ganado por la película de José Luis Garci *Volver a empezar*. En la imagen vemos a la plantilla posando con la estatuilla acompañados de José Luis Garci y Esteban Alenda. Landáburu está detrás del director. 3 / Foto de presentación en el Calderón, aquí vemos a Landáburu estrenando camiseta con un jovencísimo Abel Resino. 4 / Los días de lluvia había que cuidar el césped por eso muchas veces se aprovechaban los graderíos interiores (zona en la que ahora están las oficinas) para disputar partidillos de baloncesto, en la imagen Ruiz intenta tirar a canasta con la oposición de Marcelino mientras Mejías protege el lanzamiento. Asistiendo a la jugada, Juan Carlos Arteche y un estático Landáburu. 5 / Imagen de la final de la Recopa de 1986, Landáburu y Marina intentan arrebatar el balón a un jugador del Dínamo de Kiev.

EUGENIO **LEAL**

foto 4

Rentabilidad
sin complejos

Era **fácilmente identificable.** Primero por su bigote, que siempre portó en homenaje a su padre, y luego por **el vendaje que siempre llevó en su brazo derecho,** que comenzó como una protección médica tras un romperse el escafoides en un Trofeo Colombino y que acabó portando como amuleto una vez curada la lesión (que aún le sigue dando problemas).

"Cuando llegué a España en 1973 tuve que adaptarme a un país nuevo y hacer elecciones que para una niña de diez años a veces son difíciles. En cambio otras fueron naturales y fáciles, como mi decisión inmediata de convertirme en colchonera. Fue un acto de convicción. Y es que ser del Atlético de Madrid es una cuestión de principios".

Olvido Gara *Alaska*

(Cantante)

Eugenio Leal Vargas nació en Carriches (Toledo) el 13 de mayo de 1953. En agosto su familia se traslada a Madrid y comienza sus estudios en el colegio La Salle, donde empieza a destacar como uno de los mejores del equipo, lo que le catapulta al juvenil B del Atlético de Madrid. Allí debuta a las órdenes de Mariano Moreno, pero en una semana Martín Landa, entrenador del juvenil A, le sube a su equipo. Leal juega como delantero y hace buenas migas con un malagueño llamado Juan Gómez Juanito. Juntos comandan un buen equipo que les abre las puertas de la selección española juvenil. De ahí al equipo aficionado primero para jugar en Tercera y en el mismo año directamente al primer equipo reclamado por Marcel Domingo. Junto a él llega Juanito, pero una lesión le aleja de la primera plantilla y es cedido al Burgos, lo que impide que los dos inseparables amigos puedan jugar juntos en Primera División; eso sí, cumplieron el sueño de jugar juntos como internacionales muchas veces y disputar el Mundial de Argentina 1978.

Sus cualidades gustan mucho a Marcel Domingo, que le hace debutar con apenas 18 años en Primera, en Balaídos (2-1), en septiembre de 1971. Ese año participa en la consecución de la Copa y al siguiente, de la Liga. Leal retrasa un tanto su posición en el campo y comienza a actuar como media punta, a veces en banda o como centrocampista llegador; con el tiempo retrasará aún más su posición en el campo, convirtiéndose en uno de los mejores centrocampistas que ha tenido el Atlético de Madrid.

Es muy joven, ya que tiene 20 años cuando Juan Carlos Lorenzo, que prefiere a jugadores más veteranos, decide cederle una temporada al Sporting de Gijón a pesar del interés del Español y el Betis. En Asturias juega ocho meses y regresa a Madrid para jugar la Copa con el Atlético ante la imposibilidad federativa de que participen los jugadores extranjeros. Así, se queda definitivamente en un equipo que ahora va a entrenar su antiguo compañero de césped, Luis Aragonés. Si en sus primeros años antes de ir a Asturias parte de la grada le silbaba, cuando regresó esos silbidos se tornaron en aplausos diarios que reconocían la valía de un jugador que marcó una década en el club.

Leal fue internacional absoluto en trece ocasiones. Debutó en Bucarest en abril de 1977 en un Rumanía 1-España 0, con Kubala en el banquillo. Fue parte activa en la clasificación de España para la cita mundialista de Argentina en 1978 y estuvo presente como titular en la famosa Batalla de Belgrado. Jugó el Mundial y compareció por última vez como internacional en Roma en diciembre de 1978 (1-0).

Eugenio Leal o, como es conocido por sus compañeros, El Cheli, se mantiene como un fijo en las alineaciones hasta que una rotura de ligamentos le hace estar apartado bastante tiempo. Tras su recuperación ya juega poco y en la campaña 1981-1982 juega cuatro partidos de Liga. Vestirá por última vez la camiseta rojiblanca en Liga en enero de 1982 en Bilbao (2-0). En marzo se va al Sabadell con dos Ligas, dos Copas y una Intercontinental. Su rodilla no es la misma y tras

mes y medio, tiempo en el que participa en solo dos partidos, decide dejarlo definitivamente.

Leal se consagró como un jugador ambicioso, con un gran trabajo en el centro del campo, una gran visión de juego y una sobriedad y profesionalidad que encandiló a la afición.

Casado con una granadina, se traslada a la ciudad de La Alhambra y trabaja primero como bróker de bolsa y desde hace años y hasta su jubilación, como delegado de la marca de brandy 501.

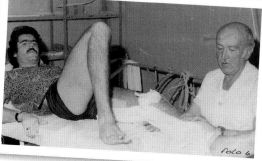

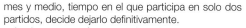

1 / Imagen poco conocida de Eugenio Leal en sus comienzos en el Atlético de Madrid. 2 / El día de su primera comunión. 3 / Con Su Santidad el Papa Juan Pablo II acompañado del entonces presidente de la Real Federación Española de Fútbol, Pablo Porta. 4 / Recepción en Zarzuela de la selección nacional que se clasificó para el Mundial de Argentina 1978, en la imagen Leal saluda a Su Majestad el Rey Juan Carlos I. 5 / Tras ganar la Liga es momento de disfrutar en el vestuario del Bernabéu. En la imagen Leal y Rubén Cano exhaustos por el esfuerzo. 6 / *El Cheli* se mantiene como un fijo en las alienaciones hasta que una rotura de ligamentos le hace estar apartado bastante tiempo, tras su recuperación ya juega poco y en la campaña 1981-1982 juega cuatro partidos de Liga, todos ellos lejos del Calderón vistiendo por última vez la camiseta rojiblanca en competición liguera el 5 de enero de 1982 en San Mamés en un Athetic Club 2-Atlético de Madrid 0. En la imagen, siguiendo tratamiento en Barcelona. 7 / De boda, en la imagen le vemos sentado con traje claro en la misma mesa que Clemente Villaverde. De pie están Ovejero, Enrique Cerezo, los novios y Miguel Ángel Ruiz junto a sus respectivas acompañantes. 8 / Fue internacional en 13 ocasiones y disputó el Mundial de Argentina. En la imagen, en la cita mundialista ante Suecia con su vendaje en su brazo derecho, que comenzó como una protección médica tras romperse el escafoides en un Trofeo Colombino y que acabó portando como amuleto una vez curada la lesión. 9 / Durante la recepción en el Palacio de La Moncloa con motivo del Centenario del Atlético de Madrid, Leal posa junto al entonces presidente del Gobierno José María Aznar.

Lo nunca
visto

«Discúlpame». No fue un gol espectacular, no venía ni de un disparo ni de un regate, ni tan siquiera de una jugada deslumbrante. Sí fue **un gol para la estadística,** ya que era el 30.000 de la Liga, pero era diferente. **Fue un gol de pillo, de chico listo** y, además, ante una leyenda como el Txopo Iribar. Leivinha había fallado un penalti y seguía dándole vueltas a la cabeza. Tras una jugada rápida, Iribar atrapa el balón y deja que ruede por el césped del Manzanares esperando la colocación de sus compañeros; sin percatarse de que detrás tiene al brasileño, se prepara para el golpeo cuando irrumpen por su costado los colores blancos y rojos de una camiseta... es Leivinha, que le **arrebata el balón y con picardía lo introduce en su portería.** Iribar se queda pálido, sobre todo cuando el brasileño se acercó a él tras celebrar el gol, para pedirle disculpas.

"Cambió la velocidad del fútbol español".

Iñaki Cano
(Periodista)

Joao Leiva Campos Filho nació en Novo Horizonte (São Paolo, Brasil), un 11 de septiembre de 1949. Realmente Leivinha, como se le conocía, nunca tuvo otra ocupación que la de futbolista: su padre jugaba al fútbol y su familia siempre estaba relacionada con el mundo del deporte, principalmente el balompié, por lo que firma su primer contrato como profesional a la temprana edad de 15 años. Su abuelo era natural del pueblo malagueño de Almogía, aunque Joao nunca solicitaría la nacionalidad española. Inició su carrera en el Linense de su país. Su padre deportivo es Jorge Margy, que con apenas 16 años recién cumplidos se lo lleva a la Portuguesa, donde debuta en 1965. Los equipos grandes comienzan a interesarse por él y recala en el Palmeiras en 1970, a pesar del interés del São Paulo. Allí se hace futbolista junto a futbolistas como Ademir da Guia, Dudu o Pereira, hasta el punto

de conquistar dos campeonatos brasileños y formar parte de la selección canarinha que disputa el campeonato del Mundo de Alemania 1974.

Es un futbolista increíblemente hábil, con una velocidad endiablada, con unos cambios de ritmos diferentes y oportunista con el balón en los pies. Durante años hizo gala de un gran remate de cabeza, que trabajaba después de cada entrenamiento y que le convirtió en uno de los mejores cabeceadores de todos los tiempos. En el Palmeiras bate registros jugando 263 partidos en los que anota 105 goles, ganando el Campeonato Paulista de 1972, el campeonato brasileño ese mismo año, el bicampeonato en 1973 y repitiendo el Paulista en 1974. Fue 27 veces internacional con Brasil, anotando el gol 1.000 de la historia de la selección.

En el verano de 1975 juega su último partido como jugador del Palmeiras y lo hace en España, concretamente el 31 de agosto en la final del Trofeo Ramón de Carranza de Cádiz ante el Real Madrid. En el vuelo de vuelta a Brasil es fichado por el Atlético de Madrid para ser rojiblanco junto a su compañero en el Palmeiras Luiz Pereira. Poco tuvieron que esperar los aficionados rojiblancos para ver las excelencias del rubio jugador brasileño, ya que en su debut, el 28 de septiembre de 1975, en un partido ante el Salamanca, Leivinha dibujó sobre el césped de la Ribera del Manzanares pases inverosímiles, carreras prodigiosas, remates imparables y algo que no se había visto en nuestro país, la bicicleta, un regate en el que Leivinha era un especialista. Fue el debut soñado y maravilló en esa primera temporada en la que llegó a marcar 18 tantos, y eso que como extranjero no podía jugar una Copa que ganaron sus compañeros.

En el Calderón despliega su clase y su magia y gana la Liga en la campaña 1976-1977, convirtiéndose en un ídolo para los aficionados, que disfrutan cada jornada con una línea formada por Leivinha, Gárate y Ayala que marca muchos goles y que ayuda a que el equipo siempre esté luchando por los títulos. Electrizante, espectacular, rápido, su carisma y calidad le hacen hueco en la historia del Atlético, donde muchos le pusieron el sobrenombre de Príncipe.

Siempre se quejó de la dureza de los defensas en España y los golpes recibidos le fueron pasando factura, como una dura entrada sufrida en Vigo que acabó por darle quebraderos de cabeza tiempo después. Tras cuatro temporadas defendiendo la camiseta del Atlético y dejando un sello imborrable, con 83 partidos de Liga y 40 goles –una media de un gol cada dos partidos–, el Atlético decide aceptar una oferta de 35 millones realizada por el São Paulo brasileño. Las lesiones y la profunda etapa de renovación de la entidad propiciaron la salida del astro brasileño rumbo de nuevo a su país. No tuvo suerte, ya que las lesiones que le asediaron en su último año en España se reproducen en Brasil. Una fuerte contusión reeditando su vieja lesión producida en Vigo le hace jugar poco en el São Paulo, por lo que dice adiós con apenas 29 años y 15 de profesional a su espalda.

Leivinha es un mito en Brasil y aunque los negocios no le fueron bien tras su retirada encontró un hueco como comentarista de la televisión brasileña, labor que ha desempeñado durante muchos años. Su estela siguió en Europa con su sobrino Lucas Leiva, en equipos como el Liverpool o el Lazio.

1 / No todo era jugar al fútbol, en la imagen vemos a Leivinha y a Pelé intentando ponerse al día en lo que al baile se refiere. **2/** Recordando viejos tiempos durante la celebración del Centenario en 2003; en la imagen vemos a Leivinha a la izquierda con Luiz Pereira en el centro y Panadero Díaz a la derecha. **3/** Foto de 1975 en la que se ve a los recién llegados Pereira (de pie) y Leivinha (sentado) con su nuevo entrenador Luis Aragonés. **4/** Imagen tomada en Cádiz durante un Trofeo Carranza. En la imagen vemos a Leivinha, a su lado Rubén Cano y a la derecha *Cacho* Heredia. **5/** Curiosa imagen durante una concentración, Ayala ojea una revista mientras Leivinha a su lado se interesa por los contenidos que lee *Ratón*, Leal mira la revista de Leivinha y Eusebio intenta comentar algo. **6/** Un equipo de la temporada 1977-1978, arriba, de izquierda a derecha: Alberto, Reina, Marcelino, Benegas, Eusebio y Leal; agachados, Rubén Cano, Leivinha, Marcial Pina, Rubio y Capón.

FRANCISCO **MACHÍN**

El tercer
mosquetero

foto 1

Francisco Machín Domínguez nació el 9 de febrero de 1917 en Las Palmas de Gran Canaria. **Comenzó jugando en equipos isleños** como el Unión Marina o en el Marino Fútbol Club. En esos años, Francisco Machín era **conocido como Machorro.** El estallido de la Guerra Civil le sorprende con apenas 19 años y aunque son pocos los datos sobre su trayectoria en esa época, ya aparece como jugador en activo del Aviación Nacional en los tiempos en que el equipo aviador se traslada de Salamanca a Zaragoza. Con los aviadores consigue títulos regionales. El final de la guerra y la fusión con el Athletic Club de Madrid, gracias a las gestiones realizadas entre los aviadores Francisco Salamanca y José Bosmediano y los atléticos Cesáreo Galíndez, Fernández Cabello y Juan Torzón, propician el nacimiento del Athletic Aviación Club.

"El Atlético es más que un equipo de fútbol: es la pasión de un sentimiento a unos colores".

Alejandro Blanco
(Presidente del Comité Olímpico Español)

Tras la promoción con Osasuna conquista las dos primeras Ligas después de la guerra con el Club Atlético Aviación (nuevo nombre usado desde enero de 1941 tras la circular de la Federación en la que se instaba a suprimir de sus denominaciones cualquier vocablo extranjero) en un equipo en el que Machorro, ahora ya conocido con su apellido original, Machín, forma parte de la línea de medios con futbolistas como Urquiri y Germán.

Jugador habilidoso y rápido, es un fijo en esas temporadas en el equipo y abastece de balones a Vázquez por la banda o a delanteros como Elícegui primero o al salmantino Pruden después, que llegó a ser el primer pichichi del club. Ya en diciembre de aquel año, en un partido contra el Barcelona (3-0) en Chamartín, forman en el medio campo Germán, Gabilondo y Machín, lo que con el tiempo se convertiría en un referente en el fútbol rojiblanco y por extensión en el fútbol español, así como de la selección, y que los aficionados rebautizaron como los Tres Mosqueteros, en recuerdo a aquellas míticas medias formada por Santos, Ordóñez y Arteaga o la integrada por Gabilondo, Marculeta o Ipiña.

La entrega en cada partido era vitoreada por los aficionados, que convirtieron a Machín en un ídolo como referente de la entrega y el sudar la camiseta, y un ejemplo para las nuevas generaciones. Su característica principal y la que más recuerdan los aficionados que le vieron jugar era su camiseta por fuera, muestra de esfuerzo y de no dar un balón por perdido.

Tras las dos Ligas conquistadas y una Copa Eva Duarte, el equipo mantiene un buen nivel de juego y disputa los títulos hasta el final de cada campeonato, lo que abre a Machín las puertas de la selección absoluta. Solo es internacional con España en una única ocasión, el 28 de diciembre de 1941 en un España 3-Suiza 2. Esta tarde, con Eduardo Teus en el banquillo, Machín viste la roja el mismo día que también debuta su amigo y compañero, Germán Gómez; pero una inoportuna lesión de Gabilondo impidió que el centro de España estuviera formado ese día por los Tres Mosqueteros.

Machín viste de rojiblanco hasta la campaña 1944-1945, en la que una rotura de menisco le aparta muchos encuentros, lo que hace que entre savia nueva al centro del campo, con jugadores como Farias, Cuenca o Mencía, que van dejando sus actuaciones en esporádicas. Machín cerrará su etapa como rojiblanco en Liga un 28 de enero de 1945 en el castellonense campo de Sequiol, en un Castellón 2-Atlético Aviación 3.

Deja Madrid para marcharse al Málaga, donde jugará una temporada. Después cuelga las botas, momento en el que regresa a Madrid para buscarse la vida, primero como peón albañil, posteriormente como empleado del Ministerio del Aire y luego como ordenanza del Ministerio de la Vivienda. Muy conocido por su etapa como futbolista, era popular en su barrio: durante años vivió en la calle Narváez cerca de las calles Ibiza y Sainz de Baranda.

El 21 de febrero de 1979 recibió la Cruz de Plata del Mérito Civil, además de la insignia de oro y brillantes del Atlético de Madrid, impuesta por el presidente de aquel entonces, Vicente Calderón.

Unos meses después, ese mismo año 1979, fallecería en Madrid.

1 / Posando con la camiseta del Atlético Aviación, Machín fue pieza fundamental en el medio campo de las dos primeras ligas. **2/** Equipazo campeón de Liga. Arriba, Mesa, Tabales y Aparicio; en el medio, los de siempre, Gabilondo, Germán y Machín; abajo, Manín, Arencibia, Pruden, Campos y Vázquez. **3/** Formación del Atlético Aviación con su segunda equipación de color azul. Forman arriba Germán, Agustín, Blanco, Aparicio, Mesa, Campos y Guillermo; abajo, Vázquez, Santi, Machín y Juan Escudero. **4/** Solo fue internacional con España en una única ocasión, el 28 de diciembre de 1941 en un España 3-Suiza 2. Esta tarde, con Eduardo Teus en el banquillo, Machín viste la Roja el mismo día que también debuta su amigo y compañero, Germán Gómez. La foto corresponde a aquel día en Valencia. En ella vemos arriba a Arencibia, Rovira, Álvaro, Ojeda, Martorell, Teruel, Raich, Machín y Epi. Agachados: Acuña, el masajista Conde, Mundo, Herrerita, Gorostiza, Campos y Germán. **5/** Equipo del Atlético Aviación antes de jugar en Vallecas en 1941. Arriba, Cobo, Domingo, Tabales, Arencibia, Aparicio y Paco Campos. Abajo, Aníbal Manín, Machín, Germán, Gabilondo y Vázquez.

Apuesta
segura

Había vuelto la actividad tras las Navidades y el Sporting de Gijón visitaba el Vicente Calderón. La tarde no **comenzó bien para los hombres entrenados por Javier Clemente,** ya que a los quince minutos perdían por 0-1. Sin embargo, el equipo reaccionó y en el minuto 40 Baltazar había anotado ya el 1-1, justo unos minutos antes de que **Marina recogiera un balón y lo metiera** en la portería de Ablanedo. Era el minuto 44, se daba la vuelta al marcador y Marina **entraba en la historia del Atlético de Madrid.** Ese gol era el tanto número 3.000 de la historia del club en la Liga. Unos meses después, en el partido de vuelta en El Molinón, Marina decía adiós al club de su vida.

R oberto Simón Marina nació en Villanueva de la Serena, en Badajoz, un 28 de agosto de 1961; sin embargo, su infancia se centra en el madrileño pueblo de Talamanca del Jarama, donde empieza a dar sus primeras patadas al balón. Como cualquier chaval juega en el colegio y pronto se enrola en el Club Deportivo Las Islas, donde ya aparece como jugador federado. Los entrenadores que trabajan con él en esos años pulen una calidad innata en el manejo del balón y su gran visión de juego. Jugador de baja estatura, eso no le impide erigirse en el cerebro del equipo y en un gran finalizador de jugadas. Con 15 años se presenta a hacer una prueba en el Atlético de Madrid y el entonces secretario técnico del club, Ángel Castillo, se hace con sus servicios.

Es 1976 y Marina comienza a escalar poco a poco en las categorías inferiores con grandes profesores como Víctor Peligros o Rodri, que saben sacar partido a este pequeño jugador de apenas 1'64 y poco peso (poco más de 60 kilos), pero con una inteligencia extraordinaria sobre el campo que suplía su falta de corpulencia. No estaban equivocados: Marina, poco a

"Lo fácil carece de valor. Para ser del Atleti hay que ser especial. He ahí su inmenso valor".

Marcelino Gallardo

(Empresario)

poco, se fue haciendo un hueco en el club hasta llegar al primer equipo para triunfar.

Su proyección en las categorías inferiores hace que con apenas 18 años tenga la oportunidad de debutar en Primera División: fue un 18 de mayo de 1980, en el último partido de la temporada, cuando Marcel Domingo le dio quince minutos en un Real Sociedad 2-Atlético de Madrid 0. Joaquín Peiró, entrenador del filial, aún dispondrá de él dos temporadas más: juega la pretemporada con el primer equipo hasta que se marcha a hacer la mili a Zaragoza.

Tras su regreso, en la temporada 1982-1983, Luis Aragonés le sube definitivamente al primer equipo. Su olfato goleador, sus pases, sus desmarques, su enorme proyección y su carácter le convierten en un referente para todos los chavales de cantera, que ven en él la posibilidad de triunfar en la entidad. Son años económicamente muy malos para el club y Marina abandera una solución a la falta de liquidez del club, que consigue mantener un equipo competitivo basándose en su propia cantera. La afición enseguida conectó con ese espíritu, sintiendo a esos jugadores como algo propio. Con el regreso a la presidencia de Vicente Calderón tras los tiempos convulsos de Alfonso Cabeza, el Atlético vuelve a estar arriba y conquista la Copa y la Supercopa de 1985, el subcampeonato de Liga de ese mismo año y alcanza la final de la Recopa de 1986. La afición disfruta de un equipo que lo da todo en el campo y que acaba subcampeón de la Copa en 1987 y de la Copa de la Liga en 1984 y 1985.

Sin duda el mejor año de Marina fue 1985, ya que además tuvo la oportunidad de ser internacional absoluto, aunque solo fuera una vez. Después de haber sido Sub-19, Sub-20 y Sub-21, su oportunidad con la absoluta le llegó de la mano de Miguel Muñoz un 26

de mayo de 1985, al jugar ocho minutos en un República de Irlanda 0-España 0.

En los primeros años de Jesús Gil en la presidencia del club Marina se mantiene como uno de los fijos. Tiene tres años más de contrato y se presenta con el equipo de la campaña 1990-1991. Sin embargo, los malos resultados de pretemporada hacen que Peiró salga del banquillo y Marina se sume a la lista de bajas.

Ese mismo verano es traspasado al Mallorca por 50 millones y allí juega dos temporadas a las órdenes de Lorenzo Serra Ferrer. Es finalista de Copa pero el equipo desciende en la siguiente temporada y él recala, a pesar de tener un año más de contrato, en el Toledo, para jugar en Segunda B. Tiene 32 años y ya piensa en la retirada, pero aún juega tres años con los de la ciudad imperial, manejando el centro del campo del mejor Toledo de la historia. Sube el equipo a Segunda el primer año y la siguiente campaña llega a jugar una promoción de ascenso a Primera con el Valladolid.

Al finalizar la temporada 1994-1995, Marina decide colgar las botas y comienza una nueva andadura en los banquillos como ayudante en el Toledo de Emilio Cruz y posteriormente en el Ourense, antes de volver a recalar en el Atlético de Madrid como técnico de las categorías inferiores. Allí dirigió al Colegio Amorós durante algunos partidos en Tercera División para pasar a ser coordinador de entrenadores del fútbol base Rojiblanco. También fue segundo entrenador del filial rojiblanco que dirigió Alfredo Santaelena, después estuvo con Milinko Pantic en China y en Qatar junto a Pepe Murcia y estudiando ofertas para volver a sentarse nuevamente en un banquillo.

1/ Como miembro del cuerpo técnico del primer equipo aquí le vemos en el banquillo del Hemántico con Luis a su izquierda y Paulo Futre a su derecha. **2/** Durante la comida de los veteranos en la Navidad de 2012 charla amistosamente con el Dr. Ibáñez. **3/** Gente del club, en la imagen apreciamos a Marina junto a Luis Aragonés, Mejías y Quique Ramos. **4/** Durante una presentación del equipo vemos a Marina en primer término junto a Toni Muñoz, Aguilera y Alfredo. **5/** En Talamanca del Jarama montando en bici. **6/** Jugador inteligente, marcó el gol 3.000 de la historia del club y fue el eje del Atlético a mediados de los ochenta. **7/** La plantilla posa durante una gira. De izquierda a derecha; Mariano Moreno, Quique, Votava, Pedraza, Marcelino, Landáburu, Juanjo, Rubio, Clemente, Carlos Peña, Pereira, Ramón Caro y Cabrera; agachados, Balbino, Julio Prieto, Marina, Dr. Ibáñez; Abel, Pedro Pablo y Ruiz. **8/** Posando con el cetme durante el servicio militar.

El **talento** africano

El 19 de septiembre de 1938 nació a orillas del Atlántico, en Luanda, capital de Angola, Jorge Alberto de Mendonça Paulino. **Desde niño jugaba al fútbol a diario** en las arenas de las playas de Luanda y en el club fundado por su padre y unos amigos, el Sporting de Luanda, donde también lo hacían sus hermanos mayores. Allí **siguió los pasos de su padre**, Joao Francisco de Mendonça, meteorólogo que también fue futbolista, entrenador, árbitro y primer seleccionador de Angola de fútbol.

En esos tiempos Angola era una colonia portuguesa por lo que su familia recala en Portugal cuando Jorge es aún un niño. Es ahí, en el país luso cuando empieza a dar muestras de la calidad que atesora y es captado por el Sporting de Lisboa para jugar en sus categorías inferiores. A los 15 años ya fue campeón Junior y a los 16 años ya jugaba con los mayores recibiendo su primer sueldo.

Asciende peldaños y llega a Primera división donde juega un año con los lisboetas hasta que en 1956 el Sporting de Braga le ficha para jugar otra temporada. Con nacionalidad portuguesa, Angola se independizó en 1975, Jorge llama la atención de los ojeadores del Deportivo de la Coruña que consiguen ficharle para jugar en Segunda división la campaña 57/58. Al finalizar la temporada, el Atlético de Madrid se hace con sus servicios estrenándose como rojiblanco en el amistoso de presentación de la nueva plantilla en el Metropolitano ante el Levante. El técnico Fernando Daucik le hace participar unos minutos en el segundo tiempo y la afición se encuentra con un espigado jugador que atesora una clase extraordinaria y que marcará unos días después su primer gol, en otro amistoso ante el Oporto, el 7 de septiembre, para acompañar los tantos anotados por Agustín y Peiró.

En su primera temporada se afianza como indiscutible en el equipo y va ganándose poco a poco a una afición que «castellaniza» su nombre como Mendoza. Poseía una gran zancada y sobre todo una clase impresionante, su exquisito toque de balón, sus increíbles pases y sus regates imposibles marcaron una

"Recuerdo esa noche en el Metropolitano. Ese partido de 1965 ante el Dínamo de Zagreb y la actuación memorable de Jorge Mendonça, que fue sacado a hombros por la afición rojiblanca. Yo, sentado al lado de mi padre, que verbalizaba el encuentro para RTVE. Marcó tres goles, el último de ellos una obra de arte, se merendó al rival. El pitido final no era el desenlace. Faltaba la explosión de la afición que saltó al terreno de juego, lo subieron a hombros y le hicieron salir por la puerta, no de vestuarios, sino por la grande. Mi padre fue el narrador de esa experiencia y yo el testigo de una imagen que se ha quedado grabada en mi mente, pero también de una narración pseudotaurina".

Matías Prats Luque
(Periodista, Antena 3)

época en la historia del club. Los que jugaron con él siempre hablan del mejor jugador con diferencia que ha vestido la camiseta del Atlético.

Su condición de extranjero le impide jugar la campaña 59/60 la Copa por lo que no puede ayudar a sus compañeros a conquistar el título en Chamartín ante el Real Madrid, cosa que sí hace en 1961, tras nacionalizarse español, y así poder ganar la Recopa de 1962, título que no puede reeditarse en 1963 al perder en la Final con el Tottenham inglés.

En esos años otro Mendonça juega en la Liga española, se trata de su hermano mayor, Fernando Manuel de Mendonça Paulino, que milita en las filas del Deportivo de la Coruña y luego en el Elche, sin embargo, no tiene la calidad de su hermano y apenas juega tres partidos con los gallegos sin enfrentarse nunca a su hermano.

Mendonça juega hasta 1967 en el Atlético tras nueve temporadas en las que gana una Liga y tres Copas. El estadio está en construcción y hace falta financiación. Vicente Calderón había conseguido retener al angoleño, pero la necesidad de ingresos obliga a aceptar la

oferta del F.C. Barcelona y gracias a ese dinero finalizar la tribuna superior sobre el río. Es así como Jorge Mendonça llega al F. C. Barcelona para ganar una Copa, pero la temporada siguiente pierde protagonismo: problemas extradeportivos ajenos al fútbol enturbian su relación con determinados estamentos del club y el técnico, siguiendo instrucciones de la directiva de Narcis de Carrera, apenas cuenta con él. Así pone punto final a su época culé para recalar en las Islas Baleares para defender los colores del Mallorca. Tampoco pudo triunfar ya que los problemas del equipo balear eran acuciantes y a pesar de haber una sentencia favorable al futbolista, el mulato no vio un solo duro y apenas jugó cinco partidos en una temporada en la que el equipo bermellón acabó descendiendo.

Con 31 años, dejaba 13 temporadas en el fútbol español, 15 como profesional, con más 70 goles conseguidos y una Liga, cuatro Copas y una Recopa y con un recuerdo imborrable entre sus compañeros y los aficionados; su organización de juego, su capacidad de desborde, sus cambios de ritmo y su soberbio remate le hicieron hueco en la historia de nuestro fútbol.

Una vez cerrada su etapa como profesional se quedó un tiempo viviendo en la isla ayudando a sus compañeros como fisioterapeuta hasta que decidió regresar a Madrid para abrir una clínica naturista en la que trabajó durante muchos años. Ha trabajado en la Embajada de Angola en Madrid como agregado del embajador en materia de deporte y fue hace unos años el propulsor de su idea del Mundialito de la Inmigración, con la que demostró su faceta solidaria para los más necesitados y en favor de la integración social. Tras unos años en Angola, su país, regresó a España para poner en marcha varios proyectos siempre relacionados con el mundo del fútbol, como el mencionado Mundialito de la Inmigración, entre otros. Es un hombre muy involucrado en asuntos de integración y solidaridad que participa activamente en todo lo relacionado con la Asociación Leyendas del Atlético de Madrid. Creador del Fútbol 7, desarrolla proyectos como Walking Fútbol 7, una iniciativa de integración y de inclusión social para cualquier amante del fútbol a través de Ayuntamientos, las embajadas extranjeras en España, equipos de fútbol profesionales y para cualquier persona que quiera seguir disfrutando de la pasión por el fútbol.

1 / Triunfó plenamente en el Atlético, en esos años otro Mendonça juega en la Liga española; se trataba de su hermano mayor, Fernando Manuel de Mendonça Paulino, que militó en las filas del Deportivo de la Coruña y en el Elche. Sin embargo no tuvo la calidad de su hermano y apenas jugó tres partidos con los gallegos sin llegar a enfrentarse nunca a su hermano. 2 / Un lujo sobre el Metropolitano; de izquierda a derecha, Miguel, Mendonça, Vavá, Peiró y Collar. 3 / Tres grandes de la historia del Atlético de Madrid: Adelardo, Mendonça y Peiró. 4 / Disfrutó en 2003 de los actos conmemorativos del Centenario. 5 / La foto está algo arrugada pero merece la pena ver la indumentaria con la que se entrenaban en el Metropolitano Collar y Mendonça. 6 / Con su buen amigo Esteban en un restaurante de la Cava Baja madrileña.

Equipos históricos

Campeón de **Copa del Rey**

ATLÉTICO	1-0	ZARAGOZA
Gárate 26'	26 de junio de 1976 Estadio: Santiago Bernabéu	

Entrenador: **LuisAragonés**

Reina

Heredia Eusebio

Capón

Panadero

Salcedo
(Alberto 76')

Marcelino

Leal

Ayala

Becerra
(Aguilar 60')

Gárate

/// ENRIQUE **QUIQUE** RAMOS

Siempre mirando
hacia delante

Luis Aragonés le situó en **defensa en la banda izquierda.** Le gustaba atacar hasta el punto de decirle a Luis que le pusiera más adelantado, ya que en defensa se aburría. El técnico **no le cambió de posición pero sí le dio libertad en ataque,** por lo que siempre son **recordadas en el Calderón sus subidas por la banda** izquierda, sus centros **y su gran pegada.**

"Los atléticos somos como los heavys: a veces desplazados ante el poderoso, nunca sumisos y siempre fieles a nuestros sentimientos".

Mariano García
(Locutor musical y empresario - Fallecido en 2012)

Enrique Ramos González nació el 7 de marzo de 1956 en Madrid. Huérfano de padre, empezó a jugar al fútbol en el colegio La Paloma, donde estuvo interno, primero en Cercedilla y Alcalá y después en Madrid, donde disputa los campeonatos escolares con compañeros como Miguel Pardeza o Juan Señor. Con 14 años deja el internado para trasladarse a Parla con su madre y colaborar con la economía familiar trabajando en una calderería. Su cuñado juega en el Pinto y consigue que le hagan una prueba para militar en el recién creado equipo juvenil del equipo pinteño hasta que es captado por los ojeadores del Atlético de Madrid. A las órdenes de Martínez Jayo demuestra una enorme fortaleza física y gran técnica a la hora de manejar el balón. El presidente del Atlético Pinto consigue llevarle a prueba al Albacete, pero no convence a los técnicos manchegos y regresa nuevamente al Atlético para seguir subiendo escalones. Al regreso de realizar el servicio militar en Lleida se integra en el Atlético Madrileño a las órdenes de Joaquín Peiró, pero solo estará un mes, ya que Luis Aragonés le reclama para el primer equipo y le hace debutar en la primera jornada de la temporada 1979-1980. Aquel 9 de septiembre de 1979 no solo se estrena en el Hércules 2- Atlético de Madrid 3, sino que además es autor de uno de los goles.

Con 23 años, Quique (así se le conocía hasta la llegada de Quique Setién, cuando pasa a llamarse Quique Ramos para diferenciarlos) se convierte en un fijo en las alineaciones de un equipo en el que llega savia nueva procedente de la cantera ante los graves problemas económicos de la entidad. Hasta diez jugadores canteranos se integraron en la primera plantilla en esos años. Jugador rapidísimo y con una pierda zurda extraordinaria, fue cambiando de posiciones en el campo hasta quedar ubicado en la banda, unas veces como lateral y otras como interior, un complemento perfecto para ese estilo propio del contragolpe que tantas veces usó Luis Aragonés.

Con el Atlético conquistó la Copa del Rey y la Supercopa del 85 y fue finalista de la Recopa en 1986 y de la Copa de 1987. Ya en esos años, su buen trabajo le llevó a la selección olímpica y a la Sub-21, con la que ganó el Campeonato de Europa. Su confirmación como absoluto llegó de la mano de José Emilio Santamaría en un partido jugado en el Calderón ante Francia (1-0), el 18 de febrero de 1981. Fue cuatro veces absoluto. No pudo jugar el Mundial de España 1982, a pesar de haber estado en la concentración previa, pero se llamó a un tercer portero y Santamaría le descartó a última hora. Tampoco pudo disputar la Eurocopa de Francia en 1984 ni el Mundial de México en 1986, a pesar de estar en sus mejores años.

Fijo en el equipo durante ocho temporadas, su novena campaña en la primera

plantilla produce un punto de inflexión en su carrera. La llegada de Jesús Gil a la presidencia a finales de la temporada 1985-1986 marca el futuro de algunos jugadores ya veteranos. A pesar de ello, en la temporada 1986-1987, con 30 años, juega 28 partidos y 24 en su última campaña, la 1987-1988, en la que es acusado por el presidente de «conducta caprichosa y obstruccionista, de falta de preparación física y desobediencia a las órdenes del entrenador». El propio Quique criticó la actuación del presidente en diversas manifestaciones a los medios, lo que provocó que el club le despidiera junto al resto de implicados (Quique Setién, Landáburu y Arteche). El proceso es traumático, ya que el asunto acaba en los tribunales y aunque incluso la Magistratura de Trabajo número 8 de Madrid acordó que su despido era nulo y que debía reintegrarse al club, Quique nunca más vistió la camiseta del Atlético.

Después del verano de 1988 y pendiente de las resoluciones de los tribunales, Quique entrena con la plantilla del Rayo Vallecano y, a pesar de ganar en los tribunales, ficha dos años por los vallecanos. Sin embargo solo forma parte de la plantilla una temporada y juega su último como profesional en noviembre de 1989 en Vallecas en un 4-4 con el Atlético de Madrid.

Una vez colgadas las botas se dedica, junto a su amigo Emiliano (exjugador del Albacete) a temas de imprenta, actividad que sigue compaginando con la representación de futbolistas en la empresa Boss, con Alejandro Camaño y sus amigos Julio Prieto y Juanma López. En esa gestión de la empresa llegó a manejar la presidencia del Toledo en 2002 y también ha sido el tesorero de la Asociación de Veteranos del Atlético.

Quique Ramos, con más de 350 partidos como rojiblanco, está entre los diez jugadores que más veces han vestido la camiseta del Atlético de Madrid.

1 / Día de piscina en una concentración de la selección. Vemos arriba a *Perico* Alonso y Quique Ramos; abajo, Víctor Muñoz, *Tente* Sánchez y Carlos Santillana. 2 / Formación del Atlético Pinto con un joven Quique Ramos, el segundo por la derecha, en la fila de abajo. 3 / Jugador de la casa, fue subiendo peldaños hasta llegar a triunfar en el primer equipo. 4 / No todo fue un camino de rosas, esta imagen corresponde a una grave lesión que sufrió durante un entrenamiento en el Calderón. 5 / Recepción en el Ayuntamiento de Madrid, Quique da la mano al entonces alcalde, Enrique Tierno Galván, en presencia de Juan Barranco y el presidente rojiblanco Vicente Calderón. 6 / Su buen trabajo le llevó a la selección olímpica y a la Sub-21 con la que ganó el campeonato de Europa. Su confirmación como absoluto llegó de la mano de José Emilio Santamaría en un partido jugado en el Calderón ante Francia (1-0) el 18 de febrero de 1981. Fue cuatro veces absoluto. No pudo jugar el Mundial de España 1982, a pesar de haber estado en la concentración previa, pero se llamó a un tercer portero y Santamaría le descartó a última hora. Tampoco pudo disputar la Eurocopa de Francia en 1984 ni el Mundial de México en 1986 a pesar de estar en sus mejores años. 7 / Jugador de banda izquierda, tenía tendencia a irse al ataque. En la imagen le vemos subiendo la banda izquierda. 8 / Comida de amigos, en la imagen, de izquierda a derecha, Mínguez, Rubio, Quique y Tomás Reñones.

BERND **SCHUSTER**

Perfección
alemana

Bernd **(Bernardo)** Schuster nació en la localidad alemana de Ausburg el 22 de diciembre de 1959. De niño juega en las calles y se enrola en el F. C. Ausburg para ya con 16 años ser incluso campeón de Baviera. Su espigado cuerpo le hace jugar de libre durante dos años, en los que es llamado en varias ocasiones por la selección alemana de la categoría. **Su proyección es grande y con 18 años es ya un jugador cotizado,** hasta el punto de que el Bayern de Munich desestima su fichaje por considerarlo caro para su edad. En la puja, el F. C. Köln consigue llevárselo a pesar del interés que también muestra el Borussia de Monchengladbach. Es allí, en Colonia, donde **se destapa como gran estrella** gracias al apoyo de su gran mentor Hennes Weisweller, que no duda de su calidad y le pule para en dos años ser titular indiscutible y debutar con la selección absoluta alemana, con la que gana la Eurocopa de Italia. **Con 20 años es ya una estrella mundial,** conquistando incluso el Balón de Plata.

"Schuster jugó en los tres grandes y siempre supo mantener un estilo personal en cada uno de los tres equipos. No olvidaré ese magistral gol en lanzamiento de falta en la final de la Copa del Bernabéu frente al Real Madrid en 1992".

Julio César Cobos

(Periodista)

Con 23 años renuncia a jugar con su selección al no querer asistir a un partido amistoso por el nacimiento de su hijo: discute con el entrenador, con los compañeros y con la prensa, alejándose de la selección alemana en la que era un referente con solo 21 partidos jugados, algo de lo que se arrepentirá con el tiempo, ya que esa generación llegó a ser campeona del mundo. Su carácter, las lesiones y su enfrentamiento con el presidente azulgrana José Luis Núñez, como la discusión tras abandonar el estadio al ser cambiado durante la final de la Copa de Europa en Sevilla ante el Steaua, provocan que sea apartado del equipo durante una temporada, por lo que no juega ni un minuto en la campaña 1986-1987. Aun así, vuelve a jugar a gran nivel el año siguiente, conquistando para los azulgranas otra Copa del Rey que une a otras dos Copas, una Liga, una Recopa y dos Copas de la Liga.

La situación con el presidente azulgrana está enquistada y Ramón Mendoza, presidente del Real Madrid, aprovecha para ficharle en el verano de 1988 y darle la batuta de la Quinta del Buitre. De blanco gana dos Ligas, una Supercopa y una Copa del Rey. Su calidad es equiparable a su carácter y vuelve a tener diferencias con compañeros, técnicos y directivos por lo que en 1990 queda libre.

En la acera de enfrente la temporada no ha comenzado bien y Gil da un golpe de efecto con la contratación del alemán. Schuster llega al Calderón para dar al equipo ese punto de calidad del que adolecía: ya no era el joven que deslumbraba en Europa diez temporadas

El F. C. Barcelona consigue hacerse con los servicios del rubio jugador en la temporada 1980-1981. Su calidad en el pase y su gran visión de juego le sitúan en el centro del campo, donde además demuestra una gran pegada, marcando en su primer año once tantos. Aun así, su etapa en Barcelona está llena de luces y sombras, sobre todo a raíz del partido que juega en diciembre de 1981 en San Mamés en el que cae lesionado por una entrada de Goikoetxea que le aleja de los terrenos de juego hasta la temporada siguiente.

antes pero a sus 31 años poseía intacta su calidad, su toque y su visión de juego, algo que demostró el primer día que se vistió de rojiblanco. Aquel 14 de octubre de 1990 en El Molinón dio muestras de su categoría y lideró al equipo hacia una victoria que hacía olvidar los malos resultados del inicio de campaña. Su llegada significó la baja de Baltazar, pero pronto se beneficiaron de sus pases jugadores como Futre o un Juan Sabas que entendió a la perfección la visión de juego del teutón. Schuster dominaba el centro del campo junto a Juan Vizcaíno, fiel escudero que suplía con fortaleza y arrojo las carencias físicas del alemán. Como rojiblanco, Schuster ganó dos Copas del Rey, con protagonismo especial en la segunda al marcar el primero de los dos goles con que se derrotó al Real Madrid: aquel lanzamiento de falta a la escuadra sigue grabado en la memoria de los aficionados. Su tercera campaña como jugador del Atlético de Madrid está marcada por las lesiones musculares y por problemas extradeportivos como la mala relación con el secretario técnico del club, Rubén Cano. A sus 33 años, aun así, sigue impartiendo lecciones en un equipo que acaba quinto en la Liga y que cae en semifinales de la Recopa ante el Parma, jugando su último partido de Liga en el Calderón un 30 de mayo de 1993 en un Atlético 0-R. Sociedad 0.

No es el fin de la carrera como futbolista de Schuster, ya que con 34 años ficha por el Bayern Leverkusen de la Bundesliga alemana. Allí juega tres años hasta que en la campaña 1995-1996 comienza a entrenar con el Vitesse holandés después en una gira a prueba con el San José Clash americano. Su último equipo es el Pumas de la UNAM en México, donde cuelga las botas a mitad de temporada a la edad de 38 años.

Comienza ahí una nueva faceta en la vida de Bernardo Schuster, ya que inmediatamente comienza a entrenar mientras se saca el carné en el Fortuna de Colonia, al que lleva a la quinta posición del campeonato de Segunda alemán, algo nunca conseguido por el modesto equipo *amateur*.

Su antiguo club, el Colonia, ha bajado a Segunda y decide apoyarlo entrenándolo una temporada (1998-1999) hasta que recala en Barcelona para hacerse cargo del fútbol base.

Su carrera como entrenador en España comienza en el Xerez, al que a punto está de subir el primer año a Primera, y lo deja sexto el segundo antes de marcharse en 2003 a Ucrania para dirigir al Shakhtar Donetsk. En 2004 vuelve a España para hacerse cargo del Levante y entrenar posteriormente al Getafe hasta 2007, momento en el que ficha por el Real Madrid pagando incluso su propia cláusula de rescisión al negarse el presidente del Getafe, Ángel Torres, a su marcha. En Madrid gana la Liga el primer año y es destituido en el segundo, momento en el que decide apartarse del fútbol temporalmente. Después rechaza una oferta del Xerez y en 2010 acepta irse a Turquía para dirigir al Besiktas. En 2011 vuelve a alejarse del fútbol dedicándose a su vida personal y como comentarista en diversos medios de comunicación hasta que en marzo de 2018, vive hasta ahora su última aventura como técnico al hacerse cargo del Dalian Yifang, equipo de la Superliga china hasta su salida en 2019.

1 / Alineación de la final de Copa de 1991. Arriba, Solozábal, Schuster, Vizcaíno, Futre, Mejías y Patxi Ferreria; Abajo: Tomás, Orejuela, Manolo, Toni y Juanito.
2 / Saludado amistosamente por Luis antes de un Xerez-Atlético en 2001.
3 / Con el cuerpo técnico del Besiktas, a su derecha, Ángel Mejías.
4 / Conversando en el Calderón con Toni Muñoz. 5 / En la Plaza Mayor de Chinchón durante el rodaje de un anuncio, vemos de izquierda a derecha a Schuster, Futre, San Román, Eusebio, Michel, Pepe Navarro, Luiz Pereira y Luis Aragonés.

DIEGO PABLO **SIMEONE**

Alma de
técnico

Soñaba con el balón: daba lo mismo el juguete que le regalaran, él solo quería la pelota. A pesar del enfado de su abuela en la casa bonaerense de Palermo, **el pequeño Cholito seguía dando patadas al balón,** rompiendo las macetas que su abuela tanto mimaba. Se perdió mucha infancia y juventud porque en **su cabeza solo pasaba una cosa: jugar al fútbol.**

"Desde siempre el Atlético fue mi pasión".

Gonzalo Hurtado
(Entrenador de fútbol)

Diego Pablo Simeone González nació en Buenos Aires el 28 de abril de 1970. Desde niño adquirió la pasión por el fútbol gracias a su padre, Carlos Alberto, que aunque nunca llegó a profesional, siempre estuvo vinculado en equipos aficionados de Buenos Aires. Los equipos de barrio son su primer paso hacia la élite del fútbol y así, poco a poco va haciéndose un nombre hasta que es captado por los ojeadores del Club Atlético Vélez Sarsfield. Allí, con la camiseta del Fortín, va subiendo peldaños hasta llegar al primer equipo y debutar en Primera División en septiembre de 1987 en un Gimnástica de La Plata 2-Vélez 1.

Su carácter ganador y competitivo le hace ser un fijo en el equipo y pronto los grandes de Europa ponen sus ojos en él. Así, en 1989 se marcha al Pisa para tres años después, en 1992, llegar al fútbol español para jugar en el Sevilla, donde comparte vestuario con Carlos Salvador Bilardo e incluso fugazmente con Diego Armando Maradona, al que convenció tras una entrevista en la radio diciendo: «Diego, vení que acá ya corro yo por vos».

Dos años en Sevilla le sirvieron para que el Atlético de Madrid le fichara en el verano de 1994 y pasara así a formar parte de la historia del club madrileño. Su debut con la camiseta del Atlético en Liga se produce de la mano de Pacho Maturana en septiembre de 1994, en casa ante el Valencia (2-4). Fue una mala temporada en la que se consiguió eludir el descenso en la última jornada precisamente ante el Sevilla, donde marcó un gol, pero la campaña siguiente, la de 1995-1996, de la mano de Radomir Antic, el equipo dio un giro radical y con el Cholo como motor del bloque se conquistó Liga y Copa en la misma temporada. El idilio de la grada con Simeone es total y se hace mítico en el Calderón el cántico de «ole, ole, ole, Cholo Simeone». Sin embargo, al final de la temporada 1996-1997, la siguiente al doblete, hace las maletas y se marcha de nuevo a Italia para jugar en el Inter de Milán, donde gana la Copa de la UEFA. También jugó en el SS Lazio, donde ganó una Liga, una Copa, la Supercopa de Italia y la Supercopa europea antes

de regresar en 2004 de nuevo al Atlético de Madrid y jugar dos temporadas más. En 2005 regresa a Argentina para jugar en el Racing Club, tras lo que colgará las botas en 2006.

Precisamente en la academia es donde comienza su andadura como técnico inmediatamente después de retirarse, después vendría C. A. Estudiantes de La Plata, equipo con el que gana el Torneo Apertura en 2006; River Plate, con el que gana el Torneo Clausura 2008, y San Lorenzo de Almagro, al que dirigió en 2009 y 2010. Tras dejar el Ciclón, su siguiente destino es nuevamente Italia. En 2011 dirige al Catania, logrando salvarle del descenso, para regresar nuevamente a Argentina y dirigir otra vez al Racing hasta que en diciembre de ese mismo año se hace oficial el sueño de gran parte de la afición del Atlético de Madrid que era tener como técnico al Cholo.

Simeone llega a Madrid para sustituir a Gregorio Manzano y cambiar la dinámica de un equipo que finaliza la temporada ganando la Europa League al Athletic Club de Bilbao. El espíritu competitivo que tuvo como jugador lo transmite a una plantilla que se deja la piel en el campo y que se vuelve a situar entre los grandes equipos del mundo. Desde su llegada, el club ha conquistado ocho títulos en estos 12 años: la Europa League de 2012, la Supercopa de Europa en 2012, la Copa del Rey en 2013, la Liga en 2014, la Supercopa de España 2014, la Europa League en mayo de 2018, la Supercopa de Europa en agosto de 2018 y la Liga en 2021, la Liga del confinamiento. Simeone es el entrenador que más partidos ha dirigido en la historia del Atlético de Madrid.

Su calidad como centrocampista le abrió las puertas de la selección argentina en 1988, debutando en un partido ante Australia. En total, Simeone defendió la albiceleste en 106 ocasiones ganando dos Copas América, una Copa Confederaciones y obteniendo la medalla de Plata en los Juegos de Atlanta 1996. Con su selección participó en los Mundiales de Estados Unidos 1994, Francia 1998 y Corea y Japón 2002 (este último estuvo a punto de perdérselo por una grave lesión mientras jugaba en el Lazio, pero gracias a su espíritu luchador y su trabajo, consiguió volver y jugar a gran nivel).

La pasión de Diego Simeone por el fútbol ha influido notablemente en sus hijos, quienes han seguido sus pasos en este deporte. Giovanni, Gianluca y el más joven de la familia, Giuliano, actualmente están involucrados en distintas facetas de este deporte, cada uno en su propia etapa de desarrollo y crecimiento futbolístico.

1/ Un joven Simeone con la camiseta del Vélez. **2/** Jugador de carácter no se amedrentaba nunca, en la imagen le vemos durante un derbi, cambiando impresiones con David Beckham. **3/** La alegría del gol, aquí le vemos saltando sobre Caminero tras un tanto. **4/** Los partidos con el F. C. Barcelona siempre eran partidos con goles, espectáculo y mucha tensión. En la imagen vemos a Simeone y Toni defendiendo a Romario y Stoichkov respectivamente. **5/** Controlando un balón. **6/** Siempre ha sido un hombre a vigilar. **7/** Daba todo en el campo. Aquí le vemos disputando con la camiseta del Inter un balón a Vieri durante un Trofeo Villa de Madrid. **8/** Todo el mundo tenía claro que este sería su lugar natural cuando se formara como entrenador. **9/** Ya como jugador vivía intensamente los partidos desde el banquillo. Le vemos de rodillas con Gonzalo Hurtado al fondo delante del banquillo. **10/** Celebrando en Neptuno con la afición la décima Copa del Rey conseguida el 17 de mayo de 2013 en el estadio Santiago Bernabéu ante el Real Madrid.

foto 1

Pionero
deportista
de fondo

A la pregunta que se le hizo sobre qué es el atletismo contestó así: «la base de todo deportista. **Nadie puede denominarse deportista sin antes ser un atleta. Aunque ahora hay deportistas menos atletas**». En la final del Campeonato de España de 1925 con el Barcelona, míster Pentland adoptó la fórmula de juego WM y a Tuduri le dio una orden clara: **«siga a Samitier como su sombra, aunque se vaya a tomar una cerveza»**.

"Tuduri era la multiplicación del alarde físico, batallador incansable, jugador de fondo. Jugador para todo y para todos. Generosidad que está por encima de las tácticas de ahorro. Para Tuduri la parcela de su juego era el campo entero y la duración del partido, la reglamentaria de hora y media y de las prórrogas, sí eran menester. Jugador noble porque fue hombre noble".

Enrique Gil de la Vega, *Gilera*
(Fallecido, *ABC*, 30 de diciembre de 1967)

Andrés Tuduri Sánchez nació en la localidad guipuzcoana de Tolosa el 28 de agosto de 1898. Allí desde niño demuestra su pasión por todo tipo de deporte participando en varias actividades deportivas. Con 10 años ya juega al fútbol en el infantil del Club Deportivo Tolosano, con el que llega a ser campeón de Gipuzkoa de la categoría. En octubre de 1916 se traslada a Madrid para estudiar Ingeniería y poco después ingresa en el Athletic Club de Madrid, debutando el 12 de noviembre de 1916 en un Athletic 0-Gimnástica 1. Siguiendo su polifacética trayectoria en los deportes, ya en esos años forma parte del equipo rojiblanco de hockey sobre hierba, con el que llega a proclamarse campeón de España. Enrolado en la sección de fútbol en el tercer equipo, su vida cambia en apenas tres semanas cuando un domingo disputa un partido, el domingo siguiente lo hace con el segundo equipo y el domingo siguiente se desplaza como suplente con la primera

plantilla a Barcelona. En la campaña 1918-1919 ya juega tres partidos y cuatro en la siguiente, hasta ir afianzándose poco a poco en el equipo titular (recordemos que en esos años solo se disputaba el Campeonato Regional y participaban cuatro equipos, por lo que solo se jugaban ocho partidos oficiales).

Era un jugador polivalente, jugó de todo, de defensa derecho e izquierdo, en cualquier posición en la media y en la delantera, salvo en la portería y en el ala izquierda, Tuduri entendía el deporte como un servicio a la camiseta que vestía y como una hermandad de amistad, lejos del profesionalismo, solo por puro placer. Tuduri recordaba en una entrevista en *Marca* hace muchos años a sus compañeros caídos

foto 9

foto 7

foto 5

foto 8

foto 6

foto 4

foto 3

foto 2

en la Guerra Civil: «Yo entonces tenía otro carácter, ¿sabe? Y era una juega continua. ¡Aquel equipo de la amistad, aquellos caballerazos que cayeron por España, Pololo, Monchín Triana, Alfonso Olaso, amigos del alma, inolvidables, como los que quedan, Luis Olaso, Barroso... Ese fue el fútbol que yo conocía!».

Andrés Tuduri se mantiene en el equipo hasta 1927 con un Campeonato Regional y con éxitos en varias disciplinas deportivas como el hockey hierba o el atletismo, donde llegó a batir el récord de España de relevos. Era un apasionado de la nieve y solía ir a esquiar, algo muy poco común en la sociedad madrileña de la época. Su carrera de ingeniero le lleva a Francia, donde llega a jugar unos partidos con el Racing de París, compartiendo aventura con un gran defensa del Irún como era Anatol. Tras su aventura parisina regresa a Tolosa, donde recibe la visita del presidente del Athletic instándole a que regrese a la disciplina del equipo. Regresa y disputa algunos partidos pero unas malas calificaciones en sus tiempos de estudiantes le hace anteponer su futuro al deporte, por lo que deja definitivamente su actividad deportiva para centrarse en sus labores como ingeniero.

Curiosamente, para un hombre enamorado del deporte su actividad laboral le absorbe de tal manera que se aleja del fútbol hasta el punto de estar muchos años sin acudir a un terreno de juego. Lo único que no abandonó fueron sus otras grandes pasiones: la pesca de truchas y la caza.

Como ingeniero, Andrés Tuduri comenzó a trabajar en el Metro de Madrid y allí desempeñó su labor durante muchos años como ingeniero jefe.

Miembro del Comité Olímpico Español, en 1957 es nombrado presidente de la Federación Española de Atletismo, cargo que desempeñó hasta el 28 de marzo de 1963. Durante su mandato se inauguró la primera residencia para deportistas de alto rendimiento Joaquín Blume. Uno de sus hijos destacó como atleta.

Andrés Tuduri falleció el 28 de diciembre de 1967.

1 / Andrés Tuduri fue un polifacético deportista en los primeros años de siglo. 2/ En el campo del Racing de Madrid, se disputó el derbi que significó la despedida de Arrate como madridista. En la imagen vemos cómo Tuduri intenta taponar el despeje del propio Arrate. 3/ En el campo donde ahora está la Maternidad de O'Donnell, Tuduri se mostró como un todo terreno. 4/ Imagen inusual para aquellos años, vemos a Tuduri practicando uno de sus deportes favoritos, el esquí. 5/ En el Palacio del Pardo recibiendo el saludo del jefe del Estado en aquella época, Francisco Franco. 6/ También fue goleador. En la imagen remata a puerta consiguiendo un bello gol que fue descrito por la prensa de la época como el mejor gol que se ha visto hasta el momento. Aunque no se ve en la imagen, tras regatear a varios contrarios, Tuduri elevó la pelota por encima del portero madridista Martínez que poco pudo hacer. 7/ Como presidente de la Federación de Atletismo, era asiduo a la entrega de premios. 8/ Durante muchos años ejerció también como ingeniero jefe del metro de Madrid. 9/ Fotografía tomada tras un partido en el Metropolitano. Se identifica perfectamente a Tuduri (en la fila de abajo, tercero por la derecha) y a Alfonso Olaso (primero de la fila de abajo a la derecha).

JUAN **VIZCAÍNO**

foto 1

Equilibrio
en la medular

Juan Vizcaíno Morcillo nació en la localidad tarraconense de La Pobla de Mafumet el 6 de agosto de 1966. Empieza a jugar al fútbol como jugador federado en el Constantí. **Su proyección no pasa inadvertida** y gracias a un amigo de su padre consigue una prueba para el Gimnàstic de Tarragona, donde recala en 1982 con apenas 16 años. Pudo haber sido rojiblanco entonces, pues en esa época viaja a Madrid para hacer una prueba con el equipo colchonero, donde Ovejero y Ufarte quedan satisfechos del rendimiento del chaval, pero decidió regresar a casa. En Tarragona **crece como persona y evoluciona como futbolista,** llegando incluso a la selección catalana, con la que alcanza el subcampeonato de España.

"Mi momento más alegre: la victoria en la final de la Copa del Rey de 1992 en el Bernabéu, frente al Real Madrid. El estadio estaba dividido en dos mitades: una, para la hinchada del Madrid y, otra, para la del Atleti. Nunca olvidaré la vuelta de honor del Atleti con la copa: medio Bernabéu estaba lleno de banderas rojiblancas; el otro medio se había quedado vacío".

Vicente Vallés
(Periodista, Antena 3)

Con Xavier Azkargorta como mentor, Vizcaíno se afianza en el equipo hasta que se marcha a Zaragoza a hacer la mili. Aprovecha entonces para jugar en el Aragón, filial del Real Zaragoza. Con el primer equipo aragonés debuta en Primera y ahí jugará dos temporadas, afianzándose en el medio campo, donde se convierte un complemento perfecto para esa parcela y siempre con una vocación ofensiva que le hace marcar bastantes goles. Radomir Antic le da la batuta del centro del campo, rindiendo a gran nivel hasta que el Atlético de Madrid le ficha tras acogerse al decreto 1006, pues se siente poco valorado.

Llega al Atlético en plena vorágine en el banquillo, pero maduro para manejar el centro del campo rojiblanco con Julio Prieto, Donato o especialmente con Bernardo Schuster, con el que consigue llevar al equipo al subcampeonato de Liga y a ganar la Copa del Rey. Repite este título en el año 92, cuando vuelve a ser uno de los jugadores más usados por Luis Aragonés, que esa temporada se hace cargo del equipo. Es un hombre importante y le requiere la selección abso-

luta, con la que debuta de la mano de Luis Suárez en enero de 1991 en Castellón, en un España 1-Portugal 1. En total fue quince veces internacional.

De la gloria de los títulos con el Atlético y su presencia con la selección se pasa a dos años de incertidumbre en los que el equipo intenta eludir el descenso, hasta que la llegada del técnico que tuvo en La Romareda, Radomir Antic, cambia la cara del conjunto para llevarle a conquistar el doblete.

La característica principal de Vizcaíno era la regularidad y esa campaña 1995-1996 solo se perdió un partido por acumulación de amonestaciones, jugando el resto. Los aficionados le recuerdan como un jugador callado, sin una palabra más alta que otra, siempre eficaz en el cruce y en la distribución, complemento perfecto de la genialidad de Schuster pero con personalidad propia para sumarse al ataque y abastecer a su compañeros. Vizcaíno, que poseía un extraordinario disparo, no era un jugador defensivo: aunque una de sus virtudes fuera la contención, era un jugador creativo, no solo un escudero, porque tras la marcha

foto 4

foto 7

foto 6

foto 5

foto 2

del alemán siguió manejando el centro del campo del equipo hasta que se marcha al final de la campaña 1997-1998. Con tres Copas y una Liga, cuando aún le restaban dos años de contrato, la llegada de Arrigo Sacchi al banquillo acompañado de varios jugadores italianos sume a Vizcaíno en el ostracismo: a pesar de estar a buen nivel, ve que no se valora su trabajo por lo que, sintiéndose marginado y con un calentón del que con el tiempo se arrepintió, abandona la disciplina para irse al Valladolid.

En Zorrilla juega dos años, pero el segundo no es bueno porque tiene problemas con el técnico Gregorio Manzano. La llegada de un nuevo grupo accionarial acaba con su salida tras un asunto que finaliza en los tribunales. En el mes de diciembre se marcha con Jorge D'Alessandro al Elche para finalizar su carrera deportiva en el Gimnàstic de Tarragona, en la campaña 2002-2003.

Se marchó igual que llegó, sin hacer ruido, siempre discreto, siempre disciplinado, sin una voz más alta que otra, siendo buena persona. En el campo se le consideraba un jugador de equipo: no salía en la foto pero si no estaba se le echaba de menos.

Tras colgar las botas mata el gusanillo entrenando con el equipo de su pueblo y cuando puede, con los veteranos del Atlético de Madrid. En La Pobla de Mafumet practica otra de sus grandes pasiones, la bicicleta, y llegó a ser concejal de Deportes.

En 2011 se incorporó al equipo técnico de la primera plantilla con Gregorio Manzano para mantenerse tras la llegada del *Cholo* Simeone como miembro del área técnica del primer equipo hasta el verano de 2018.

foto 3

1 / Entrañable foto con sus hijos, Sandra, Marta y Juan, en el césped del Vicente Calderón. **2/** La preparación física y mental fue clave en el doblete, vemos el esfuerzo en un entrenamiento realizado por Vizcaíno y Kiko. **3/** Una de las instantáneas que con más cariño guarda en su memoria, subido con la Copa y la Liga sobre Neptuno en 1996. **4/** Tras dejar el Atlético jugó dos temporadas en el Real Valladolid. Aquí le vemos luchando por un balón con su excompañero Biaggini, con la atenta mirada de Lluís Carreras y Soler. **5/** Larga espera en un aeropuerto europeo, sentados aguardando la salida del avión Solozábal, Patxi Ferreria, Aguilera, Schuster, Vizcaíno y Toni. **6/** Partida de cartas durante el curso de entrenadores en la RFEF, vemos a Gabí Moya, Vizcaíno, Manjarín y Julio Salinas mientras Luís Enrique observa de pie. **7/** Alineación rojiblanca antes de jugar en el Camp Nou de Barcelona. De izquierda a derecha, arriba Ferreira, Diego, Pizo Gómez, Solozábal, Donato y Vizcaíno. Abajo: Alfredo, Losada, Aguilera, Pedro y Toni.

EL 50: UN TRANVÍA COLCHONERO

El tranvía eléctrico unía Cuatro Caminos con la Glorieta de Gaztambide (1.000 m). En el corto recorrido muchos se iban sin pagar, ya que el cobrador no terminaba de picar todo el pasaje. La línea Nº 50 se creó para llegar antes al Metropolitano.

ESTE CAMPO DE CÉSPED INAUGURADO EN 1923, DE PRIVILEGIADA UBICACIÓN Y ESPECTACULAR ANFITEATRO NATURAL, FUE UN LUGAR VENERADO POR LOS ROJIBLANCOS DURANTE 43 AÑOS.

Plano de Madrid en 1923

Stadium Metropolitano · Zona de taxis · Calle de 50 m construida para llegar al estadio · Reina Victoria · Paseo de la Dirección · **Recorrido del tranvía Nº 50** · Bravo Murillo · Gta. de Gaztambide · Casa de la moneda · Gta. Cuatro Caminos

0 — 250 m

¿Qué jugador rojiblanco marcó el último gol en el Stadium?

Cardona
1-0
Atlético-Athletic
Fecha:
7 de mayo de 1966
Dato:
Último partido
en el Metropolitano
Competición:
Copa del Generalísimo
(Cuartos de final, ida)

Recuerdos del viejo templo de Cuatro Caminos

Infografía | Miguel Ángel Fernández

La entrada más barata en los años 50
Ver un partido en la gradona (de pie), costaba 5 pesetas. Ir al cine valía 3 pesetas.

Localidad general del Fondo Este (gradona) en el año 1953.

2 monedas de 2,5 pesetas de la época.

La pista del Metropolitano albergó carreras de galgos.

Camisetas secándose en la caseta del Stadium.

Aparicio, el jugador con más Ligas, celebra con Helenio Herrera el cuarto título en 1951.

GRADA LATERAL · GRADA FONDO OESTE · FONDO OESTE DE PIE · TAQUILLA

El infante Don Juan de Borbón realizó el saque de honor.

Historia
de un estadio marcado por la Guerra Civil

1923	1928	1929
El 13 de mayo se inaugura el Stadium con aforo para 20.000.	Una sanción decreta el cierre del Metropolitano durante 2 años.	España vence a Inglaterra (4-3) un histórico 15 de mayo.

¿Quiénes
fueron los padres del Metropolitano?

Julián Ruete
Presidente (1920-23)
Siempre quiso convertir al Atlético en un equipo grande. Era necesario un estadio.

José María Castell
Arquitecto
Diseñó el plano del estadio en 1922.

Títulos
conseguidos en el viejo Stadium

5 Ligas

20-21 24-25	1939-1940	1940-1941	1949-1950
Campeonatos regionales previos a la creación de la Liga.	Debido a que el Metropolitano estaba en ruinas tras la Guerra Civil, estas Ligas se disputaron en Chamartín y Vallecas.		Impresionante 2ª vuelta. La remontada ante el Valencia valió la Liga.

Stadium METROPOLITANO

LA GRADONA. Aprovechando el gran desnivel natural existente en uno de los fondos, se cimentó la famosa y espectacular gradona. Un anfiteatro de 16 metros de altura, destinado a la afición visitante, desde el cual se podía acceder y contemplar una maravillosa vista del Stadium.

Acceso principal

16 m de altura

Gradona (visitantes)

Gradas de asiento construidas en 1954

67 m

Tribuna y palco

Tendido de los sastres

Jaula o grillera (socios)

105 m

Fondo Oeste

Caseta de vestuarios

Paseo Juan XXIII

Algunos veían gratis los eventos en el tendido de los sastres.

La caseta de vestuarios construida en 1942 es un lugar muy recordado.

1930	1939	1941	1942	1961	1966
Alfonso XIII inaugura las carreras de galgos con liebre mecánica.	El recinto queda en ruinas por las bombas de la Guerra Civil.	El viejo estadio es comprado por el Ejército del Aire.	Los arquitectos Hnos. Cabañes reconstruyen el campo.	Partido nocturno con un novedoso sistema de luz artificial.	El 18 de mayo empezó la demolición del Metropolitano.

Hermanos Otamendi

Joaquín, Miguel, Jose Mª y Julián

Socios constructores
Ideólogos del proyecto. Construyen el Stadium.

Cesáreo Galíndez

Presidente (1947-52)
El 15 de abril de 1950 compró el estadio en propiedad por 11.800.000 pesetas.

Benítez de Lugo

Presidente (1952-55)
Enterró la pista y aumentó el aforo hasta 35.800 asientos gracias a la nueva grada.

1 Recopa
3 Copas del Generalísimo

4 **1950-1951**
Equipo de leyenda. Ben Barek coronó en Sevilla el título.

5 **1965-1966**
Tras 15 años se consigue otra Liga, despidiendo así al Metropolitano.

1 **1961-1962**
Juego brillante con goles de Jones, Mendonça y Peiró.

1 **1960**
Primera Copa de la historia. Se la disputó al Real Madrid.

2 **1961**
Reedición del título frente al mismo rival. Emotiva remontada.

3 **1965**
Campeones tras vencer al gran Zaragoza de los cinco magníficos.

delanteros

Un instante, una décima de segundo es suficiente para que dos amigos irreconciliables se abracen, para que sonría la persona más triste, para que no haya obstáculos culturales y sociales. Ese momento es el gol y de ello viven los delanteros. Todas las facetas del juego son importantes, pero marcar goles determina muchas veces el esfuerzo de todo el equipo. En las próximas líneas conoceremos a aquellos futbolistas sobre los que ha recaído a lo largo de la historia el peso del marcador. Han anotado goles defensas, centrocampistas e incluso porteros, pero, sin duda, los delanteros han tenido ante sí la tarea enorme de dar sentido al juego colectivo. Sirvan estas pocas líneas para recordar a tantos y tantos que, en mayor o menor medida, contribuyeron a formar el ataque del Atlético de Madrid.

Ya hemos hablado en capítulos anteriores de aquellos estudiantes vascos en Madrid, de sus sueños e ilusiones y de las dificultades. Los primeros pasos son difíciles y con apenas diez años de vida ya empiezan a sonar en el Madrid de la época nombres como los de Axpe, los dos Belaunde, Luis y Manolo, Caruncho, Quirós, Muguruza, Zuloaga, Garnica, Pagaza, Juantorena, Satur Villaverde, Arzadun, Lasquíbar, Eguidazu, Peñalosa, F. Villaverde, Kindelán, E. Uribarri, R. Uribarri, Felgueroso, Goyoaga, Pagaza, Linares, Mieg, Isla, Ansola, Agüero, Madariaga, Olarquiaga, Arzadun, Esquivias, Gomar, Bourgeaud, Casellas, Terán, Larrañaga, Greño, Gomar, Alcalde o Miñana.

Los años veinte dan un nuevo impulso al fútbol y es el turno de los Zuloaga, Torre, Paradas, Amann, Zabala, Del Río, Urquijo o dos de los primeros grandes delanteros, Ramón Triana y Arroyo Monchín Triana (autor del primer gol marcado en el Metropolitano) y Luis Olaso.

Junto a ellos se suman más delanteros con más o menos suerte como Sansinenea, Lafita, Trueba, Loja, Bustillo, Elizalde o un Javier Barroso que por aquellos años metía goles antes de ponerse bajo los palos. Son los tiempos de Antonio Satrústegui, Garicorta, Ortiz de la Torre, Fernández Prida, Suárez, Artiach, Tremoya, Trouvé, el inglés Drinkwater, De Miguel, Galatas, Cubillo, Méndez Vigo, Argüelles, Mendaro, Adolfo, Aguirrebegoña, Aizpurúa, Capdevila, Ramón

Herrera (que fue el primer jugador profesional del club), Montalán, Rubiera, González, Yllera, Mazarrada, Urcelay, Vázquez o de otros dos nombres propios: el del gallego Cosme Vázquez, que protagonizó uno de las fugas más sonadas al eterno rival junto a Luis Olaso, o de Manuel Pérez Seoane, conde de Gomar, que además de marcar el gol del triunfo en la inauguración del Metropolitano, fue campeón de España de tenis y de hockey con la sección del Athletic.

En 1929 llegó el Campeonato Nacional de Liga y con ella los goles de Luis Marín, Areta, Cuesta, Cisco, José Peiró, Gil, Costa, los canarios Cabral y José Hernández Pepene y sobre todo de Vicente Palacios, autor del primer gol rojiblanco en Liga. Son años de tantos de Arteche, Buiría, Del Coso, Félix Pérez, Losada, Fuentes, Moraleda, Guijarro, Liz, Amunarriz, Cuena, Gil Cacho, Losada, Valderrama, Vozmediano, Elícegui o Gaspar Rubio, que llegó del Real Madrid para meterle cinco a sus excompañeros en su primer derbi de rojiblanco. Justo antes de la Guerra Civil el Atlético presumía también de otros delanteros

como Ángel Arocha, Sornichero, Ramón de la Fuente, Urquiola, José Rubio, Lazcano, Estomba o Mendizábal y sobre todo Chacho.

Tras la contienda y con las alas de la aviación en las camisetas se convierten en ídolos de la posguerra delanteros como Juanito Vázquez, Paco Campos, el salmantino Prudencio Sánchez Pruden o Aníbal Manín, junto a los Juan Escudero, Bachiller, Bracero, Cárdenas, Enrique, Muñoz, Domingo, Fernández, Luis Miranda, Manuel García, Mariano Uceda, Miguel Adrover, Herminio, Martín, Noguerales o el menorquín Guillermo Taltavull.

Siguen llegando delanteros que inscriben con letras de oro su nombre en la historia como Juncosa, Adrián Escudero (que sigue siendo el máximo goleador liguero), Ben Barek, Antonio Vidal o Alfonso Silva (¡qué gran Delantera de Seda!) junto a otros menos conocidos pero que también aportaron su talento, como Martialay, Jorge, Antonio Andrade, Ramón, Pedro Núñez, Basabe o Aveiro.

Helenio Herrera vuelve a hacer campeón al Atlético y a los anteriores se añaden mitos como Carlsson, José Lloret Calsita, Miguel, Pérez Payá, Agustín o Estruch, reforzados por los Candía, Durán, Mascaró, Pío, Villita, Cortés o Arangelovich.

A mediados de los años cincuenta aparecen jugadores como Atilio López, Callejo, Enrique Collar, Coque, Molina, Tercero, Tacoronte, Paulino, Souto, Rafa, Garabal o los argentinos Lugo o Juan Carlos Lorenzo, que luego triunfaría como técnico.

Acaban los cincuenta con hombres de ataque como el holandés Hollaus, Villaverde o un jovencísimo Joaquín Peiró. Se llega a finales de aquella década y se arrancan los sesenta ganando títulos: hay minutos para Adalberto, Juan Allende, Gasca, Medina, Domínguez, De la Hermosa, Calle, José Rives, Lomas, Jesús María Aramburu, Beitia, Trailero, Álvaro (hermano del gran Ramiro), Manuel Bermúdez Polo y sobre todo para Mendonça, Miguel Jones o Vavá, que es el primer campeón del mundo que juega en el club.

Aparecen Luis y Ufarte y el hondureño Cardona para marcar el último gol del Metropolitano además de Fretes y José Antonio Urtiaga e Isidro Luis, que viven la llegada de un jovencísimo Gárate. También jugaron el valenciano Hernández, Lamata, Barriocanal, Luis Ramón Leirós, Orozco, Juan Antonio, Carlos Couceiro Pataco, Salcedo o el brasileño Becerra.

En los años setenta visten de rojiblanco delanteros internacionales como Ayala, Leivinha o Rubén Cano junto a otros que contaron con pocos minutos como Santiago Juncosa (hijo del gran José Juncosa) o los Aguilar, Paco Baena o Laguna.

A finales de los setenta irrumpen con fuerza canteranos como Rubio, Marcos Alonso o Pedraza. También tuvieron oportunidad de jugar los argentinos Óscar Raúl Palín González, Luis Mario Cabrera, el mexicano Hugo Sánchez, el uruguayo Polilla Da Silva o los Villalba, Guzmán, Román, Víctor y Paco Llorente.

Con la era Gil se transforma el ataque y aparecen jugadores como Julio Salinas, Uralde, Paulo Futre, López Ufarte, Baltazar, Carlos, Manolo, Alfredo, Alfaro o Julián Romero.

Los noventa llevan el nombre del austriaco Gerhard Rodax, el mexicano Luis García, el polaco Kosecki, Juan Sabas, Moya, Losada, Lukic, Rajado, Tilico, Benítez, el Tren Valencia, Paulino o la magia gaditana de Francisco Narváez Kiko. A mediados de la década llega el doblete con la aportación del búlgaro Penev, el argentino Biaggini, el uruguayo Correa o el cordobés Juan Carlos. Luego vinieron Esnáider, Ezquerro, Yordi, Lardín, Vieri, José Mari, Bogdanovic, Juan González, Tevenet, Loren o el insaciable, Hasselbaink, que no pudo evitar el descenso, como Chacho, en su momento falló un penalti decisivo.

El infierno se juega con Salva Ballesta y la ilusión de un niño llamado Fernando Torres, que ayudó con sus goles y con los de Diego Alonso al retorno. También participan en esos años Del Pino, Luis García Javi Moreno, Nikolaidis, Rodrigo Arizmendi, Olivera José Verdú Toché, Richard Núñez, Braulio, Petrov, Kezman, Galleti, Rufino, Miguel Ángel Ferrer Mista o jugadores más actuales que volvieron a ser campeones, como Kun Agüero, Forlán o Reyes. También jugaron arriba Sinama Pongolle, Ibrahima, Salvio, Molino, Borja Bastón, Nogueira, Pedro Martín, Pizzi, Diego Costa, Adrián, Aquino o Falcao. En la última década, han atacado futbolistas como David Villa, Léo Baptistão, Griezmann, Mandžukić, Raúl Jiménez, Cerci, Héctor, Yannick Carrasco, Correa, Vietto, Jackson Martínez, Gameiro, Gaitán, Vitolo, Arona Sané, Kalinić, Martins o Borja Garcés, que marcó el día de su debut. También han jugado arriba hombres como Morata, Mollejo, Joaquín Muñoz, Camello, Joâo Félix, Šaponjić, Poveda, Valera, Luis Suárez, Dembélé, Cunha, los canteranos Giuliano Simeone o Carlos Martín y el neerlandés Memphis Depay.

/// **AGUSTÍN** SÁNCHEZ

Estilete letal

Agustín Sánchez Quesada nació en Santa Cruz de Tenerife el 30 de agosto de 1931. **Ya a los 16 años forma parte del Real Unión de Tenerife** como jugador federado. En esos campos canarios siempre solía estar presente Arsenio Arocha, exjugador del F. C. Barcelona y hermano de Ángel Arocha, que jugó en las filas del Atlético de Madrid antes de que muriera en plena Guerra Civil. Arocha, gran conocedor de la cantera canaria, solía exportar jugadores hacia la península y un día vio a Agustín entrenando con el Real Unión y le preguntó si quería ir allí. **La afirmación del chaval pronto tuvo recompensa,** ya que en plena campaña 1949-1950 se incorpora a una plantilla que acaba ganando el campeonato de Liga a las órdenes de Helenio Herrera. Es muy joven, apenas tiene 18 años, y no tiene experiencia en el fútbol de élite, por lo que no juega ni un solo minuto en Liga; solo disputó algún amistoso y fue cedido al Real Oviedo en las siguientes dos temporadas para que fuera formándose. **Con los asturianos logrará el ascenso.**

"Desde que me hice socia del club hace ya doce años, sabía que entraba en un sitio muy especial; y así se lo hacemos entender a cada jugadora que viste esta camiseta todos los fines de semana. Le decimos que no olvide el VALOR de este escudo, de la afición y de esta entidad que creyó y sigue creyendo en ellas".

Lola Romero
(Presidenta del Atlético de Madrid Femenino)

Agustín alterna en esos años la posición de interior con la de medio centro. Posee gran velocidad en la banda y un buen manejo del balón, lo que le permite ser utilizado en varias posiciones. La llegada al banquillo de Ramón Cobo le da la oportunidad de debutar en Primera en un partido en el Metropolitano ante el F. C. Barcelona (2-1). Agustín forma durante muchos partidos la línea de ataque compartiendo el césped con jugadores como Molina, Miguel, Collar y Adrián Escudero. Su mejor aliado fue precisamente Enrique Collar hasta que una inoportuna lesión hizo que un jovencísimo Joaquín Peiró fuera quitándole el puesto.

Agustín, que, aunque fue internacional B, nunca llegó a ser absoluto, se mantiene como un jugador regu-lar en las alineaciones hasta la campaña 1959-1960, momento en el que acaba contrato y deja el Atlético tras diez años, con una Liga y una Copa en el bolsillo.

Gran jugador de fútbol, era inteligente en el campo, hábil, rápido y con una capacidad de desborde por banda extraordinaria.

Durante su cesión al Oviedo conoció a la que sería su mujer; además su buen trabajo con los carballones le volvió a abrir las puertas del club ovetense, donde recala en la temporada 1960-1961. Allí se mantiene tres temporadas, aunque la mejor, sin duda, fue la primera, ya que el cambio de directiva propició su salida con 31 años en la campaña 1962-1963.

No tiene intención de retirarse aún y regresa a Madrid para entrenar en solitario en el Metropolitano, momento en el que Ramón Cobo le convence para que juegue en el Rayo Vallecano, en Tercera División. Con los vallecanos solo está unos meses, ya que en un partido disputado en Aranjuez una patada de un rival le rompe el tendón de Aquiles y se ve obligado a dejar definitivamente el fútbol en activo en 1963.

foto 2

foto 5

foto 6

foto 8

foto 7

foto 9

foto 10

Su vida laboral lejos de los focos se centra en el negocio de las máquinas electrónicas y de juegos recreativos y se convierte en uno de los pioneros en nuestro país en ese sector. En el Madrid de los años sesenta y setenta fueron muy famosos los salones recreativos de los bajos del cine Lope de Vega, que Agustín regentó durante mucho tiempo. En los ochenta dejó Madrid para irse a Sevilla, donde regentó un estanco que poseía su suegra. Agustín falleció el 28 de noviembre de 2015.

foto 1

1/ Imagen simpática de Agustín de paquete en la moto pilotada por Adrián Escudero. **2/** En un Metropolitano abarrotado despeja un balón en un partido ante el Hércules disputado el 20 de febrero de 1955. **3/** Nunca llegó a ser internacional absoluto pero sí jugó varios partidos como Internacional B. **4/** Con la selección B posando en el césped de Chamartín con sus compañeros del Atleti Miguel y Collar. **5/** Una lesión suya propició la aparición del *Ala infernal*. Antes de eso, los aficionados del Metropolitano recordaban sus incursiones por banda. **6/** En sus diez años como rojiblanco ganó una Liga y una Copa. **7/** Siempre era buen momento para echar una pachanga. En la imagen disputa un balón con Adrián Escudero. **8/** Saltando a Chamartín el 16 de octubre de 1955 junto a Escudero, *Lobito* Hernández, Molina... **9/** Luchando un balón en el Metropolitano en un derbi. A sus pies el portero Juanito Alonso y Navarro en abril de 1955. **10/** Disputando un partido con la selección madrileña en 1954 ante Milán (4-5). Arriba, Juanito Alonso, Navarro, Oliva, Gabriel Alonso, Agustín y Silva. Abajo: Miguel, Olsen, Di Stefano, Molowny y Escudero.

ALBERTO FERNÁNDEZ

Eficacia
asturiana

foto 1

En la parroquia más poblada del concejo asturiano de Carreño, en Candás, su capital, nació un 19 de noviembre de 1943 Alberto Fernández Fernández. Huérfano de padre marinero a los cuatro meses, crece con el sabor de la costa que se funde con el mar mientras **juega con sus amigos en las dársenas del puerto o en la playa.** En los juveniles del Candás **empieza a entender que su futuro puede estar ligado al fútbol,** ya que un año después empieza a defender los colores de los **juveniles del Sporting de Gijón.**

"El Atleti es un club atípico, el pupas... pero nadie repara en los títulos. El Atlético es muy grande por todo lo que ha ganado".

José María Bonilla
(Periodista, Onda Madrid)

Chico callado, constante en el trabajo y en el esfuerzo, va subiendo peldaños hasta llegar al primer equipo sportinguista. Son años en Segunda División y Alberto se consolida durante siete temporadas en el equipo de la playa de San Lorenzo. El ascenso no se consigue pero su calidad no pasa inadvertida y el Real Valladolid se hace con sus servicios tras unas duras negociaciones. En Pucela apenas está un año ya que al finalizar la campaña 1968-1969 hace las maletas para viajar a la ribera del Manzanares.

Debuta en Liga de la mano de Marcel Domingo en la primera jornada de la temporada 1969-1970, un 14 de septiembre en el Sánchez Pizjuán, en un Sevilla 0-Atlético de Madrid 1, para marcar su primer gol siete días después en su estreno en el Manzanares en un partido ante Las Palmas (1-2). Esa primera temporada solo se pierde un partido de Liga y demuestra una regularidad que le acompañó siempre en su carrera. No puede pedir más: debuta en Primera, es titular y, además, gana la Liga.

Desde su llegada, Alberto fue un fijo para todos los entrenadores ya que, aunque no era un jugador espectacular, siempre resultaba eficaz y solidario en el esfuerzo con sus compañeros. Era muy inteligente, elegante, a veces parecía que no estaba, pero cuando no jugaba (cosa que ocurría poco), la gente y el equipo le echaban de menos. Una de sus cualidades era el disparo desde fuera del área con un golpeo seco y potente que siempre ponía en apuros a los guardametas rivales.

En la historia del club siempre será recordada la línea de ataque que formó con Ufarte, Luis, Gárate e Irureta. Su ubicación en el campo cambia con su llegada a Madrid: si en Gijón jugaba muchas veces de interior, en Madrid seguirá las indicaciones de Marcel Domingo y se situará de extremo izquierdo, un delantero más aportando balones a Gárate. Posteriormente, con el paso de Luis al banquillo, Alberto retrasa su posición al centro del campo para hacer las veces de organizador.

En sus diez años defendiendo la camiseta del Atlético de Madrid vive buenos momentos y conquista tres Ligas, dos Copas y una Intercontinental, aunque también hay momentos amargos, como la final de la Copa de Europa de ingrato recuerdo para cualquier aficionado rojiblanco.

Su última temporada como profesional es la de 1978-1979, en la que, ya con 35 años, disputa quince encuentros, para cerrar su etapa un 3 de junio de 1979 en Balaídos (2-2).

Tras el Atlético, Alberto regresa a su Asturias natal para buscarse la vida, pues «en esos años no se ganaba el dinero que ahora», confiesa. Ve el fútbol como aficionado mientras se centra en negocios del sector de la alimentación para dedicarse después al mundo publicitario y seguir el fútbol como un aficionado más.

1 / Posando con la Copa Intercontinental en el vestuario del Manzanares en abril de 1974. **2/** En agosto de 1979 el club y la afición le rindieron un homenaje en un partido en el que participó el Flamenco brasileño con futbolistas como Zico, Toninho, Carlos Enrique, Nelson, Junior o Andrade. Aquel día, salió al campo acompañado de sus hijos José Alberto y Sonia. **3/** Futbolista íntegro, honesto, serio, profesional y con una enorme calidad, Alberto llegó a jugar a pecho descubierto por los colores del Atlético de Madrid. **4/** Jugador de ataque, más que marcar goles, daba asistencias a sus compañeros. Aun así marcó 15 tantos. En la imagen remata de cabeza en el Calderón ante la presencia de Gárate y un defensor del Sabadell. **5/** Ayala y Panadero Díaz preparados para lanzar la falta mientras Leal y Alberto no pierden detalle. En la barrera madridista Del Bosque, Netzer, Roberto Martínez, Santillana y Pirri.

Goles
de seda

foto 6

Alfonso Silva Placeres nació el 19 de marzo de 1924 en Las Palmas de Gran Canaria. En el colegio de los franciscanos y en la playa de Las Canteras da sus primeras patadas a un balón para desarrollar su **buen juego en los equipos isleños,** donde destacó por una técnica que fue depurando poco a poco. Poseedor de las **dos grandes cualidades** de la escuela canaria, la **exquisitez** y un **carácter** que muchos a veces confundían con frialdad y desidia, da sus primeros pasos en el Vitoria de Las Palmas. Gran parte de la culpa de la llegada de Silva al Metropolitano la tiene Alfonso Arocha, que ojeaba siempre el fútbol canario y **pone los ojos en Silva y en Mújica.** Silva pasó primero por el Sporting de Gijón para recalar en Madrid en 1946. Llega a la capital a un equipo ya formado y solo juega algunos partidos sueltos de Copa, como los encuentros ante el Hércules o el Castellón, con la dirección desde el banquillo de Emilio Vidal.

"Silva, con su jugar cadencioso y su regate brujo, representa el prototipo de delantero centro moderno. Todo ello jugando al paso, sin forzar la marcha, saliendo del cerco contrario con naturalidad y una gracia... calé que no veíamos en nadie desde que desapareció Monchín Triana".

José María Úbeda
(Extracto de la crónica en *Diario Pueblo*, 29 de septiembre de 1947)

Ya como jugador de pleno derecho al inicio de la campaña 1947-1948, Silva conquista la Copa Presidente de la Federación, marcando dos de los cuatro goles que se anotaron al Valencia. Desde ese momento, Silva se convierte en un referente del ataque, demostrando una calidad técnica que enseguida encandiló a los aficionados del Metropolitano. Jugador polivalente, alternó muchas veces su posición en el campo, demostrando en cualquier parcela su clase, sus dotes de organizador y su capacidad goleadora, lo que le otorgó el calificativo de «matemático del balón». Como cualquier ídolo, Silva tenía sus detractores y sus incondicionales: unos le aplaudían

su manejo de balón y otros le achacaban su falta de esfuerzo en defensa. Emilio Vidal le situó de delantero centro y se acabaron las discusiones al jugar siempre de cara a la portería contraria; además, se encontró al sustituto perfecto tras la salida del gran goleador Pruden. Debutó como internacional absoluto en enero de 1949 en el estadio de Montjuic, marcando el gol español en el empate a uno ante Bélgica. Jugó un total de cinco partidos y disputó la Copa del Mundo en Brasil en 1950, tras lo que cerró su etapa como internacional en Chamartín en febrero de 1951 en un España 6-Suiza 3.

Vestido de rojiblanco Silva fue dos veces campeón de Liga. Helenio Herrera apostó por él y después con la llegada de Pérez Payá le retrasó para seguir dando clases magistrales desde el centro del campo con su paisano Mújica. Poco a poco, con la renovación del equipo, Silva va perdiendo protagonismo, lo que no impidió que siguiera siendo muy popular en el barrio de Argüelles, donde vivía. A pesar de tener un carácter solitario y taciturno, en su semblante, en su tez morena con rasgos isleños nunca faltaba su eterna sonrisa, de la que hacía gala en todas las ocasiones, algo que no todo el mundo entendía ya que a veces el ambiente no estaba para sonrisas.

foto 3

foto 2

foto 7

foto 1

foto 4

foto 5

Su carácter le jugó malas pasadas. Poco amante de la disciplina, tras estar lesionado Antonio Barrios le relega a la reserva, algo que ofendió al canario, que llegó a ser apartado durante nueve meses, entrenando en solitario en la Ciudad Universitaria; aquello hizo que llegase a pensar en abandonar el fútbol.

Dejaría el Atlético a finales de 1955, con dos Ligas y una Copa Eva Duarte, cuando a su puerta llaman el Milan y el Sporting de Lisboa. Pero la tierra tira y Silva se marcha a la recién creada U. D. Las Palmas, donde incluso la hinchada amarilla hizo colecta por su fichaje. En el conjunto isleño jugó tres temporadas hasta el final de la campaña 1958-1959, cuando con 32 años cuelga las botas y en poco tiempo se queda sumido en una depresión por el fallecimiento de sus padres en apenas dos meses. Gracias a una chica alemana que luego sería su mujer sale del bache y se traslada a la ciudad alemana de Konstanz, donde trabaja en una empresa textil y hace sus pinitos como entrenador en el equipo local y en el Kreuzlinger suizo.

Alfonso Silva falleció en Alemania el 16 de febrero de 2007, dejando un gran recuerdo y su impronta en el Atlético de Madrid y en el fútbol canario, huella que perdura en el tiempo ya que en 2002 se inauguró en el Barrio de la Feria, en el barranco de la Ballena, el Estadio Municipal Alfonso Silva.

1 / En plena Gran Vía dos grandes amigos: Agustín y Alfonso Silva. 2 / Siempre ha habido muchos canarios en el Atlético, hasta 40 llegaron desde las islas para defender la camiseta rojiblanca. Los nombres de Arencíbia, Manolo Torres, Ángel Arocha, Paco Campos, Colo, Alfonso, Rivero, Juanito Rodríguez, Julio Durán, Antonio, Calixto, J. C. Correa, Cabral, Jorge Larena, Farias, Rosendo Hernández, Martín, Domingo García, Sergio Marrero, Montes, Miguel González, Pepe Mesa, Luis Miranda, Román Miranda, Rafael Mújica, Núñez, Polo, Machín, Silva, Juan Carlos Valerón, el *Lobito* Hernández, Domingo Méndez, Tacoronte, Pantaleón, Navarro, Pepene o Agustín. En la imagen, cuatro canarios, uno de ellos madridista, Luis Molowny, los otros tres atléticos, Agustín y Silva, arriba, y Miguel junto al mangas agachados, todos defendiendo la camiseta de la selección madrileña. 3 / Silva y Agustín, la conexión canaria, antes de un partido en el Metropolitno a mediados de los años cincuenta. 4 / Hace unos años reencuentro de tres de los más grandes jugadores que ha dado Canarias. A la izquierda, Luis Molowny conversando con Miguel González y el propio Alfonso Silva con camisa azul. 5 / El buen ambiente de un equipo campeón. Silva ameniza con su voz el momento con Diego Lozano y Riera con las guitarras, Juncosa con la armónica y Ben Barek acompañando como puede con las palmas. 6 / Debutó como internacional absoluto en enero del 1949 en el estadio de Montjuic marcando el gol español en el empate a uno ante Bélgica. Jugó un total de cinco partidos, disputando la Copa del Mundo en Brasil en 1950 cerrando su etapa como internacional en Chamartín en febrero de 1951 en un España 6-Suiza 3. 7 / Se le acusaba de falta de disciplina pero dio un rendimiento extraordinario como rojiblanco ganando dos Ligas.

/// **ALFREDO** SANTAELENA

El **revulsivo**

«Estaba en el Getafe. Jugábamos un amistoso en Las Margaritas con el Atleti. Al acabar, **Gil baja al vestuario y pregunta por mí.** Yo estaba en la ducha y me dicen: "te busca Gil". Entonces salí con la toalla y **Gil me dijo: "¡joder, pero si en el campo pareces más grande!** Pásate mañana por las oficinas del club que **te vamos a fichar para el Atleti"**».

"El Atlético contagia, engancha, implica, responsabiliza, te hace sentir. No dejas de serlo y defenderlo. Te marca".

Juan Gato
(Periodista)

Alfredo Santaelena Aguado nació en el madrileño barrio de Vicálvaro el 13 de octubre de 1967. Allí y en Muñoveros, pueblo de su padre, y en Yanguas de Eresma, pueblo de su madre, ambos en la provincia de Segovia, comienza a demostrar una enorme pasión por el fútbol lo que lleva a su padre, trabajador de la empresa Pegaso, a rellenar una solicitud para que el niño pudiera probar con el equipo camionero. Con 10 años se incorpora al conjunto apadrinado por la marca de camiones, uno de los clásicos del fútbol madrileño y de los pocos que poseía en esos años campo de hierba. No es un niño corpulento, es bajito pero muy habilidoso y rápido, por lo que siempre juega alternando la posición de delantero con la de interior o media punta y marca muchos goles en todas las categorías. En edad juvenil incluso llega a debutar con el primer equipo en Tercera División donde coincide con otros dos jóvenes con proyección: Juan Sabas y Jesús Diego Cota. De la mano de técnicos como Fernando Sierra o José María Martínez, Alfredo crece como futbolista fichando por el Getafe en 1987 a las órdenes de Eduardo Caturla y asimilando los consejos de hombres como Miguel Ángel Camarero. El Tenerife y el Sevilla ponen sus ojos en él pero será el Atlético quien se haga con sus servicios tras los favorables informes elaborados por Rubén Cano y Antonio Briones.

Con 21 años llega a un equipo convulso en una temporada, la de 1988-1989, en la que pasan por el banquillo seis entrenadores. Uno de ellos es el británi-

co Colin Addison, que le hace debutar con la camiseta rojiblanca, primero en un amistoso con el Stuttgart y después, el 2 de abril de 1989, en Liga, en un choque en el Calderón ante el Elche. Durante toda su carrera, Alfredo no siempre es titular, pero todos los entrenadores le usan como revulsivo para cambiar la dinámica de los partidos gracias a su habilidad, su explosividad y su oportunismo. En esos años es internacional Sub-21, aunque nunca sería absoluto. Como jugador del Atlético gana dos Copas del Rey con especial protagonismo en la primera de ellas, donde un gol suyo en la prórroga otorga el título al Atlético de Madrid ante el Mallorca. Como jugador del conjunto rojiblanco se mantiene hasta el final de la campaña 1992-1993 y gana otra Copa del Rey en 1992.

Su salida de la entidad madrileña rumbo al Deportivo de La Coruña tiene lugar en el verano de 1993, cuando es incluido en la operación de traspaso de Donato. Aún le quedaba un año de contrato pero decide irse a jugar en el recién ascendido equipo gallego, que nada hacía presagiar los momentos inolvidables que haría vivir a su afición. A las órdenes de Arsenio Iglesias, Alfredo sigue manteniendo su olfato oportunista y su aportación es básica para que el recién ascendido maraville al fútbol español con su liderato en Liga, título que pierden en el último minuto de la temporada por el penalti malogrado por Djukic ante el Valencia.

El subcampeonato en esas dos campañas no impide que la afición española se rinda a un equipo humilde que es capaz de plantarle cara a los grandes de

la Liga y conquista su primera Copa del Rey en 1995 tras vencer, nuevamente con gol de Alfredo, en la final al Valencia. Otra vez un gol decisivo de Alfredo, otra vez en el Santiago Bernabéu y otra vez ganando el título de Copa.

Tras cinco temporadas defendiendo los colores del equipo de Riazor y con una Copa y una Supercopa en el bolsillo, Alfredo se marcha al Sevilla para ayudar al ascenso de los hispalenses, con Marcos Alonso en el banquillo. Su tercer año apenas juega medio tiempo con el Sevilla por lo que en la temporada 2000-2001 vuelve a Madrid para jugar en el Getafe en Segunda División. Después, como si cerrase el círculo vital tras Getafe, con 33 años vuelve a su primer equipo, el Pegaso Tres Cantos. En su antiguo conjunto coincide con su amigo Juan Sabas hasta que, tras la destitución de Fernando Sierra, por petición del presidente del equipo, Alfredo se hace cargo del equipo.

Con el título de entrenador nacional, Alfredo comienza una nueva etapa en los banquillos en la temporada 2003-2004. Su siguiente destino será el Cobeña en Tercera, al que asciende a Segunda B, aunque volverían a descender al año siguiente. Curiosamente en esa temporada 2006-2007 tiene a sus órdenes a su hermano Miguel Ángel. Después ha entrenado al Club Deportivo Ciempozuelos, al Ibiza, al Marbella y al Alcobendas hasta que en la campaña 2011-2012 se hace cargo del Atlético de Madrid C para dirigir posteriormente al segundo equipo rojiblanco en Segunda División B hasta marzo de 2014.

Posteriormente, se marcha al Cádiz para ser el segundo entrenador de Claudio Barragán. Luego entrena al San Sebastián de los Reyes hasta febrero de 2018. Desde mayo de ese mismo año, entrena en España a la selección Sub-15 de China para luego dirigir equipos como el DUX Internacional o actualmente, al cierre de esta edición, el Rayo Majadahonda de 1ª RFEF.

1 / El gol marcado al Mallorca en la final de Copa de 1991, introdujo a Alfredo en la historia de la entidad. 2/ Un recién nacido llamado Alfredo Santaelena. 3/ Un día de pesca en el que le vemos posando al propio Alfredo con la pieza entre otros pescadores como Rafa Alkorta, Carlos Aguilera o Ramón Llarandi. 4/ En el banquillo del Cerro del Espino observando las evoluciones de su equipo, el Atlético de Madrid B, detrás se ve a Marina como segundo entrenador. 5/ De bebé en las fiestas de San Antonio en Yanguas de Eresma. 6/ Tras la formación en diversos equipos, Alfredo llegó en 2012 al Atlético B. En la imagen le vemos dando muestras de su carácter dirigiendo al equipo. 7/ Todo un padrazo con su hijo Alfredo. 8/ Con la Copa en el vestuario del Bernabéu.

//// FRANCISCO **ARENCIBIA**

Inteligencia
canaria

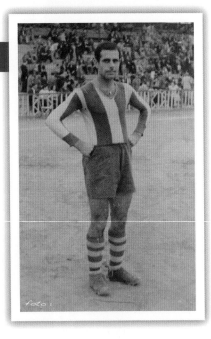

foto 1

Francisco Martín Arencibia nació en Cuba, en Alquízar, el 28 de diciembre de 1912. Hijo de emigrantes españoles, pronto regresa a España para afincarse en la localidad tinerfeña de Icod de los Vinos. En la ciudad del drago milenario **empieza a jugar al fútbol en el Rápido** para trasladarse a La Laguna a estudiar y enrolarse con 15 años en el Real Hespérides, equipo desde donde da el salto al Deportivo de Tenerife. Con este conjunto participa en los duelos isleños con el Real Victoria y el Marino de Las Palmas. Ya en 1930, con 18 años, **forma parte de la primera plantilla del Club Deportivo Tenerife,** con el que es campeón de Canarias y llega a participar en el Campeonato de España de 1932 con un equipo en el que jugaban grandes futbolistas canarios como Cayol, Morera, Esquivel, Arsenio Arocha, Felipe, Rancel, Chicote, Semán o Luzbel.

"De pequeño era del Athletic Club de Bilbao y cuando vine a Madrid me hice del Atlético porque era como su filial. Al poco tiempo cambié de equipo y el filial para mí pasó a ser el equipo bilbaíno".

Ceferino Díaz

(Exvicepresidente del Atlético de Madrid. Fallecido en 2013)

Arencibia era un buen futbolista, bien dotado para el manejo del balón y con una gran capacidad física. Su imagen era inconfundible ya que era alto, espigado y con una prominente calva y su eterno bigote fino, al estilo de los galanes de cine de la época. Siguiendo la estela de muchos de sus paisanos, Arencibia cruza el mar para recalar en la península tras una suculenta oferta del Athletic Club de Madrid, que ya en 1935 pagó por él 35.000 pesetas y le firmó un sueldo de 1.500 pesetas mensuales. Con la camiseta rojiblanca debuta en el Metropolitano en diciembre de 1935 marcando el único gol madrileño ante el Athletic Club de Bilbao. Forma línea de ataque con Sornichero, Lafuente, Elícegui y Chacho, pero no consiguen mantener la categoría tras el fatídico último partido con la pena máxima fallada por este último.

Estalla la Guerra Civil y tras tres años de inactividad Arencibia se incorpora al Atlético Aviación de Ricardo Zamora para ganar dos Ligas y una Copa Eva Duarte. Pancho Arencibia, como era conocido, era un jugador importante y su calidad, su capacidad física, su inteligencia y su gran remate de cabeza le dieron la posibilidad de ser internacional en una época en la que los partidos entre selecciones eran escasos debido a la Segunda Guerra Mundial. Aun así pudo vestir la elástica de la selección en una ocasión con motivo de un partido amistoso disputado en el Estadio Olímpico de Berlín en abril de 1942.

El Divino Calvo jugó en el Atlético Aviación hasta la temporada 1946-1947, cuando ya sin tanto protagonismo en el campo por la llegada de jóvenes jugadores, decide probar fortuna en el Granada en la Segunda División. Con los andaluces jugó hasta los 37 años, momento en el que cuelga las botas para regresar a Canarias y convertirse en 1949 en el primer entrenador de la recién creada Unión Deportiva Las Palmas. Solo estuvo en el cargo dos meses y se comprometió después con el C. D. Tenerife como

asesor del entrenador Andrés Llombet. Allí llegó incluso a calzarse las botas con 40 años e hizo las veces de entrenador jugador para intentar subir al equipo en la liguilla de ascenso. No se consigue subir de categoría y decide dejar de entrenar, aludiendo él mismo a su falta de carácter.

Así, Arencibia se fue desligando poco a poco del fútbol y se afincó en Gran Canaria, donde trabajó para el Ministerio de Defensa y estuvo muchos años como empleado de Aviación Civil en el aeropuerto de Las Palmas.

Arencibia falleció el 28 de febrero de 2004 en Gran Canaria a los 94 años de edad.

1 / Ya en 1930, con 18 años, forma parte de la primera plantilla del Club Deportivo Tenerife con el que es campeón de Canarias llegando a participar en el campeonato de España de 1932 con un equipo en el que jugaban grandes futbolistas canarios como Cayol, Morera, Esquivel, Arsenio Arocha, Felipe, Rancel, Chicote, Semán o Luzbel. **2 /** Momento antes de saltar al campo en Berlín en abril de 1942. En la imagen un Arencibia pensativo junto a Epi y Gabilondo mientras, a la izquierda, Paco Campos, autor desde el punto de penalti del único tanto español que significó el empate, se ata las botas. **3 /** Un joven Arencibia sin bigote en la temporada del descenso. Forman esa tarde del 9 de febrero de 1936 ante el F. C. Barcelona, de izquierda a derecha (de pie) Elicegui, Marculeta, Lazcano, Mesa, Pacheco, Chacho, Luis Marín y Arencibia. Agachados: Gabilondo, Ipiña y Valcárcel. **4 /** El Atlético Aviación campeón. Arriba, Mesa, Tabales y Aparicio; en el medio: Gabilondo, Germán y Machín; abajo, Manín, Arencibia, Pruden, Campos y Vázquez. **5 /** Jugador de gran técnica, elegancia, fortaleza y gran remate de cabeza.

BALTAZAR MARÍA DE MORAIS

Atleta de Cristo

Baltazar María de Morais Junior nació el 17 de julio de 1959 en Goiania (Brasil). Sus inicios futbolísticos hay que buscarlos en el Atlético Clube Goianiense. **Futbolista introvertido y callado,** su tarjeta de presentación son los goles y ya en esos años es internacional juvenil con Brasil y conquista el bronce en el Mundial de 1977. Al año siguiente figura como **máximo goleador del Campeonato Goiano.** Ese mismo año 1978 ficha por el Gremio de Porto Alegre para lograr con el equipo gaucho el bicampeonato de Rio Grande do Sul en 1979 y 1980, acabando en las dos ocasiones como **máximo goleador.** Baltazar es el goleador de referencia en Brasil y consigue la Chuteria de Ouru, galardón equivalente a la Bota de Oro europea. En 1981 gana con Gremio el campeonato brasileño derrotando en la final, con gol suyo, al São Paulo. En 1982 ficha por el Palmeiras para incorporarse en 1983 al Flamengo, donde fue subcampeón y **máximo goleador del campeonato carioca.**

"Lo que hace grande a este club no son los resultados sino la incondicionalidad de sus aficionados".

Aureliano Mediero

(Chef y empresario de hostelería)

Las cosas van bien deportivamente pero Baltazar no es feliz y deja el Palmeiras para jugar en Botafogo hasta que en 1985 da el salto a Europa para fichar por el Celta de Vigo. En Brasil dicen que está acabado y le traspasan por apenas 13 millones de pesetas. No es un buen año para Baltazar, ya que solo marca seis goles y no puede evitar el descenso a Segunda, sin embargo lo que parecía un fracaso se convirtió al año siguiente en un revulsivo, ya que el Celta hace una gran temporada, consigue el ascenso y Baltazar, bajo la batuta de Colin Addison, bate el récord de goles en la categoría de plata anotando 34 tantos. Jugando con el Celta, Baltazar es protagonista de un hecho fortuito y luctuoso en un partido en Balaídos con el Málaga. En un choque con el portero andaluz José Antonio Gallardo, el cancerbero sufre una conmoción que acabaría con su vida semanas más tarde tras no recuperarse del coma.

Un año más en Vigo le vale para dar el salto al Atlético de Madrid, a pesar del interés del Español. Llega con 29 años para volver a ser el referente goleador de los rojiblancos, con los que anota 35 goles en 36 partidos, tantos que le dan el Pichichi. El año siguiente marcó 18 pero en su tercera temporada pagó los platos rotos de la mala situación del equipo. Los malos resultados, la eliminación a las primeras de cambio en la Copa de la UEFA con el modesto equipo de la Politécnica de Timisoara y la necesidad de dejar libre una plaza de extranjero para que se pudiera fichar a Schuster propiciaron su salida. Ni una mala palabra, ni una mala acción de un hombre honrado, callado e introvertido que vivió en sus carnes la vorágine de aquellos convulsos años.

Baltazar deja el Atlético en octubre de 1990 para irse al Oporto portugués. Después jugaría dos años en Francia, concretamente en el Rennes, para más tarde regresar al Goias de su ciudad natal y recalar posteriormente en el Kyoto Purple Saga japonés, hasta que ya con 36 años y asediado por las lesiones se ve obligado a dejar el fútbol profesional.

Como internacional, Baltazar jugó siete partidos con Brasil en los que anotó tres goles.

A su retirada regresó a su localidad natal y allí en Goiania se ocupa de sus negocios mientras colabora con diversos medios de comunicación como comentarista sin alejarse de la palabra de Dios como Atleta de Cristo predicando, como ya hizo en sus tiempos de jugador del Atlético al igual que alguno de sus compañeros, como Donato.

1 / Un joven Baltazar en Brasil. **2/** En sus tiempos en el Atlético posando con el delegado del equipo Carlos Peña. **3/** Su tarjeta de presentación siempre fue el gol, en su primer año marcó 35 goles en 36 partidos. **4/** Hombre callado y reservado, llegó en silencio y se marchó sin decir ni una mala palabra. **5/** Llegó a España de la mano del Celta, les ayudó a subir el segundo año y batió el récord de goles en la categoría de plata anotando 34 tantos. **6/** Celebrando un gol con Paulo Futre.

Equipos históricos
Copa Intercontinental (vuelta)

ATLÉTICO	2-0	INDEPENDIENTE

Irureta 23'
Ayala 85'

10 de abril de 1975
Estadio:
Vicente Calderón

Entrenador: **Luis Aragonés**

Pacheco

Heredia   Eusebio

Melo   Capón

Irureta

Adelardo   Alberto
(Salcedo 27')

Aguilar   Ayala

Gárate

Verticalidad
oriunda

El día que llegó a Madrid tenía **tres objetivos: triunfar en el Atlético, ser internacional y ver una corrida de toros.** Cumplió los tres e, incluso, se salió con la suya cuando al aterrizar los periodistas le dijeron que Marcel Domingo no era muy partidario de las melenas en los futbolistas, a lo que Becerra, ni corto ni perezoso, argumentó: **«mi pelo es para mí como un talismán para ganar partidos».** Aun así, se cortó un poco el pelo, pero cuando se le preguntó argumentó: **«si me lo corté fue simplemente para que creciera más fuerte».**

Heraldo Becerra Nunes nació en San Jerónimo, en la región de Río Grande del Sur (Brasil), el 21 de abril de 1946. Comenzó jugando al fútbol desde muy pequeño y destacaba por su velocidad y su gran precisión con la pierna izquierda. Su primer equipo fue el Jobinda de São Paolo, desde donde le ficharon para jugar en el Cruzeiro de Porto Alegre. En esos años ya es un extremo izquierdo cotizado y lo contrata el equipo argentino de la ciudad de Rosario, Newells Old Boys. Ya es uno de los jugadores sudamericanos con más proyección y el secretario técnico del Atlético de Madrid, Víctor Martínez, le ficha en el verano de 1971. Vino con ganas de triunfar, por eso al llegar a Madrid dijo: «espero ser titular en el Atleti y tengo la esperanza de defender los colores de la selección nacional, porque digan lo que digan y escriban lo que escriban, soy español, en atención a la nacionalidad de mi padre, que era de Trubia (Asturias)».

Becerra debuta en la Liga española en septiembre de ese año en Balaídos (2-1), de la mano de Max Merkel. La semana siguiente, ante el Sabadell, ya marca el primero de los 16 goles que anotó en Liga como futbolista rojiblanco. Era un jugador rapidísimo, muy

"Yo fui carrilero juvenil y le hice un túnel a Luis en el Calderón. Ahí queda eso".

José Damián González
(Presidente de la Asociación de la Prensa deportiva de Madrid)

bueno en el manejo de la pelota tanto en corto como en desplazamientos largos, en los que sabía aprovechar su verticalidad. Anárquico y genial, un niño grande, Becerra tenía mucha clase, mucha personalidad y una larga melena que siempre le identificó. Junto a Ayala y Gárate marcó una época que incluso tuvo el calificativo por parte del técnico Juan Carlos Lorenzo, tras un partido ante el Dínamo de Bucarest, de «la delantera de los tres puñales».

Becerra jugó en el Atlético seis temporadas en las que ganó dos Ligas, una Copa Intercontinental y dos Copas y disputó la final de la Copa de Europa que finalmente se perdió ante el Bayern de Munich.

Su condición de oriundo y su gran rendimiento en el Atlético le llevó a debutar con la selección española de la mano de Kubala el 17 de octubre de 1973, en un amistoso ante Turquía en Estambul (0-0). Becerra fue así el primer brasileño en vestir la roja.

Con la llegada de Luis al banquillo, Becerra empieza a perder protagonismo y acaba por caerse de las alineaciones del equipo, llegando incluso a ser castigado por indisciplina en 1976. También es acusado de haber falsificado sus papeles de ascendencia española, algo que quedará resuelto al adquirir la nacionalidad. En las dos últimas temporadas apenas juega dos partidos de Liga y cierra su etapa como rojiblanco en diciembre de 1976.

Becerra, casado y con un hijo de 3 años, se marcha en febrero de nuevo a Argentina a jugar con Boca Juniors intentando recuperar, a sus 30 años, el sabor por el fútbol, algo que no pudo hacer ya que solo había jugado dos partidos cuando el 14 de marzo de 1977, un mes antes de cumplir 31 años, sufre un trágico accidente de tráfico en la localidad argentina de Campana que le cuesta la vida.

foto 4

foto 3

foto 5

foto 6

foto 2

1 / Jugador rapidísimo por la banda, el tiempo que estuvo se ganó a la afición con su calidad y buen trabajo. **2 /** Con un estilo muy definido, Becerra sabía alternar el juego en corto con los desplazamientos en largo. **3 /** Junto Ayala y Gárate marcaron época. Juan Carlos Lorenzo les llegó a llamar *Los tres puñales*. En la imagen le vemos con su compatriota Ovejero. **4 /** Preciosa foto en la que se ve su verticalidad y su estilo. **5 /** En seis temporadas ganó dos Ligas, una Copa Intercontinental, dos Copas y jugó la final de la Copa de Europa perdida ante el Bayern de Munich. Jugó 149 partidos oficiales y marcó 29 goles. **6 /** Su condición de oriundo y su gran rendimiento en el Atlético le llevó a debutar con la selección española de la mano de Kubala el 17 de octubre de 1973 en un amistoso en el que España empató a cero goles ante Turquía en Estambul. Fue el primer brasileño en vestir la Roja.

LARBI **BEN BAREK**

La **perla negra**

Jugando descalzo alcanzó una sensibilidad que fue clave en su faceta como futbolista. La necesidad agudiza el ingenio y Larbi Ben Barek tuvo ambas cosas: **necesidad** de salir de una vida que le asestó demasiados golpes **y mucho ingenio;** con los dos en la maleta triunfó como futbolista y dejó un recuerdo imborrable en una afición que **disfrutó de su magia y de sus filigranas.** Por eso cuando el 6 de mayo de 1948 el Stade Français jugó un amistoso en el Metropolitano, uno de los directivos rojiblancos, viendo que era un jugador diferente que transmitía cosas difíciles de ver en esos tiempos, gritó en voz alta: **«¡hay que fichar al negro!».**

"Diferente. Cercano. Cálido. Con un punto trágico siempre. Doliente, con un alma hipergenerosa que resbala por sus gradas y por los suyos. Amado por su gente. Apasionado. Más corazón que cabeza. Romántico, por tanto. Tierno. Capaz de superar enormes dificultades, incluso de sus dirigentes. Heroico e irregular. Siempre igual. Hoy y hace 110 años. El Atleti que se quiere".

Luis Arnaiz
(Periodista)

Larbi Ben Barek nace en el entonces protectorado francés que es Marruecos, en la localidad de Casablanca. Son muy contradictorias las fechas que en diversas fuentes aluden a su nacimiento: todo apunta a que nació un 16 de junio pero se desconoce si del año 1914, 1915, 1916 o 1917. Desde muy niño ayuda en el taller de carpintería de su padre mientras sale a jugar a las plazas cercanas con los pies descalzos. Es alto y poco a poco adquiere una fortaleza que le hace destacar entre los chavales de su edad. La vida le golpea pronto al quedar huérfano de padre siendo aún un niño, una desgracia que le curtiría en el carácter y que le ayudó a afrontar lo bueno y lo mucho malo que luego le trajo la vida.

Sus primeros pasos como futbolista los da en el club de su ciudad, el Casablanca, en la Segunda División. Con ellos llega a conquistar el subcampeonato de Copa. En 1935 y a cambio de un trabajo, ficha por el Union Sportive Marocaine de la Primera División, donde juega tres temporadas hasta que al inicio de la campaña 1938-1939 se marcha a jugar al Olympique de Marsella. Es la estrella del equipo y por su condición de nacido en el protectorado francés es llamado incluso por la selección gala.

El estallido de la Segunda Guerra Mundial hace que Larbi Ben Barek regrese a Marruecos para jugar en su antiguo equipo del U. S. Moricaine, en el que está cinco años cobrando 100 francos por partido y agotando sus ahorros. Por aquel entonces se cruza en su camino un joven entrenador que, al margen de ser el número uno de su promoción, se sacó el diploma de masajista para ampliar conocimientos: se trataba de Helenio Herrera, que es nombrado seleccionador francés y simultanea su labor con la de técnico del Stade Français. En 1945 H. H. viaja a Casablanca con su mentor Gabriel Hanot invitado a un curso de formación de entrenadores en el que se juega un partido entre marroquíes y prisioneros italianos. Herrera ve las evoluciones del moreno marroquí, al que intenta seducir con el regreso al fútbol francés. Ben Barek no está por la labor de irse a un equipo que milita en Segunda y durante mes y medio la tozudez del futbolista y la verborrea y dotes de seducción de H. H. confrontan en una dura batalla que acaba ganando el técnico. Su llegada produce un efecto reacción, ya que en la temporada 1945-1946 asciende a Primera División llegando incluso a semifinales de la Copa gala. Su siguiente destino es Madrid. Debuta en Sarriá en septiembre de 1948 en un Español 4-Atlético de Madrid 1 y marca su primer gol en la jornada siguiente en el Metropolitano, en la goleada por 6-0 al Real Oviedo.

Ben Barek llenaba los campos donde iba con el Atlético. Los aficionados querían ver a este jugador que maravillaba con su técnica, su disparo seco y potente y su habilidad con ambas piernas.

Fue internacional por Marruecos pero al ser un protectorado solo podía jugar partidos amistosos. Sí pudo jugar partidos oficiales con la selección francesa, con la que debutó el 4 de septiembre de 1938 en un Italia 1-Francia 0. En total fue internacional francés en 17 ocasiones y marcó 3 goles, con lo que mantuvo el récord de ser el jugador francés que más tiempo ha sido internacional en total 15 años y 10 meses, pues su primera convocatoria fue en 1938 y la última en 1954.

En sus seis temporadas en Madrid solo fue expulsado una vez, lo que le costó una sanción con cuatro partidos. En sus seis temporadas en España nunca vio una tarjeta amarilla. Aquellos cuatro partido de sanción le hicieron recapacitar: «yo no he venido a que me den patadas», decía muchas veces. Si además el terreno de juego estaba impracticable, desaparecía de los partidos, como recordaba Adrián Escudero: «era muy bueno pero cuando había barro o daban patadas, solo sacaba de banda».

Con casi 40 años de edad, con dos Ligas y una Copa Eva Duarte, el Atlético de Madrid acepta una oferta de seis millones de francos del Olympique de Marsella por el francomarroquí y en diciembre de 1953, concretamente el día 13, juega por última vez en Liga en Riazor (1-0). No es su final, ya que un año después y tras salvar al equipo marsellés del descenso y llevarlo a la final de Copa, aún jugará un partido con la selección francesa, colaborando en la victoria gala en Hannover ante Alemania en lo que significó su último partido como internacional.

Tras dejar Francia juega en el Union Sportive Musulmane Bel-Abbesienne de Argelia (1955-1956) y unos meses en el Stade Marocain para cerrar su etapa como futbolista en el Faith Unión Sport de Rabat en 1957.

Hizo sus pinitos como entrenador e incluso llegó a ser seleccionador de Marruecos, el primero tras la independencia del país en 1958, pero no tuvo la misma gloria que cuando jugaba.

Su vida tras el fútbol no fue la deseada, pues fue viendo como se le iban los seres queridos. Le antecedieron sus dos esposas, los hijos, la fortuna y hasta los amigos. Murió solo, en su casa y sin que nadie le echara en falta. Cuando le encontraron en septiembre de 1992, llevaba varios días sin vida. Sus conocidos de la Medina de Sidi Beloud decidieron homenajearle humildemente, ajenos a la ausencia de homenajes oficiales, cruzando su ataúd a hombros por toda la ciudad hasta llegar al cementerio de Chouada, con miles de aficionados anónimos que se fueron acercando a la comitiva. Aunque tardaron en reaccionar, las autoridades decidieron por fin tener un gesto con el mejor jugador de fútbol que había nacido en Marruecos en toda su historia y tras remodelar el viejo estadio Prilippe decidieron cambiarle el nombre por el de Larbi Ben Barek. La FIFA le otorgó a título póstumo la máxima distinción de la federación internacional, la Orden del Mérito, por considerarle uno de los personajes más importantes en la historia del fútbol.

1 / Posando con un Alfredo Di Stéfano vestido de rojiblanco el día del homenaje a Adrián Escudero. 2 / Incansable en ataque, poseía un gran remate de cabeza. 3 / Saludando en pleno andén al jugador del Stade Français Gregorie en presencia de Carlsson (con sombrero), Helenio Herrera y Marcel Domingo. 4 / En un viaje a Portugal hace estiramientos a las órdenes de Helenio Herrera junto a Escudero, Riera, Agustín y el resto de compañeros. 5 / En 1948 deslumbró en el Metropolitano con el equipo francés del Stade Français. En la imagen Riera intenta tapar una internada por banda, ese día los directivos rojiblancos decidieron su fichaje. 6 / Ídolo de la televisión cubana, en la imagen se le ve junto a Ricardito Zamora y Carlsson. Ben significa hijo y la costumbre era poner el nombre del padre, por lo que el padre se llamaba Barek... por eso él es Larbi, hijo de Barek... No le une ningún parentesco con Abdel-Lai Ben Barek, que jugó en el Granada y Málaga y luego fue entrenador de diversos equipos en la Liga española. 7 / El marroquí deslumbró en el fútbol español. Era un pesadilla continua para los porteros rivales.

El **puñal** sueco

Un compañero suyo en el AIK Solna, Eugen, hijo de un curtidor, le puso el **apodo de Henry Garvis, después Lill-Garvis, para dejarlo solo en Garvis.** Desde aquel momento, tanto sus compañeros como su propia familia le llamaron así, Henry Garvis Carlsson.

> "Hamburgo era una monumental fiesta rojiblanca. Los jugadores del Atlético brincaban felices. En el palco, Enrique Cerezo y Miguel Ángel Gil contenían educadamente su alegría. Gil giró la cabeza y nuestras miradas se encontraron. Levanté el pulgar. Me guiñó el ojo. La felicidad era esto".
>
> **Juan Ignacio Gallardo**
>
> (Periodista, diario *Marca*)

Nils Gustav Henry Carlsson nació en la localidad sueca de Falköping el 29 de octubre de 1917. En las plazas y calles de su pueblo comienza dando patadas al balón junto a sus amigos del barrio jugando en el IK Göta y en el equipo de su localidad, el Falköping GIS, donde creció desde 1930 hasta fichar en 1939 por uno de los equipos más laureados del fútbol sueco, el AIK Solna. Allí, jugando en el estadio nacional de Suecia, el Rasunda, donde fue su máximo goleador histórico, Carlsson destaca como delantero: fue el máximo goleador de su equipo durante cinco temporadas consecutivas.

Su proyección es grande y decide marcharse a Francia para jugar en el Stade Français mientras participa en los Juegos Olímpicos de Londres, en los que gana la medalla de oro al derrotar en la final a Yugoslavia por 3 goles a 1. Tras jugar casi como aficionado en Francia regresa a su país para unirse unos meses al AIK Solna, hasta que en el verano de 1949 llega al Metropolitano junto a su compañero de equipo, el danés Borge Mathiesen. Desde el principio el sueco juega en su posición habitual de interior y pasa a formar una línea de ataque que hará historia en la entidad madrileña con Juncosa, Ben Barek, Adrián Escudero y Pérez Payá, conocidos como la Delantera de Cristal.

Carlsson debuta en Liga con el Atlético de Madrid en septiembre de 1949, en el Metropolitano, ante el Málaga (3-2). Esa temporada jugará 23 partidos ligueros en los que anotará nueve goles. Como rojiblanco está cuatro temporadas y gana dos Ligas y una Copa Eva Duarte. Abandona el club a la edad de 35 años, en la temporada 1952-1953.

Jugador pequeño, su corta estatura le dotó de una agilidad que desquiciaba a los contrarios. Era un gran atleta, fuerte y con una gran resistencia, lo que le valió también para hacer sus pinitos en la lucha libre. A pesar de sus pocos centímetros, era difícil quitarle el balón en el juego aéreo y es dentro del área, donde el rubio jugador demostraba una efectividad letal. Era un auténtico ratón de área que además, desplegaba una velocidad envidiable con el balón en los pies jugando por banda. Junto a Ben Barek en los costados, la habilidad de Juncosa y el olfato rematador de Escudero y, primero Silva y luego Pérez Payá, el Atlético encontró el grupo de

jugadores ofensivos que le dio dos títulos de manera consecutiva. Una pena que tanto él como Ben Barek llegaran tan tarde al Atlético porque su calidad era extraordinaria.

Con su selección, al margen del oro de los Juegos del 48, disputó 26 partidos y marcó 17 goles, formando parte de aquella generación que maravilló y que se clasificó para el Mundial de Brasil de 1950. Aquel equipo sueco (Carlsson no participó en el Mundial) finalizó en tercera posición, al quedar por delante de la España de Zarra, que concluyó cuarta.

Tras dejar el Atlético regresa a Suecia, donde ya había trabajado en la General Motors y en una agencia de prensa, para encargarse de varias firmas de ropa. Su pasión por el fútbol le hizo entrenar a diversos equipos, como las categorías inferiores del AIK (1953-1956), después el primer equipo (1956-1957), el Sundbybergs IK (1958-1964, donde llegó a vestirse de corto el primer año), nuevamente al AIK (1965-1966) y finalmente al IF Brommapojkarna (1969-1971).

Con su esposa Ingrid tuvo tres hijos, Björn, Inger y Per-Åke. Björn jugó 140 partidos con el AIK entre 1960 y 1968 mientras que su hermano Per-Åke fue suplente en los años sesenta. Uno de sus cinco nietos, Michael, hijo de Björn, jugó en los años setenta también en los juveniles del equipo donde debutó su abuelo.

Nils Gustav Henry Carlsson falleció el 28 de mayo de 1999 en Solna a la edad de 82 años.

1/ El sueco comprando el periódico en las calles de La Habana.
2/ Simpática imagen en la playa en la que se ve a Diego Lozano sujetando a Carlsson ante la atenta mirada de Helenio Herrera. **3/** A pesar de su pequeña estatura, sorprendía a los contrarios con su habilidad y movimientos. Era muy difícil quitarle la pelota cuando entraba en el área. En la imagen le vemos en una playa cubana posando. **4/** Tres generaciones unidas por el fútbol. A la izquierda , Björn Carlsson que jugó 140 partidos con el AIK entre 1960 y 1968, en el centro el patriarca de la saga y exjugador del Atlético, a su derecha su nieto, Michael, hijo del Björn, que jugó en los años setenta también en los juveniles del equipo en el que debutó su abuelo. **5/** Bromista como pocos, ahí vemos a Carlsson haciendo bromas sobre la arena de la playa. **6/** Siempre con buen ambiente, en la imagen vemos a Callejo con una cacerola en la cabeza mientras Carlsson toma café y Diego Lozano se sirve ante la mirada incrédula de Alfonso Silva.

EDUARDO GONZÁLEZ VALIÑO *CHACHO*

Solo falló
un penalti
en su vida

"Tengo dos amores futbolísticos: uno, el Getafe, mi mujer; otro, el Atleti, mi madre".

Valentín Sánchez Girón

(Vicepresidente del Getafe)

Chacho se veía tan superior que **a veces pensaba que podía ganar los partidos él solo.** Llevaba el balón cosido al pie pero en ocasiones sesteaba en los partidos. Su presunta indolencia y **su magistral calidad quedaron retratadas para siempre** en la memoria colectiva con una frase, ideada por el popular crítico deportivo Marathón: **«ay Chachiño, si tú quisieras...».** Este era Chacho: «no me gusta correr detrás de una pelota que sé que no puedo alcanzar. El que tiene que correr es el balón, que se cansa mucho menos que yo».

Eduardo González Valiño nace en A Coruña el 10 de mayo de 1911. En la Cuesta de San Agustín, hijo de Carlos e Irene, convive con nueve hermanos –cinco chicos y cinco chicas– y es ahí, en esas calles, donde empieza a enamorarse del balón. Desde muy niño destaca en los partidos improvisados en la cercana plaza de María Pita, en el campo de La Estrada o el de La Luna. Con 11 años ya juega en el Varela Silvari y allí le descubre Rodrigo García Vizoso para pasar después al Ferrolán tras cambiarle de colegio, pues pensaba más en el fútbol que en los libros. Se hace famoso y de ahí pasa inexorablemente al infantil del Deportivo de La Coruña, aunque con la disolución de los infantiles regresa al Ferrolán y cobra su primera ficha por 100 pesetas. Inmediatamente vuelve al Deportivo comenzando en ese momento la historia del pequeño Eduardo con un equipo del que será leyenda y del que siempre será un referente.

Sigue siendo suplente en el equipo gallego en la Segunda División, lo que no le impide ser convocado por la selección nacional de la mano de José María Mateos para el partido que se iba a jugar en Chamartín ante Rumanía el 21 de mayo de 1933. Aquella tarde Chacho pasará a la historia por ser el autor de seis de los trece tantos que encajaron los rumanos. Un récord que a día de hoy sigue vigente, ya que nunca nadie más ha podido golear tanto con la selección española. Ya como jugador del Athletic Club de Madrid es convocado dos veces más, una en un choque, también con goleada, ante Portugal (9-0), en el que anota un gol, y ante Italia en el Mundial del 34, en el que se perdió contra los anfitriones por 1-0 con tanto de Giuseppe Meazza.

Su calidad en A Coruña le abre las puertas de los grandes equipos de Primera División; incluso juega un partido a prueba con el Barcelona ante la selección de Brasil en Les Corts pero finalmente en 1934 ficha por los madrileños, que a golpe de talonario también fichan a Lafuente y a Marculeta. En Madrid da muestras de su gran clase, sus disparos lejanos desde el saque de centro dejan anonadados a rivales y aficionados. Una de sus grandes especialidades son los desplazamientos milimétricos de más de 40 metros para dejar solos a sus compañeros. Durante años arrastró una lesión de menisco y resultaba curioso verlo detenerse un instante tras el balón, tocarse la rodilla con los dedos y continuar jugando al fútbol. Así lo hizo durante muchos años. También poseía la facilidad del remate de cabeza y el disparo con ambas piernas, acompañados de un regate inverosímil. Era un genio con lagunas muy propias de la escuela coruñesa, en la que se alternaba clase y apatía a veces por partes iguales, con esa filosofía que más tarde aplicaría el propio Luis Suárez: «es el balón el que debe correr».

foto 5

foto 4

Chacho debuta en el Metropolitano en diciembre de 1934 ante el Racing (3-1). La temporada 1935-1936 se afrontaba con esperanzas pero se complicó todo y se llegó a la última jornada con todo por decidir. Aquel 19 de abril de 1936 Chacho pasó tristemente a la historia del Atlético al marrar el penalti decisivo. Nunca había fallado una pena máxima pero aquel error condenó al equipo a Segunda División.

Unos meses después estalla la Guerra Civil y Chacho es alistado en el Frente Nacional en la división de artillería. Tras la guerra comienza a trabajar en el Banco Pastor mientras vuelve al equipo de sus amores. Con el equipo blanquiazul disputó dos promociones de ascenso a Primera División: en la segunda, un gol suyo en la prórroga posibilitó el ansiado cambio de categoría.

De constitución física frágil, resultó frecuentemente víctima de las lesiones; seguramente si le hubieran respetado más hubiera sido aún más grande. Esas dos temporadas alterna el puesto de jugador con el de entrenador cuando la situación lo requería. En 1944 jugaría en el Deportivo Juvenil, dirigido por Rodrigo, y en un partido contra el Noya los aficionados del equipo casi lo tiran a un pozo porque le había metido seis goles. Después de un año regresa al primer equipo coruñés, donde jugó hasta el año 1946.

Apartado de los terrenos de juego como futbolista, decide hacerse entrenador y en 1949, después de hacer los cursillos preceptivos (saca el número uno de su región), entrenó al Fabril, pasando posteriormente al Deportivo. También entrenaría al Bergantiños, al Sporting Coruñés y al Español. En la campaña 1951-1952 vuelve al banquillo de Riazor para dirigir a jugadores como al propio Acuña, Millán o un joven de 21 años llamado Arsenio Iglesias. También fue secretario técnico del club. Como curiosidad, cabe destacar que uno de sus hijos jugó en la Primera División de Venezuela en el Deportivo Galicia.

En agosto de 1978, en el Teresa Herrera le fue impuesta la Medalla al Mérito Deportivo y un monumento le recuerda en las inmediaciones de Riazor.

Falleció en A Coruña el 21 de octubre de 1979.

foto 1

foto 3

1/ Con apenas 16 años ya debuta con el primer equipo del Deportivo y con las indicaciones de Hilario Marrero se sitúa de delantero en un partido ante el Español, aquel Español de Ricardo Zamora, Saprissa, Broto, Gorostiza, Solé o Bosch. Su padre se había apostado 40 duros a que no marcaba y el coruñés, tozudo como era, lo hizo marcando al *Divino* el gol del empate a uno. Aunque marca goles, es suplente y va convocado varias veces con la selección gallega en la que llega a marcar en un partido siete goles en 1929, siendo galardonado con el Balón de Oro como jugador más destacado. **2/** En el Atlético dio muestras de su calidad pero una desafortunada jugada marcó su fututo como rojiblanco. **3/** Durante años arrastró una lesión de menisco y resultaba curioso verlo detenerse un instante tras el balón, tocarse la rodilla con los dedos y continuar jugando al fútbol. Jugó así durante muchos años. **4/** Temporada 1935-1936. De izquierda a derecha, Mesa, Cuesta, Gabilondo, Chacho, Elícegui, Pacheco, Marculeta, Peña, Mendaro, Lafuente y Arocha. **5/** Foto histórica del debut de Chacho como internacional el 21 de mayo de 1933 en Chamartín ante Rumanía. Ese día España ganó por 13-0 anotando Chacho seis goles. Forman de izquierda a derecha: Chacho, Crisanto Bosch, Luis Regueiro, Gamborena, Zamora, Elícegui (anotó tres tantos), Prat, Ciriaco, Guillermo Eizaguirre (portero suplente) y Cilaurrén. Abajo, Marculeta y Jacinto Quincoces.

ENRIQUE **COLLAR**

Extremo
infernal

Un 3 de noviembre de 1934 nació en el sevillano pueblo de San Juan de Aznalfarache **uno de los mejores jugadores que han vestido la camiseta del Atlético de Madrid:** Enrique Collar Monterrubio. Sus primeros diez años de vida los pasa en Andalucía hasta que su padre es trasladado a Madrid y se instala en la capital con toda su familia.

"Enriquito Collar, nuestro primer niño, es el jugador que más me ha emocionado de toda la historia del Atlético de Madrid".

Bernardo Salazar

(Historiador [1942-2018])

Con sus tres hermanos empieza a jugar en las calles del barrio de Argüelles y demuestra una velocidad endiablada con el balón en los pies. Ya dio muestras de ello en el Imperial y posteriormente en el Peña Norit, desde donde se anima a apuntarse a unas pruebas con el Atlético. Los entrenadores del juvenil son Gabilondo y Colón, que piden al joven futbolista que saque un córner; el que fuera medio centro rojiblanco, Ramón Gabilondo, observa con detenimiento la forma de golpeo de aquel niño de 12 años y pide que vuelva a lanzar. No lo duda, el chico tiene madera y decide incorporarlo en el verano de 1948.

En la cantera destaca Enriquito Collar; es un jugador muy rápido, muy listo con y sin balón, con un gran regate y con una gran visión de juego que le lleva a liderar, junto a su hermano Antonio, el equipo juvenil, con el que conquista el Campeonato de España en 1952, además del Campeonato de Selecciones Regionales y el Campeonato de Europa. Su proyección le da la posibilidad de firmar en septiembre de 1952 su primer contrato profesional.

Con Helenio Herrera entrena con el primer equipo y es cedido al Cádiz. Vuelve en navidades y debuta con la camiseta rojiblanca en un partido amistoso frente al equipo alemán del Berliner Tennis Borussia y el Metropolitano ya empieza a verle como un ídolo. Ramón Colón le hace estrenarse en Liga en el estadio de Sarriá en septiembre de 1953 aunque todavía le quedará una cesión más: Colón le reclama para el Murcia pero con los pimentoneros líderes en Segunda y tras

once partidos sin conocer la derrota, Collar regresa al Metropolitano para ponerse a las órdenes de Jacinto Quincoces y hacerse con un puesto.

En total, Enrique Collar defendió con orgullo la camiseta del Atlético de Madrid 19 temporadas en las que ganó una Liga, tres Copas del Rey y una Recopa. Jugó un total de 6 partidos con la selección absoluta y pudieron ser más si no hubiera coincidido con otro genio en la banda izquierda como Paco Gento. Collar debutó en Ginebra marcando uno de los goles de España ante Suiza (0-3), participó en el Mundial de Chile en 1962 y cerró su etapa internacional en Bilbao en mayo de 1963 como capitán en un España 1-Irlanda del Norte 1.

No todo fue un camino de rosas, pues sus detractores decían que solo jugaba cuando quería. En 1963 tuvo problemas con la directiva presidida por Javier Barroso por una petición de aumento de sueldo, algo que consiguió tras tensas negociaciones. En otra ocasión le quiso fichar la Juventus italiana y el Atlético aplicó el derecho de retención, por lo que Collar se enfadó y estuvo dos meses sin acudir ni siquiera a entrenar.

Por Enrique Collar parecía que no pasaba el tiempo. Llegaban entrenadores, jugadores y el sevillano seguía rindiendo al máximo nivel, siendo un jugador incuestionable. Habían pasado años y Enrique Collar seguía ocupando las alineaciones titulares y lo hizo hasta la campaña 1968-1969, en la que juega 33 partidos de Liga. Es entonces cuando, para sorpresa

foto 1
foto 3
foto 4
foto 5
foto 6
foto 7
foto 8
foto 9
foto 10
foto 11

CLUB ATLETICO DE MADRID
Temporada 1966-67
Tarjeta de identidad profesional de
D. Enrique COLLAR MONTERRUBIO

Madrid, septiembre de 1966.

El Gerente.   El Interesado.

de miles de aficionados, el club comunica su baja. El Atlético le llegó a ofrecer un cargo pero Collar quiso demostrar que seguía siendo útil y se marchó al Valencia para jugar la temporada 1969-1970, despidiéndose del fútbol en Chamartín en marzo de 1970 en un Real Madrid 2-Valencia 1.

Una vez colgadas las botas, comenzó los cursos de entrenador, pero acabó dejándolo porque veía falta de seriedad. Después trabajó como representante de varias firmas hasta la formación de una industria familiar de confección de lencería con sus hijas. Ya jubilado, ha sido durante muchos años miembro muy activo de la Asociación de Veteranos del club y fue presidente de la Fundación del Atlético de Madrid, cargo que desempeñó hasta hace unos años.

1/ Buen estilo del sevillano. Lógicamente, la tierra tira. **2/** Dos ídolos del momento, Enrique Collar y Manuel Benítez *El Cordobés*. **3/** Collar siempre fue un jugador mediático. En la imagen le vemos participando en un programa de TVE dirigido por el periodista Miguel Ors. **4/** Fue el primer *niño* del Atlético de Madrid, apelativo que también llevaron Marcelino, Pedraza, Aguilera y Fernando Torres. **5/** Foto familiar posando para la posteridad junto a su madre el día de su boda. **6/** Ficha de Collar como jugador. **7/** También había tiempo para tomar el sol en la playa durante las vacaciones con la familia. En la foto posa con su hermano Antonio Collar. **8/** Para completar su formación, es cedido al Cádiz junto a sus otros tres hermanos, Juan de Dios, Pepe y Antonio estando interno en el San Felipe Neri y ayudando al equipo amarillo a quedar tercero en la clasificación. En la foto vemos a los cuatro hermanos Collar vistiendo la camiseta gaditana. **9/** En la foto saluda a Franco mientras el presidente Barroso hace las presentaciones. **10/** En los actos del Centenario, acudió al Palacio de La Moncloa como uno de los representantes del club. En la foto posa con el entonces presidente del Gobierno, José María Aznar. **11/** Departiendo con el entonces presidente Cesáreo Galíndez.

El **expresso**
de Irún

foto 3

«O pagan 60.000 pesetas y un sueldo mensual de 2.000 pesetas o no me muevo de Irún». Mientras se pensaban los directivos del Real Madrid y del Barcelona la oferta, se presenta en Irún Paco Urzáiz, secretario técnico del Atlético, para que firmara un contrato por 50.000 pesetas y 1.500 de sueldo. Elícegui no se lo piensa, ya que estaba dispuesto a aceptar cualquier oferta por 20.000 pesetas y 1.000 de sueldo, así que firma el contrato y a los cinco minutos aparece el representante del Barcelona con una oferta superior a la del Atlético. **Hombre de palabra, se compromete con los rojiblancos,** pero por cinco minutos Juan Antonio Elícegui no fue jugador del Barcelona.

"El Atleti es un equipo de barrio con un rival universal. Por eso es sencillo ser del Atleti. Cuando se pierde no pasa nada y cuando se gana se alcanza la felicidad. No se trata de ser primero, se trata de ser feliz. Con el Atleti pierdes un poco más de la cuenta pero evitas la ansiedad de ganar todo como sea".

Juan Pablo Colmenarejo
(Periodista [1967-2022])

Julio Antonio Elícegui Cans nació en Castejón, provincia de Navarra, el día 5 de diciembre de 1910. Comienza jugando al fútbol en equipos navarros y vascos como el Arin Sport Azucarera, donde milita con sus compañeros de trabajo de la azucarera y de la harinera de Marcilla, y también juega en el Azkoyen de Peralta, que es el primer equipo en el que figura como futbolista federado y en el que permanece una temporada antes de trasladarse nuevamente a Castejón con su familia. Allí le ven jugar los técnicos del Beasaín, que le captan para jugar en Primera Regional, pero tras un partido ante el Tolosa en el que marca cinco goles, los ojeadores del Real Unión de Irún deciden llevárselo a prueba a una gira por Francia para acabar fichándole en la temporada 1930-1931. Con los irundarras juega cuatro

partidos esa campaña, con apenas 20 años, marcando incluso en su debut en Primera División, el 1 de febrero de 1931 en el Stadium Gal ante el Athletic Club de Bilbao (2-3).

En la localidad fronteriza juega dos temporadas más y, a pesar de bajar a Segunda, llega a ser internacional en 1933. Juega cuatro partidos con la selección y anota seis goles.

Elícegui recibe ofertas del Real Madrid, del Barcelona y del Atlético, pero finalmente debuta como rojiblanco el 16 de julio de 1933 en un partido a beneficio del Unión Club de Irún (en 1931 perdió con la República el título de Real, que no recuperaría hasta 1938), que enfrenta al Athletic con la selección guipuzcoana y que sirvió como parte del pago de

foto 1

foto 6

foto 5

foto 4

foto 2

su fichaje, siendo en esos momentos uno de los más caros de la historia del club. Ese día ya demostró sus cualidades con dos goles y posteriormente, bajo la dirección del inglés Mr. Pentland (Frederick Beaconsfield Pentland), consigue el ascenso a Primera División con 24 goles, bautizado por el periodista Manuel Gómez Domingo Rienzi como «el expreso de Irún».

Delantero de pura cepa, Elícegui es un gran rematador. Poderoso en el juego aéreo, era un constante peligro para las defensas de la época. Sus remates en plancha fueron una novedad en la época y también se le conoció como «el suicida» o «cabecita de oro». Incluso en una gira por Sudamérica, en un equipo formado por jugadores del Athletic de Madrid y del Español de Barcelona, hasta River Plate se interesa por sus servicios, desestimando la operación por el alto precio exigido. Fue tan famoso que su llegada al Madrid hizo que se incluyera su nombre en la letra del himno: «el Athletic es un club popular y castizo con la estrella de Elícegui, el expreso de Irún».

En la campaña 1935-1936 el equipo desciende tras el penalti fallado de Chacho en el último minuto ante el Sevilla, que habría certificado la permanencia en Primera División, pero el estallido de la Guerra Civil aparca al campeonato durante tres años en los que la barbarie se apodera del país. Elícegui siguió vinculado al club madrileño, aunque disputó partidos durante la guerra con la Real y con el Alavés para integrarse tras la contienda en el nuevo equipo surgido tras la fusión del Athletic Club de Madrid y el Aviación Nacional. Recuperada la plaza en Primera, Elícegui, que tiene ya 29 años, sigue siendo el delantero de referencia y conquista el campeonato.

A pesar de ganar el título, Elícegui deja el Atlético Aviación al recibir una suculenta oferta del Deportivo de la Coruña; es así como el expreso de Irún recala en Coruña para jugar en Segunda División. Si fue historia en Irún y luego en el Atlético, no lo es menos en Coruña, pues se convierte, en la temporada 1941-1942, en el autor del primer gol en Primera de la historia del Depor. Con 32 años y con pocas oportunidades decide seguir jugando en el Gimnastic de Tarragona, pero una vieja lesión de tobillo le impide rendir y tres meses después decide su retirada definitiva y regresa a La Coruña como funcionario del Ministerio del Aire.

Elícegui falleció el 31 de agosto de 2001 a los 90 años, el mismo día en que enterraban al que fuera su amigo, compañero e historia del Deportivo, Juan Acuña.

1 / En 1931 con apenas 20 años debuta en Primera con el Real Unión marcando en su estreno el 1 de febrero de 1931 en el Stadium Gal ante el Athletic Club de Bilbao (2-3) y aprendiendo junto a jugadores como los hermanos Reguero, Antonio y Luis, los también internacionales Gamborena, Alberto Villaverde y Manuel Sagarzazu o el francés René Petit. **2 /** Su capacidad le lleva a jugar en 1933 cuatro partidos con la selección absoluta anotando seis goles. Es una llamada sorprendente porque juega en Segunda División y va a compartir vestuario con hombres a los que conocía de referencia por los periódicos pero a los que nunca había visto jugar como al propio Ricardo Zamora y a los que llama de usted. En la foto le vemos precisamente acosando al *Divino* Zamora en un partido como atlético en un derbi. **3 /** Posando con Isidro Lángara, paisano e internacional, antes de jugar contra el Real Oviedo. **4 /** Bajo la dirección del inglés Mr. Pentland consigue el ascenso a Primera marcando 24 goles, bautizado por el periodista Manuel Gómez Domingo *Rienzi* el *Expreso de Irún*. **5 /** Sus remates de cabeza fueron una novedad en la época. Se decía que llevaban la misma potencia que si hubiera dado con el pie, lo que le sirvió para que se le conociera como *El suicida* o *Cabecita de oro*. **6 /** Con su amigo Guillermo González del Río *Campanal* antes de un partido con el Sevilla.

Equipos históricos

Campeón de **Copa del Generalísimo**

ATLÉTICO	2-1	VALENCIA
Salcedo 31' **Gárate 62'**	8 de julio de 1972 Estadio: Santiago Bernabéu	**Valdez 36'**

Entrenador: **Max Merkel**

Rodri

Jayo — Ovejero — Calleja

Adelardo — Iglesias

Ufarte — Salcedo

Luis — Irureta

Gárate
(Orozco 71')

El gol con
nombre propio

foto 1

–¿Adrián Escudero? Buenas tardes.

–Hola, buenas tardes.

–Dígame una cosa, **¿por qué no fichó por el Real Madrid?**

–Pues, si quiere que le diga la verdad, no tengo ni idea. Creo que no me quisieron.

"Humilde, honesto y leal; la discreción hecha persona".
Las hijas de Adrián Escudero

Esta conversación se mantiene en un programa radiofónico en que al otro lado del transistor estaba Santiago Bernabéu. Unos días después, el presidente del Real Madrid coincide en un restaurante con el jugador del Atlético y se acercó a aclararle por qué no vistió de blanco: «mire Adrián, le escuché el otro día en la radio y debo contarle que don Julio, su presidente del Mediodía, impidió el fichaje, ya que en su cargo de comisario jefe de la estación de Atocha recibió un sobre con 25.000 pesetas de la época que impidió que usted jugara en el Madrid y lo hiciera en el Atleti».

Adrián Escudero García nació el 24 de noviembre de 1927 en el seno de una modesta familia madrileña. Crece en el barrio de Cuatro Caminos como un niño alto para su edad, con un cuerpo espigado pero muy ágil, flaco, aparentemente desnutrido pero con una fortaleza imponente que le empieza a hacer muy popular una vez concluida la contienda en equipos del barrio como el Ronda. Su nombre suena con fuerza cuando defiende la camiseta del Banco Hispano Americano en Segunda Regional para recalar después en el Mediodía de Tercera, equipo del que el Madrid se nutría de jugadores. Es allí cuando los ojeadores del Atlético consiguen arrebatárselo a los blancos, con soborno de por medio, para entrar en el Atlético Aviación. Era muy niño, un chaval, y se tuvo que falsificar la partida de nacimiento para que pudiera jugar al fútbol, por eso le pusieron el apodo de El Chava. Debutó de la mano de Ricardo Zamora en Les Corts en enero de 1946, en un Barcelona 2-Atlético Aviación 1. La afición del Metropolitano no tuvo que esperar mucho para volverle marcar, ya que el 5 de febrero de 1946 ante el Hércules consiguió anotar el primer tanto del partido (5-2) y el primero de los muchos goles que

marcó en Liga y que a día de hoy siguen aupándole al primer puesto en la tabla de goleadores rojiblancos de la historia.

Escudero era un extremo rapidísimo y jugaba ahí porque quería imitar a su ídolo Campos. Poseía un potente disparo y sobre todo un olfato de gol como pocos. Abandonó la posición de extremo por decisión de Helenio Herrera para jugar de delantero centro y se convirtió en el referente del ataque del equipo. El propio Herrera le dijo: «juega de delantero y en tres meses te hago internacional». Dicho y hecho, aunque sus números en el Atlético no tuvieron reflejo con la Roja, ya que solo fue absoluto tres veces. Aunque había jugado partidos con la selección B y fue convocado en muchas ocasiones con la absoluta, la presencia en la delantera de Agustín Gainza le cerró el paso. De ahí que sus compañeros le apodaran el Músico, porque siempre estaba en la banda. Llegó incluso a estar concentrado para acudir al Mundial de 1950 pero se quedó fuera junto a Basora. Escudero es una de las grandes leyendas del Atlético de Madrid, uno de esos jugadores que fue referente para muchas de las generaciones de futbolistas que fueron llegando al club. Suyo es el gol 700, el 900, el 1.000 y el 1.200 del Atleti. En sus trece temporadas defendiendo la camiseta rojiblanca nunca fue expulsado. Su aportación en esos años en el Atleti es extraordinaria: ganó los dos primeros títulos ligueros de la entidad y formó parte de la leyenda como integrante de la Delantera de Seda, con Juncosa, Vidal, Silva, Campos y Escudero, y de la de Cristal, también con Juncosa y Escudero, además de Ben Barek, Pérez Payá y Carlsson. También conquistó una Copa Presidente de la Federación y una Copa Eva Duarte, además de un subcampeonato de Copa y otro de Liga.

Como jugador se mantuvo en el equipo hasta la campaña 1957-1958 y marcó su último gol liguero en el estadio de Atocha, en mayo de 1958 (2-4). Ese año recibió el premio Monchín Triana por su espíritu deportivo y por la fidelidad a su club. Con la llegada de Vavá recibe la carta de libertad, algo que nunca asimiló porque con 30 años aún se sentía capacitado para ser el delantero del equipo. El Deportivo de La Coruña intentó su fichaje pero la intromisión de un directivo del club que ejerció como intermediario desquició a los coruñeses y no concretaron la operación.

Hombre de la casa, de una fidelidad inquebrantable a los colores rojiblancos, a pesar del disgusto siempre estuvo dispuesto a echar una mano. Entrenó a equipos de cantera, fue técnico del equipo *amateur*, segundo entrenador y cuando la ocasión lo requería se hacía cargo del primer equipo, como en 1964, cuando sustituyó a Tinte, y en 1966, cuando hizo lo propio con Domingo Balmanya. También fue técnico a mediados de los sesenta del C. D. Badajoz.

Adrián Escudero García recibió en 1955 la Medalla de Plata al Mérito Deportivo del Ayuntamiento de Madrid y ostentó también la insignia de oro y brillantes del Club Atlético de Madrid y de la Asociación de Veteranos.

Esta leyenda rojiblanca falleció en Madrid el 7 de marzo de 2011.

1 / El único recuerdo en Madrid de la existencia del Stadium es la parada de metro cercana a donde estaba ubicado. Hace años, Escudero posaba orgulloso cerca del lugar en el que vivió tantas tardes de gloria. 2 / Adrián de niño por las calles de Madrid. Era flaco y algunos técnicos le dijeron que cambiara su alimentación, algo que molestó mucho a su madre que argumentó que su hijo comía perfectamente. 3 / Ídolo en los años cincuenta, Adrián era reclamado por los grandes locutores. En la imagen, ante los micrófonos de Radio Madrid con el popular locutor José Luis Pécker. 4 / En esos años era habitual ver a los grandes futbolistas en festivales benéficos, ahora sería impensable pero aquí vemos a Escudero toreando en la plaza de Las Ventas el 25 de mayo de 1952. 5 / Su espíritu ganador le hacía sobreponerse de cualquier situación desfavorable, entrando siempre al choque a pesar de la rudeza de muchos de los defensores que siempre intentaban impedir que marcara goles. Llegó a jugar incluso un partido con el peroné roto, otro con una luxación de codo, le tuvieron que poner el brazo en cabestrillo y, además, Antonio Barrios le obligó a lanzar un penalti (que estrelló en el palo) e, incluso, en un partido con el Sevilla, Joaquín le rompió el tabique nasal y, al no poder realizarse cambios, tuvo que jugar toda la segunda parte con la nariz rota. En la imagen de el saque de honor con muletas junto a su amigo Juncosa. 6 / La falta de cambios le impidió ser nada más que tres veces internacional. Su único gol con la selección, el 17 de marzo de 1954, fue en un partido de mal recuerdo para la afición española ya que era el choque de desenlace de la eliminatoria con Turquía en el que se decidía quién iba al Mundial. Adrián, que había anotado el empate a dos contaba con nostalgia en una entrevista lo sucedido: «en Roma, con empate a dos en el marcador, paré el balón con el pecho en el centro del campo, driblé a dos y metí gol, era la clasificación. Pero mientras nos abrazábamos, el linier saltó al campo y anuló el gol. Luego vino el sorteo del papelito y nos quedamos fuera del Mundial». En la imagen le vemos el día de su debut ante Argentina en Chamartín el 7 de diciembre de 1952. 7 / Hermanad con el Real Madrid, aquí vemos a Adrián Escudero, mirando a cámara, comiendo con Miguel Muñoz, a su derecha, Di Stéfano, presidiendo la mesa y, frente a él, Puskas y Molowny. 8 / Posando en el aeropuerto con el masajista del equipo, el entrañable Rafa Greño. 9 / Sentado en la Plaza de Toros de Las Ventas.

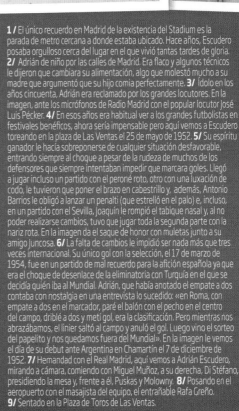

foto 1

El **Tigre** del Manzanares

Muy pocos jugadores han conseguido con su llegada al Calderón **levantar tanta expectación** como Falcao el día de su presentación como rojiblanco. Aquel 22 de agosto de 2011 casi 10.000 aficionados aguardaban la llegada del **nuevo ídolo**. Ni siquiera el mítico Futre o el propio Simeone lograron despertar tanta pasión, solo Fernando Torres, en su regreso, consiguió congregar aún más aficionados.

"Unos son tango, otros ópera, otros cumbia... El Atlético de Madrid es rock and roll".

Germán *Mono* Burgos

(Exportero y extécnico del Atlético de Madrid)

El colombiano Radamel Falcao García nació en el Caribe, en la bella localidad de Santa Marta, un 10 de febrero de 1986. Su padre, también futbolista, es un apasionado del deporte, una devoción que inculcó a Falcao y a sus hermanas desde que eran muy pequeños. Siempre soñó con que su único hijo varón tuviera éxito en el mundo del fútbol, pero seguro que no imaginaba hasta qué punto lo iba a conseguir.

Comenzó muy pronto, en 1999, cuando con tan solo 13 años se convirtió en el jugador más joven en debutar en un torneo profesional en Colombia. Lo hizo en el Lanceros Boyacá, equipo de la Primera División B colombiana, en el que estuvo dos años. En 2001 le ficha el River Plate, formación en la que ha permanecido la mayor parte de su todavía breve carrera futbolística. En el club argentino maduró y se consolidó como futbolista, pasando de ser una promesa a convertirse en un jugador deseado por muchos. De hecho, en 2008, el River rechazó suculentas ofertas procedentes de equipos europeos como el Milan, el Deportivo de la Coruña, el Fluminense o el Aston Villa, que ya habían puesto sus ojos sobre él.

El año 2009 no empezó bien para el River Plate, pero Falcao se reafirmaba cada día más como pieza clave. Estaba claro que su salto a Europa no podía demorarse y así ocurrió en julio de ese año, cuando se anunció su fichaje por el Oporto por 5,5 millones de euros y cinco temporadas. Su adaptación fue inmediata y su olfato goleador le llevó a marcar en esa temporada 34 goles en la Liga, seis en Copa y cuatro más en Liga de Campeones. Su aportación fue decisiva para que el Oporto se proclamase campeón de la Copa portuguesa y de la Supercopa ante su eterno rival, el Benfica.

Esa temporada se les escapó la Liga, pero no ocurriría lo mismo el año siguiente. La campaña 2010-2011 no pudo ser mejor para el Oporto y el Tigre fue, en gran medida, uno de los máximos responsables al anotar nada menos que un total de 39 goles. Su club, además de proclamarse campeón de la Liga portuguesa, se alzó con la victoria en la Copa lusa y, gracias a un gol de Falcao, se convirtió en campeón de la Europa League al derrotar al Sporting de Braga en la final disputada en Dublín (Irlanda) el 18 de mayo de 2011.

foto 5

Con estos antecedentes se comprende mejor por qué, en agosto de ese mismo año, su fichaje por el Atlético de Madrid causó un enorme revuelo. los aficionados necesitaban una nueva bandera en el club y el colombiano estaba dispuesto a asumir ese compromiso. Su primer día en Madrid ya marcó el primer tanto, logrando poner a la grada de su lado. Ahora le quedaba lo más difícil: no defraudar.

Su debut como rojiblanco no se produjo hasta el 10 septiembre, ya que un problema burocrático le impidió participar en el primer partido de Liga. En esa ocasión no tuvo oportunidad de marcar, pero sí lo hizo en el siguiente encuentro, jugado solo unos días después en la primera jornada de la Europa League. Ese sería solo el primero de otros muchos. A esas alturas ya nadie dudaba de que Falcao, que había ido poco a poco ganándose el respeto y el reconocimiento de entrenadores y futbolistas, era una estrella mundial de las que se repiten pocas veces.

El 9 de mayo jugaba su segunda final consecutiva de la Europa League, en esta ocasión ante el Athletic Club de Bilbao, y, por primera vez, luciendo los colores del Atlético de Madrid. El partido finalizó con triunfo de los madrileños y dos goles de Falcao. Su último tanto de la temporada liguera lo marcó cuatro días después en el encuentro con el que finalizaría la Liga, un campeonato que Falcao acabó con un total de 36 dianas en su haber.

En el verano, cómo no, volvieron los rumores. El Tigre solo llevaba un año dando zarpazos en el Calderón y nadie estaba dispuesto a dejarle marchar, pero sí se produjeron intentos de arrebatárselo al club rojiblanco. El más serio procedía del magnate ruso Suleyman Kerimov, propietario del club Anzhi Majachkalá y uno de los pocos con la capacidad económica para salvar la prohibitiva cláusula de rescisión del colombiano, estipulada en 75 millones de euros. Sin embargo, las tentativas no el caribeño abandonara la poderosa Liga española. 2012 estaba siendo su gran año, no solo por el trofeo logrado en la segunda máxima competición continental, sino también porque, meses después, acabó con el Chelsea en Mónaco en la Supercopa, lo que supuso la consecución de su segundo título rojiblanco. Cerró el año con 49 tantos que, en cómputo global, le hacían superar a Diego Forlán, que ostentaba el record hasta ese momento.

El final de su última temporada, acabó con el colofón del título de Copa y continuos rumores sobre su inminente salida del club hasta que, justo antes de finalizar la Liga, se anunció oficialmente su fichaje por el Mónaco. Sus últimas palabras como jugador rojiblanco fueron: «¡Al Atlético y a toda la familia colchonera gracias! ¡Me regalaron dos años inolvidables! ¡Quedarán grabados en el corazón!». Tras pasar una temporada por el Manchester United y otra por el Chelsea, regresó nuevamente a Mónaco con quien ganó la Ligue 1. Posteriormente jugó en el Galatasaray turco antes de recalar, en 2021, en el Rayo Vallecano.

1 / Durante su estancia en Madrid, Falcao siempre ha sentido los colores rojiblancos y ha afirmado que llevará al club en el corazón. 2/ El colombiano durante los actos de celebración en Neptuno por la consecución de la Copa del Rey en 2013. 3/ En el Estadio National Arena de Bucarest celebrando la victoria frente el Athletic de Bilbao, que dio al Atlético de Madrid su segunda Europa League. 4/ Victoria a domicilio del Atlético de Madrid ante el Betis en el Benito Villamarín gracias a los dos goles de Falcao que igualó un marcador que se le había puesto cuesta arriba al conjunto madrileño. Resultado final 2-4. 5/ Encuentro frente al Real Zaragoza en el Vicente Calderón en noviembre de 2011. El Atlético ganó y Manzano salvó el puesto jugando y convenciendo. Falcao no tuvo oportunidad de marcar en esta ocasión. 6/ Contundente victoria del Atlético de Madrid en Anoeta con tres goles Falcao. Fue la primera victoria de Simeone a domicilio en el banquillo colchonero. 7/ Falcao sentenció ante Osasuna en el Calderón en la jornada 9 de la temporada 2012-2013. En ese momento la victoria colocó al Atlético de Madrid como colíder de la Liga.

/// FERNANDO JOSÉ TORRES SANZ

El niño

foto 1

Fernando José Torres Sanz nació en Madrid el 20 de marzo de 1984, pero se crió en la localidad madrileña de Fuenlabrada. Es el menor de tres hermanos –Mari Paz e Israel son los otros dos hijos del matrimonio–, y **desde muy pequeño se obsesiona con darle patadas a un balón:** ya con 5 años forma en el Parque 84. Con su hermano mayor juega de portero hasta que un balonazo le rompe un diente: entonces decide abandonar la portería para siempre.

"Un campeón de Europa y del Mundo paseando por las calles de Madrid el escudo rojiblanco es la mejor prueba de amor por unos colores y de lo que significa ser del Atlético".

Javier García Gómara

(Periodista, *El Mundo Deportivo*)

Con 7 años ya forma parte del equipo de fútbol sala Mario's Holanda, donde juega tres años hasta que con 10 llega a su primer equipo de fútbol, el Rayo 13. Fernando ya es un niño que sobresale entre los chavales del equipo (ese año marca 55 goles) y se apunta para realizar una prueba en el Atlético de Madrid, ensayo que cumplió en el madrileño Parque de las Cruces. Desde niño, gracias a la pasión de su abuelo Eulalio, muy atlético, Fernando ama al Atleti, por lo que su llegada al equipo es la culminación de un sueño. Su primer entrenador es Manolo Rangel y va creciendo como futbolista poco a poco con el sacrificio de toda la familia, que se alternaba para llevarle a los entrenamientos. El doblete le coge en el Infantil A y sigue creciendo en su interior un gran futbolista y un gran atlético. Con Pedro Calvo gana con 14 años en el cadete la Nike Cup, tanto nacional como europea, y a los 15 firma su primer contrato con el club para pasar, aún en edad cadete, al juvenil y ponerse a las órdenes de Abraham García. Con 16 años comienza la temporada en el juvenil de División de Honor y es un jugador importante también en las categorías inferiores de la selección española (Sub-16), con la que

conquista el Campeonato de Europa en Inglaterra, anotando el único gol de la final. Pasa a entrenar con la primera plantilla y esa misma semana debuta con el primer equipo en Segunda División un 27 de mayo de 2001 en el Calderón ante el Leganés (1-0). Aquel día, con Carlos García Cantarero en el banquillo, Fernando dio paso al inicio de una leyenda, que marcó su primer gol la semana siguiente en Albacete cinco minutos después de haber reemplazado a su ídolo, Kiko.

El club está en Segunda y necesita referentes a los que agarrarse para ilusionarse, es ahí cuando aparece la personalidad de un niño de 17 años que supo echarse la historia del club a la espalda para convertirse en el estandarte de un proyecto que necesitaba el regreso a la Primera.

Jugador rapidísimo, con olfato de gol y una gran personalidad en el campo, Torres es el referente de un equipo que consigue el ascenso en la campaña 2001-2002 y el futuro de la selección española, con la que gana el Europeo Sub-19 ante Alemania, con gol suyo en la final.

Con 19 años debuta de la mano de Iñaki Sáez en la selección absoluta, en septiembre de 2003 en Portugal (0-3). Como internacional ha superado el centenar de partidos y ha ganado dos Eurocopas y un Mundial; escribió con letras de oro su nombre en la historia de

foto 4

nuestro fútbol marcando el gol que dio el título en 2008 en la final disputada en Austria ante Alemania y anotando también uno de los cuatro tantos que España endosó a Italia en la final de la Eurocopa de Polonia y Ucrania en 2012, que le llevaron a lograr la Bota de Oro del torneo.

En el Atlético se mantiene hasta la campaña 2006-2007, cuando pone rumbo a Inglaterra para triunfar en el Liverpool. En Anfield, a las órdenes de Rafa Benítez, se convierte en un ídolo de la ciudad de los Beatles y disputa la Liga de Campeones, algo que no había podido hacer con el Atlético de Madrid. En enero de 2011 es traspasado al Chelsea: será el fichaje más caro entre dos instituciones de la Premier League inglesa. En mayo de 2012 consigue por fin levantar la orejona (Copa de Europa) con los blues alganar en la final en los penaltis al Bayern de Munich en su propio estadio.

Ocho años después de su salida del Calderón, tras cuatro meses en el Milán, Fernando Torres volvió a casa. Con el Atlético consigue su sueño de niño, levantar un título, cerrando así, con la Europa League conquistada en Lyon ante el Olympique de Marsella, una trayectoria de más

de 21 temporadas, once de ellas en el Atlético de Madrid. Marcó su último gol oficial el día de su despedida en el Metropolitano el 20 de mayo de 2018 ante el Eibar (ese día hizo doblete). Fernando anotó como rojiblanco 129 goles, posicionándose como el quinto máximo goleador de la historia del club. A Posteriormente jugó en el equipo japonés del Sagan Tosu, donde se retiró en la temporada 2018-19 para iniciar su carrera como entrenador. Al cierre de esta edición es el entrenador del equipo juvenil división de honor del Atlético de Madrid.

1 / En esta foto sí que era el *Niño*. 2 / Luis Aragonés dando instrucciones a Torres en 2001. 3 / Imagen del Cerro del Espino con un joven Fernando Torres junto a uno de los técnicos que más le marcó en sus inicios: Abraham García. 4 / En poco tiempo se erigió como el referente del equipo, estandarte de la cantera y capitán. 5 / En las categorías inferiores del Atlético. 6 / Con un hombre muy importante en su carrera, su padre, José Torres. 7 / Dos capitanes luchando por un balón en un derbi, Fernando intercepta un pase de Fernando Hierro. 8 / En su mirada se ve el sueño de jugar en el primer equipo. 9 / El éxtasis del gol. Así celebraba uno de los dos goles que marcó a la Real Sociedad (4-0) en octubre de 2003.

DIEGO **FORLÁN**

Goles para la **historia**

foto 4

En el verano de 2007 en el Atlético de Madrid daba la sensación de que, con la salida de su gran ídolo Fernando Torres, la plantilla se quedaba huérfana de líderes y de goleadores. Quizá por eso **la afición recibió a Diego Forlán** en su presentación en el Calderón **de forma enfervorizada.** Dice el refrán que **«a rey muerto, rey puesto»,** y parece que en este caso el dicho encaja a la perfección.

"La pasión y el talento se convierten en gol".
Alejandro Mori

(Periodista, Onda Cero)

El mismo día que el Niño se estrenaba con el Liverpool, los aficionados rojiblancos hacían cola a las puertas de su estadio para recibir con los brazos abiertos a quien ya prometía ser su nuevo icono. Con sus gestos, ya ese primer día consiguió meterse a la grada en el bolsillo y dar inicio a la forlanmanía. Ahora le faltaba lo más difícil: empezar a marcar goles.

Forlán es descendiente de una estirpe de jugadores. Su padre, Pablo, fue internacional con Uruguay y disputó las Copas del Mundo de 1966 en Inglaterra y 1974 en Alemania; su abuelo, Juan Carlos Corazzo, jugó en el Independiente, pero ninguno de ellos llegó tan alto como Diego.

Pudo haberse dedicado al tenis, pero este uruguayo nacido en Montevideo el 19 de mayo de 1979 decidió finalmente inclinarse por la tradición familiar y dedicarse al fútbol. No se equivocaba: dos Botas de Oro en las temporadas 2004-2005 y 2008-2009, además del Balón de Oro al mejor jugador de la Copa Mundial de Fútbol de 2010, lo sitúan como uno de los mejores deportistas de todos los tiempos. Es, además, el jugador con más encuentros disputados de la selección uruguaya y ostenta el récord de goles anotados en partidos oficiales, con un total de 33.

Diego no era ningún desconocido para los aficionados españoles. Antes de su fichaje por el club rojiblanco ya había sido Pichichi con el Villarreal al anotar 25 goles durante la temporada 2004-2005, lo que le permitió obtener su primera Bota de Oro y convertirse en el máximo goleador de la historia del equipo castellonense. Con anterioridad a su llegada a España, ya había pasado por la Liga argentina y por la inglesa, donde jugó una temporada y media en el Manchester antes de ser traspasado al Villarreal.

Su primer partido como rojiblanco confirmó todas las expectativas al resolver el encuentro ante el equipo rumano Gloria Bistrita con un gol que volvía a colocar al Atlético de Madrid en Europa. Ese sería solo el primer tanto de los 22 que consiguió en esa magnífica temporada en la que el Atlético logró volver a la Champions once años después.

En su segunda temporada siguió siendo el protagonista, y no solo por los éxitos cosechados, sino también porque se convirtió, por méritos propios, en el líder del equipo, asumiendo responsabilidades tanto en los buenos como en los malos momentos. Volvió a hacer historia al obtener, por segunda vez en su carrera, la Bota de Oro, un trofeo que el Atlético de Madrid recibía por primera vez en sus más de 100 años de historia que ya había cumplido en aquel momento. El máximo goleador de Europa marcó 32 goles en 33 partidos y literalmente catapultó a su equipo de nuevo a la Champions con una increíble recta final de la Liga en la que consiguió anotar en ocho partidos consecutivos.

En ese momento la preocupación en el club era su futuro y, aunque el charrúa insistía en que no tenía ninguna intención de moverse del Atlético, los rumores seguían planeando sobre el Manzanares. Finalmente, en verano se firmó una ampliación de contrato hasta 2013 y se convirtió en el segundo capitán del equipo.

En esa tercera temporada sus datos en la Liga no fueron tan sobresalientes, pero tuvo un papel fundamental en la consecución de la Europa League al otorgar al Atlético de Madrid, con sus dos goles en Hamburgo, un título europeo 48 años después. En la competición europea marcó, además de los dos tantos de la final, otros tres del total de seis goles que permitieron a su equipo conquistar Europa. Acabó la temporada con un total de 28 goles, 18 de ellos en la Liga.

Su último año en el Calderón no pudo comenzar de mejor forma. El 27 de agosto consigue su segundo título cómo rojiblanco al imponerse al Inter de Milán en la Supercopa de Europa por dos tantos a cero. Sin embargo, el resto de la temporada estuvo marcado por el juego irregular y las diferencias con el banquillo y la grada. Finalizó la temporada con unos discretos diez goles pero que, sumados a los de los tres años anteriores, le colocaban en la lista de máximos goleadores de la historia de Atlético de Madrid.

El uruguayo insistía en su intención de cumplir los dos años que le restaban de contrato y en su ilusión por mantenerse en Madrid, pero la realidad es que tenía muy pocas papeletas para la permanencia, como se confirmó a finales de agosto con su fichaje por el Inter de Milán. Quiso salir por la puerta grande, despedirse de la afición y estar a la altura de los grandes éxitos obtenidos, aunque lo cierto es que su final en el club no fue el esperado. Tras jugar una temporada en Italia, en 2012 volvió a América para incorporarse a las filas del Internacional de Brasil.

Tras una campaña irregular, cerró contrato con el Cerezo Osaka de la J1 League de Japón. En 2015, vuelve a su tierra natal al fichar por el Peñarol con el que consigue el campeonato uruguayo. Posteriormente, ha tenido un fugaz paso por Hong Kong, para disputar la Premier League con el Kitchee Sports Club.

También ha ejercido como entrenador en Peñarol durante la primera mitad del año 2020, y en el Atenas de San Carlos durante un semestre de 2021. En julio de 2021 fue nombrado embajador internacional del Museo de la FIFA.

1/ Forlán con la Copa de la Europa League lograda en 2010 en el estadio Hamburgo Arena. 2/ En 2005, Forlán fue nombrado embajador de UNICEF Uruguay. Entre sus funciones, Diego dedica mucho tiempo a eventos cuyos fines son promover y recaudar fondos para ayudar a garantizar los derechos de los niños y adolescentes no solo en Uruguay, sino en todo el mundo. Además colabora siempre que puede en multitud de actos solidarios. 3/ En 2010 Simao, Antonio López, el uruguayo Diego Forlán y el presidente del club, Enrique Cerezo, hicieron la ofrenda de la Supercopa de Europa a la Virgen de la Almudena. 4/ Forlán se lamenta de una oportunidad perdida en el partido de Copa ante el Valencia el 30 de enero de 2008. 5/ Siempre ha preferido la compañía de sus familiares y amigos a los lujos y la fiesta. Para Diego la familia siempre ha sido lo más importante. 6/ En la jornada trece de la temporada 2010-2011, el Atlético de Madrid se llevó tres puntos vitales de El Sardinero gracias a una compacta defensa rojiblanca y a una gran efectividad ofensiva de Forlán. 7/ Forlán en 2007 en el partido que les enfrentó en la cuarta jornada en el Calderón a un renovado Racing de Santander. 8/ Recorrido en autobús por las calles de Madrid celebrando la Supercopa de Europa lograda en Mónaco ante el Inter.

/// PAULO JORGE DOS SANTOS *FUTRE*

foto 1

El **impulso**
de una década

Estando el Oporto en un torneo en Milán, Futre, que paseaba con unas chanclas con su nombre escrito, se topó con Jesús Gil. El candidato a la presidencia del Atlético le dijo aquella frase mítica mirando sus zapatillas: **«¿tú eres Futre? A ti te conozco».** Gil era candidato a la presidencia y había negociado el traspaso del jugador con el presidente del Oporto. Cuando se vieron cara a cara, surgió algo que ninguno de los dos ha sabido explicar en el tiempo. Futre **accede a ser el reclamo electoral y jugar en el Atleti,** mientras que Gil, al margen de los 500 millones que puso sobre la mesa, conseguía su mejor baza electoral.

En la localidad portuguesa de Montijo nació el 28 de febrero de 1966 Paulo Jorge Dos Santos. Ya de niño, su pasión por el fútbol y su habilidad no pasan inadvertidas y con apenas 11 años ya forma parte de los infantiles del Sporting de Lisboa. Es un jugador explosivo, muy rápido para su edad y progresa rápidamente, siendo con 15 años la figura del equipo juvenil para debutar dos años después en Primera en un partido ante el Boavista. Los elogios se acumulan y las ofertas también y su calidad traspasa fronteras, llegando incluso a debutar con la selección absoluta de Portugal en septiembre de 1983 en un partido con Finlandia. Recibe una importante oferta del Sporting pero los dirigentes del Sporting se niegan a dejarle salir, por lo que el asunto acaba en los tribunales y Futre consigue en 1984 la carta de libertad para

"Para mí, vivir el Atleti es la forma más sencilla de ser feliz. Cuando todo parece perdido, siempre te queda el Atleti".

Eduardo Fernández
(Presidente de la Unión Internacional de Peñas del Atlético de Madrid)

foto 2

vestir la camiseta del Oporto. Con 18 años es ya un ídolo en su país. De blanquiazul gana dos Ligas y una Supercopa pero para el resto del Mundo, Futre se deja ver en la Copa de Europa conquistando el título ante el Bayern de Munich en una exhibición junto a su compañero Rabah Madjer. El Atlético, gracias a un informe elaborado por Ángel Castillo hablando del jugador cuando tenía 19 años, pretende su fichaje, pero el Oporto no accede en principio a su traspaso hasta que Jesús Gil se cruzó en su camino.

Desde ese momento, el nombre de Futre y el Atlético van unidos de por vida. Gil gana las elecciones y aunque esa tarde se pierde la final de la Copa del Rey ante la Real Sociedad en Zaragoza, la afición ahoga las penas con su nueva estrella convirtiéndole en un ídolo desde el primer día.

Futre debutó en Liga en agosto de 1987 en un partido en el Calderón ante el Sabadell (1-0).

Gil y Futre fueron como padre e hijo. Lo mismo se abrazaban que se tiraban los trastos a la cabeza. Ajenos a eso, los aficionados descubrieron un jugador que les hacía levantar de sus asientos en cada arrancada. Con el balón era letal, veloz, desequilibrante, vertical, siempre con el gol en mente y siempre estimulante para el resto de compañeros y para la afición. La culminación de ese idilio se vive a principios de los noventa, cuando el Atlético conquista dos Copas consecutivas (marcó uno de los dos goles de la ganada en 1992).

La temporada 1992-1993 marca un punto de inflexión en su relación con el Atlético: en el mes de enero de 1993, tras un partido ante el Real Madrid, se desata la tormenta. Luis critica al portugués tras haberle sustituido en el partido y de manera extraña, pocos días después, se anuncia la venta del jugador al Benfica por 750 millones de las antiguas pesetas. La afición no llegó a entenderlo y la explicación de Gil y Futre fue siempre un lacónico «fue lo mejor para el club». La verdadera explicación la da el propio Futre para este libro: «mi salida del fue pactada con Jesús Gil. Inventamos otra pelea más entre los dos, el club estaba embargado y la única salvación era mi venta. Culparon a Luis de mi salida pero no tiene nada que ver con la realidad».

Futre se va a Portugal en plena temporada para jugar cinco meses y se marcha en julio al Olympique de Marsella. Los problemas en el equipo francés le hacen irse en noviembre a la Reggiana italiana pero habiendo jugado un partido y marcado un gol, se lesiona el tendón rotuliano en un choque ante el Cremonese. Tras dos operaciones intenta mantener una continuidad, parece recuperado y vuelve a la elite, fichando en 1995 por el Milán, pero la rodilla no responde como antes y tiene que volver a pasar por el quirófano; a pesar de eso, conquista el Scudetto.

Tras Italia se marcha a Inglaterra en 1996 para jugar en el West Ham United, hasta que en noviembre anuncia su retirada. Jesús Gil le ofrece el cargo de relaciones públicas a nivel internacional del Atlético de Madrid, mientras aprovecha para mantener la forma entrenando con el equipo. El técnico Radomir Antic le comenta de broma que está para jugar y finalmente le convence para que se integre nuevamente al fútbol profesional. Futre vuelve a enfundarse la camiseta del Atlético de Madrid y disputa diez partidos con su equipo, jugando en marzo de 1998 veinte minutos en casa ante el Betis. Un mes después, en abril de 1998, inicia la aventura japonesa en el Yokohama Flugels hasta noviembre, momento en el que cesa definitivamente su actividad como futbolista.

Desde su retirada pasa a gestionar sus negocios compaginándolos como asesor y consejero de diversos presidentes de equipos de fútbol. En esos años, aunque no es representante, sí interviene en determinadas operaciones, como por ejemplo la llegada de Christian Vieri al Atlético. Ha sido consultor de varias inmobiliarias en Portugal y en el año 2000 regresa al Atlético como director deportivo hasta 2003. Previamente, el 18 de enero de 1997, antes de disputarse un Atlético-Real Madrid, se le impuso la insignia de oro y brillantes del club.

En 2011 se unió a la candidatura de Dias Ferreira a la presidencia del Sporting como director deportivo pero no ganaron las elecciones.

Ha colaborado además como analista en radio, prensa y televisión y en la actualidad es director deportivo de las escuelas de Formación y Tecnificación de la Academia del Atlético de Madrid.

1/ El portugués se convirtió en el ídolo de la grada y es una de las grandes figuras que han vestido la camiseta del Atlético de Madrid. 2/ Vertical y veloz, sus galopadas serán siempre recordadas. 3/ Tenía pegada, llegaba a gol y marcaba muchos tantos, en la imagen dispara a puerta en Mérida ante la presencia de Manolo Momparlet. 4/ Bonita foto de tres rojiblancos en el césped defendiendo colores diferentes, Manolo, Futre y Vizcaíno. 5/ El fútbol portugués tiene en lo más alto a dos futbolistas, uno Paulo Futre, el otro Eusebio. 6/ Volvió al club para organizar la dirección deportiva, en la imagen se le ve hablando con Toni Muñoz, que tapa a Pepe Camarero en presencia de Carlos Peña. 7/ Buenos amigos, Toni y Futre sonríen en el antepalco del Calderón. 8/ Estrella mediática en su país, ha participado en programas como la versión portuguesa de *Mira quién baila*. 9/ En la actualidad tiene tres programas semanales en la televisión portuguesa.

/// GABRIEL LUIS FERNÁNDEZ ARENAS

foto 1

Capitán,
corazón y alma

"El Atleti es una **manera de vivir**. La mejor lección que me han dado en la vida y en toda mi carrera me la ha dado la afición del Atleti. Fue cuando perdimos con el Madrid, en las semifinales de Champions, y vi que la gente no se iba del campo cuando estaba diluviando; se tapaban como podían de la tormenta, mientras cantaban y se ayudaban unos a otros. **Eso te hace luchar** por el compañero, porque sabes que eres diferente. Ser del Atleti no es ser mejor que nadie, pero sí te hace ser diferente. Te hace valorar todo más. La mejor lección, de verdad, fue perder en el Calderón contra el eterno rival. No es que sea conformista o perdedor. Es que **el Atleti va más allá de los títulos**, más allá de ganar. He sido toda la vida del Atleti, a muerte, pero ese día me tocó la patata. Habíamos perdido, llegué a casa y dije en voz alta: **acabo de entender lo que es el Atlético de Madrid**".

"La historia del Atlético de Madrid no se puede entender sin hacer mención a sus aficionados. Grandes jugadores han vestido su camiseta y han defendido los conceptos coraje y corazón pero solo la afición ha sido incansable en la derrota y la victoria. Cuando en el campo las fuerzas han decaído, en la grada las voces han levantado al equipo. En los peores momentos deportivos siempre hubo un grito de aliento y el apoyo de gente que siente la camiseta y el escudo más que algunos jugadores".

Joaquín Brotóns

(Periodista)

7 de febrero en Mestalla en un Valencia, 3 – Atlético de Madrid, 0. Esa temporada ya disputa algunos minutos en el tramo final de temporada, sin embargo, aunque arrancó la pretemporada con el primer equipo, ante la dura competencia, la entidad decide que adquiera experiencia lejos del Calderón y es cedido al Getafe C.F. Allí, de la mano de Quique Sánchez Flores, empieza a adquirir galones en el centro del campo lo que le vuelve a abrir las puertas del Atlético de Madrid apenas un año después, ya que en la campaña 2005-2006, regresa para ponerse a las órdenes de Carlos Bianchi. Con el propio Bianchi, Pepe Murcia y Javier Aguirre sigue su progresión para madurar definitivamente en La Romareda donde recaló las siguientes cuatro temporadas. A pesar de descender el primer año, con Marcelino García Toral en el banquillo, Gabi se hace dueño del centro del campo y ayuda al retorno del equipo aragonés a primera para convertirse en las siguientes temporadas en un referente para la afición maña. Su progresión es extraordinaria lo que propicia de nuevo la vuelta a casa en la campaña 2011–2012. Es un año importante para el Atlético de Madrid y para el propio Gabi porque tras un mal comienzo de temporada, Gregorio Manzano es destituido y su puesto lo ocupa su antiguo compañero Diego Pablo Simeone. Es un punto de inflexión en la entidad y en ese proyecto liderado por Simeone, Gabi será en los años venideros el cerebro del equipo.

Gabriel Luis Fernández Arenas nació en Madrid un 10 de julio de 1983, desde pequeño se le conoció como Gabi, nombre futbolístico que le acompañó toda su carrera.

Sus primeras patadas al balón las da en las calles del barrio de San Nicasio y en el colegio de Leganés. Muy pronto llega a las categorías inferiores del Atlético de Madrid donde da muestras de su calidad en equipos dirigidos por Santiago Martín Prado, Pradito, o Pepe Murcia. Su proyección es alta y en la campaña 2003-2004 gana el campeonato de Segunda división B, disputa el Mundial Sub20 con España y debuta con el primer equipo de la mano de Gregorio Manzano el 21 de enero de 2004 en el Sánchez Pizjuán en partido de Copa (4-0). Su debut en Primera división tiene lugar el

Jugador con gran sacrificio defensivo y una gran visión de juego, Gabi fue un jugador indispensable para sus compañeros. Su calidad era tal que en 2014 fue considerado por el Centro Internacional de Estudios del Deporte el segundo mejor centrocampista del mundo de acuerdo con unos criterios estadísticos utilizados en la elaboración del informe. También ese año, fue incluido en el once ideal de la Liga de Fútbol Profesional.

En esas siete temporadas se erige con el brazalete de capitán desde 2012, y logra una Liga, una Copa, una Supercopa de España, una Supercopa de Europa, dos Europa League y también portó el brazalete en dos finales de Liga de Campeones en las temporadas 2013-2014 y 2015-2016

En julio de 2018, unos días antes de comenzar la pretemporada con el Atlético, recibió una oferta del club catarí Al-Sadd, equipo en el que militaba, por aquel entonces, Xavi Hernández, dando concluida su etapa profesional como futbolista en el club colchonero.

En Qatar cuelga definitivamente las botas, a pesar de tener ofertas de EE. UU. y España, pero no sin antes disfrutar de tres nuevos títulos: la Liga 2018/2019, la Copa del Sheikh Jassim en 2019 y la Copa de Qatar en 2020.

Gabi, que había sido internacional con las categorías inferiores de la selección española, siete con la Sub-20 y doce con la Sub-21, tiene la espinita clavada de no haber podido ser internacional absoluto a pesar de sus buenos años en el Atlético de Madrid.

Gabi, el capitán rojiblanco que más títulos ha llevado a Neptuno, disputó un total de 352 partidos oficiales. Tras su retirada, decidió enfocar su carrera hacia los banquillos empezando por las categorías inferiores de su Atlético de Madrid soñando con entrenar algún día al primer equipo: "Si vuelvo al club yo no quiero que me den un sitio por haber sido Gabi jugador, sino por estar muy bien preparado, por saber que tengo una capacidad y pueda por ser válido para lograr que el club siga creciendo".

En la actualidad sigue trabajando para conseguir su mejor formación como entrenador y con toda su experiencia como centrocampista de gran equilibrio y liderazgo en el juego, para transmitir toda esa experiencia a los equipos que entrene con el deseo de dirigir en un futuro al Atlético de Madrid y seguir los pasos de dos grandes centrocampistas como Luis Aragonés y el propio Diego Pablo Simeone.

1/ Gabi es el capitán que más títulos ha llevado a Neptuno. **2/** Once titular por el que apostó Simeone para ganar la Copa del Rey el 17 de mayo de 2013 en el Santiago Bernabéu. **3/** Gabi junto a Falcao en 2012 tras conquistar la Europa League. **4/** Mítica imagen en la que se ve a Gabi colocando la bandera al tridente y la bufanda a la corona de Neptuno tras ganar la Liga 2013-2014. **5/** Gabi subido en la fuente de Neptuno, celebrando el título de Liga en 2014.

JOSÉ EULOGIO **GÁRATE**

El **ingeniero**
del área

«Uno de los mayores errores de mi vida ha sido expulsar a Gárate». Esa frase es del desaparecido y polémico colegiado José Emilio Guruceta Muro tras haber mostrado la roja a Gárate en un partido. La versión del colegiado, «quizá alguien de su club le obligó a decirme lo que dijo: "si fuera del Madrid no me harías esto"», era muy diferente a la del jugador : **«solo le dije: "falta del siete"».**

"La elegancia multiplicada por 9".
Pancho Varona

(Músico)

José Eulogio Gárate Ormaechea viene al mundo el 20 de septiembre de 1944 en Argentina, en Sarandí, una ciudad de la zona sur del Gran Buenos Aires. Allí vivían sus abuelos, originarios de Eibar, pero con 2 años se traslada a España para asentarse en la ciudad armera. Estudia en las mercedarias primero y en los corazonistas después mientras empieza a descubrir su pasión por el fútbol. Su primera ficha como jugador federado data de 1961, cuando juega en los juveniles del San Javier de Tudela, donde prosigue sus estudios como interno en los jesuitas. Uno de sus tíos jugó en el Eibar y José Eulogio descubre su vocación jugando en los juveniles de este equipo, donde demuestra su olfato goleador al ser máximo artillero en todas las temporadas, tanto en juveniles como en Tercera División. Su padre no quiere que se despiste con el fútbol y, tras la época escolar, empieza a estudiar Ingeniería en Bilbao. En Eibar juega dos temporadas hasta que con 18 años Piru Olaso le lleva al Indautxu. Allí aparece una figura que ya fue clave precisamente en el mismo equipo con Miguel Jones: Ferdinand Daucik que, siendo entrenador del modesto Indautxu y al ver las maneras de Gárate, consigue que le prueben en el Atlético de Madrid. Gracias a un informe técnico de Domingo Balmanya y la buena visión de Vicente Calderón, a pesar del tremendo interés que había demostrado también el Real Madrid, el joven José Eulogio ficha por los rojiblancos en 1966.

Ese año se estrena el Manzanares tras la despedida del Metropolitano y Gárate lo pisa por primera vez en partido oficial de Liga un 16 de octubre de 1966 en un Atlético 2-Las Palmas 1. En su primera temporada, mientras prosigue sus estudios de Ingeniería ya en Madrid, juega 17 partidos marcando 9 goles y empezando a dar muestras de lo que llegaría a ser. Con bastantes carencias físicas debido a que en sus tiempos de carrera en Bilbao solo jugaba y prácticamente no entrenaba, Gárate suplía su falta de físico con una enorme colocación y, sobre todo, con una impresionante intuición para el remate. Veloz por banda, su inteligencia dentro del área fue su mejor arma y se aprovechaba perfectamente de los servicios que le llegaban de las botas de Ufarte, Luis, Salcedo, Irureta o Adelardo. Siempre correcto en el campo, siempre amable hasta con los defensas que se empleaban duro con él, Gárate fue un ejemplo durante los once años que defendió la camiseta del Atlético.

Con la selección española debutó en el Bernabéu en octubre de 1967 ante Checoslovaquia marcando uno de los dos goles españoles (2-1). Fue un total de 18 veces internacional.

Siempre con el nueve a la espalda, se convierte en el referente en ataque del equipo siendo pichichi en tres ocasiones y ganando tres Ligas, tres Copas, una Intercontinental y el subcampeonato de Europa.

El lastre de una escasa preparación física de base le pasó factura y un maldito hongo acabó con su carrera, ya que en enero de 1976, en un partido frente al Elche, Gárate cayó lesionado tras clavarle los tacos un rival en la rodilla. Reaparece quince días después y juega con normalidad hasta final de temporada. Tras

el verano, volvieron las molestias. Se trató la articulación y se le infiltró varias veces, pero no mejoraba. Viajó a Barcelona para ponerse en manos del doctor Cabot, que le ingresó para hacerle pruebas abriéndole la rodilla. Allí encuentran pus y le limpian, solventando aparentemente el problema. Sin embargo, a los pocos días sufre fiebre muy alta y se le hincha la pierna. Tuvo que pasar tres veces más por el quirófano y se habló de un posible virus. Nadie sabía qué era hasta que se descubre por casualidad que es un hongo desarrollado en una muestra tirada en una papelera. A pesar de tener destrozada la rodilla, Gárate se recupera, tras cinco meses ingresado, para la vida normal. Sin embargo, su vida futbolística había llegado a su fin con 32 años, dejando impactado al mundo del fútbol que había visto, sin saberlo, cómo su último gol servía para dar el título de Copa ante el Zaragoza unos meses antes. La afición y el fútbol español le rindieron un emotivo homenaje en junio de 1977 en un partido ante la selección vasca, en el que recibió el título de campeón de Liga de ese año.

Tras dejar el fútbol, Gárate ejerció su profesión como ingeniero industrial en el sector privado y regresó al balompié como directivo de la mano de Cabeza. También ha sido presidente de la Fundación del Atlético y es un activo miembro de la Asociación de Veteranos. Casado con Marisa y padre de tres hijos (Alfonso, Eulogio e Íñigo) disfruta ya jubilado de su nueva pasión, sus ocho nietos. Aún hoy su rodilla sigue dándole problemas, aunque no abandona el club de su vida, ya que es presidente de honor de la Asociación de las Leyendas del Atlético de Madrid.

1/ Un adolescente José Eulogio con sus padres en Eibar. 2/ A los años se trasladó a España desde Argentina. 3/ En sus años de noviazgo con la que luego sería su mujer, Marisa. 4/ Conversando animadamente con Adelardo y José Manuel Ibar *Urtáin*. 5/ Con otro gran delantero de la época, Johan Cruyff. 6/ En los actos del Centenario en 2003 con Irureta. 7/ La afición y el fútbol español le rindieron un emotivo homenaje en junio de 1977 en un partido ante la selección vasca. 8/ Compartiendo mesa y mantel durante el Centenario con Luis y Mendonça. 9/ Entrañable comida en el restaurante Esteban, de izquierda a derecha, arriba, San Román, Pereira, Navarro, Mendonça y Gárate; sentados, Calleja, Salcedo y Pedraza.

Foto/ Cardona marca al Zaragoza el gol que
valió para ganar la Copa.

Equipos históricos

Campeón de **Copa del Generalísimo**

ATLÉTICO	1-0	ZARAGOZA

Cardona 65'

4 de julio de 1965
Estadio:
Santiago Bernabéu

Entrenador: **Otto Bumbel**

Madinabeytia

Rivilla Griffa Calleja

Ruiz Sosa Glaría

Ufarte Collar

Cardona Adelardo

Mendonça

JOSÉ **JUNCOSA**

La flecha de Borjas Blancas

Jugador de carácter, Juncosa **no se amedrentaba fácilmente.** Una tarde, en la primera jornada de la Liga 1950-1951, en una jornada aciaga para el equipo en Bilbao, el colegiado Barden señala como córner un clarísimo penalti cometido sobre el jugador catalán. El equipo ya pierde 3-0 con dos autogoles de Polo y Lozano (acabarían 4-0). Juncosa protesta airadamente a un colegiado que señala el saque de esquina en vez del penalti, se dispone a sacar de esquina y, ni corto ni perezoso, **en vez de mandar el centro al área, envía el balón directamente a la grada.** El árbitro le mostró la roja y el club le sancionó económicamente por el desplante. Era la segunda expulsión en su carrera, pero nunca más vería una roja.

"*Calidad humana y sencillez*".
Santiago Juncosa
(Hijo de José Juncosa)

José Juncosa Bellmunt nació el 29 de enero de 1922 en Borjas Blancas (Les Borges Blanques) en la comarca leridana de Las Garrigas. En el taller de sillería de su padre Ramón y con los consejos de su madre, Luisa, da sus primeros pasos, junto a sus dos hermanos, Antonio y Ramón. Es un niño que deslumbra, a pesar de su poca envergadura, por su velocidad y facilidad para el regate. Da muestras de ello en el colegio y en el Borjas Blancas hasta que su calidad no pasa inadvertida para los técnicos del Reus, que le incorporan a su plantilla para hacerle debutar con el primer equipo con apenas 18 años. Su progresión es tremenda: juega y trabaja en la compañía de seguros La Mutua Reddis y en apenas dos años, a pesar de probar con el F. C. Barcelona, ficha gracias a Patricio Caicedo por el R. C. D. Español. Es un extremo habilidoso y sobre todo goleador. Hacía diabluras el llamado *papá dribling,* por lo que el Atlético se fue a Barcelona a por él y ofreció 200.000 pesetas y a Rosendo Hernández como moneda de cambio. Ricardo Zamora llegó a decir de él que era «el mejor delantero que había visto».

Debuta con gol incluido el 19 de noviembre de ese año en el Metropolitano ante el Deportivo de La Coruña (1-1), marcando al mítico Juan Acuña. Comienzan ahí once temporadas de habilidad, de desborde, de goles, de regates que hacen de Juncosa uno de los ídolos históricos del Atlético de Madrid. En sus once campañas en Madrid gana dos Ligas y una Copa Eva Duarte y forma parte de las míticas delanteras de Seda y de Cristal.

En Sarriá jugaba de delantero y así lo hizo al principio en el Aviación, hasta que Helenio Herrera decide ponerle en banda definitivamente, para beneficio del equipo. Así es como se convierte en uno de los mejores extremos del fútbol español.

Herrera es clave en su carrera y años después siempre destacó la forma de trabajar del italoargentino: «fuimos a jugar a Cuba y yo la verdad es que estuve mal en los dos primeros partidos. Era conocido en América porque había jugado la Copa del Mundo de Brasil 1950 y unos aficionados llevaron al campo una pancarta gigantesca para el tercer partido que decía: "¿Dónde está Juncosa, que no le hemos visto?". Herrera se acercó a mí y me dijo: "¿Has leído esa pancarta? Pues a ver si la tienen que quitar". Dicho y hecho, en el descanso la tuvieron que esconder porque hice un partido sensacional».

1948 sin duda fue uno de sus grandes años, ya que debutó con la selección española en un partido jugado en Montjuic ante Irlanda, que ganó 2-1 pero terminó con una lesión. Su calidad como extremo le llevó al Mundial de Brasil en 1950; solo jugó un partido, ante Suecia, con derrota de España, pero dejó muestras de su clase. Sin embargo, nunca volvió a vestir la camiseta de la selección, pero no perdía el tiempo, ya que representaba a dos casas comerciales catalanas de comestibles, se sacó el título de entrenador e hizo sus pinitos entrenando al equipo rojiblanco juvenil y aficionado.

Pepe Juncosa jugó en el Atlético hasta la campaña 1954-1955, en la que con 32 años cuelga las botas; se despide del Metropolitano en septiembre de 1954 ante el Málaga (2-2).

Tras el Atlético su destino serán los banquillos, entre los que destacan el Córdoba, con el que llegó a jugar algunos amistosos y al que ascendió a Primera en su segunda etapa en 1971; el Amposta, el Borjas Blancas, el Balaguer, el Tarragona, el Lleida, el Xerez, el Pontevedra o el Levante, aunque sin duda se convirtió en leyenda del equipo con el que debutó, el Reus, al que entrenó en diversas etapas.

Hombre prudente, disfrutó también de una granja avícola mucho tiempo. Con 81 años disfrutó de los actos del centenario del Atlético de Madrid junto a muchos de sus antiguos compañeros; sin embargo, ese mismo año no pudo hacer su último regate, pues falleció en Reus el 31 de octubre de 2003.

1/ Tarjeta de jugador de la temporada 1953-1954. **2/** Junto a Diego Lozano entregan una placa a Adrián Escudero el día del homenaje del *Chava*. **3/** En la imagen le vemos saludando a su gran ídolo, con el que llegaría a compartir vestuario, Ricardo Zamora. **4/** Su hijo Santiago llegó a debutar en Primera División con el Atlético de Madrid en la temporada 1973-1974. Su otro hijo, José Luis, también jugó en las categorías inferiores del Reus y del Espanyol. En la imagen vemos a Juncosa padre con Santiago celebrando en el vestuario el ascenso del Reus. **5/** Caballero en el campo, sus compañeros contaban que jamás abandonaba el terreno de juego por muy lesionado que estuviera (recordemos que, en aquellos años, no se realizaban cambios). Por eso, cuando sufría un percance, se quedaba arriba intentando aprovechar algún balón suelto... y vaya si lo hizo, porque popularizó el *Gol del cojo* y con ello dio bastantes triunfos al Atlético. En la imagen le vemos con Miguel Muñoz. **6/** Uno de sus mayores logros como técnico fue conseguir el ascenso del Córdoba a Primera División a finales de los sesenta. **7/** Preciosa foto durante los actos del Centenario. De izquierda a derecha, Pepe Juncosa, Mencía, Pérez Payá, Marcel Domingo y Adrián Escudero. **8/** Unos meses antes de morir, pudo disfrutar en Madrid de los actos del Centenario del club. En la imagen le vemos degustando la tarta de cumpleaños en presencia del también desaparecido Jesús Gil. **9/** Fue internacional en dos ocasiones debutando en Montjuic el 30 de mayo de 1948. Aunque la calidad de la imagen no es muy buena, vemos al equipo nacional formado junto al trio arbitral por Epi, Eizaguirre, Igoa, Alconero, Aparicio, César, Nando, Gonzalvo II, Panizo, Gabriel Alonso, Juncosa y el portero suplente Bañón. El otro partido como internacional lo jugó ante Suecia en el Mundial de Brasil 1950.

foto 6

La **magia**
gaditana

En Jerez de la Frontera, a menos de 40 kilómetros de Cádiz, nació un 26 de abril de 1972 Francisco Narváez Machón, un niño que **nace el mismo día que el Atlético de Madrid** cumple 69 años y que, sin saberlo, desde tierras andaluzas iba a formar parte de la historia de un equipo en el que desplegaría todo su **arte para deleite de una afición** que siempre recordará su fantasía.

"Pura magia en el área, escondía el balón como nadie, girando en un palmo para ponerlo cómo y dónde quería Un artista con el duende del sur".

Mónica Marchante

(Periodista)

En las calles de Jerez sueña como cualquier chaval con ser alguna vez futbolista del Cádiz y vestir de amarillo al menos una vez en su vida en la Tacita de Plata. Alto y flaco, Kiko comienza jugando de portero pero rápidamente sus entrenadores ven en él algo diferente y comienzan a ponerle en posiciones más adelantadas.

Así comienza una andadura difícil, con muchos sacrificios que le llevan primero a enrolarse en el Pueblo Nuevo y después en el Barbate, para llegar finalmente al primer escalón de su sueño, los juveniles del Cádiz. Con 13 años descubre un mundo nuevo y ve como su equipo retorna a la Primera División de la mano de Paquito. Con sus ojos de niño ve a su gran ídolo Mágico González subiendo peldaños, hasta que le llegó el momento de demostrar su valía. Con 18 años, con su cuerpo espigado y con cara de chaval, Ramón Blanco le da la alternativa el 14 de abril de 1991 en el Ramón de Carranza ante el Athletic Club de Bilbao (2-3). El Cádiz vive en esos años entre el infarto y el descenso bajo la presidencia de Manuel Irigoyen; así es como Kiko se curte como futbolista.

Su proyección es extraordinaria y lo convocan desde sus primeros momentos en el Cádiz para las diferentes categorías de la selección española. Es Sub-19 y Sub-21 y participa activamente en la selección que a las órdenes de Vicente Miera conquista el oro olímpico en los Juegos de Barcelona 92.

En Cádiz juega hasta el final de la temporada 1992-1993 para fichar en ese verano de 1993 por el Atlético de Madrid. Su debut en Liga se produce el 5 de septiembre de 1993 en la primera jornada ante el Logroñés (1-0). La magia con la que llega de Cádiz no se ve inmediatamente en el Calderón y le cuesta aclimatarse a un equipo como el Atlético, por el que en dos temporadas pasan nueve entrenadores, y a una grada mucho más exigente que la del Carranza. En algunos partidos es pitado y crece la sensación de que no va a triunfar en un conjunto al que tampoco ayudan los resultados, ya que esas dos campañas se está abajo y se juega por evitar el descenso.

Tras dos años de dudas, la llegada de Radomir Antic da un giro a la situación y tras una pretemporada deslumbrante, la afición empieza a creer en algo más que evitar el descenso: es la temporada 1995-1996, que pasa a la historia del Atlético como la del doblete. Aunque en la campaña siguiente no se puede revalidar el título, el equipo lucha hasta el final en Liga y deja una grata impresión en la Liga de Campeones, donde cayó en un aciago partido ante el Ajax cuando todo el mundo veía al equipo como serio candidato a jugar la final.

Aunque jugaba de delantero, Kiko solía retrasar su posición a la media punta para hacer diabluras entre líneas. Sus pases imposibles, sus giros, sus remates le convirtieron en un estandarte para una afición que hizo suyo el cántico de «Kikogol» que retumbaba en el Calderón. Su calidad no solo la disfrutaba el aficionado rojiblanco sino también los de la selección española absoluta, con la que juega 26 partidos y participa en la Eurocopa de Inglaterra 96 y el Mundial de Francia 98.

En su mejor momento una grave lesión marcará su futuro como futbolista: sus tobillos están maltrechos y en noviembre de 1988, en el Camp Nou, dicen basta. Comienza ahí un calvario y tras pasar por el quirófano en febrero y con los dos tobillos operados se ve obligado incluso a tener que volver a aprender a andar. Tras diez meses de recuperación reaparece en diciembre de 1999 pero ya no es el mismo jugador explosivo. La situación del equipo no ayuda y acaba descendiendo a Segunda División. El club le ofrece un contrato de larga duración pero renuncia a él tras un oscuro episodio a tres bandas con el Milán y el propio Jesús Gil. Sin permiso del club viaja a la ciudad italiana pero no supera el reconocimiento médico, algo que molestó al presidente rojiblanco.

Juega en Segunda con el Atlético pero es titular pocas veces. Curiosamente, su último partido como rojiblanco lo juega en el Carlos Belmonte de Albacete en un Albacete 0-Atlético de Madrid 1, en el que es sustituido en el minuto 75 por un jovencísimo Fernando Torres, que además hace el gol de la victoria. Como si de un relevo generacional se tratara, Kiko dejó su puesto de ídolo al nuevo icono del Atlético: desde ese día, Torres conserva aún el brazalete que le cedió el propio Kiko.

Con su ciclo en el Atlético concluido, con los tobillos maltrechos y con 29 años, aún se embarcará en una aventura más con su amigo Juan Rodríguez *Juanito*, exjugador del Atlético que ha comenzado una nueva andadura como presidente del Extremadura. Se viste de azulgrana para defender al equipo de Almendralejo pero apenas puede jugar en once partidos y no puede evitar el descenso, por lo que cuelga definitivamente las botas en abril de 2002 en un Extremadura 0-Numancia 2, 19 días antes de cumplir los 30 años.

Kiko no ha desaparecido de la escena pública en estos años: aunque retirado de los equipos de fútbol sigue ligado a su pasión como comentarista en diversos programas de radio y televisión y dedica todo el tiempo que puede a su nueva pasión, sus hijos.

1/ Su magia y su simpatía traspasaban los terrenos de juego. El arte corre por sus venas. **2/** Tras ganar el doblete el equipo recorrió las calles de Madrid, en la imagen Toni y Kiko agasajados por los aficionados en su paseo en calesa. **3/** Con 18 años, con su cuerpo espigado y con cara de niño, Ramón Blanco, técnico del Cádiz, le da la alternativa el 14 de abril de 1991 en el Ramón de Carranza ante el Athletic Club de Bilbao (2-3). **4/** El Calderón gritaba «Kikogol», sus celebraciones se hicieron muy populares, en la imagen celebra un tanto marcado al Villarreal en noviembre de 1998. **5/** A veces era complicado pararle para festejar con él el gol, ahí vemos al *Cholo* Simeone intentando atraparle tras marcar un tanto. **6/** Además de ser un extraordinario futbolista, Kiko siempre hace amigos donde va por su simpatía y desparpajo. **7/** Kiko y Donato disputan un balón (ambos con los ojos cerrados) en un Atlético 3-Deportivo 0 el 11 de abril de 1998. **8/** Equipo que disputó la primera jornada de la temporada 1996-1997 en el Bernabéu ante el Celta (2-0). Arriba, de izquierda a derecha: Toni, Molina, Bejbl, Caminero, Geli y Kiko. Agachados, Simeone, Esnéider, Santi, Pantic y Solozábal. Ese día Kiko marcó el segundo gol.

/// LUIS ARAGONÉS SUÁREZ

El sabio
de Hortaleza

Estaba destinado a jugar en el Real Madrid, sin embargo, a pesar del **apoyo incondicional** del propio Santiago Bernabéu, nunca lo hizo. El presidente blanco le vio jugar un día con el Plus Ultra ante el Castellón, en un partido en el que **Luis metió cinco de los siete goles** de su equipo, lo que hizo exclamar a don Santiago: **«ese chico, el de los pies grandes, es un talismán ante la portería».**

"Las gradas de cemento sin los asientos rojiblancos. La tribuna lateral totalmente lisa, sin gradas. El Citroën dos caballos de mi tío Fernando, del que asomaba una bandera rojiblanca por la ventanilla, y los tres goles de Luis Aragonés aquella noche al Cagliari".

José Ramón de la Morena

(Periodista)

L uis Aragonés Suárez nace en Hortaleza el 28 de julio de 1938. En los patios del colegio de los jesuitas de Chamartín empieza a destacar por su potente disparo y su habilidad con el balón a pesar su cuerpo espigado. Se enrola en el Pinar de Hortaleza hasta que el Getafe se interesa por sus servicios en 1957. Es ahí cuando entra en escena Miguel Malbo, ojeador del fútbol modesto del Real Madrid, que no tarda en elaborar informes favorables. Sin embargo, ningún técnico asume la responsabilidad de darle el empujón necesario, lo que hace que comience un periplo de cesiones que le llevan al Recreativo de Huelva (allí conoció a su mujer), Hércules (donde anota 22 goles), Úbeda y Plus Ultra. En la campaña 1960-1961 es nuevamente cedido al Real Oviedo, equipo con el que debuta en Primera División. Cuando todo apunta a que Luis llegará por fin al primer equipo madridista, el interés de los blancos por Isidro (padre de Quique Flores) hace que sea traspasado al Real Betis. Se desvincula de los blancos para disgusto de Bernabéu y comienza una nueva andadura de tres temporadas en el Real Betis, donde demuestra una capacidad goleadora que le abre las puertas del Atlético.

Era un gran jugador, con una inmensa calidad no exenta de sacrificio. Sin embargo, destacaba por su gran inteligencia en el campo y por sus lanzamientos de faltas, que le situaron entre los mejores lanzadores del mundo. Así, Aragonés llega al Atlético en abril de 1964 y debuta en un amistoso frente a Peñarol. Pronto se convierte en un referente y así será en las siguientes once temporadas, en las que gana tres Ligas y dos Copas, además un trofeo Pichichi en la temporada 1969-1970, que compartió con Gárate y Puskas. Es el cerebro del equipo, el eje de todo el ataque; todos los balones pasan por sus botas, y esas cualidades le abren las puertas de la selección, con la que disputará once partidos.

Vive el cambio del Metropolitano al Manzanares y pasa a la historia como el autor del primer gol en el nuevo estadio (también marcó el primer gol en la inauguración del Salto del Caballo de Toledo). Lidera un equipo que roza la Copa de Europa con gol suyo ante el Bayern, pero la fatalidad impide levantar el título.

En la siguiente temporada se produce un punto de inflexión en la carrera de Luis Ara-

foto 6

foto 8

foto 10

foto 3

foto 7

foto 9

foto 4

gonés: con nueve jornadas disputadas, Juan Carlos Lorenzo deja el banquillo y Calderón decide que el nuevo entrenador sea Luis, a pesar de tener aún dos años más de contrato. Así, con 37 años, pasa a ser el nuevo técnico dos días después de haber jugado su último partido como futbolista en el Manzanares ante el Sporting. Pasa del césped al banquillo y de tratar con sus compañeros de tú a llamarles de usted. Si como futbolista fue extraordinario, como entrenador demostró que no se quedaba atrás. El equipo remontó y conquistó la Copa Intercontinental en su primer año como entrenador. Desde aquel momento, se ha sentado, en diferentes etapas, catorce años en el banquillo colchonero, consiguiendo además de la Intercontinental una Liga, tres Copas y un ascenso de Segunda. Lejos de casa, ha entrenado a Betis, Barcelona, Espanyol, Sevilla, Valencia, Oviedo, Mallorca y a la selección española, con la que consiguió conquistar el título de campeón de Europa en 2008 tras cambiar el estilo y la mentalidad del fútbol español. Luis falleció el 1 de febrero de 2014.

foto 1

1/ Foto poco conocida del día de su primera comunión. **2/** Desde siempre ha vivido los partidos con intensidad. En la imagen le vemos en el banquillo dando instrucciones con Martínez Jayo a su izquierda y Carlos Peña y el Dr. Ibáñez a su derecha. **3/** Destacó como jugador en el Betis. Vemos a Luis en el centro vestido de verdiblanco con Colo y Domingo Balmanya a un lado y Martínez y Pons a su izquierda. **4/** Cuando Luis habla... En la imagen le vemos dando instrucciones a un jovencísimo Juan Carlos Pedraza. **5/** Imagen del día de su homenaje celebrado el 30 de septiembre de 1978 con la visita del Cosmos. **6/** Defendiendo los colores del Hércules de Alicante. Es el segundo por la izquierda. **7/** Un día de fiesta, vemos a Luis en el parque de atracciones lanzándose en la alfombra mágica junto a Adelardo. **8/** Imagen de la comida de Navidad de los veteranos en diciembre de 2012, Luis conversa con Ceferino Díaz, Bermejo y Pereira. **9/** Celebrando un gol en el banquillo. **10/** Luis remata de cabeza por encima de Salcedo y Benito mientras Gárate observa desde el suelo el balón que despeja el guardameta madridista Borja un 28 de febrero de 1971.

foto 3

El gol **entre ceja y ceja**

Manuel Sánchez Delgado vino al mundo en Cáceres un 17 de enero de 1965. Los primeros que pudieron ver sus **dotes goleadoras** fueron los compañeros del colegio Diocesano y sus amigos de la barriada de San Jorge, en las casas de la cárcel, donde dejó muestras de su **efectividad de cara a la portería** del equipo rival y desde donde es captado por el Polideportivo Cacereño. Sube peldaños muy pronto y con 15 años ya debuta en Tercera División, donde se mantiene hasta los 19, momento en el que Joaquín Carreras consigue llevarle al recién ascendido Murcia. Con los pimentoneros firma en la campaña 1983-1984, pero le ceden un año al Sabadell para que vaya adquiriendo experiencia en Segunda División B. En el equipo catalán demuestra su **condición de goleador,** consigue el ascenso a Segunda y roza el ascenso a Primera en su segundo año.

"Una vez escuché a alguien decir que en el Atlético sufrías como un hombre y disfrutabas como un niño. Es evidente que se quedó corto".

Miguel Ángel Méndez
(Periodista Eurosport)

S u siguiente destino es Murcia, para contribuir con sus goles al ascenso de nuevo a la máxima categoría del fútbol español. Su debut en Primera tiene lugar en La Condomina el 31 de agosto de 1986, marcando el único gol de los pimentoneros en el Murcia 1-Real Madrid 3. En tierras murcianas juega tres temporadas y anota 30 goles, lo que le abre las puertas del Atlético de Madrid.

Fue el propio Jesús Gil el que se empeñó en este jugador habilidoso, bajito pero con una efectividad grande y con gran explosividad. Manolo era un gran delantero, siempre en boca de gol y siempre generoso en el esfuerzo para colaborar en la primera línea de presión. Así, en el verano de 1988 llega al Calderón con 23 años y en plena progresión. En sus siete años como jugador del Atlético tuvo 17 entrenadores. Sin embargo, su calidad le mantuvo siempre como un fijo para todos ellos, sabiendo ganarse en los entrenamientos y en el campo un puesto en un equipo que gana dos Copas del Rey; él conseguirá el trofeo como máximo goleador de la Liga en la temporada 1991-1992 con 27 dianas.

Desde que emergió en el mundo del fútbol, su capacidad goleadora no pasó inadvertida para los técnicos de la selección española. Jugó tres partidos con la selección olímpica y 18 con la juvenil. El debut con la absoluta llega con Luis Suárez en el banquillo el 16 de noviembre de 1988, en un partido disputado en Sevilla ante la República de Irlanda; Manolo marcó el primero de los dos goles que significaron la victoria española. En total fueron 28 partidos defendiendo la camiseta de la selección absoluta, convirtiéndose en el jugador del Atlético de Madrid que más veces ha sido internacional en toda la historia. Manolo formó parte de la selección que disputó el Mundial de Italia 90 y cerró su participación con Javier Clemente en un choque en Belfast el 14 de octubre de 1992 (Irlanda del Norte 0-España 0). Con nueve goles con la selección, Manolo también puede presumir de ser el jugador del Atlético de Madrid que más goles ha marcado con España.

Juega en el Atlético hasta la temporada 1994-1995, cuando, tras salvar al equipo y con un año más de contrato, el nuevo técnico Radomir Antic no cuenta con él y hace las maletas para irse a Mérida. Si en sus años en el Atlético las lesiones le respetaron bastante, en Mérida, en el segundo partido de pretemporada ante el San

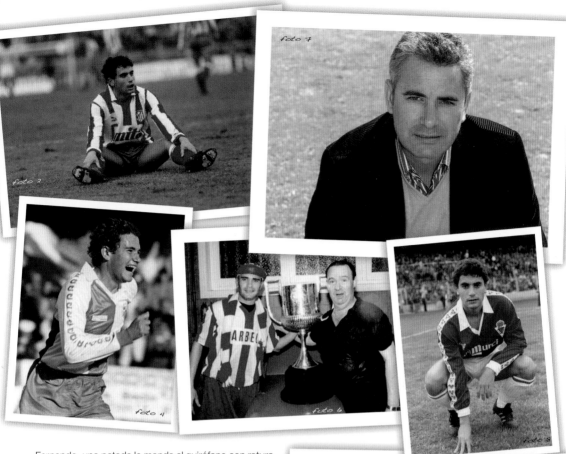

Fernando, una patada le manda al quirófano con rotura de peroné, ligamento lateral interno y nervio tibial posterior. No consigue debutar con el equipo extremeño, ya que, a pesar de las continuas visitas a los mejores médicos –llegó incluso a viajar a Croacia para tratarse con un especialista– no consigue recuperarse y tras dos temporadas de clavario y con 32 años, se ve obligado definitivamente a dejar el fútbol.

Tras cerrar su etapa como futbolista inicia la de técnico precisamente en Mérida, donde Jorge D'Alessandro le ofrece la posibilidad de ser su segundo en Primera División. Finalizada la experiencia en el Mérida regresa a Madrid para entrenar a los chavales de la AFE hasta que recibe la llamada de su amigo Paulo Futre para formar parte, junto a otro buen amigo como Abel Resino, del área deportiva del Atlético. Como adjunto a la dirección deportiva se mantiene hasta la salida de Futre, momento en el que aprovecha para hacer el curso de entrenadores. Así, en la campaña 2010-2011 entrena al equipo de su ciudad natal, el Cacereño, aunque no finaliza la temporada. En la actualidad es director deportivo de las escuelas de Formación y Tecnificación de la Academia del Atlético de Madrid.

1/ Pisó por primera vez el Calderón con la camiseta del equipo de su ciudad. Aquí le vemos abajo, el segundo por la izquierda, en un partido de Copa con el Cacereño en la temporada 1982-1983. **2/** Jugador constante, no desfallecía en los encuentros buscando la portería contraria, a veces tomaba fuerzas para volver a buscarla. **3/** Con La Roja debutó con gol. En la imagen le vemos jugando ante Portugal en 1991. **4/** La alegría del gol siempre le ha acompañado. En esta fotografía celebra un tanto con la camiseta del Sabadell en mayo de 1984. **5/** En total jugó 28 partidos defendiendo la camiseta de la selección absoluta convirtiéndose en el jugador del Atlético de Madrid que más veces ha sido internacional en toda la historia. Jugó el Mundial de Italia 1990 y también puede presumir de ser, con 9 goles, el jugador del Atlético de Madrid que más ha marcado con España. **6/** En el vestuario del Bernabéu tras ganar la Copa, como se ve junto a Manolo y la Copa. Miguel Pérez ya había pasado por la ducha. **7/** En la temporada 2012-2013 es el responsable de las Escuelas del Atlético de Madrid. **8/** Posando con la camiseta del Real Murcia, equipo con el que debutó en Primera División y que le abrió las puertas del Atlético de Madrid.

///// **MARCOS** ALONSO PEÑA

Rompiendo
moldes

Cuando Marcos Alonso Peña nace en Santander el 1 de octubre de 1959, su padre, Marcos Alonso Imaz *Marquitos,* triunfaba en el Real Madrid conquistando Ligas y Copas de Europa junto a futbolistas como Puskas, Zárraga o Gento. En el colegio San Agustín, al lado del Bernabéu, **crece en un ambiente madridista** hasta que, jugando en los patios del colegio junto al hijo de Feliciano Rivilla, es captado por Miguel Malbo para que progrese en los campos de la vieja Ciudad Deportiva madridista. Como blanco juega el Torneo Social, pasando luego a los infantiles y **ascendiendo categorías hasta llegar al Castilla juvenil,** primero en el equipo B y posteriormente en el A. Sin embargo, no da el salto, por lo que decide marcharse con 16 años a su localidad natal, Santander, y enrolarse en los juveniles del Racing.

"Es el lugar al que siempre quieres volver".

Josevi Arnaiz

(Periodista, RNE)

Su calidad es vista rápidamente por Nando Yosu, que no duda en hacerle debutar en el primer equipo con apenas 17 años. Marcos juega sus primeros minutos en Primera División en Atocha en septiembre de 1977 (2-0), demostrando que su progresión le va a llevar a ser un gran futbolista. A diferencia de su padre, que es defensa, Marcos juega de extremo y se hace con la banda del viejo Sardinero durante dos temporadas, hasta que su nombre vuelve a sonar como madridista. Luis de Carlos se compromete con Marquitos para fichar a su hijo pero no acaba de concretarse la operación, situación que aprovecha Vicente Calderón para fichar a Marcos en la temporada 1979-1980.

A las órdenes de Luis Aragonés, Marcos comienza a jugar partidos en pretemporada debutando como rojiblanco en Liga en casa en septiembre de 1979 en un Atlético 1-Sporting 3. Marcos continúa su progresión

a pesar de los malos momentos institucionales y se convierte en un fijo en las alienaciones en esos años. Por aquel entonces ya ha jugado como internacional Sub-19, Sub-20 y Sub-21 y ha disputado incluso los Juegos Olímpicos de Moscú 80. Debuta con la selección absoluta en marzo de 1981 en un partido histórico en Wembley, en el que España vence por primera vez a Inglaterra (1-2). En total fue 22 veces internacional, participando unos minutos en el mítico 12-1 a Malta.

Jugador rapidísimo por la banda, sus galopadas levantan a los aficionados de sus asientos. Su regularidad y sacrificio destacan hasta el punto de que los problemas económicos de la entidad y el interés del Barcelona hacen que casi se vea obligado a firmar por los azulgranas, que pagan 150 millones (récord de traspaso de un jugador español) y permiten que Marcos juegue un año más como rojiblanco. Marcos deja el Atlético rumbo a un F. C. Barcelona al que llega en 1982 con su compañero Julio Alberto y donde comparte vestuario con futbolistas como Maradona o Bernardo Schuster. Marcos sigue siendo importante vestido de azulgrana y con el equipo barcelonés gana la Copa del Rey, una Supercopa, una Liga y dos Copas de la Liga.

En Barcelona juega hasta 1987, momento en el que regresa, con la ilusión de un chaval, al Atlético de Madrid para incorporarse al primer proyecto de la era Gil.

Inicia la temporada con Menotti en el banquillo y es pieza importante hasta que una gravísima lesión en el Trofeo Teresa Herrera de pretemporada siguiente (se rompió la triada) le hace perderse prácticamente todo el año. Ha perdido velocidad pero trabaja durante el verano para arrancar con garantías la siguiente temporada, en la que Javier Clemente se hace cargo del equipo; sin embargo el de Barakaldo no cuenta con él, por lo que decide fichar con 30 años por el Logroñés. Marcos piensa en la retirada pero una llamada de auxilio del Racing le hace regresar para ayudar al equipo montañés, entrenado por Felines, en su intento de volver a Segunda. En las desaparecidas Margaritas, ante el Getafe, el Racing retorna a la división de plata pero, aunque tiene una oferta para renovar, Marcos decide dejar el fútbol como jugador definitivamente en la campaña 1990-1991.

Con el título de entrenador en el bolsillo, el cántabro empezó dirigiendo en el colegio donde estudió, el San Agustín, para entrenar posteriormente en el Atlético de Madrid al equipo de División de Honor. Fue segundo entrenador en el primer equipo rojiblanco con Jorge D'Alessandro hasta que recibió la llamada de la familia Ruiz Mateos para hacerse cargo del Rayo Vallecano. Debuta con los vallecanos en la máxima categoría y mantiene al equipo en la campaña 1995-1996. Después entrenó al Racing dos temporadas y al Sevilla, al

que asciende a Primera. En la temporada 2000-2001 regresa al Atlético de Madrid para intentar el retorno del infierno. También ha dirigido al Real Zaragoza, al Real Valladolid y al Málaga hasta su última experiencia en el Granada 74 en la temporada 2007-2008.

Alejado del fútbol, dedicó su tiempo libre a una de sus grandes pasiones, el golf. También fue comentarista de diversos medios al margen de atender el negocio familiar de zapaterías y ser responsable del marketing deportivo de la firma Puma. La saga continua con el tercer Marcos Alonso, su hijo Marcos Alonso Mendoza, que, formado en las categorías inferiores del Real Madrid, (llegó a debutar con el primer equipo en la temporada 2009-2010), jugó varios años en el fútbol inglés, con el Bolton y el Chelsea. Actualmente juega en el F.C. Barcelona. También ha sido internacional como su abuelo y su padre. Marcos Alonso Peña falleció el 9 de febrero de 2023.

1/ García Traid da indicaciones durante un entrenamiento a un jovencísimo Marcos Alonso. 2/ En el banquillo, al lado de García Traid, Pedro Pablo (actual delegado del equipo) y Quique Ramos. 3/ Durante un descanso del entrenamiento, campo a través con Quique Ramos. 4/ En sus tiempos como técnico del Atlético de Madrid en la temporada 2000-2001. 5/ Dirigiendo un entrenamiento en el Cerro del Espino. 6/ Alineación de la temporada 1980-1981. Arriba, Aguinaga, Marcelino, Julio Alberto, Ruiz, Arteche y Balbino; agachados, Quique, Cabrera, Marcos, Dirceu y Rubio.

Equipos históricos

Recopa de Europa (desempate)

ATLÉTICO	3-0	FIORENTINA

Jones 8'
Mendonça 25'
Peiró 57'

5 de septiembre de 1962
Estadio:
Neckar Stadion (Stuttgart)

Entrenador: **José Villalonga**

Madinabeytia

Rivilla — Griffa — Calleja

Ramiro — Glaría

Jones — Collar

Adelardo — Peiró

Mendonça

LUIS **MARÍN** SABATER

El gol **como religión**

El primer derbi entre Atlético de Madrid y Real Madrid en la Liga se disputó el 24 de febrero de 1930 en Chamartín. Ganaron los blancos pero el **autor del único gol rojiblanco fue Luis Marín,** que pasó en ese momento a convertirse en **el primer goleador del Atlético de la historia de los derbis.** Marín tenía poco pelo y nariz chata y para ocultar su prominente alopecia solía jugar con una boina o pañuelo, algo habitual en aquellos primeros años veinte. Con su nariz rota y su aspecto de boxeador **intimidaba a los contrarios, también con su fortaleza,** con su contundencia en el cuerpo a cuerpo, pero siempre con la nobleza que demostró en los terrenos de juego embarrados de los primeros años del siglo XX.

"El Atlético me ha dejado las mejores imágenes de mi vida".

Ángel Pérez

(Fotógrafo del Atlético de Madrid)

Luis Marín Sabater nació en Villafranca de Oria (Gipuzkoa) el 4 de septiembre de 1906. Sus primeros pasos como futbolista los da en el madrileño Unión Sporting, donde comienza a jugar con apenas 18 años, para luego, tras dos temporadas, firmar por el Racing de Madrid. Diversos problemas con el club ubicado en el barrio de Chamberí le hacen declararse en rebeldía para llegar a un destino que cambiaría su vida: el Athletic Club de Madrid.

Como rojiblanco debuta en un torneo en Tetuán con motivo de la inauguración del nuevo estadio de la ciudad marroquí, con sendos partidos ante el Madrid C. F. Todo estaba preparado para nuestra primera Liga y no escatimaron esfuerzos los directivos presididos por Luciano Urquijo para afrontarla con garantías, al conseguir que el Athletic Club de Madrid estuviera entre los diez equipos elegidos para disputar el nuevo campeonato. Los rojiblancos debutaron el 10 de febrero de 1929 en Ibaiondo ante el Arenas de Getxo con victoria por 2-3 y goles de Palacios, el propio Luis Marín y del gallego Cosme Vázquez.

Marín se convierte en el referente en ataque, en un jugador básico que marca 12 tantos a sus 22 años. En la siguiente campaña, a pesar de sus 35 goles, no puede evitar que el equipo descienda y el Atleti se convertirá así en el primer equipo de nuestra Liga que vivió el drama del descenso.

Durante cuatro temporadas Marín lidera un plantel que va sufriendo cambios e intenta acoplar un equipo de garantías para volver a subir a Primera División. Hay cambios de entrenadores, de jugadores e incluso en la presidencia, pero el que no cambia es Luis Marín, que sigue marcando goles hasta que en la temporada 1933-1934 se consigue el ansiado ascenso gracias a la ampliación del campeonato, ya que se finaliza segundo tras el Sevilla.

Llegan jugadores como Lafuente, Marculeta, Chacho o Gabilondo pero será su compañero de ataque en Segunda Elícegui, el *Expreso de Irún,* el que poco a poco vaya relegando a Luis Marín a un segundo plano. Este tiene opciones de irse al Real Madrid pero prefiere seguir vestido de rojiblanco un año más. Aun así, las buenas sensaciones al principio de Liga se disipan al

foto 4

foto 1

foto 2

foto 3

llegar a la última jornada con la posibilidad del descenso, algo que se consuma con el ya conocido penalti fallado por Chacho ante el Sevilla.

Tras la Guerra Civil Marín ficha con 33 años con el Real Madrid al no entrar en los planes del nuevo Atlético Aviación, debido a haber estado en el bando perdedor de la contienda. Para poder fichar por el Madrid tuvo que someterse a diversos comités depuradores y contar con buenos avales. Con los blancos juega dos temporadas en las que marca apenas cinco goles y pierde una final de Copa para recalar en la temporada 1941-1942 en el Granada.

En la ciudad de La Alhambra, con 35 años, vuelve a surgir el gran goleador que lleva dentro y marca una época en el estreno del equipo nazarí en la máxima categoría. En las tres primeras temporadas marca 33 goles pero en la cuarta no puede evitar el descenso de categoría jugando un año más, hasta 1946, en Segunda con los granadinos. Su siguiente destino es el Antequerano, para colgar definitivamente las botas en el Ceuta con 42 años.

Luis Marín falleció en enero de 1978.

1/ Es el primer goleador del Atlético en la historia liguera de los derbis capitalinos. **2/** Aunque el primer gol de la Liga en la historia del Atlético lo marcó Palacios, Marín tuvo el honor de hacer el segundo tanto aquel 10 de febrero de 1929 en Ibaiondo ante el Arenas. En la imagen le vemos con su calva tapada jugando en Santander, donde también marcó, en junio de 1929. **3/** En esos años se disputaban partidos internacionales también entre las ciudades. Aquí vemos a Luis Marín como capitán de Madrid intercambiando banderines con el capitán de París. **4/** Alineación de finales de los años veinte que estrenó el campeonato liguero; de izquierda a derecha, arriba: Mesa, Elícegui, Pacheco, Arocha, Valcárcel, Marín, Gabilondo y Rubio. Agachados: Chacho, Ipina y Marculeta.

//// **MIGUEL GONZÁLEZ** PÉREZ

La **calidad** al servicio del club

foto 1

En noviembre de 1955 España jugaba por primera vez en la **catedral del fútbol mundial.** Aquella tarde **Inglaterra y España** se medían ante **100.000 espectadores** en Wembley con Miguel sobre el césped. Ganaron los ingleses por 4-1 pero para la historia del fútbol canario quedó el dato de que Miguel ha sido **el único jugador de las islas que ha podido disputar un partido en el mítico estadio,** algo que, por ejemplo, nunca consiguió hacer Pelé.

"Un equipo del que su historia es la ilusión".

Javier Tebas

(Presidente de la Liga de Fútbol Profesional)

Miguel González Pérez nació en Santa Cruz de La Palma el 27 de abril de 1927. Desde niño es conocido como *El Palmero* y lleva siempre con orgullo, allá donde va, sus queridas Islas Canarias. Sus primeros equipos son los infantiles del Mensajero y luego, con 18 años, pasa al Español, desde donde se marcha al Iberia de Tenerife. Aunque es un jugador pequeño, su calidad es enorme y recala en el Club Real Victoria del Puerto de la Luz. Su destino pronto será la península y concretamente el Atlético de Madrid, que pagó por su traspaso medio millón de pesetas. Arsenio Arocha fue el culpable de la llegada al Atlético de jugadores como Silva, Mújica, Torres o el propio Miguel, que con apenas 20 años y tras más de seis horas de viaje en avión, aterriza en el Atlético para quedarse toda la vida.

Jugador de gran velocidad y técnica, era un experto en jugar a la contra. Rompía con facilidad cualquier defensa y poseía una gran definición de cara a la portería contraria, lo que le sirvió para que Helenio Herrera contara con él desde la pretemporada. Miguel debuta oficialmente en la Liga el 18 de septiembre de 1949 en Balaídos (2-0) y jugará esporádicamente hasta las navidades, cuando en un amistoso jugado en el Metropolitano el 8 de enero ante el Racing de Avellaneda se fractura el tobillo. No vuelve a jugar en esa campaña y apenas disputa 90 minutos en marzo de 1951 en el Metropolitano

ante el Español (1-1) la temporada siguiente. Aun así puede celebrar los dos títulos de Liga ganados en esas campañas.

Es joven y necesita jugar, por lo que en la temporada 1951-1952 es cedido al Real Oviedo junto a tres compañeros más: Alberto Callejo, Agustín y Durán. En Asturias juega una campaña en el desaparecido campo de Buenavista para volver ya con 25 años como un jugador consolidado y apropiarse de la titularidad en un equipo en el que será capitán hasta su salida en el verano de 1960. Miguel es un fijo y un referente para sus compañeros: jugador inteligente, habilidoso, rápido y goleador, se ganó el corazón de una afición que siempre le tuvo como uno de los suyos y que pudo verle defender con orgullo la camiseta de la selección española en quince ocasiones. Con La Roja jugó muchas veces formando la línea de ataque con futbolistas como Di Stéfano, Luis Suárez, Puskas, Kubala y Gento o con su compañero Enrique Collar.

Como rojiblanco, Miguel ganó dos Ligas y una Copa y recibió el día de su homenaje la Medalla al Mérito Deportivo de la Delegación de Deportes y días después, la de Plata del Ayuntamiento de Madrid. El último partido liguero de Miguel lo jugó en Altabix ante el Elche (3-4), marcando uno de los goles rojiblancos.

Tras diez temporadas, cambiaba a sus 33 años la camiseta rojiblanca por la del Real Zaragoza, donde

juega tres años manteniendo su gran calidad en un equipo dirigido por el exazulgrana César. En la campaña 1963-1964 se marcha al Real Murcia, donde colgará las botas con 36 años.

Tras abandonar los terrenos de juego, Miguel González se saca el título de entrenador y comienza a dirigir a equipos como el Getafe. Luego destacó en el Hércules y posteriormente en el propio Atlético, donde regresó primero como segundo entrenador de Otto Gloria y posteriormente como primer entrenador, sustituyendo a aquel a falta de cuatro jornadas para el final y luego dirigiendo completa la temporada 1968-1969. En la temporada 1969-1970 dirigió al Betis y la siguiente, al Hércules. También entrenó en su tierra natal, concretamente a la S. D. Tenisca, para regresar luego a la capital de España y trabajar, hasta su jubilación, en los negocios de gasolinera que poseía Feliciano Rivilla.

Falleció el 6 de julio de 2021.

1/ Miguel González ha sido uno de los mejores jugadores que han vestido la camiseta del Atlético de Madrid. 2/ En el Metropolitano, Collar y Miguel posan con un jugador del Zaragoza. 3/ Miguel, Peiró, Callejo, Rafa y Collar. 4/ Equipo que se enfrentó al Real Madrid el 27 de abril de 1958 en el Metropolitano (1-1). Arriba, Pazos, Callejo, Herrera, Chuzo, Rafa, *Verde* y Chércoles (portero suplente). Abajo, Miguel, Agustín, Hollaus, Peiró y Collar. 5/ Defendió la camiseta de la selección en 15 ocasiones formando una gran delantera como la que se ve aquí y que se enfrentó a Suiza en Chamartín: Miguel, Kubala, Di Stéfano, Luis Suárez y Paco Gento. 6/ Foto simpática durante un viaje a Canarias en la que vemos a Miguel abrazado por su mujer y al lado Callejo con su señora apoyada en sus hombros. También se ve a Rosendo Hernández junto a otros compañeros. 7/ Imagen del equipo que perdió la final de Copa de 1919 curiosamente con camiseta blanca. Arriba, Pazos, *Verde*, Antonio Barrios (entrenador), Heriberto Herrera, Martín, Cobo, José Hernández. Abajo, Miguel, Molina, Peiró, Agustín y Collar. 8/ Delantera de la selección castellana, de izquierda a derecha, Miguel, Olsen, Di Stéfano, Luis Molowny y Adrián Escudero. 9/ Foto de diciembre de 2012 en la comida de Navidad de los veteranos. En la imagen en primer término Miguel delante de Alberto Callejo.

MIGUEL JONES CASTILLO

Títulos en color

Jugando con el equipo de la facultad fue visto por el entonces entrenador del Athletic Club, Ferdinand Daucik. **Le costó convencer a su padre,** ya que no quería que el niño dejara los estudios, pero la insistencia del técnico fue mayor, sobre todo cuando al verlo exclamó: **«¡este puede ser el nuevo Ben Barek!».** Años más tarde, consiguió llevarlo al Atlético.

Miguel Jones Castillo nació en Santa Isabel de Fernando Poo, en Guinea Ecuatorial, durante la época colonial española, el 27 de octubre de 1938. Su padre, Wilwardo Jones, había estudiado en Deusto en 1921 con el padre Bernaola. En 1943 se traslada junto a su mujer, Susana Castillo, y sus siete hijos hasta la capital vizcaína para establecer su residencia. Miguel estudia interno desde los 8 años en el colegio Lekaroz de los padres Capuchinos en el valle navarro de Baztán. Enamorado del deporte, con 6 años acude con su padre en los fines de semana que tenía libres a ver al Athletic en San Mamés. Desde pequeño poseía unas grandes cualidades para el deporte y participaba en distintas disciplinas deportivas; juega al fútbol y en los campeonatos escolares destaca en diversas pruebas de atletismo, ganando las pruebas de salto de altura y de 150 metros lisos; también es campeón de España con Vizcaya en relevos 4x80.

Tras el internado, a los 16 años comienza a estudiar en la calle Elcano de Bilbao la carrera de Ciencias Económicas, y hasta tercero alterna las clases con los partidos en el equipo de la facultad. Allí da muestras de su fortaleza y rapidez y Daucik consigue que el padre de Miguel le permita al menos entrenar con el Athletic, algo que hizo durante 20 días en San Mamés en aquel año 1956, llegando a jugar un partido amistoso con el Athletic ante el Indautxu el día de Reyes. Su condición de no nacido en Vizcaya le impidió vestir oficialmente la camiseta del Athletic Club.

Después de la experiencia en San Mamés, Jones se marcha al Barakaldo para jugar en Segunda División. Allí acaba la temporada para pasar a jugar en el Indautxu,

"Los recuerdos que guardo con mayor viveza del Atlético de Madrid están ligados al esfuerzo, a la emoción y al viejo Metropolitano, al que acudía los domingos soleados con mi padre y mi hermano. Jugadores como Enrique Collar, Mendoza y Miguel Jones me hicieron descubrir la magia del fútbol. Aún conservo intacto en la memoria el primer partido del Manzanares donde, por primera vez, los socios veíamos el fútbol sentados. Disfrutamos con las Copas del Rey, la final de la Copa de Europa frente al Bayern de Múnich, en 1973, y el doblete. El Atlético de Madrid nos ha enseñado siempre a ser sufridores y también a ser "ganadores" con pasión y respeto".

Miguel Ángel Moratinos

(Político y diplomático)

equipo mítico del fútbol vizcaíno. En la temporada 1957-1958, Daucik deja Bilbao para entrenar al Atlético de Madrid y una de sus primeras decisiones es intentar fichar al vascoguineano que conoció jugando en los campos de la Universidad, algo que consigue para la temporada 1959-1960.

Jones debuta en octubre de 1959 en el Metropolitano ante el Granada (0-2). Con Vavá en el equipo, Jones apenas juega en Liga; sí lo hace sin embargo en Copa, donde al no poder participar extranjeros tiene su oportunidad. Y la aprovecha, ya que se convierte en un hombre importante ayudando desde la tercera ronda al equipo a alcanzar la final ante el Real Madrid.

Jones era un jugador polivalente, lo mismo jugaba de centrocampista que de extremo: su fortaleza física en el campo le otorgaba unas cualidades que supieron aprovechar los entrenadores que le dirigieron en esos años.

Son temporadas extraordinarias para el club: tras las dos Copas consecutivas llega la Recopa de 1962, Jones también marca en la final y lucha por los campeonatos todas las temporadas.

Su talento, su poderío físico y su olfato goleador son sus cartas de presentación, lo que le abre las puertas de la selección española. Villalonga le convoca para jugar la eliminatoria de Copa de Europa en 1964 en el doble enfrentamiento ante Rumanía. No juega pero la oportunidad se presenta en Heyssel, en Bruselas, en un amistoso ante Bélgica; sin embargo, cuando está preparado en la banda para debutar, una inoportuna lesión de Guillot frustró el cambio. Sin embargo sí vistió la Roja con motivo de un partido benéfico organizado por doña Carmen Polo (esposa del general Franco) entre el Real Madrid y la selección española.

Como rojiblanco, Miguel Jones juega hasta la temporada 1966-1967, aumentando su palmarés con dos finales de Copa –una la pierde y otra la gana– y la Liga de la campaña 1965-1966. Al finalizar la temporada 1966-1967 deja el club: tiene 29 años, piensa en la retirada y gracias a su amigo Julio Martialay entrena con el Plus Ultra. La llamada de Osasuna a Martialay hace que Jones se marche con él a jugar en Segunda; allí inaugurará el Estadio de El Sadar. Tras cinco meses como rojillo abandona el equipo después del descenso a Tercera.

Deja definitivamente el fútbol en activo y regresa a Madrid, donde se saca junto a Joaquín Peiró el título de entrenador, llegando a entrenar al Atlético en categoría Regional. La muerte de su padre hace que regrese a Bilbao, donde trabajará durante años como agente comercial de una firma de Madrid en la zona norte. Tras su jubilación colabora con el Indautxu, donde ha sido directivo, delegado e incluso asesor de los técnicos de la casa. El gusanillo del fútbol lo mataba jugando con el equipo de veteranos de Vizcaya y con la cuadrilla al fútbol 7.

Falleció durante la pandemia provocada por la COVID-19, el 8 de abril de 2020.

1/ Un jovencísimo Miguel Jones posando en el Metropolitano. 2/ Campeón de España juvenil 4x60. 3/ En el equipo de baloncesto del colegio. 4/ En el equipo de balonmano. 5/ Equipo que conquistó al Real Madrid en el Bernabéu la Copa de 1960. Arriba, Madinabeytia, Callejo, Alvarito, Ramiro, Chuzo y Rivilla; agachados, Polo, Adelardo, Jones, Peiró y Collar. 6/ Retirada a vestuarios en el Metropolitano en un partido del Atlético de Madrid ante el F. C. Barcelona, vemos a Jones entrando en la caseta seguido de Collar y Ladislao Kubala. 7/ Vuelta de honor en el Bernabéu, los jugadores pasean a hombros a Collar con la Copa. Vemos a Polo, Jones, Alvarito, Rivilla, Callejo, Peiró y Chuzo. 8/ Pudo jugar en el Athletic pero al no ser nacido en Vizcaya no lo hizo. En la imagen le vemos comiendo con dos compañeros que sí pudieron triunfar en San Mamés, al fondo José María Maguregui y, a su izquierda, José María Merodio. 9/ En Cádiz con Adelardo y Chuzo. 10/ Estudió interno desde los 8 años en el colegio Lekaroz de los Padres Capuchinos en el valle navarro de Baztán. Esta foto corresponde a una excursión del colegio a Roncesvalles.

/// FRANCISCO **PACO** CAMPOS

foto 4

Cuando el gol
sabía a hambre

Le apasionaba tanto dar al balón que **se calzaba cualquier par de botas con tal de jugar.** Daba lo mismo si le apretaban o le quedaban grandes, solo al finalizar el partido se daba cuenta del dolor de pies. **Ese sacrificio lo aplicó luego como técnico,** llegando a ser conocido como *Míster Látigo II.*

"Cuando rodamos el spot con don Agustín de la Fuente (el socio número 1) fuimos a visitarle a su casa con jugadores históricos del Atleti. Momentazo. El ídolo de mi padre (Escudero), el mío (Gárate) y el de mi hijo (Fernando Torres). Don Agustín y yo fuimos los hombres más felices del mundo".

Miguel García Vizcaíno

(Director creativo Sra Rushmore)

En el barrio de San José de Las Palmas de Gran Canaria vino al mundo el 8 de marzo de 1916 Francisco Campos Salamanca. Con andares cansinos ya siendo niño por arrastrar su pierna izquierda, pocos ven en él un futbolista. Tal vez esa circunstancia hizo que se sobrepusiera y, a pesar de su aspecto enclenque, fomentara otras cualidades que realmente poseía, como por ejemplo el remate. Gracias a esa capacidad realizadora jugó en los equipos de la zona, como el Estrella de su propio barrio, el Oriental –donde jugó junto a sus hermanos Juan y Carmelo–, el Reyes Católicos, el Sporting de San José (donde firma con 16 años su primera ficha para jugar en Segunda Regional) y en la auténtica cuna de los futbolistas canarios, el Marino de Las Palmas, donde juega dos temporadas, la primera de ellas quedando campeón de Canarias. Ya se le conocía en esos años como Paco Campos.

Tras el estallido de la Guerra Civil es llamado a filas y se incorpora en la división de aviación a la base de Salamanca, donde puede seguir practicando su deporte favorito en el equipo aviador. Tras la Guerra se enrola en el Athletic Aviación Club y para sorpresa de todos los aficionados, que ven a un jugador demasiado flaco, espigado, aparentemente torpe, se muestra como un rematador contundente en el juego aéreo y con un gran disparo desde fuera del área. Tras la fusión, recomendado por Mesa, pasa a ponerse a las órdenes de Ricardo Zamora para ganar la Liga como figura estelar y pareja perfecta de Elícegui, marcando entre los dos 44 de los 79 goles del equipo.

El primer año en el fútbol profesional se hace con el puesto de interior izquierdo, en el que desborda continuamente pegado a la banda. Debuta ganando el derbi el 7 de enero de 1940 (2-1) y durante años demuestra su velocidad, su desmarque, sus pases, su precisión con la zurda y sobre todo su remate.

Son buenos años para el canario, que en apenas cinco temporadas pasa de jugar en las islas a sufrir una guerra, ganar dos títulos de Liga y cumplir el sueño por fin de ser internacional. Fue el 12 de enero de 1941 en Lisboa en un Portugal 2-España 2. Tras la llamada de Eduardo Teus, Campos jugó otros cinco partidos; en sus seis participaciones anotó cinco tantos.

Respetado por todos, Paco Campos era un jugador tímido y callado fuera del terreno de juego, pero dentro se transformaba y llegó a ser uno de los mejores delanteros del fútbol español. En el Atlético ocupa el tercer puesto como máximo goleador histórico, además del honor de ser el máximo goleador del fútbol canario en Primera División, el máximo goleador canario de la selección y el rojiblanco con más goles en los derbis. Conquistó dos Ligas, un campeonato Regional, una

Copa de Campeones, un Campeonato Regional Castellano y una Copa del Presidente de la Federación Castellana.

El 25 de junio de 1948, Campos anuncia su marcha al Sporting de Gijón y allí ayuda a los asturianos a mantener la categoría para, en la campaña 1950-1951, actuar como entrenador-jugador tras la marcha de Manuel Meana. Su último año como futbolista es 1952, en el que juega su último partido, como si de un círculo se tratara, en su propia tierra, un 23 de marzo de 1952 en el Estadio Insular, en un Las Palmas 2-Sporting 0.

Después de la aventura asturiana entrenó al Badajoz, desde donde recomendó al Atlético el fichaje de un jovencísimo Adelardo; al Salamanca, al Oviedo, al La Salle de Caracas, al Plus Ultra, al Recreativo de Huelva, a Las Palmas, al Manchego y finalmente al C. D. Tenerife.

Paco Campos murió el 8 de septiembre de 1995 en Las Palmas a los 80 años de edad.

1/ El canario en sus años de rojiblanco. **2/** La *Delantera de seda*, Juncosa, Silva, Escudero, Vidal y Campos. **3/** Paco Campos ve como el portero del Sporting, Cesáreo López, le arrebata el balón en un At. Aviación 2-Sporting 2 en septiembre de 1946. **4/** Paco Campos fue el primer gran extremo del Atético Aviación. **5/** Debutó como internacional el 12 de enero de 1941 en Lisboa en un Portugal 2-España 2. Tras la llamada de Eduardo Teus, Campos jugó otros cinco partidos anotando en sus seis participaciones cinco tantos.

El golpeo
hecho arte

foto 1

En el verano de 1995 Radomir Antic quiere a un jugador al que conocía del Partizan de Belgrado y que jugaba en Grecia, un desconocido llamado Milinko Pantic. El club no lo tiene claro y **Radomir echa un órdago: «o le ficháis o pago el fichaje yo de mi bolsillo».** Ante la insistencia del nuevo entrenador, Pantic es fichado, para sorpresa de todos. A su llegada dice: **«demostraré en el campo por qué Antic ha peleado tanto por traerme al Atlético».** Pocos jugadores han calado tanto en los aficionados y en tan poco tiempo como Pantic. **Sin sus goles, tal vez la historia del Atlético de Madrid no sería la misma.**

"Un ramo de flores recuerda su destreza, en la memoria guardamos su inteligencia, clave en la conquista del doblete".

Juan Carlos Rivero

(Periodista, TVE)

Milinko Pantic Smiljanic, *Sole,* como cariñosamente le llamaba su abuela, nace en la localidad yugoslava de Loznica el 5 de septiembre de 1966. Sus primeros partidos son en las calles del pueblo, hasta que con 15 años se enrola en el Jedinstvo, modesto equipo de Cuarta División donde juega con un certificado especial al no contar aún con los 16 años necesarios. Su calidad le catapulta como líder y ya con 17 años es el capitán, logrando el ascenso a Tercera y marcando en año y medio más de 40 goles.

En el Jedinstvo juega cuatro años, de 1981 a 1985; es entonces cuando, tras haberle seguido los pasos, Motsa Vukotic le ficha para el Partizan de Belgrado, en cuyo cuerpo técnico estaba Radomir Antic. Allí nada más llegar conquista dos títulos de Liga consecutivos y es uno de sus jugadores más importantes, anotando además goles decisivos que le convierten en un ídolo para la afición del equipo serbio. La reglamentación de la antigua Yugoslavia le obliga a hacer el servicio militar durante un año; después regresa al Partizan para ganar la Supercopa. En diciembre de 1991 es cedido al Olimpia de Lubiana, momento en el que vuelve a surgir la figura de Vukotic, que le convence para llevárselo a

Grecia para liderar el Panionios. En sus cuatro temporadas en Grecia deslumbra con su genialidad en el golpeo del balón y llega a ser declarado uno de los mejores extranjeros de la liga helena. En el verano de 1995 su vida cambia, ya que mientras realiza la pretemporada con el Panionios recibe la llamada de Radomir Antic.

De un jugador desconocido para el gran público y la prensa, Pantic se convirtió en el referente de un equipo en el que complementó perfectamente sus piezas. Para un enamorado de la estrategia como Antic, Pantic fue el asistente perfecto para llevar al club a hacer historia, conquistando Liga y Copa el primer año. Pero no solo daba goles, también los hacía y de todas las maneras. En Liga debutó con gol en el primer partido de la temporada en un Atlético 4-Real Sociedad 1. Su especialidad eran los lanzamientos de falta. Su maestría en el golpeo hacía inútiles las estiradas de los porteros rivales: daba lo mismo si era una falta frontal o una lateral, Pantic siempre sorprendía porque al gran golpeo y al efecto deseado añadía la potencia justa para evitar la barrera y al portero. Pero como un jugador genial no tiene límites, su gol más recordado siempre será el que metió al F. C. Barcelona en la final de Copa disputada en Zaragoza. Ese gol, el del título, fue uno de los únicos seis que Pantic metió con la cabeza.

Aunque había sido internacional Sub-21 en diversas ocasiones, no consiguió ser absoluto hasta los 30 años. Fue el 21 de abril de 1996 en Belgrado ante las Islas Feroe (3-1), cuando saltó al campo antes del descanso en sustitución de Sinisa Mihajlovic, momento que se recuerda como la mayor ovación en el fútbol de su país. Fue una vez más internacional pero solo estuvo en el campo cuatro minutos, ya que en diciembre, con Yugoslavia ante España en Valencia,

una dura entrada de Guillermo Amor le lesionó en el primer balón que tocó.

La siguiente campaña el equipo jugó incluso mejor, pero la fortuna le dio la espalda en todas las competiciones. En Liga se perdieron las opciones al caer con el Valencia, en la Liga de Campeones, donde fue el máximo goleador, un día aciago ante el Ajax apeó al equipo de unas semifinales que había merecido por fútbol y en Copa se cayó en Barcelona en un partido en el que Pantic anotó cuatro goles pero que acabaron ganando los azulgranas por 5-4. En esos tres años, unos milímetros decidieron la suerte del Atlético ya que Pantic envió el balón 34 veces a los palos de las porterías rivales.

En la campaña 1997-1998 se ve relegado al banquillo con la presencia de Juninho en el campo, lo que hace que, a pesar de tener una oferta del Racing, decida irse a Francia ya que no quiere jugar en España en otro equipo que no sea el Atlético. Su familia es reacia pero hace las maletas para jugar en el Le Havre un año. En Francia mantiene al equipo en Primera, pero a pesar de tener contrato un año más decide regresar al Panionios, donde juega un año, pero ante la situación económica del club apuesta por marcharse, comenzando una batalla legal que aún perdura.

Tiene opciones de volver a España pero decide prepararse como entrenador mientras colabora como asesor en asuntos de representación. Con Toni Muñoz en la dirección deportiva del Atlético, pasa a dirigir los campus del club y al año siguiente es nombrado director de las escuelas de la Fundación. En la temporada 2011-2012 fue el entrenador del filial rojiblanco.

Posteriormente entrenó a diversos equipos en el extranjero.

1/ Un tándem perfecto, Radomir Antic y Milinko Pantic. 2/ Imagen de Pantic en los años en los que jugaba en el Partizan de Belgrado. 3/ El equipo era una piña, vemos a Pantic celebrando un gol con Simeone, Caminero, Kiko y Santi. 4/ Especialista a balón parado, su golpeo magistral fue clave en la consecución del doblete. 5/ Los rivales usaban todo tipo de artimañas para pararle. Recordado es su partido en Copa en Barcelona donde anotó cuatro goles pero se perdió el partido. 6/ En los tres años que vistió de rojiblanco, unos milímetros decidieron la suerte del Atlético ya que envió el balón 34 veces a los palos de las porterías rivales. 7/ Querido y admirado, sus compañeros siempre le tuvieron en gran estima por su personalidad dentro y fuera del campo.

///// JUAN CARLOS **PEDRAZA** GÓMEZ

foto 6

La ilusión de
perseguir
un sueño

"Porque es el equipo de mi barrio, con el que me siento identificado y en donde está la gente con la que convivo y me siento bien".

Rosendo Mercado

(Músico)

En la calle Barquillo 22 estaba en los años setenta la sede social del Atlético de Madrid. Allí una mañana **aparecieron dos niños de 10 años para hacerse socios** del club de sus amores. Rellenaron la solicitud y pagaron las cuotas como socios infantiles para esa misma tarde ir con su bufanda al Vicente Calderón a animar a su Atleti. Uno de esos niños, el pequeño Juan Carlos, **miraba el estadio con pasión y el césped con devoción soñando con emular a sus ídolos.** Un sueño que cumpliría años más tarde cuando pisaría vestido de rojiblanco muchas tardes el terreno de juego para **galopar por la banda y defender el escudo.**

Juan Carlos Pedraza Gómez nace en Madrid el 1 de septiembre de 1959. Su infancia discurre en el madrileño barrio de San Blas hasta que, cuando él tiene 14 años, su familia se traslada a Alcalá de Henares, donde el chaval ya da muestras de su enorme velocidad manejando el balón en La Seda de Barcelona, equipo de la empresa textil catalana en el que juega dos años. Destaca entre los chavales y lo capta el Alcalá para jugar en el equipo Complutense. Allí, en el estadio Virgen del Val, deslumbra con su rapidez y pronto llama la atención de los ojeadores que los grandes equipos tienen desplegados por la Comunidad de Madrid. El Atlético de Madrid envía a Víctor Martínez y a Ángel Castillo a espiar las evoluciones de un jugador llamado Domingo y que apunta buenas maneras pero al ver a Pedraza deciden fichar a los dos. Pedraza es juvenil y sobre la mesa tiene tres ofertas: una del Atlético de Madrid, otra del Real Madrid –que se ofrece a pagar los estudios además de una cantidad desorbitada para un juvenil– y la última del F. C. Barcelona

–que de la mano de Rodolfo Peris le pone delante un cheque en blanco–. Sin embargo, Pedraza no tiene que pensárselo mucho, por una simple razón: es atlético desde niño.

Con 17 años pasa a formar parte de las categorías inferiores del club, donde a pesar de tener edad juvenil, por contrato se integra en el filial entrenado por Máximo Hernández. Con la llegada de Peiró al Atlético Madrileño tiene una época de luces y sombras, pues una lesión inoportuna y el servicio militar le impiden tener continuidad; sin embargo, tras la mili se asienta definitivamente en el equipo para conseguir el ascenso a Segunda División en la temporada 1979-1980.

Su gran sueño se cumple el 22 de marzo de 1981, cuando salta al campo en sustitución de Mínguez en el minuto 72 para jugar los últimos minutos del Atlético de Madrid 1-U. D. Salamanca 1.

En el inicio de la temporada 1981-1982 los técnicos deciden cederle al Racing de Santander para que vaya adquiriendo experiencia. Allí demuestra su calidad jugando más de 30 partidos a las órdenes de Manuel Fernández Mora *Moruca;* además Luis Suárez le llama para jugar con la selección Sub-21 en dos ocasiones. La llegada al banquillo rojiblanco de Luis Aragonés le vuelve a abrir las puertas del Atlético, al que regresa para correr la banda derecha. Es un fijo y en el Manzanares se ve a un rapidísimo extremo con cara de niño que levanta a los aficionados de sus asientos ante su juego vertiginoso y eléctrico. Se le conoce en el vestuario como el Niño, heredando ese calificativo de otro extremo que galopaba las bandas como nadie, Enrique Collar, y que más tarde recibieron Carlos Aguilera y Fernando Torres.

Asiduo en las categorías inferiores de la selección, esa temporada cumple el sueño de ser internacional

absoluto al estrenarse en La Rosaleda de Málaga el 27 de octubre de 1982 con Miguel Muñoz en el banquillo y marcando el gol de la victoria (1-0) ante Islandia. Fue internacional una vez más.

Una lesión en el ligamento interno le aleja casi un año de los terrenos de juego en la temporada 1984-1985. Tiene que pasar cuatro veces por el quirófano y ve cómo sus compañeros ganan la Copa del Rey al Athletic Club de Bilbao en el Bernabéu. Se recupera mientras el equipo también gana la Supercopa pero ayudará a los rojiblancos a alcanzar la final de la Recopa tras jugar unos minutos en los dos partidos de semifinales ante el Bayern Uerdingen. Ese partido jugado en Grotenburg es el último de Pedraza en esa etapa como jugador del Atlético, ya que, con el sub-campeonato de la Recopa en el bolsillo, se marcha junto al argentino Luis Mario Cabrera al Cádiz para ponerse a las órdenes de Manolo Cardo.

En la Tacita de Plata juega casi 40 partidos. En la campaña 1987-1988, a pesar de tener una oferta del Celta de Vigo, decide regresar al Manzanares para ponerse a las órdenes de César Luis Menotti, que le asegura que cuenta con él. Pero la realidad es otra y juega apenas siete partidos, cerrando su etapa como jugador del Atlético en marzo de 1988.

En la temporada 1988-1989 el Real Racing Club, viendo la situación del jugador en Madrid, decide llamarle para ayudar al club cántabro a subir a Primera. Allí jugaría tres años en los que no se pudo ascender pero disfrutó de minutos y volvió a sentirse futbolista.

Cerrada la etapa en el Sardinero y con 31 años, Pedraza se marcha al Cacereño para jugar en Segunda B gracias a su amistad con el presidente José Félix Nevado; sin embargo, la salida de este de la presiden-cia del club extremeño hace que cuelgue las botas: abandona el club el 1 de diciembre de 1993 y regresa a Madrid para iniciar una nueva vida.

Su etapa estará ligada al fútbol ya que empieza su andadura laboral en el mundo de la representación deportiva como agente en la empresa Ariete Sport, en la que está 22 meses. Ha colaborado como comentarista en diversos medios de comunicación y como coordinador del equipo de veteranos de la selección española de fútbol. También ha sido vicepresidente de la Sociedad Deportiva Alcalá. Trabaja para la Federación y colabora activamente con las Leyendas del Atlético de Madrid.

1/ El pequeño Juan Carlos siempre quiso ser del Atleti. 2/ En el Alcalá ya destacó como un gran futbolista. 3/ Durante el servicio militar en el ejército del aire. 4/ Con la camiseta de las categorías inferiores de la selección posando con Johan Cruyff. 5/ Posando en el Calderón con la camiseta del Racing con su buen amigo de las categorías inferiores del club Mínguez. 6/ Durante mucho tiempo se le llamó el Niño. 7/ En el estadio azteca de México durante una gira con el Atlético de Madrid.

Equipos históricos

Campeón de **Copa del Generalísimo**

ATLÉTICO	3-2	REAL MADRID
Mendonça 69' **Peiró 20' y 46'**	2 de julio de 1961 Estadio: Santiago Bernabéu	**Puskas 9'** **Di Stéfano 82'**

Entrenador: **José Villalonga**

Madinabeytia

Rivilla Griffa Calleja

Ramiro Callejo

Jones Collar

Adelardo Peiró

Mendonça

JOAQUÍN **PEIRÓ**

El **galgo** del Metropolitano

foto 4

En España era el galgo del Metropolitano; con su compañero Collar formaba el ala infernal, pero en Italia se le conocía como **el rapinatore (ladronzuelo)** por una jugada en la semifinal de Copa de Europa ante el Liverpool en la que **robó desde el suelo el balón al portero rival mientras botaba el esférico marcando un gol.**

"Más grande como suegro, marido y padre que como jugador; cuando como jugador fue el más grande".

Lorenzo Rico
(Exportero del Atlético de. Madrid de balonmano y yerno de Peiró)

Joaquín Peiró Lucas, el galgo del Metropolitano, nació en Madrid el 29 de enero de 1936. Era un niño alto para su edad, muy rápido y con unas condiciones innatas para el manejo de los improvisados balones con los que jugaban los niños de la posguerra. En el barrio de Ventas se le ve jugando al fútbol por unas calles vacías de coches, pasando por equipos como el Covadonga, el Tolosa o el Jusa, donde el presidente del equipo, un conocido constructor de la época, le lleva junto a algunos de sus compañeros a enrolarse en su barrio de La Concepción en la Agrupación Deportiva Ferroviaria. Destaca sobre todos los chicos que juegan en el popular Ferro y juega ya en esos años, con apenas 16, en la selección castellana hasta que el Real Madrid echa sus redes para que entrene con 17 años a diario en el equipo blanco. Sin embargo, su destino no será Chamartín, sino el Metropolitano.

En el Atlético le ven muy buenas maneras pero al ser casi juvenil le ceden al Murcia para que adquiera experiencia. La temporada con los pimentoneros es extraordinaria y consigue el ascenso a Primera, regresando ya como figura al Atlético de Madrid en la campaña 1955-1956 para ponerse a las órdenes de Antonio Barrios y debutar oficialmente en enero de 1956, ante el Murcia, al que los rojiblancos golean por 4-0 y él marca uno de los goles.

Peiró era un jugador explosivo, rapidísimo por banda y con un gran sentido del juego colectivo, lo que le abre las puertas de la titularidad, llegando incluso a ser titular con 19 años de la final de Copa que los rojiblancos madrileños, vestidos de blanco, perdieron contra los rojiblancos bilbaínos.

Son años en los que los aficionados del Metropolitano disfrutan con el juego de su equipo y en especial con las galopadas de Peiró, al que pronto rebautizarán por su gran zancada como el galgo del Metropolitano. Su buen hacer y su entendimiento por la banda izquierda (es diestro) con Enrique Collar pronto creó una sociedad que en el fútbol español llegó a llamarse el ala infernal. Juntos conquistan las dos primeras Copas de la entidad, además de la Recopa en 1962. Su carisma en el campo contagiaba a los compañeros y era fácilmente identificable desde la grada por su estilo y porque siempre jugaba con las medias bajadas, con los tobillos al aire.

Había jugado con el equipo de promesas de la selección, una vez con la Sub-21 y cinco con el equipo nacional B –campeón de Europa– hasta que debutó en la selección absoluta de la mano de Guillermo Eizaguirre en junio de 1956, en Lisboa, ante Portugal (3-1). Jugó un total de doce partidos con la selección absoluta y marcó cinco goles; disputó el Mundial de Chile 62 y el de Inglaterra 66 y cerró su periplo con la Roja precisamente en la cita mundialista en Sheffield en el estadio de Hillsbourough, en un España 2-Suiza 1.

Su calidad traspasa fronteras y empiezan a sonar rumores sobre el interés del fútbol italiano, pero aun así comenzó de rojiblanco la campaña 1962-1963, en la que ganó la Recopa y arrasó en las tres primeras tres jornadas de Liga, pero a la vuelta de Coruña, ante la incredulidad de la afición, Peiró se marcha a Italia. En el Torino juega dos temporadas y alcanza la final de Copa, pero, ya fichado por el Inter, los *neroazurri*

no le dejan jugarla. En el Inter de Milán le espera Helenio Herrera en el banquillo y otro jugador español, Luis Suárez. Con el Internazionale conquista dos scudettos, una Copa de Europa, dos Intercontinentales y una Copa. Juega con el Inter hasta 1966, cuando con 30 años firma por la Roma, donde jugará cuatro años, nuevamente a las órdenes de Helenio Herrera.

Entonces regresa a España e incluso se especula con la posibilidad de volver a jugar de rojiblanco, pero con 35 años, con la Roma pidiendo dinero y sin acuerdo definitivo con el Atlético, decide poner punto final a una extraordinaria carrera para iniciar una nueva vida.

Alejado del fútbol, Juan Carlos Lorenzo le convence para ser su segundo. El Toto le anima a sacarse el carné de técnico mientras trabaja primero con el propio Lorenzo y luego con Luis; así, es partícipe de la conquista de la Intercontinental, dos Ligas y dos Copas, y sufre también como segundo la final de la Copa de Europa de 1974 ante el Bayern de Munich.

En 1977 se hace cargo del Atlético Madrileño, al que asciende de Tercera a Segunda B, y posteriormente, en 1980, a Segunda, ganando además la Copa de la Liga. Su labor es fundamental a la hora de nutrir de jugadores el primer equipo. En ese filial jugaba su hijo, Joaquín Peiró Tino, hasta 1984, cuando se marchó al Logroñés.

Peiró deja el Atlético para irse a entrenar al Granada en 1985, y logra que ascienda a Segunda. Después vendría el Figueras, y luego otra vez el Atlético de Madrid, cuando le llamó Gil para hacerse cargo del primer equipo; sin embargo, los malos resultados de pretemporada le impidieron comenzar la Liga. Después llegarían el Murcia, el Badajoz y el Málaga, al que consiguió ascender de Segunda B a la Primera División y ganar la Copa Intertoto en 2002. Su última aventura en los banquillos fue el Real Murcia en Primera, en la campaña 2003-2004.

Falleció el 18 de marzo de 2020.

1/ Un jovencísimo Peiró en el Metropolitano con la camisa del Atlético de Madrid. **2/** La selección española posando con su técnico Helenio Herrera, podemos ver a los rojiblancos Alvarito, Rivilla, Collar, Chuzo o Peiró. **3/** Durante una comida vemos en la mesa, desde la izquierda, a Alvarito, al Padre Serrano, Vavá, Ramiro, Peiró y Chuzo. **4/** En 2003 dirigiendo al Málaga en un partido ante el Sevilla. **5/** Imagen de un partido en el Camp Nou, Madinabeytia atrapa la pelota mientras Peiró protege la llegada de Kubala. **6/** Día de boda, ¡vaya elegancia! Rivilla, Callejo, Adelardo, Collar y Peiró con chaqué. **7/** También fue el segundo entrenador de Luis Aragonés. Vemos el banquillo antes de empezar un partido con el Dr. Ibáñez, el Dr. Garaizabal hijo, Luis, Peiró y Carlos Rodrigo. Detrás en la segunda fila se ve con bigote y corbata roja a un aficionado mítico, Pepe el ciego.

277

RUBÉN ANDRÉS CANO

Oportunismo
con mayúsculas

En la provincia argentina de Mendoza, en la localidad de San Rafael, nació un 5 de febrero de 1951 Rubén Andrés Cano Martínez. Sus padres, de origen español, inscribieron al recién nacido en el Consulado español de la ciudad de Mendoza, por lo que el niño siempre dispuso de la doble nacionalidad. **Comienza a jugar al fútbol** en las calles de San Rafael, donde se enrola en el equipo local, el Sportivo Pedal. Destaca y es llamado para probar con el Gimnasia y Esgrima y con el Atlanta, fichando definitivamente por el Club Atlético Atlanta. **Con los Bohemios llega a Primera División** y alcanza en 1973 el tercer puesto del campeonato por detrás de Rosario Central y River Plate; aquella será la mejor clasificación de la historia del club azul y amarillo. **Su proyección es imparable: su siguiente destino es Europa** e incluso viaja a Bélgica para fichar por el Standard de Lieja, pero no se concreta el fichaje momento que aprovecha el Elche para hacerse con sus servicios en la campaña 1974-1975, junto con el argentino Juan Antonio Gómez Voglino (máximo goleador histórico del Atlanta), el técnico Néstor *Pipo* Rossi y Oswaldo *Baby* Cortés.

> "El Atleti es Isacio Calleja en la final de la Euro del 64. Es Rubén Cano en Belgrado. Es un Kiko con un oro olímpico. Un Caminero en el sueño de Estados Unidos. Un Torres en el gol a Alemania... O, simplemente, Luis rojatletice".
>
> **Felipe del Campo**
> (Periodista, Gol TV)

En tierras alicantinas da muestras de su olfato goleador y anota en las dos temporadas que milita en el conjunto ilicitano doce goles, uno de ellos el gol 500 de la historia del Elche en Primera. Tras el Elche llega a Madrid para jugar con el Atlético en el verano de 1976, con la intención de ser el complemento en ataque de Gárate, pero los problemas detectados en la rodilla del gran goleador dejan a Rubén Cano como el delantero de referencia. Su debut en Liga no puede ser mejor, ya que en la primera jornada de la temporada 1976-1977 se estrena con gol en el Manzanares ente el Málaga (2-0). Esa campaña marca 20 tantos en el campeonato, lo que ayuda al equipo a conquistar el título de Liga con gol suyo en el Bernabéu, que certifica el alirón.

En sus tiempos del Atlanta fue preseleccionado por Argentina para jugar el Mundial de Alemania 1974, pero una lesión le impidió debutar con la albiceleste. Posteriormente, su condición de doble nacionalidad le permite jugar con España, con la que debuta en Bucarest ante Rumanía en abril de 1977. Con la selección jugó un total de doce partidos anotando cuatro goles, uno de ellos histórico, el que dio el billete a España para el Mundial de Argentina en 1978.

Rubén Cano era conocido en Argentina como el Galgo. Era un jugador espigado, con largas piernas, lo que le valió en España el mote de Pipi Calzaslargas,

que le puso el maestro radiofónico Héctor del Mar. Sus medias siempre bajadas y su zancada se hicieron características en el fútbol español y en la imagen del Atlético en esos años setenta. Su entrega y su garra en cada partido, su afán por no dar un balón por perdido, su remate y su oportunismo le llevaron a ganarse un hueco en el corazón de los aficionados del Atlético de Madrid.

Como jugador rojiblanco juega seis temporadas, siendo referente en todas ellas, hasta que tras la campaña 1981-1982 no llega a un acuerdo de renovación y deja el Atlético. Recibe una suculenta oferta de México pero a última hora los mexicanos se echan para atrás y en diciembre ficha por el C. D. Tenerife para jugar en Segunda. En Canarias juega dos años marcados por una lesión de ligamentos y una gran pérdida de velocidad; a pesar de eso marca muchos goles y le ficha el Rayo Vallecano en la temporada 1985-1986. Con 34 años vuelve a ser el referente en ataque de un equipo entrenado por Héctor Núñez, anotando 16 goles. El año siguiente será el de su despedida: cuelga las botas en febrero de 1987 en un partido en Vallecas ante el Castilla (1-0).

Cerrada su etapa como futbolista, inicia su carrera como directivo, volviendo al Atlético como secretario técnico bajo la presidencia de Jesús Gil. Se mantuvo en el puesto hasta 1992.

Tras un tiempo de estancia en España, regresó a Argentina, donde hasta su jubilación gestionó sus negocios inmobiliarios.

1/ Con apenas 2 años y medio ya vivía el fútbol. Le vemos posando agachado a la derecha de la foto vestido de futbolista con unas botas más grandes casi que él. **2/** Con unos familiares en Argentina, es el tercero por la izquierda. **3/** Con la camiseta de la selección argentina, se lesionó a los quince minutos, lo que luego le posibilitó jugar con la Roja. **4/** Imagen del día de su presentación, recibiendo la bienvenida de Luis Aragonés. **5/** Con Pirri tras clasificarse para el Mundial de Argentina 1978. **6/** Jugó un total de 12 partidos como internacional español anotando cuatro goles, uno de ellos, histórico, el de *La batalla de Belgrado* y que dio el billete a España para el Mundial de Argentina en 1978. **7/** Se entregaba en cada partido sin importarle la dureza de los contrarios. En la imagen vemos como un jugador del Español le rasga la camiseta en una dura entrada en un partido disputado en Sarriá. **8/** Todos los martes los jugadores comían juntos. Aquí vemos a Aguilar dialogando con Rubén Cano, mientras siguen atentos a la conversación Leal y *Palín* González. A la derecha Guzmán, habla con otros compañeros.

279

JUAN JOSÉ **RUBIO**

foto 1

Filigranas
imposibles

Juan José Rubio Jiménez nace en Madrid el 28 de agosto de 1956 en el barrio de Usera. **Su agilidad en el regate, su manejo del balón y su velocidad llaman la atención** cuando juega en el colegio Alonso y con sus amigos al lado del campo del Moscardó, donde con 13 años es visto por un ojeador del Atlético que convence a su padre para que haga las pruebas del club. Es así como este **pequeño y hábil jugador** es captado para jugar en el fútbol base del conjunto rojiblanco.

"Es algo que queda impregnado en el espíritu, en el corazón, en el alma y en el cerebro del que lleva la camiseta rojiblanca".

Vicente Calderón

(Hijo de Vicente Calderón)

Su paso por las distintas categorías es efímero, ya que poco tiempo después empieza a formar parte del equipo filial. En la temporada 1976-1977 entrena con los mayores y debuta con el primer equipo en un partido de Copa ante el Sevilla. Será en la campaña 1977-1978 cuando comience realmente a sentirse jugador de la primera plantilla, al ser una apuesta personal de Luis Aragonés.

Aunque era un jugador de constitución aparentemente frágil, Rubio demostró siempre un afán de superación que le hizo un referente en la banda. Extremo rapidísimo, los aficionados del Calderón se levantaban al ver sus galopadas por la banda y sus incursiones en el área. Su calidad le llevó a la selección absoluta, solo una vez, en febrero del 81, en el Vicente Calderón, en un España 1-Francia 0. Tanto él como Miguel Ángel Ruiz abanderaron una generación de canteranos que salvó a la entidad en unos tiempos muy difíciles desde el punto de vista económico, ya que dotaron al equipo de la calidad necesaria para competir al máximo nivel y seguir ganando títulos como la Copa del Rey y la Supercopa de 1985.

Su último partido como rojiblanco fue también el final de una generación y el inicio de una nueva era. El 27 de junio de 1987 no pudo ganar la Copa del Rey en Zaragoza ante la Real Sociedad, justo el día en el que Jesús Gil había ganado las elecciones por la mañana. Aquella tarde, Rubio dejaba el Atlético con una Liga, una Copa y una Supercopa para marcharse al Sabadell. El equipo desciende y juega un año más en Segunda hasta verse sin motivación necesaria, por lo que él decide colgar las botas en junio de 1989.

Desde su retirada, Juan José Rubio regenta un popular bar en el madrileño barrio de Usera, la cafetería Rubi, en la calle Antonio Salvador 18.

foto 2

280

1/ Presentación de los nuevos refuerzos en la campaña 1977-1978: Herencia, Marcial Pina y el canterano Juan José Rubio. **2/** Entrenando fuerte en el Calderón, vemos a Rubio con Tomás mientras Hugo Sánchez sigue la jugada. **3/** Partida de cartas en una concentración. Vemos a Balbino, Abel y Rubio. **4/** Rubio, Pedraza, Ruiz, Clemente, Marina y Tomás tomando el sol en el Calderón. **5/** Comida en el restaurante Esteban. De pie, Calleja, Rubio, Esteban, Abel, Gárate, Pedraza, Capón y Quique Ramos; sentados Pepe *El ciego* y un amigo. **6/** Como capitán de la selección española de veteranos vemos a Rubio junto a jugadores como Sergio, Molina, Marcelino, Engonga y Etxebarria, Pedraza, Quique Estebaranz, De Pedro o Pier entre otros. **7/** Pendientes de una foto, vemos a Luis, Pereira, Rubio y al excolegiado Fernado *Fredy* Caballero observando una fotografía durante el cóctel previo a la comida de Navidad de los veteranos en 2012.

IGNACIO SALCEDO

Anarquía
brillante

Los domingos por la tarde el pequeño Ignacio agarraba con fuerza la mano de su padre. Con una mezcla de nervios ante el acontecimiento que se avecinaba y con miedo de no soltar la mano para no perderse entre el gentío, **se asomaba a la grada del Metropolitano para ver a sus ídolos.** Entre ovación y ocasión, Ignacio dejaba volar su imaginación **soñando con poder vestir un día esa camiseta** rojiblanca y luchar por su Atlético de Madrid.

"Para mí los recuerdos atléticos más significativos no están basados en la euforia de las victorias ni en la exaltación de triunfos vividos... Para mí el Atleti es cariño, es bella nostalgia de tardes con mi padre y mi hermano en el Calderón. Es una manera de ver la vida".

Juan Luis Cano

(Gomaespuma)

Ignacio Salcedo Sánchez de la Blanca nació en Madrid el 22 de mayo de 1947. Castizo hasta la médula, Salcedo empieza a jugar en su colegio, el Ramiro de Maeztu, para luego ir cada fin de semana a ver al Atlético al Metropolitano. Socio desde muy niño, emula en el colegio a sus ídolos. Destaca y en edad juvenil recala en el Plus Ultra, equipo del que se abastece el Real Madrid y en el que los técnicos le ven con posibilidades de llegar a defender alguna vez la camiseta blanca. Juega en los juveniles y con un intervalo en un equipo interbancario, regresa al Plus Ultra para completar su formación junto a otro joven jugador llamado José Luis Capón. Ambos jugadores van a pasar al Real Madrid pero se demora la firma, momento en el que Salcedo, que siempre quiso jugar en el Atlético, aprovecha para apalabrar con el antiguo secretario técnico del Atlético Víctor Martínez su paso al Manzanares.

Los dos jugadores pasan a la disciplina del club y empiezan a jugar en el filial. Marcel Domingo quiere que adquieran experiencia pero en unas semanas decide aventurarse con Salcedo en el primer equipo al ver su habilidad y desparpajo. Sin saberlo, el técnico francés hace que Salcedo cumpla dos sueños el mismo día: uno, vestir la camiseta del Atlético, otro, poder jugar en el Manzanares aquel 28 de septiembre de 1969 junto a uno de sus ídolos, Enrique Collar, aunque ese día defendía los colores del Valencia (2-0).

Sus detractores siempre dijeron de él que le sobraba el último regate, que no tenía una posición fija en el campo, pero nadie dudó nunca de su calidad. Salcedo jugó muchas veces de extremo, poseía una gran verticalidad y mucha habilidad para regatear y aprovechar los espacios dejados por las defensas rivales, además de ser un gran asistente. Mientras alternaba sus clases de ingeniería industrial siempre marcaba goles y solo las lesiones y su propia polivalencia impidieron que jugara más partidos en un Atlético en el que jugó ocho temporadas ganando tres Ligas, dos Copas y una Copa Intercontinental y jugando también como titular en la famosa final de Copa de Europa perdida ante el Bayern de Munich. Su imagen además fue cambiando, ya que en los últimos años se dejó un bigote que sigue acompañándole en la actualidad.

No pudo sin embargo cumplir el sueño de ser internacional absoluto ya que, aunque fue convocado dos veces por Ladislao Kubala, dos inoportunas lesiones le impidieron vestir la roja.

Se mantiene como jugador rojiblanco hasta la campaña 1975-1976, momento en el que sus malas relaciones con Luis Aragonés hacen que salga del equipo. Su último partido fue la final de Copa ganada al Zaragoza, con un pase suyo rematado por Gárate, en lo que además sería el último gol de su carrera del extraordinario delantero.

Con 30 años emprende la aventura americana marchándose junto al madridista Manolo Velázquez a jugar a Canadá. La experiencia duró apenas dos meses ya que, jugando en el Toronto Metro Croacia, no tiene hueco pues el equipo se forma solamente con jugadores croatas.

Por eso hace las maletas para marcharse a California y jugar en Los Ángeles con los Lazers. Una grave lesión de rodilla le hace pasar dos veces por el quirófano, lo que pone punto final a su carrera en 1978.

Aunque se opera en España regresa a Estados Unidos durante cuatro años y realiza un máster de administración de empresas para volver a España y trabajar en Bankinter y en una compañía de leasing; luego trabajará como gestor de fondos de inversión para el Banco Hispano y será consejero delegado de la gestora de patrimonio del BCH hasta que tras la fusión con el Banco de Santander acepta prejubilarse.

En la actualidad sigue viviendo en Madrid.

1/ Posando en el Calderón en los años setenta. 2/ Todo apuntaba a que jugaría en el Real Madrid pero cumplió su sueño de jugar en el Atlético. Foto del Plus Ultra en la que vemos a Salcedo el primero por la izquierda en la fila de abajo y a Capón, en la fila de arriba cuarto por la derecha, curiosamente, ambos sin bigote. 3/ Buen jugador de fútbol, sus centros significaron muchos goles. 4/ Alineación de los setenta, vemos arriba a Rodri, Melo, Ovejero, Calleja, Jayo y Adelardo; abajo, Ufarte, Luis, Gárate, Irureta y Salcedo. 5/ Tras ganar la Copa, foto del vestuario en la que se ve a Salcedo (con toalla), Pacheco, Paco Gallego, sin identificar, Capón y Carlos Peña. Abajo, Alejandro Ortega, el malagueño José Luis López y Corrado. 6/ De viaje en la cabina del avión junto a los pilotos e Isacio Calleja.

283

Un **brasileño**
de Pontevedra

foto 2

«Para mí Brasil es como España: me lo ha dado todo». Podía haber jugado con Brasil, pero **su sueño de niño era vestir la camiseta de la selección española,** por eso nunca se nacionalizó brasileño.

"El Garrincha espanhol".

José María Candela
(Periodista RNE [1960-2020])

José Armando Ufarte Ventoso nace en Pontevedra el 17 de mayo de 1941. Como cualquier niño de la posguerra española, su infancia transcurre entre la precariedad y la búsqueda de un futuro mejor, mientras intenta emular a los ídolos que juegan cada fin de semana en el viejo Pasarón. Son años en los que juega en el equipo Petit Lérez y él llega al infantil del Pontevedra hasta que su padre, mecánico de profesión y ante la falta de trabajo en España, acepta la llamada de un amigo para comenzar una nueva vida en Brasil. Es así como en 1954 toda la familia se desplaza a Río para ayudar en el taller eléctrico de reparación de automóviles mientras el pequeño José Armando compagina sus estudios de dibujo con el taller y las playas de Río, donde sigue disfrutando de su pasión por el fútbol. En Ipanema y Copacabana adquiere creatividad, destreza y regate, que une a una buena técnica y una gran velocidad, lo que hace que los técnicos del Flamengo le propongan hacer una prueba y lo capten para el equipo juvenil. Allí, en el equipo carioca, progresa jugando en el cuadro reserva en Segunda División hasta que en 1961 Corinthians le ofrece la posibilidad de ser profesional.

En el equipo paulista se hace estrella en Brasil con el sobrenombre del espanhol y juega en la banda derecha como veloz y genial extremo; después regresará al Flamengo como figura para formar una línea de ataque de ensueño con Jerson, Henrique, Dida y Joel. Con ellos ganará el campeonato carioca en 1961 y el Torneo Río-São Paulo de 1963. Son años en los que Ufarte aprende de los grandes, en especial de Garrincha, con quien coincidió en la selección carioca. El Real Madrid negocia su fichaje pero una comunicación errónea del secretario federativo, Andrés Ramírez, en la que se comunica que la normativa española le impide jugar como español al no haber estado federado en nuestro país, hace que el jugador siga en el Flamengo. Con los brasileños hace una gira por España y, tras un Trofeo Naranja, el secretario técnico del Atlético, Víctor Martínez, aprovecha la situación para hacerse con sus servicios. Ya como rojiblanco deslumbra haciendo la mili en la selección militar y gana el título mundial en Gijón.

Y si triunfó en Brasil, en Madrid maravilló a los aficionados con sus fintas, sus driblings, sus regates imposibles y sus asistencias de gol. Debutó en Liga en septiembre de 1964 en el Metropolitano ante el Betis (2-1) y desde ese momento fue un icono para la gradona y posteriormente para el Manzanares. Desbordaba con mucha facilidad, se revolvía en una baldosa o echaba el balón largo acompañándolo con su gran zancada: era el complemento perfecto de aquella línea de ataque que marcó una época.

Fue internacional con España en 17 ocasiones: se estrenó en mayo del 65 en Irlanda (1-0) y dejó goles para la historia, como el que anotó precisamente ante Irlanda en noviembre de 1965 (0-1) y que daba el billete al Mundial de Inglaterra.

En el Atlético jugó diez temporadas y ganó tres Ligas y dos Copas. Dejó el Manzanares en 1974 para jugar dos años más defendiendo la camiseta del Racing de Santander, con el que consiguió el ascenso antes de colgar las botas, al finalizar la temporada 1975-1976.

Finalizada su etapa como jugador, regresa al Atlético para integrarse como técnico en las categorías inferiores del club: dirige al juvenil, al *amateur* y al filial y alterna el puesto de entrenador del primer equipo cuando las circunstancias lo requieren. Igual que en su época de futbolista, su siguiente destino como

técnico es nuevamente Santander, donde dirigirá dos temporadas hasta que se hace cargo del Mérida en la temporada 1992-1993.

En 1997 entra en el cuadro técnico de la Federación y entrena trabajando desde niños con esos jugadores que ahora son Campeones del Mundo. Como técnico Ufarte ganó seis títulos europeos antes de pasar en 2004 a ser segundo de Luis Aragonés en la selección absoluta, con la que se proclama campeón de Europa en 2008.

1/ Una foto que pocas veces se ha visto en España: vemos la delantera del Clube de Regatas do Flamengo (es el primero por la izquierda) formando una línea de ataque que maravilló en Brasil junto a Jerson, Henrique, Dida y Joel. 2/ Con el sobrenombre de *Espanhol* deslumbró por su velocidad ganando el campeonato carioca en 1961 y el Torneo Río-São Paulo de 1963. 3/ Un jovencísimo Ufarte agachado junto al masajista defendiendo la camiseta del Corinthians. 4/ Inseparables en el campo y en los viajes, la delantera del Flamengo siempre se mantuvo unida en esos años. 5/ En el centro de la formación del equipo, a su derecha Rivilla, Calleja y Quique, a su izquierda Gárate, Martínez Jayo y Orozco. 6/ Tras conquistar el título de Liga la afición sacó a hombros a los jugadores a su llegada a la estación de Atocha, ahí vemos a Ufarte como si de un torero se tratara llevado por los hinchas. 7/ Cuatro rojiblancos en la selección el 23 de mayo de 1972 en el Manzanares ante Uruguay (2-0) Arriba Ufarte y Calleja, portando el brazalete en lo que fue su último partido como internacional y abajo Irureta, que debutaba ese día y Gárate, que anotó el segundo gol. 8/ Jugador del Racing. 9/ Refrescándose un poco con los compañeros.

JUAN **VÁZQUEZ**

foto 1

El **ala** del Aviación

En la localidad gallega de Ferrol vino al mundo el 14 de julio de 1912 Juan Vázquez Tenreiro. **Era bajito de estatura pero veloz como un rayo,** por lo que empieza a destacar entre sus amigos, incorporándose muy pronto al Racing de Galicia, desde donde pasó a las filas del Racing de Ferrol para ser el máximo goleador de la temporada 1934-1935 en Segunda División. Su **vertiginosa velocidad con el balón en los pies le otorga el apodo de La flecha ferrolana** para, con 23 años fichar por el Deportivo de La Coruña, donde aprovecha a hacer el servicio militar. Con los de Riazor gana la Copa Galicia, pero la Guerra Civil interrumpe su participación en el club gallego y él se enrola, en su condición de militar (es cabo de infantería), en el Aviación Nacional. En el equipo que con tanto cariño habían ayudado en su fundación el piloto Paco Vives, el capitán Paco Salamanca, el capitán Trujillo, el teniente González Corticosa o el capitán José Bosmediano, disputa los campeonatos regionales.

Tras la guerra y con la fusión entre el Aviación Nacional y el Athletic Club de Madrid, Vázquez entra a formar parte del recién creado Athletic Aviación Club que entrena Ricardo Zamora. Tras ganar el Campeonato Regional al Madrid en Chamartín y superar la promoción con Osasuna por la plaza del Oviedo en la máxima categoría (Vázquez marcó uno de los goles y dio el pase de otro a Enrique), debuta a sus 27 años en Primera División en San Mamés en diciembre de 1939 (1-3). Con el Atlético Aviación Juanito Vázquez juega ocho temporadas y gana dos Ligas y una Copa Eva Duarte; él será el dueño de la banda y surtirá de balones los primeros años a Elícegui y luego a Pruden.

"Qué manera de aguantar, qué manera de crecer, qué manera de sentir. Qué manera de soñar, qué manera de aprender, qué manera de sufrir. Qué manera de palmar, qué manera de vencer, qué manera de morir".

Joaquín Sabina
(Músico) Extracto de la canción *Motivos de un sentimiento,* himno oficial del Centenario

Su sueño de ser internacional lo cumplió en marzo de 1941, cuando Eduardo Teus le hizo jugar 44 minutos sustituyendo a Gorostiza en San Mamés en un España 1-Portugal 0.

La irrupción de futbolistas como Escudero, Juncosa o Silva le hacen perder protagonismo ya con 34 años, por lo que decide salir del equipo y regresar a su tierra para fichar por el Celta de Vigo y volver a hacer historia con su compañero Mesa y con futbolistas como Pahiño y Miguel Muñoz, al alcanzar la final de Copa en 1948, partido que pierden ante el Sevilla. En Balaídos juega hasta el final de la temporada 1950-1951 marcando en su último año, y ya con 39 años, nada más y nada menos que 14 goles.

Su destino desde ese momento son los banquillos: entrena a diversos equipos gallegos hasta que en 1957 ficha por el equipo de su ciudad, el Racing de Ferrol. Sin embargo, el 14 de abril de ese año, en un partido disputado en Burgos, sufre un infarto en el banquillo. En esos años no se podía trasladar el cuerpo, ya que se necesitaba un permiso especial de cada parroquia por la que debía pasar el cadáver. Por eso se dio la versión oficial de que Vázquez falleció en el autocar, a la altura de la localidad de Cacabelos, aunque realmente lo había hecho unos minutos antes. Así se pudo trasladar el cuerpo a Ferrol, donde recibió cristiana sepultura, sin esperar trámites burocráticos.

Juan Vázquez era el abuelo del presentador de televisión Jesús Vázquez.

foto 6

foto 4

foto 3

foto 5

1/ Extremo rapidísimo, era un hombre reservado.
2/ Alineación del Aviación. Arriba, Germán,
Amestoy, Riera, Ederra, Aparicio y Machín;
agachados, Vázquez, Campos, Gabilondo, Adrover
y Taltavull. **3/** Sacando un córner. **4/** Formación
de la campaña 1940-1941. Arriba, Arencibia,
Campos, Cobo, Aparicio, Juan Escudero y Tabales;
abajo, Vázquez, Manín, Gabilondo, Germán y
Machín. **5/** El equipo campeón posa con su
entrenador Ricardo Zamora, Vázquez está en la
fila de abajo el segundo por la derecha. **6/** Equipo
del Atlético Aviación antes de jugar en Vallecas en
1941. Arriba, Cobo, Domingo, Tabales, Arencibia,
Aparicio y Paco Campos. Abajo, Aníbal Manín,
Machín, Germán, Gabilondo y Vázquez.

Equipos históricos

Campeón de **Copa del Generalísimo**

REAL MADRID	1-3	ATLÉTICO
Puskas 20'	26 de junio de 1960 Estadio: Santiago Bernabéu	**Collar 51'** **Jones 76'** **Peiró 86'**

Entrenador: **José Villalonga**

Madinabeytia

Rivilla · Callejo · Alvarito

Ramiro · Chuzo

Polo · Collar

Adelardo · Peiró

Jones

MAKING OF

Elaborar una obra como esta ha sido un trabajo emocionante y enriquecedor pero, sobre todo, intenso. Al esfuerzo lógico de documentación y la ardua tarea de búsqueda y recopilación de imágenes a través de un siglo de historia, quisimos añadir un elemento más: desde el primer instante, tomamos la decisión de reunirnos en persona con los protagonistas, con los jugadores, para escuchar, de sus propios labios, con sus propias palabras, el relato de sus apasionantes biografías.

En algunos casos, con gran cortesía, las leyendas rojiblancas nos han abierto las puertas de sus domicilios, pero, la mayoría de las veces ha sido necesario entrevistarnos con ellos en bares y restaurantes, lo que nos ha permitido compartir gratos almuerzos y amenas tertulias repletas de anécdotas.

Por encontrarse situado frente al Cerro del Espino, el campo de entrenamiento del Atlético de Madrid, el restaurante Santinno de Majadahonda ha sido una de nuestras principales bases de operaciones. Allí nos hemos citado en innumerables ocasiones con varios jugadores como Manolo, Julio Prieto, Schuster o Collar.

En Majadahonda, entre los muros del ya desaparecido restaurante El Cortijo, cuajado de fotografías de jugadores del Atleti, hemos compartido instructivas charlas y buena comida con Adelardo, Alfredo Santaelena, Vizcaíno, Santi Denia, Aguilera, Kiko… y con muchos otros.

El Asador Donostiarra, típico lugar de reunión de futbolistas, también nos ha servido como apetecible punto de encuentro. Guardamos un recuerdo muy especial de las cautivadoras conversaciones con Calleja, Capón y Salcedo, que regamos con los excelentes vinos de la magnífica bodega del restaurante.

El restaurante Esteban, situado en la turística calle de la Cava Baja, en el pintoresco barrio de La Latina de Madrid, puso a nuestra disposición imágenes únicas que cuelgan de sus paredes, tesoros fotográficos que solo podíamos haber encontrado en un lugar como este, con tantos años de historia, y en cuyas mesas se han sentado mitos atléticos de todas las épocas. No nos olvidamos de las horas pasadas revisando fotos y charlando con Pepe Navarro y San Román en La Taberna del Puerto de Motril y en otro templo rojiblanco como es Tries, en Claudio Coello, en el que se respira, de la mano del también exjugador Morán, puro sentimiento colchonero.

En San Lorenzo del Escorial tuvimos el placer de visitar varios lugares emblemáticos donde los capítulos fluían sin dificultad. En algunas ocasiones, disfrutamos de la agradable conversación y apoyo de Manolo Míguez, a quien cariñosamente llamamos *Manolo Charolés,* quien gentilmente nos ofreció su casa como oficina temporal. Las ideas para el libro se gestaron al amparo de Cafetín de Croché, La Taberna del Corcho o el propio restaurante Charolés. Para organizarlas, encontramos un paraíso en El Horizontal donde, bajo la sombra de sus antiguos Castaños de Indias, pudimos componer muchos párrafos. No quisiéramos olvidar mencionar la cervecería Don Felipe, sede de la Peña Atlética Escurialense. Víctor, su propietario, también fue testigo de nuestro trabajo. Todos estos rincones se convirtieron en el escenario perfecto para que nuestro libro tomase forma.

Queremos aprovechar estas líneas para agradecer, tanto a los propietarios como al personal de estos establecimientos, su paciencia para tolerar las interminables sobremesas, la atención privilegiada que hemos recibido y el cariño con el que siempre nos han obsequiado durante el extenso y complejo proceso que ha dado vida a esta obra.

MIGUEL ÁNGEL FERNÁNDEZ

Este ilustrador e infografista madrileño se formó en la Escuela Superior de Dibujo Profesional de Madrid donde pronto destacó por la calidad de sus trabajos. Su entrega y constancia le abrieron las puertas de importantes estudios de animación, llegando a formar parte del equipo creativo de Cartoon Network, donde se consolidó como profesional del dibujo. Siendo muy joven, fue contratado por el diario AS, medio en el que desarrolla actualmente su profesión. Desde hace más de 22 años, Miguel Ángel elabora para el periódico deportivo, en versión papel y web, espectaculares infografías que destacan por su extraordinario impacto visual y una inusual claridad a la hora de exponer la información.

Su larga experiencia en prensa vino acompañada a lo largo de los años de un notable recorrido editorial que amplió en 2012 con el encargo de ilustrar el libro Los diez del Titanic (LID Editorial) de Javier Reyero, Nacho Montero y Cristina Mosquera. El impresionante desplegable del libro, que mostraba el interior del Titanic, fue también publicado por ABC, considerándose por su minuciosidad y perfección como una de las mejores infografías sobre el buque incluidas en un libro.

También ha colaborado con LID Editorial en dos proyectos más. Ha trabajado en la creación de las espectaculares infografías para el libro Viaje a la Luna, del mismo equipo de autores y, además, ha participado en las recreaciones del Estadio Vicente Calderón en el libro conmemorativo del 50 aniversario de este emblemático estadio de fútbol, junto a Miguel Ángel Guijarro y Nacho Montero.

Miguel Ángel es ganador del prestigioso Premio Internacional de Infografía Malofiej y colabora con la Universidad Europea de Madrid realizando conferencias sobre infografía periodística.

ROBERTO SOLOZÁBAL
ASOCIACIÓN LEYENDAS DEL ATLÉTICO DE MADRID

Quiero expresar mi agradecimiento por la oportunidad de poder escribir unas palabras en este extraordinario libro dedicado a los numerosos jugadores que han formado parte de la historia del Atlético de Madrid.

Como seguidor rojiblanco desde mi infancia, es un gran honor para mí formar parte de estos capítulos en los que se recuerda a muchos jugadores que han construido a base de esfuerzo, trabajo, sudor y talento los cimientos de esta entidad. También llevo con orgullo el ser el actual presidente de la Asociación Leyendas del Atlético de Madrid.

Nuestro objetivo consiste en ayudar a nuestros compañeros en cualquier momento de dificultad, y también en fomentar el sentimiento de pertenencia que nos une a todos los que alguna vez hemos tenido el privilegio de defender esta camiseta. Esperamos que esto nos ayude a desarrollarnos no solo en nuestra faceta profesional, sino también a nivel personal, una vez finalizada nuestra carrera deportiva para poder ser ejemplo de los valores que muchos hemos aprendido desde la cantera y que también empapan a los que, aun viniendo de fuera, tienen en el corazón impregnado de por vida por el sentimiento atlético.

Finalmente, espero que los aficionados disfruten leyendo la historia de algunos de los jugadores que hemos ayudado a lo largo de los años a hacer cada vez más grande la historia del Atlético de Madrid. Historia que no podría haberse escrito si no hubiera sido por esa afición incondicional que ha transmitido el orgullo de ser atlético de generación en generación y que son, sin duda, el pilar más importante del Atlético de Madrid. Todos juntos hemos hecho grande y querido a este club por todo el mundo y esperamos seguir haciéndolo en el futuro.

Roberto Solozábal
Exjugador y presidente de la
Asociación Leyendas del Atlético de Madrid

AGRADECIMIENTOS

Un trabajo editorial de esta magnitud habría sido inviable sin la valiosa contribución de los veteranos y los jugadores del Atlético de Madrid que, de la manera más afectuosa y desinteresada, nos han abierto de par en par las puertas de sus recuerdos para ayudarnos a evocar una historia de 120 años, la gesta de un club mítico que ha cautivado el corazón de miles de aficionados.

Una inestimable colaboración que nos permite mostrar en este libro cientos de imágenes inéditas rescatadas de sus álbumes fotográficos personales, algunas de ellas reflejo de momentos entrañables de su infancia, de instantes privados en los vestuarios, en las concentraciones e, incluso, en la intimidad de su hogar. Con total confianza, han encomendado a nuestra tutela fotos únicas e irrepetibles, de un valor sentimental e histórico incalculable, guardadas con devoción durante décadas y que ahora tienen el privilegio de disfrutar todos los lectores interesados.

Ha sido un auténtico honor para nosotros haber podido compartir con las grandes leyendas vivas del club rojiblanco tantas sobremesas plagadas de nostálgicas anécdotas y haber sido testigos directos de cómo revivían con emoción sus inicios profesionales, cómo rememoraban conmovidos sus proezas futbolísticas, cómo ahondaban en los recovecos de su memoria, en algunos casos con una lucidez realmente prodigiosa, a pesar de los muchos años transcurridos. Todo ello nos ha resultado de enorme ayuda para elaborar los textos que recoge de este libro, relatos que han sido revisados con esmero y atención por la mayoría de sus protagonistas.

Y siempre con el generoso apoyo de los exjugadores Miguel San Román y Pepe Navarro y del padre Daniel Antolín, capellán del Atlético de Madrid desde hace más de 40 años, y de su peña, que nos ha acompañado en innumerables ocasiones por este apasionante viaje a través de las vidas de los mitos rojiblancos y nos ha deleitado con momentos impagables.

Por desgracia, algunos de los jugadores legendarios del Atleti ya no se encuentran entre nosotros. Pero para evocar sus biografías hemos contado con la inapreciable contribución de sus familiares, que nos han narrado con añoranza y orgullo las peripecias vitales y profesionales de sus maridos, padres o abuelos.

El ingente material fotográfico que presentamos en esta obra nunca hubiera estado del todo completo sin la inestimable cooperación del diario *ABC,* en la figura de su director Bieito Rubido y, especial, de Federico Ayala, jefe del área de Archivo y Documentación, y de su com-

pañero de departamento Antonio Hernández Sánchez, que nos permitieron explorar la colosal colección fotográfica del centenario periódico a la búsqueda de imágenes, muchas de ellas inéditas, recabadas a lo largo de la dilatada trayectoria del Atlético de Madrid.

También queremos reconocer la participación del diario deportivo *As* y del jefe de su departamento de fotografía, Juan Carlos Tirado, que nos facilitó imágenes imprescindibles para elaborar las impresionantes infografías que ilustran este libro y que son fruto del extraordinario trabajo de Miguel Ángel Fernández, colaborador de ese medio.

Para confeccionar este magnífica obra infográfica ha sido también indispensable la contribución del Museo del Atlético de Madrid y la aportación de dos antiguos socios del club, Benito Moreno Moral y Francisco García González, sin cuyo testimonio no hubiera sido posible detallar el gráfico del emblemático estadio Metropolitano, el primer gran campo del Atlético de Madrid, desaparecido en el año 1966 y del que no existen prácticamente imágenes.

Nos gustaría mostrar también nuestro agradecimiento a los periodistas deportivos, presentadores de televisión, actores, cantantes, directores de cine, políticos, empresarios y otros personajes relevantes de la vida social española, todos aficionados al Atlético de Madrid, que han querido estar presentes en esta obra con una reflexión o un pensamiento sobre el club o sobre alguno de sus jugadores, una labor que no se hubiera podido realizar sin la insistencia de Marina Zazo.

Por supuesto, no podemos dejar de mencionar a familiares y amigos que, junto con nosotros, se han sentido entusiasmados por este ilusionante proyecto y, en especial, a Javier Reyero que, con una carrera profesional vinculada durante muchos años a la información deportiva, ha supuesto para nosotros un espíritu fundamental. En este sentido, queremos destacar también la ayuda de la periodista Cristina Mosquera, que nos ha apoyado en todo el proceso de elaboración de esta obra.

Y, por último, nuestra más sincera gratitud al fantástico equipo de LID Editorial, que con su admirable profesionalidad ha logrado convertir en realidad el sueño largamente acariciado de rendir un merecido homenaje a los hombres que, con su esfuerzo, su sacrificio, su dignidad y su entrega han convertido al Atlético de Madrid en uno de esos clubes de fútbol que son capaces de traspasar las barreras de la fascinación por los éxitos deportivos para suscitar sentimientos profundos de auténtico fervor y devoción.